THE SYSTEM AND SPIRIT OF EVIDENCE LAW
——WITH SPECIAL REFERENCE TO ANGLO-AMERICAN LAW

证据法的体系与精神
——以英美法为特别参照

易延友　Yi Yanyou

元照法学文库

图书在版编目(CIP)数据

证据法的体系与精神:以英美法为特别参照/易延友著.—北京:北京大学出版社,2010.6

(元照法学文库)

ISBN 978-7-301-17265-0

Ⅰ.①证… Ⅱ.①易… Ⅲ.①证据-法的理论-研究-西方国家 Ⅳ.①D915.130.1

中国版本图书馆 CIP 数据核字(2010)第 098873 号

书　　　名:证据法的体系与精神——以英美法为特别参照
著作责任者:易延友　著
责　任　编　辑:侯春杰
标　准　书　号:ISBN 978-7-301-17265-0/D·2607
出　版　发　行:北京大学出版社
地　　　　址:北京市海淀区成府路 205 号　100871
网　　　　址:http://www.yandayuanzhao.com
电　　　　话:邮购部 62752015　发行部 62750672　编辑部 62117788
　　　　　　　出版部 62754962
电　子　邮　箱:law@pup.pku.edu.cn
印　　刷　者:三河市北燕印装有限公司
经　　销　者:新华书店
　　　　　　　730mm×980mm　16 开本　24 印张　390 千字
　　　　　　　2010 年 6 月第 1 版　2018 年 3 月第 3 次印刷
定　　　　价:59.00 元

未经许可,不得以任何方式复制或抄袭本书之部分或全部内容。
版权所有,侵权必究
举报电话:010-62752024　电子邮箱:fd@pup.pku.edu.cn

本研究获得清华大学文科振兴基金资助

古德曼先生曾经向内务大臣问道:"您曾经注意过有关证据的科学吗?"内务大臣反问道:"你这是什么意思?我很难说证据是一门科学,我把它看成是一个常识问题。""请您原谅,先生。"古德曼回敬说:"我认为,证据科学是科学中之最为精妙最为繁难者。它实际上是科学中的科学。"

—— William Twining, *Theories of Evidence: Bentham and Wigmore*, Stanford University Press, 1985, frontispiece.

我们的法律(就像其他所有的法律一样)包含两个部分:体魄与精神。法律的文字构成法律之体魄,而常识和理性则构成法律的精神。法律也可以被看成一个坚果,其中法律的文字构成果壳,法律的精神则处于坚果的中心,构成果核。如果你只是观察果壳,你将对果核一无所知;同样,如果你只是依赖于文本,则你对法律也将一无所获。

—— Plowden, *Note*, 2 Plowden, 465, 465 (1816)

致　　谢

　　本书的研究、书中部分章节的发表、本书的出版,都曾得到很多师友的帮助。清华大学法学院高鸿钧教授主持的"英美法系与西方法制文明"项目对本书部分篇章的研究给予了资金支持。北京大学的陈瑞华教授对本书第二章论文的写作提出了具有启发意义的意见和建议,并为其发表提供了便利。清华大学法学院前副院长周光权教授和《清华法学》的主编王保树教授,对于本书部分篇章的发表给予了极大的支持。《比较法研究》的主编米健教授、副主编龙卫球教授和常务编辑刘彰先生,以及中国社科院法学所的徐炳研究员和《环球法律评论》的黄列编辑,对于本书部分篇章的发表给予了极大的帮助。中国政法大学副校长张保生教授、《政法论坛》的主编王人博教授、副主编陆敏先生、编辑于贺清先生、孙国栋老师,以及中国政法大学证据科学院副院长王进喜教授、《证据科学》杂志的编辑高琼女士、李训虎博士,都为本书部分篇章的形成、完善、发表给予过无私的关照。同学和好友朱庆育博士、陈景辉博士,对于本书部分篇章的形成提供了颇有启发意义的意见和建议。师兄郑旭博士,一直为本书研究提供道义上的支持。北京大学出版社的蒋浩先生、侯春杰女士,为本书的出版付出了卓越的努力。在此,谨对给过本书及本人关怀和帮助的所有领导、同事、同学、朋友表示由衷的感谢!

序

　　一位哲人曾经说过:"要做一只好蛤蟆而非坏蛤蟆就是要活得令自己满意,像一只蛤蟆。所谓好蛤蟆就是很有蛤蟆样子的蛤蟆。"据此来看,证据法学显然不是一门好法学,因为它很没有法学的样子。放眼整个中国的法学教育,证据法学可能是最不成体系的一个领域。在大学和研究机构,并没有专门研究证据法的学者和教师。因此,如果证据法这门课程是由研究刑事诉讼法的学者来教,通常会将这门课讲成刑事诉讼法学;如果由研究民事诉讼法的学者来教,就会讲成民事诉讼法学。从传授知识的角度而言,将证据法讲成刑事诉讼法或民事诉讼法的做法不一定就有问题;但是从法学学科建设的角度来看,这样的证据法无论如何也成不了一门独立的学科。

　　依附性并不是证据法学最大的问题。证据法学研究中更严重的问题是它的异化,即异化为自然科学。如果能将证据法学讲成刑事诉讼法学或民事诉讼法学,也不失为一门关于法学的学问。不幸的是,一些兼职从事证据法学研究的学者误将一些本属于自然科学研究的内容当成了证据法学,从而在其撰写的教材或其他研究成果中将主要精力集中于苇普洱定理、血型测定、指纹鉴别等犯罪侦查学或认知心理学的内容。这些内容堂而皇之地登上法学院的课堂或者法学教材,其名称曰"大证据学"。在此情况下,证据法学尚未长成,就已经湮灭在所谓"大证据学"的洪流之中。

　　基于上述观察,我于2005年春季以《证据学是一门法学吗——以研究对象为中心的省察》为题,就证据法学研究作了一个理论上的反思(论文发表于《政法论坛》2005年第3期)。论文的基本观点是,综合各种情况来看,我国大部分

2 证据法的体系与精神

兼职研究证据法的学者并未找到适合于以建立一门独立学科为目标的证据法学研究对象,那些被认为属于证据法学或证据学研究的很多内容,实际上并不属于法学的范畴,当然也就谈不上什么证据法学研究。文章还提出:从英美法系证据法学的发展经验来看,从建设独立学科的角度出发,研究对象的范围不应当是大而全,而应当是小而精,因此,论文提出以可采性为证据法学的主要研究对象,旁及证据法学的哲学基础、有关证明的基本理论等。

当然,我并不反对犯罪侦查学专业人士从血型测定、指纹识别等自然科学的角度对证据进行研究,也不反对刑事诉讼法学者从证据收集的合法性要求入手对证据进行研究,更不反对民事诉讼法学者从举证期限、证明责任的角度对证据进行研究,甚至也不反对对证据问题从上述综合的角度从事交叉学科的研究。我只是主张:证据法学者至少应当主要从证据法学的角度进行研究。在目前的形势下,对于证据法学而言,当务之急是建立一门有着独立研究对象的独立学科。因为,只有在建立了有着独立研究对象的、具有法学学术品格的学科之后,我们才可能对该学科领域展开深入的研究,才可能提出有理论价值的学术命题,才可能作出有知识含量的统一理论;在没有建立证据法学这个学科之前,我们尽管可以从自然科学、刑事诉讼法学、民事诉讼法学的角度取得对有关这些学科的很高的研究成就,但是我们无法在证据法学领域取得任何学术成就。

不过,将证据法学的研究对象界定为可采性势必在研究和教学上存在两大障碍:一是我国法律体系中并无相应规则,因此证据法学的研究将成无源之水;二是在此前提下勉强以可采性为中心进行证据法学教育或被讥为屠龙之术,对于学生将来的应用并无直接效益。对此,我的理解是,在一个暂无证据法典从而也没有证据法学独立体系的条件下,从比较法的角度对证据法学展开研究应当是该学科发展的起点;在没有进行这样的基础性工作的情况下所从事的任何有关证据法学的研究都有可能成为无本之木。另外,如果说讲授他国法律规则对于学生将来之应用或许并无直接助益的话,则那些以自然科学为主要内容的证据学对于培养学生之法律思维将更是南辕北辙。

因此，我在最近六年的时间，集中精力对英美证据规则展开了广泛的研究，并在这个领域撰写了12篇论文，其中9篇公开发表。我在这些论文中阐述的基本立场和主要观点是：证据法学应当成为一门独立的学科，因此应当以可采性作为其基本的、主要的研究对象；证据规则的主要内容是以发现真实为目的的可采性规则；非法证据排除规则尽管也属于可采性规则的范畴，但是由于其主要目的是保障人权，如果将其纳入证据法的研究对象，将导致证据法的体系性缺陷（缺乏统一的整合性理论）和依附性倾向（依附于宪法性刑事诉讼这一领域），因此应当将非法证据排除规则排除在证据法学的视野之外；证据法的基本功能是提高发现真实的精确性、加强裁判中认定事实的正当性和增加法庭审判的对抗性，其思想基础则是以经验主义为导向的乐观理性主义；以美国《联邦证据规则》为代表的证据规则法典化运动取得了辉煌的成就，使得证据规则在法律的形式理性化方面臻于完善；作为约束法官心证的机制和发现真实的工具，移植证据规则具有强烈的现实针对性和理论正当性。

为求得对英美证据规则的深刻领悟，我收集、阅读了大量第一手的英文资料，包括数百个英美经典判例、上千篇英美学术论文、十余部英美证据法教材、数十部英美证据法专著。当然，《联邦证据规则》以及专家咨询委员会对规则的释义，是研究的基本参照。本研究的目的是对英美法系传统的、著名的有关可采性的规则作一个系统的梳理和全面的理论阐释。因此，本研究不仅关注具体规则的诠释，而且希冀通过历史、文本、哲学、比较的方法，探求规则背后的法理精神。本书的学术野心，就是通过探索证据法的精神，努力建构一套有前途的证据法学学科体系。如今，对于英美证据规则的法理探索已经基本上告一段落。我将这些研究汇集成册，也算是对过去多年研究的一个交代。

本书的编排基本上体现着我对证据法学研究对象的理解，也代表了我对证据法学学科体系的看法。上篇"原理论"，以证据法学的研究对象、证据法的历史沿革、证据规则的法典化为基本线索，它们构成证据法学的基础理论。中篇

"可采性",基本上以美国《联邦证据规则》的规定为顺序,分别探讨关联性法则、特免权规则、证言的诘问与弹劾法则、意见证据法则、传闻法则和品格证据规则,这些内容构成证据法学的核心内容。下篇"证明论",以证明责任概念为核心,分别探讨证明责任的分配、证明标准及其表述、证明对象中的司法认知等专题,它们是证据法学的重要组成部分。略微感到遗憾的是,由于时间的关系,本书没有对英美法系同样重要的验真法则(authentication rule)、原本法则(original evidence rule)进行阐述。另外,对证据法学的理论基础问题,也没有专章展开论述。就好像从千里之外来到一个美丽的小岛,流连忘返之际,十个景点已经欣赏了八个,总要留下两个作为下次再来的悬念。

孔子云:"德之不修,学之不讲,闻义不能从,不善不能改,是吾忧也。"开设证据法学课程却不讲证据法,等于挂羊头卖狗肉,是德之不修也;对英美如此发达的证据规则及其高妙精深的理论视而不见,坐井观天、闭门造车,是学之不讲也;已经有先行者指出了有前途的方向和路径却不能跟从,是闻义不能从也;作为法律人而空谈"大证据学"的建构,鼓励、怂恿无知的法律学子误入自然科学的迷宫,以致对证据法的基本概念、基本规则、基本立场、基本精神却一无所知,是不善不能改也。此既为证据法学之困境,亦为整个中国法学之通病,是吾忧也。

是为序。

易延友

2010 年 6 月 6 日

目 录

上篇 原 理 论

第一章 证据学是一门法学吗?
——以研究对象为中心的观察与反思 3

引言 3
一、我国证据法学研究简史 3
二、研究对象的重要性 6
三、研究资料的确定与处理 8
四、研究对象显示的问题 11
五、方法论训练的缺乏与学术能力的有限 17
六、他山之石:英美的经验与成就 21
七、证据法学研究前瞻 25
结语 28

第二章 英美证据法的历史与哲学考察 30

引言 30
一、英美证据法的起源 30
二、当代英美证据法的主要内容 35
三、英美证据法的形成机理 42
四、英美证据法的诉讼功能 50
五、英美证据法的未来 60
结语 64

第三章 证据规则的法典化
　　——美国《联邦证据规则》的制定及其对我国证据
　　立法的启示　65

引言　65
一、证据规则法典化的历史渊源　65
二、可采性:《联邦证据规则》的基本内容　69
三、形式化与理性化:《联邦证据规则》的精彩呈现　75
四、美国《联邦证据规则》的实际影响　81
五、我国证据立法之必要性与可行性分析　85
六、证据规则法典化之路径选择　92
结语　95

中篇　可　采　性

第四章　证据可采性中的关联性要件
　　——以美国《联邦证据规则》为分析对象　99

引言　99
一、关联性的定义　99
二、关联性与可采性之关系　102
三、基于公正和效率排除关联证据　106
四、附条件关联性与附条件可采性　110
五、有限关联性与有限可采性　112
六、关联性和可采性判断的基本原则　114
七、关联性规则运用的困难　117
结语　119

第五章　特免权规则:美国的制度与实践
　　——兼论特免权规则的普遍性与差异性及中国语境下
　　特免权规则的确立　121

引言　121
一、作证义务观念与特免权豁免制度　121

二、反对自我归罪的特免权　125
三、婚姻家庭特免权　129
四、职业特免权　134
五、政府特免权　144
六、特免权规则的普遍性与差异性
　　——两大法系特免权规则之比较　147
七、特免权规则与我国相应制度之比较　155
结语　162

第六章　证人作证的一般规则及对证人证言的诘问与弹劾　165

引言　165
一、证人资格　165
二、证人的作证能力及证言范围　169
三、证人可信度的加强　173
四、用于唤醒记忆的记录　177
五、诘问证人的形式　180
六、对证人可信度的弹劾　184
结语　188

第七章　英美专家证言制度及其面临的挑战　191

引言　191
一、专家领域与常识领域的界线　191
二、专家所持理论的可靠性要求　195
三、专家证人的资格要求　199
四、专家意见的形成基础　201
五、关于最终事实的意见　204
六、法庭任命的专家证人　206
七、对专家证言制度的批评与反思　208
结语　215

第八章　传闻法则：历史、规则、原理与发展趋势
　　　　——兼对我国"传闻法则移植论"之探讨　216

引言　216
一、传闻法则之历史溯源　216
二、传闻的排除及其基本原理　219
三、传闻的豁免与例外　227
四、传闻排除法则面临的批评及其发展趋势　242
五、对我国传闻法则移植的讨论　248
结语　255

第九章　"卑鄙是卑鄙者的通行证"
　　　　——品格证据规则及其基本原理　256

引言　256
一、纯粹品格证据的排除法则　257
二、不纯粹品格证据的排除法则　264
三、原则上具有可采性的品格证据　271
四、品格的证明方法　274
五、品格证据排除法则的政策考量　276
六、品格证据排除法则的历史、宗教与哲学诠释　281
结语　287

下篇　证　明　论

第十章　英美法上证明责任的分配　291

引言　291
一、说服责任与提证责任　292
二、证明责任分配的一般原则　295
三、证明责任分配的一般理论　298
四、推定与证明责任的关系　300
五、常见推定与具体的证明责任　304
结语　306

第十一章　比较法视野下的证明标准
——以盖然性为中心　308

引言　308
一、证明标准的概念与内涵　308
二、证明标准的表述　309
三、证明标准与盖然性　311
四、英美法系与大陆法系证明标准之比较　316
五、我国诉讼中证明标准问题之探讨　318
结语　321

第十二章　英美证据法上的司法认知
——兼与我国司法认知制度之比较　323

引言　323
一、司法认知的基本含义　323
二、司法认知的效力模式　326
三、允许司法认知的具体事项　329
四、司法认知与个人知识　331
五、司法认知中的程序性事项　332
六、我国有关司法认知的规定及其辨析　334
结语：走向统一的证据法典　336

附　录

参考文献　341

索引　352

上篇　原理论

第一章 证据学是一门法学吗?
　　　　——以研究对象为中心的观察与反思

第二章 英美证据法的历史与哲学考察

第三章 证据规则的法典化
　　　　——美国《联邦证据规则》的制定及其对我国证据立法的启示

第一章 证据学是一门法学吗?
——以研究对象为中心的观察与反思

引言

任何一门学科的发展,首先在于确定研究对象。因为,研究对象不仅决定着一门学科的发展前途,还反映着一门学科的方法论水平,显示出一门学科的理论化程度。因此,本章以研究对象为中心,凝炼我国证据法学发展的历史,收集反映证据法学发展现状的资料,分析其中存在的问题,并试图以英美证据法学发展的历史脉络为线索,借鉴其发展经验,指明我国证据法学的发展方向。

一、我国证据法学研究简史

中国证据法学的研究大约起自20世纪30年代,其标志是日人松冈义正所著之《民事证据论》一书的翻译。该书共五章,第一章总论,概论证据的本质、意义、种类、目的物等;其余各章分别讲述举证责任、自由心证、证据手续及各种证据方法。[①] 中国人自己撰写的证据法论著,则首推周荣编著的《证据法要义》一书。该书共十一章,除绪论讲述证据的定义及证据的性质、范围、学说、分类外,其余各章分别讲述举证责任、证据调查、人证、鉴定、书证、勘验、证据保全、证据的评价等专题;全书以中华民国证据法为根据,略述英美证据法,并于每章末附中外判例。[②] 整个中华民国时期,与证据法学有关的出版物,主要以这两本著作为代表。

新中国成立后,由于深受苏联影响,证据法学的研究一开始主要以译介苏联的证据立法和相关理论为主。其中第一本出版物就是维辛斯基的《苏维埃

---

① 〔日〕松冈义正:《民事证据论》,张知本译述,上海法学编译社,1933年第1版。也有论者指出:"早在1928年,年仅24岁的杨兆龙就受聘为上海持志大学教务长兼教授,次年又被聘为东吴法学院、上海法政大学教授,他的讲义《证据法概论》、《商法概论》等作为专著于1930年出版。"参见陈夏红:《杨兆龙:再回首已百年身》,http://www.tianyaclub.com/New/PublicForum/,最后访问时间:2005-3-1。如此看来,杨兆龙所著之《证据法概论》当属我国第一部证据法学著作,但笔者并未查到任何图书馆藏有该著作,因此姑且以能够查到的文献为准。

② 周荣编著:《证据法要论》,上海商务印书馆1936年第1版。

法律上的诉讼证据理论》,③其次是其他苏联法学家的理论著作。④ 一直到 1957 年以前,证据法学的研究都还比较正常⑤,但 1957 年以后,该领域的研究已经深受阶级斗争思想的影响,对于证据学的研究也主要是为阶级斗争这一政治目标服务。⑥

20 世纪 80 年代初期,证据法学的研究重新燃起了生机。这阶段出版了一些专著⑦和教材⑧,和一些普及型读物,⑨并发表了大量的论文。⑩

---

③ 〔苏〕维辛斯基(А. Я. Вышинский):《苏维埃法律上的诉讼证据理论》,王之相译,人民出版社 1954 年第 1 版。该书大约在 1957 年时再版。

④ 〔苏〕克林曼(А. Ф. Клейнман):《苏维埃民事诉讼中证据理论的基本问题》,马绍春等译,中国人民大学出版社 1957 年第 1 版;〔苏〕库雷列夫(С. В. Курылев):《诉讼当事人的辩解》,沈其昌译,中国人民大学出版社 1958 年第 1 版;库雷列夫:《苏维埃民事诉讼中的证据》,沈其昌译,中国人民大学出版社 1958 年版。

⑤ 这期间的论文主要有陈光中、时伟超:《关于刑事诉讼中证据分类与间接证据的几个问题》,载《政法研究》1956 年第 2 期;王力生:《对刑事口供的几点认识》,同上,第 3 期;杜春生:《关于民事诉讼中证人范围问题的意见》,同上,第 4 期;郝双禄:《刑事诉讼中证据的分类问题和间接证据问题》,同上,1957 年第 1 期;刘木林、欧阳涛:《苏维埃刑事诉讼中被告人的陈述》,同上,1957 年第 4 期。

⑥ 其中主要论文均发表于《政法研究》,具体参见巫宇苏:《批判资产阶级"无罪推定"原则》(1958 年第 2 期);张子培:《批判资产阶级"法官自由心证"原则》(1958 年第 2 期);张子培:《关于刑事诉讼中运用证据认定案件事实的几个问题》(1962 年第 4 期);吴磊、陈一云、程荣斌:《学习我国诉讼证据指导原则的一点体会》(1963 年第 1 期);郝双禄:《关于刑事诉讼证据的几个问题》(1963 年第 2 期)。从 1964 年开始,证据法学主要探讨的问题是证据的阶级性问题。具体可参见张绥平:《关于刑事诉讼证据理论的几个问题的探讨》(1964 年第 1 期);田静仁:《关于刑事诉讼证据的客观性和阶级性问题》(1964 年第 2 期);巫宇苏:《论我国刑事诉讼中的证据》(同上);津田:《什么是刑事诉讼证据》(同上);佟庆明:《对刑事诉讼证据问题的几点浅见》(同上);王一平:《证据和案件事实之间的偶然联系和必然联系》(同上);前进:《谈谈刑事诉讼证据的阶级性》(1964 年第 3 期);戴福康:《证据本身是没有阶级性的》(同上);孙兴起:《有无阶级性要区别看待》(同上);陆研:《谈谈刑事诉讼证据有无阶级性的问题》(1964 年第 4 期);高克祥、张树林:《必须用阶级分析的观点看待刑事诉讼证据》(1965 年第 3 期);吴磊:《运用唯物辩证法研究刑事诉讼证据问题》(同上)。

⑦ 其中最早的要数齐剑侯、童振华编著的《刑诉证据基本原理》,吉林人民出版社 1982 年第 1 版;其次则是王汝嘉等:《刑事诉讼证据概论》,黑龙江人民出版社 1984 年第 1 版;王国庆:《论刑事证据的审查判断》,群众出版社 1985 年版;宋世杰:《诉讼证据学》,湖南人民出版社 1988 年 5 月第 1 版。周密编著:《论犯罪与证据》,法律出版社 1988 年第 1 版。

⑧ 其中第一部教材是张子培:《刑事证据理论》,群众出版社 1982 年第 1 版;其次是法学教材编辑部《证据学》编写组写的《证据学》,群众出版社 1983 年第 1 版;裴苍龄:《证据法学新论》,法律出版社 1989 年版。赵炳寿主编:《证据法学》,四川大学出版社 1990 年 3 月第 1 版。

⑨ 例如,徐益初、肖贤富编著:《刑事诉讼证据学基础知识》,法律出版社 1983 年第 1 版;王亮:《谈谈刑事诉讼证据》,群众出版社 1985 年第 1 版;刘兴权、苗凤兰:《刑事诉讼证据浅说》,福建人民出版社 1986 年第 1 版;朱云编著:《刑事诉讼证据制度》,法律出版社 1986 年第 1 版;汪桂翔编著:《刑事证据理论与应用》,上海社会科学院出版社 1987 年第 1 版;《民主与法制》社研究部编:《刑事证据纵横谈:南京刑事证据会议专辑》,上海社会科学院出版社 1987 年 8 月第 1 版;王昌学:《证据与断案》,新疆大学出版社 1988 年 12 月第 1 版。

⑩ 其中最有影响力的论文基本上被收录在《刑事诉讼证据学论文选集》一书中,西南政法学院图书馆编辑,西南政法学院图书馆 1983 年版。

自 20 世纪 90 年代以来,法学学术发展可以说是空前繁荣。各类法学学科纷纷建立,法学学术期刊如火如荼,甚至一些以书代刊的出版物像雨后春笋一般争先恐后,同时,证据法学的研究也春意盎然。简单地统计一下,以"证据"为书名的著作就达几十种,每年发表于各类期刊的文章也不下数百篇。在各种出版物中,就其大概形势来看,仅教材就有十余种[11],理论性专著几十种[12],实务型著作若干种[13],有关立法建议的著作若干种[14];与此同时,译介国外证据法的著作也逐渐增多。[15] 尤为重要的是,证据法学还有了自己专门的刊物——证据学论坛[16]——虽然它不是一个正规的刊物,但却是正规的连续出版物,而且就其目前的发展来看,似乎生命力也还比较旺盛。

就其内容来看,证据法学研究的范围日益广泛。从"文革"前将证据作为阶级斗争的工具[17],到 80 年代初期至 90 年代末期对无罪推定原则、自由心证制

---

[11] 其中主要包括陈一云主编的《证据学》,中国人民大学出版社 1991 年 5 月第 1 版,2000 年 11 月第 2 版;刘金友主编:《证据法学》,中国政法大学出版社 2001 年 7 月第 1 版;何家弘、杨迎泽:《检察证据教程》,法律出版社 2002 年 3 月第 1 版;樊崇义主编:《证据法学》,法律出版社 2003 年 2 月第 2 版;何家弘、刘品新:《证据法学》,法律出版社 2004 年 1 月第 1 版;汪建成、刘广三:《刑事证据学》,群众出版社 2000 年 1 月第 1 版。

[12] 例如,汪海燕、胡长龙:《刑事证据基本问题研究》,法律出版社 2002 年 10 月第 1 版;郭志媛:《刑事证据可采性研究》,中国人民公安大学出版社 2004 年 1 月第 1 版;叶自强:《民事证据研究》,法律出版社 2002 年 9 月第 2 版;毕玉谦:《民事证据法及其程序功能》,法律出版社 1997 年 12 月第 1 版;刘善春、毕玉谦、郑旭:《诉讼证据规则研究》,中国法制出版社 2000 年 5 月第 1 版;陈浩然:《证据学原理》,华东理工大学出版社 2002 年 10 月第 1 版;吴宏耀、魏晓娜:《诉讼证明原理》,法律出版社 2002 年 1 月第 1 版;何家弘主编:《证人制度研究》,人民法院出版社 2004 年 6 月第 1 版;樊崇义、温小洁、赵燕著:《视听资料研究综述与评价》,中国人民公安大学出版社 2002 年 2 月第 1 版。

[13] 谢玉童编著:《证据法学案例教程》,中国人民公安大学出版社 2001 年 1 月第 1 版;宋世杰:《证据学新论——证据运用问题研究》,中国检察出版社 2002 年 1 月第 1 版;姜伟、刘绍武主编:《收集刑事证据实务》,群众出版社 2002 年 1 月第 1 版;何家弘主编:《证据调查》,法律出版社 1997 年 4 月第 1 版。

[14] 其中包括陈光中主编:《中华人民共和国刑事证据法专家拟制稿(条文、释义与论证)》,中国法制出版社 2004 年 1 月第 1 版;江伟主编:《中国证据法草案(建议稿)及立法理由书》,中国人民大学出版社 2004 年 1 月第 1 版;陈界融:《民事证据法:法典化研究》,中国人民大学出版社 2003 年 1 月第 1 版;毕玉谦、郑旭、刘善春:《中国证据法草案建议稿及论证》,法律出版社 2003 年 1 月第 1 版。

[15] 其中包括我国学者撰写的专著,如何家弘主编的《外国证据法》,法律出版社 2003 年第 1 版;刘晓丹主编的《美国证据规则》,中国检察出版社 2003 年 1 月第 1 版;也包括一些译著,如约翰·斯特龙主编,汤维建等翻译的《麦考密克论证据》,中国政法大学出版社 2004 年 1 月第 1 版;李学军等翻译的达马斯卡的《漂移的证据法》,中国政法大学出版社 2003 年 9 月第 1 版;何家弘、张卫平主编:《外国证据法选译》,人民法院出版社 2000 年 10 月第 1 版。

[16] 何家弘主编:《证据学论坛》,中国检察出版社 1999 年第 1 版,迄今已出版 7 卷。

[17] 参见前注⑥所引 1964 年以后的证据法学论文。

度等问题的学术探讨⑱,到 21 世纪初期对证据法学理论基础的反思⑲,证据法学的发展可以说在教材的体系上是日益进步,研究的题材日趋广泛,对有些论题的研究日渐深入,对于国外证据法的了解也经历了一个从不知不解、盲目批判到一知半解、盲目崇拜到日渐精解却徘徊犹豫的过程。所有这些,均反映了我国证据法学研究的深入发展与广阔前景。

二、研究对象的重要性

不过,虽然笔者对证据法学有着浓厚的兴趣,并且在过去的数年中也曾为其"消得人憔悴",本文的目的却并非为我国证据法学高唱赞歌。恰恰相反,本文正是试图指出这一日益成为显学领域的研究中存在缺陷。不过,在指出其存在的问题之前,完全忽略其作出的贡献,也是不可取的。诚如苏力教授所指出的那样,中国的法学很可能是一个"三种范式"并存,且各种范式均在一定程度上发挥其功用的局面。⑳ 我们既不必为自己属于哪一种范式而沾沾自喜,亦不必为自己属于另一种范式而闷闷不乐。平心而论,无论是老一辈法学家还是上一辈法学家,均在自己力所能及的范围内做出过贡献,有些还在进一步做出自己的贡献。这是本文必须在引言中予以交代的内容。

与此同时,我们也不能为已经取得的成就而自鸣得意,乃至不做任何反思。事实上,目前的证据法学研究状况可堪忧虑之处不在少数。尤其在知识与学问的增长方面,该领域的研究者的确尚无显著的建树。卡尔·拉伦茨曾经指出:只要我们把学问理解为一种为获得知识而进行的有计划的活动,那么,法学也是一门学问。㉑ 如果学问就是为获得知识而进行的有计划的活动,证据学也算一门学问吗? 如果算,它也是一门法学吗? 如果是,它能够提供法学的知识吗? 如果能,它提供的又将是一种什么样的法学知识?

应当说,迄今为止,证据法学并没有成功地回答这些问题,甚至还没有明显地意识到这些问题,从而导致证据法学虽然表面上看起来繁荣昌盛(正如整个中国法学界所呈现的那样),而其中却包含着大量浮躁与虚饰的表象。这一现

---

⑱ 陈光中:《应当批判地继承无罪推定原则》,载《法学研究》1980 年第 4 期;易延友:《对自由心证哲学基础的再思考》,载《比较法研究》1998 年第 2 期。

⑲ 代表作主要有陈瑞华:《从认识论到价值论》,载《法学》2000 年第 1 期;易延友:《论证据法学的理论基础》,载《法学研究》2004 年第 1 期;等等。

⑳ 参见苏力:《也许正在发生》,法律出版社 2004 年第 1 版。

㉑ 〔德〕卡尔·拉伦茨:《法学方法论》,陈爱娥译,商务印书馆 2003 年第 1 版,第 20 页。

象,突出体现在证据法学领域的研究论题即研究对象方面。

对于任何一门学科而言,研究对象的确定是一个基础性的根本问题。因为它直接决定着这门学科的发展前途——从学术的角度来说,它直接决定着一门学科是否能够提供独立的知识、能够促进知识的增长。也正是由于这个缘故,笛卡尔曾经指出:在进行科学研究的时候,"与其考察困难的对象——惟其困难,我们无从分辨真伪,只好把可疑当作确定无疑——倒不如根本不去研究,因为对于这些问题,增长知识的希望不大,知识减退的危险倒不小"。[22] 虽然,笛卡尔主张的是"探求真理正道的人,对于任何事物,如果不能获得相当于算术和几何那样的确信,就不要去考虑它"。这实际上是唯科学主义的观点,对于社会科学尤其法学而言,其论断当然不足凭信,但是,关于研究对象的确定应当立足于知识增长的观点,却是很有见地的。

研究对象的选择与确定,还反映着一门学科方法论的发展水平。近代学术上的进步,主要一方面就是方法论的发展。虽然仅有方法论的训练并不足以保证学术上的成功,但若缺乏方法论的训练就几乎不可能达到学术上的现代水准。一个研究者研究论题的选择,通常是由其所受的方法论训练程度所决定的。一个受过方法论训练的研究者,自然懂得如何限定其研究范围,懂得如何把要研究的问题安排得适合于做研究。从这个角度观察,研究方法的训练似乎比研究对象的选择更为重要。然而,研究方法的训练基本上是一个无法研究的课题,因为我们虽然可以考察研究者的学历背景,却无法知晓其所受方法论训练的具体情况:有时候虽然一个研究者具有大学博士学位,其所受的方法论训练却可能为零甚至是负数(因为将有些并非方法论的东西当成了方法论,或者将一些错误的东西当作了方法论[23]);而透过研究对象的选择,却可以大体上看出研究者所受的方法论训练。这是本文以证据法学研究对象作为考察中心的一个重要原因。

---

[22] 〔法〕笛卡尔:《探求真理的指导原则》,管震湖译,商务印书馆1995年版,第4页。

[23] 劳思光先生认为,方法论的任务主要体现为三个方面:第一是确定语词的意义;第二是达成明确的命题;第三是达成明确的推理。从总体上看,方法论训练的目的就是提高人们严格思考或表达的能力。虽然它很重要,但是它并不能解决一切问题,尤其是不能达成对任何事实的决定。方法论的训练,只能告诉我们如何从知识材料中得到一些对事实的知识,但它本身不能提供给我们对事实的认知。因此,倘若一种理论或原则是陈述某些事实或一切事实的某种性质,这个理论或原则就不能看作是一种方法,而只能算是一种观点。因此,人们早已习以为常的所谓"辩证的方法",其实并非方法,不过是观点而已。将"辩证的方法"当成方法论,自然是在向与方法论相反的方向奔驰了。具体论述,参见劳思光:《思想方法五讲(新编)》,(香港)中文大学出版社2000年修订版,第11—39页。

研究对象的选择与确定,还可显示出一门学科理论化的程度,从而也能反映出该门学科科学化的程度。任何一门学科,只要是充分理论化的,也一定是充分科学化的;反之,一门充分科学化的学科,也必定是充分理论化的学科。通常,一个学科理论系统的建立,包含着四个层次:第一个层次是概念的制作;第二个层次是命题的建立;第三层次是理论的整合;第四个层次是统一理论的建构。㉔ 从理论建构的过程来看,最高层级的统一理论,是每一个学科所企图达到的目标,但是只有成熟的学科才能说实现了这一目标。通常,任何学术研究都会使用甚至提出一些概念,也可能在讨论一些命题,甚至还可能进行理论的命题与命题之间的整合。但是,仅仅作直观的观察,人们实在难以判断一门学科的理论是否成熟。从该门学科研究者的研究对象进行观察,大体上可以看出这门学科目前努力的程度及方向。因此,对一门学科研究对象的观察与分析,可以看到这门学科发展的成熟程度及可能的发展前景。

三、研究资料的确定与处理

为了对证据法学研究的现状作一个全面的了解,笔者除了大量收集有关证据法学的专著、教材之外,还对1994年至2004年(不包括2003年)这10年间我国法学界发表在核心期刊上的有关证据法的论文作了一个粗略的调查。调查以《中国期刊网》㉕为数据来源,以"证据"、"证明"两个词,在"文史哲"、"经济政治与法律"、"教育与社会科学"专辑栏目中,检索标题中含有"证据"、"证明"的论文。应当承认,这样得到的数据并不包括法学界对证据法学研究的全部成果,尤其是不包括非核心期刊以及其他以书代刊出版物上发表的论文成果。虽然笔者承认,核心期刊的产生机制并非未可厚非,但是,由于众所周知的学术评价机制的存在,核心期刊往往是中国法学研究者发表论文的首选阵地,并且就笔者所了解的实际情况而言,无论是诉讼法学还是证据法学领域的重头文章,基本上都是发表于核心期刊上的,而且往往是比较权威的核心期刊。因

㉔ 易君博:《政治理论与研究方法》,台北三民书局2003年9月第6版,第5页。该书此处所称为理论系统的建立,本是针对经验科学;法学虽不属于经验科学,但就其理论建构之顺序而言,也大抵如此。

㉕ 《中国学术期刊(光盘版)》是我国第一个由国家新闻出版总署批准创办、清华大学主办、中国学术期刊光盘版电子杂志社编辑出版的连续电子出版物,期刊入编、入网资格均经国家新闻出版总署审核批准备案。中国期刊网和CNKI数据库,是由国务院新闻办批准上网的全文数据库。http://www.cd.cnki.net/index.htm。最后访问时间:2005-2-18。

此,笔者认为,这些数据基本上能够准确地反映我国证据法学研究的状况。

检索获得论文共 626 + 361 = 987 篇,将其中一眼即可看出不属于证据法学范畴的文章㉖予以排除之后,剩余论文共 557 篇。

由于研究对象的界定不清及分散甚至凌乱,对于数据的分类曾经是困扰笔者的一个大问题。最终,笔者确定以这些论文标题论述的对象作一个大致的分类,凡是问题比较集中的论文集合为一类,内容比较接近的也组合为一类,这样,整个数据被分为十五类。其中,涉及证据概念及属性的论文共 16 篇;涉及证据法学理论基础的论文共 17 篇;从总体上或从部门法整体的角度对证据制度进行论述的共 20 篇;对证据立法的完善及立法模式选择进行论述的共 26 篇;对证据的种类和分类进行研究的共 15 篇;对证据能力、证据资格进行论述的共 21 篇;对证明力、证据效力、证据价值进行研究的共 46 篇;对非法证据排除规则进行研究的共 37 篇;对民事诉讼证据交换、证据先悉及刑事诉讼证据展示进行研究的共 32 篇;对三大诉讼程序法之规范进行理解以及程序上对证据的处理、关于对证据的程序性权利进行研究的共计 43 篇;对证据保全进行研究的共 9 篇;对证据的收集、取得与固定进行研究的共 26 篇;对证据的运用、采信、认定及审查判断进行论述的共 99 篇;对证明对象、证明责任、证明标准进行研究的共 95 篇;其他从标题上看不出其具体论述对象的共 45 篇。

其分布情况具体如表 1.1 所示。

表 1.1 证据法学研究对象之分布

类别序号	对象种类	论文篇数	所占比例
1	证据的概念与属性	16	2.92%
2	证据法学的基本理论	17	3.11%
3	从总体上或从部门法整体角度对证据制度的研究	20	3.66%
4	证据立法的完善及模式选择	26	4.75%
5	证据种类、分类研究	15	2.74%
6	证据能力、证据资格	21	3.84%
7	证明力、证据效力、证据价值	46	8.41%

㉖ 如标题为"用'零件不等式'证明一类积式不等式"、"一类组合恒等式的定义证明"等之类的论文。笔者虽将检索的范围限定为教育、文史哲、经济、法律等学科,仍然还是出现了大量上述论文。

(续表)

类别序号	对象种类	论文篇数	所占比例
8	非法证据排除规则	37	6.76%
9	民事诉讼证据交换、证据先悉与刑事诉讼证据展示	32	5.85%
10	诉讼法规范理解、程序处理、程序性权利	43	7.86%
11	证据的保全	9	1.65%
12	证据的收集（取得、固定）	26	4.75%
13	证据的运用、采信、认定及审查判断	99	18.10%
14	证明对象、证明责任、证明标准	95	17.37%
15	其他	45	8.23%
总计		547	100%

坦率地说，笔者的上述分类并不是没有问题，因此需要作一些更加细致的解释。就第一类至第五类所探讨的问题来看，其实都属于证据法学的基本理论问题，尤其是第二类，通常在标题中含有"理论基础"这类字眼，有的甚至直接以"证据法学的理论基础"作为其标题；但是由于第一类、第三类、第四类和第五类标题显示的对象比较明确，因此均单独列为一类。第六类是对证据能力和证据资格问题的研究。目前证据法学领域在概念的使用上实际是十分混乱的，这一点从表中的数据也可以看出，但据笔者的经验，证据能力通常代表英美法系的"可采性（Admissibility）"概念；虽然仅从标题上看，并不清楚这些论文的作者是否在这一意义上使用这一概念，但是姑且假定如此。第七类是关于证据的证明力、证据效力和证据价值的探讨。如前所述，这些概念的使用是比较混乱的，尤其是"证据效力"一词，既可能代表证据的"可采性"（因为有可采性所以才有"效力"），但也可能代表证据的证明力。通过对其中数篇文章的具体观察，笔者还是将其归入证明力这一大类。第九类是对具体诉讼程序中的具体证据制度进行研究。第十类包括对一些具体法律规范的理解，比如"对刑事诉讼中'主要证据'的理解"等论文，也包括具体诉讼程序中对证据的一些程序性处理，比如证据应如何随案移送的问题，还包括当事人在程序中有关证据的权利的探讨等。它们与第十一类当属同一类型的论文，但第十一类论文的标题显示的对象也比较明确，因此也单独列出。第十二类是对证据的收集、取得、固定进行研究，第十三类是对证据的运用进行探讨；第十四类主要涉及证明当中的基

本问题。第十五类是不好加以归类的文章,其中比较典型的论文标题包括"沉船案的证据问题"、"对知识产权诉讼证据的认识"、"非法刑事证据产生的法律思考"、"数字证据的程序法定位——技术、经济视角的法律分析"、"计算机犯罪中的证据问题研究"、"新证据规定对银行诉讼活动的影响"、"数字证据对我国民事诉讼证据体系的影响"、"论我国测谎结论证据规则的构造"、"检察建议附证明材料效果好",等等。

以下就是对所获得数据的分析与评论。

四、研究对象显示的问题

(一) 研究对象的异化

研究对象的异化,是指证据法学研究的有些论题,已经偏离了法学研究的基本轨道。

毫无疑问,证据法学要想成为一门独立的学科,首先必须成为一门法学。卡尔·拉伦茨曾经断言:"法学"是指以每个特定的、在历史中逐渐形成的法秩序为基础及界限,借以探求法律问题之答案的学问。㉗ 也就是说,法学的研究对象毫无疑问应当是有关法律的规则。具体到证据法学来说,就是有关证据的法律规则,也就是证据规则。所谓证据法学,应当是对证据规则的意义进行探求的学问。当然,以证据规则为研究对象的学问并非法学一种,还包括法理学、法哲学、法史学、法社会等学科(如图1.1所示)。㉘ 但是,法解释学应当是其中最基本的内容。即使我们对法学作广义的解释,即将法理学、法哲学、法史学、法社会学均当作法学的范畴,证据法学的研究领域也只能拓展至有关证据规则的哲学原理、历史渊源、社会效果等内容上面。

然而就表1.1所提供的数据来看,过去10年当中,我国证据法学研究的主要领域,一是证据的收集、运用与审查判断;二是证明对象、证明责任与证明标准;三是证明力、证据价值和证据效力。仅从数量上看,其中关于证据的收集、运用与审查判断的论文高居榜首,名列所有研究领域之最。还有一些不知应当归入何类的论文,其比重也占到8%。这些数据给笔者最深刻的印象就是,证

㉗ 〔德〕卡尔·拉伦茨,前引书:《法学方法论》,第19页。
㉘ 此图系参考拉伦茨《法学方法论》一书关于法学研究方法的论述所作。不必讳言,基本上每个法学学科都可以参照其论述作出相应的学科分布图,此图仅仅是拉伦茨的方法论在证据法中的运用而已。

图 1.1　与证据规则相关的学科

据法学迄今为止尚未明确确定自己的研究对象。换句话说,证据法学的研究者对于自己应当研究的对象是模糊不清的,有些研究几乎一直是在错误的方向上奔驰。

最明显的例证是关于证据的收集、运用与审查判断以及证据的证明力、证据价值、证据效力的研究。这一领域的论题占全部证据法学研究的 20% 以上。如果仅仅是一些实践部门的作者在研究这样的论题,或者仅仅是一些法学的初学者选择这样的论题,本书的批评也许就显得小题大做。然而实际上,这些论文的作者群并非完全是初学者或者实践部门的工作人员,很多著名的法学家也有这一类题目的论著问世。同时,在已经不屑于或者不急于发表论著的法学家当中,其指导的硕士研究生也有以此类论题作为研究对象的。[29] 更为重要的是,如果我们将目光转向那些代表中国证据法学主流研究成果的教科书,将会无一例外地发现,在目前流行的证据法学教科书中,证据的收集、审查判断也是极为重要的一块内容。有的教科书专门对各种证据的收集、审查判断进行论

---

[29]　笔者曾经以"证据"为关键词对收藏于国家图书馆的硕士毕业论文进行检索,在 105 篇论文结果中,除去明显不属于法学论文的 10 篇文章以外,还剩下 95 篇法学硕士论文,其中有 10 篇以证据的收集、运用与审查判断为题。比较典型的论文题目如《电子证据的认定问题》、《民事诉讼中的文书证据收集制度研究》、《公安机关收集审查证据制度研究》、《论民事诉讼证据的审核认定》等。

述,有的教科书则专门辟出章节论述"证据的收集、固定和保全"、"综合审查判断证据",等等。有的教科书甚至专门在"运用"一编对证据的收集、运用、审查判断作出论述。

无庸讳言,我国的诉讼法均对证据的收集、运用与审查判断作出过规定,如果上述这些以证据的收集、运用与审查判断为题的文章是在探讨诉讼法相关规定的理解、适用,乃至批判和改进,毫无疑问应当属于法学论文。然而问题是,上述论文显然并非就法律的规定进行理解、解释以及批判、改进等方面的研究。

首先,就证据的收集而言,绝大多数论文都并非从立法上对证据收集的规则进行理解性研究,也不是从批判和改进的角度进行的分析性研究,而是就特定案件中的证据如何收集、保全,或者就某一特定种类的案件应当如何收集证据(如贪污贿赂犯罪案件的证据收集等),或者就某一特定种类证据的收集与固定(如言辞证据的收集与固定等)进行论述。其实从标题上看,这样的论文显然属于自然科学方面的论文,因为就一种特定证据如何提取和固定,的确具有研究的价值,比如指纹的提取和鉴定,笔迹的鉴定,DNA 的提取与鉴定等,然而这些问题本身并非法学问题,而是属于自然科学研究的问题。包括对特定具体案件应当如何侦查等,实际上属于犯罪侦查学的范畴,而犯罪侦查学就其学科属性而言,也主要属于自然科学而不属于法学。而这些发表在法学杂志上的论文,显然并非从自然科学的角度论述的,因此看上去不伦不类。有很多文章光从标题上看,显然是为了阐述自己办案的一些经验,然而写这些文章的人却通常并非司法一线中的办案人员。

其次,就证据的审查判断而言,无论刑事诉讼法还是民事诉讼法以及行政诉讼法,对于证据的审查判断这一问题的规定是十分原则的,或者说干脆就没有规定,因为当代除了英美法系实行有限的自由心证,以及少数伊斯兰国家实行严格的"法定证明"制度以外,绝大多数国家对证据的审查判断这一问题均实行法官的自由心证。我国法律虽然没有明确规定自由心证,但是法官对于证据的审查判断主要由其内心的理性及其个人经验判断这一点,则可以说是不言而喻的。因此,以证据的审查判断为题进行法学的研究,就应当主要以自由心证这一原则为对象,提出理解、解释、批判或者支持的理论。然而,从上述论文的标题来看,其论文论述的范围显然不属于上述范畴。恰恰相反,这些论文集中论述的通常是对特定案件的证据应当如何审查判断,以及对于某些特定证据应当如何进行审查的问题。例如"电子证据的审查判断"、"证人证言的审查判

断"等。在一本因出版时间较早、使用年限较长而在法学界享有较高声望的教材中,对于视听资料的判断,作者写道:

> 根据司法实践经验,审查判断证人证言,包括以下诸方面:(1) 证人与当事人之间的关系。如果证人与当事人有亲属、近邻、恩怨等关系,他就可能从维护亲情、友谊、报恩或泄愤等思想出发,提供虚假的证言。……(1) 证人的政治状况和思想品质。实践表明,政治觉悟高、思想品质好的人,个人顾虑少,容易实事求是地提供证言,而觉悟低、思想品质不好的人,往往计较自己的利害得失,提供的证言较容易出现虚假……[30]

且不论上述论断是否有主观臆断之嫌,即使假定上述看法完全正确,一个受过法学训练的人仍然不禁要问:难道这就是证据法学提供的知识?如果证据法学的研究都是从这样的角度出发,其研究的属性究竟属于自然科学,还是属于社会科学?若说它们属于自然科学,应当发表在自然科学杂志上才符合逻辑;若说它们属于社会科学,它们提供的知识属性分明属于自然科学——说得不好听一点,这些论文实际上是在可怜的法学家面前卖弄很可能并不扎实的自然科学知识。[31]

再次,就证据的证明力和证据价值而言,它与证据的审查判断实际上是一个范畴领域的问题,均属于由法官自由判断的问题。"证据效力"这样的术语本身就是一个十分含糊的术语,如果它是指证据进入法庭作为证据的资格,它应当属于证据的可采性问题;然而我国实际上迄今为止除了最高人民法院和最高人民检察院先后发布过关于非法证据排除规则的司法解释,以及规定在民事行政诉讼中不允许私录的资料作为证据使用以外,并不存在关于其他证据的可采性规则。因此,在我国目前的语境下,"证据效力"不可能指代"可采性"这一概念,而只能指代"证明力"这一概念。同样,"证据价值"这一概念也只能指"证明力"。然而,如前所述,证据的证明力纯粹是一个由法官通过理性和经验加以自由判断的问题,因此就这一问题展开对单个证据的论述可以说毫无意义。

---

[30] 陈一云主编:《证据学》(第二版),中国人民大学出版社 2000 年 11 月第 2 版,第 350 页。
[31] 对于"那些以××证据的审查判断"为题的硕士论文,不由得使人产生疑问:在这样的论文答辩会上,作为法学家的答辩委员应当提出什么样的问题才不算是外行呢?尤其是以"电子证据的认定"为题的论文答辩会,如果是专攻法学的教授参加答辩会,他(她)除了指出这样的论文并非法学论文以外,还能做些什么?

至于说证据的运用,无论是刑事案件还是民事案件,也无论是在哪一个具体的案件中,除了在英美法系由于存在着大量关于证据可采性的规则,因而迫使双方当事人在向证人发问时受到严格的规则约束之外,具体就某一个单个的证据而言,实际上并无章法可循。即使是在英美法系那些专门教授法庭询问和辩论技巧的著作中,也只能就作者的一些经验作为案例加以总结,但是很难谈得上有什么特别的规律和章法。对于研读这类著作的读者来说,也最多作为一个别人经验或教训,若是将其奉为成规加以墨守,很可能犯教条主义的错误,甚至像赵括那样只会纸上谈兵,真正打起仗来只能兵败如山倒。因为,有关证据运用和法庭询问、法庭辩论的技巧,只有通过实践而且是反复的实践才可能真正学会,即使有一些貌似有理的规则也必须分析具体的情况具体地加以运用,正所谓"兵无常法",运用之妙,存乎一心。试图以它们作为法学研究的对象,岂能不误入歧途?

(二) 研究论题对其他学科的依附性

从表一所引述的资料来看,这些关于证据法的论文中存在的第二个主要问题就是研究对象的依附性。所谓研究对象的依附性是指作为一门学科,证据法学并没有自己独特的研究对象。当然,也有学者对证据法学的研究对象进行了归纳,例如,在一本发行甚广的教科书中,编者对证据法学的研究对象作了如下归纳:

> 证据法学的研究对象和具体内容应有如下几个方面:(一)证据法及其证明规则……(二)证据及其证据力和证明力……(三)证据的内容和形式的统一关系……(四)证据制度及其传统文化背景……(五)证据制度和经济制度、诉讼制度的关系……(六)收集、审查判断和运用证据证明案件的经验及其规律。[32]

其他教科书对证据法学研究对象的归纳基本上是大同小异。从这些论述来看,除了其中第六项已经在前文中予以澄清,其并不属于证据法学应当研究的范畴以外,其他各项内容看上去并无特别的问题。

但是,若是回过头去再看看那些发表在核心期刊上的论文,很难说证据法学目前的研究已经找到了自己的研究对象。在这些论文中,除了证据的收集、

---

[32] 樊崇义主编:《证据法学》,法律出版社2003年2月第2版,第2—12页。

运用与审查判断以外,最多的论文集中于证明对象、证明责任、证明标准等问题的论述方面,以及对于刑事诉讼法、民事诉讼及行政诉讼法中若干与证据有关的概念的探讨。笔者并不排斥将这些内容作为证据法学的研究对象。然而问题是,如果这些内容属于证据法学研究的主体内容,它和刑事诉讼法学、民事诉讼法学、行政诉讼法学乃至若干实体法学将如何区分?

首先,就诉讼法中若干概念的探讨而言,例如"对'有证据证明有犯罪事实'的理解"、"对'主要证据'的理解"、"刑事自诉证据制度的几个问题",以及有关民事诉讼证据展示、刑事诉讼证据开示制度等问题,完全属于刑事诉讼法或者民事诉讼法研究的问题——事实上也正是由研究刑事诉讼法和民事诉讼法的学者(论者)研究的。甚至包括"非法证据排除规则"这样的问题,本质上也可以纳入刑事诉讼法学的研究领域——在英美法系,其证据法学的论著或教材,通常都很少探讨非法证据的排除规则问题,而在刑事诉讼当中,主要就是探讨非法证据的排除问题,因此,这些问题本质上均属于程序问题,不属于证据法学探讨的范围。

其次,就证明对象、证明责任与证明标准这些在证据法学理论界[33]探讨得最多的问题而言,它们理所当然地属于证据法学的研究对象。但是,如果证据法学满足于对这些问题的研究,它作为一门学科的独立品格将从何而来? 如果它不具有一门学科的独立品格,它又如何成为一门独立的学科? 事实上,在所有诉讼法学领域中,都将不可避免地要探讨这些问题。这也是人们看到主要是由诉讼法学者而不是其他学科的学者在探讨有关证据问题的主要原因。同时,不仅诉讼法学在研究这些问题,若干部门法学也在研究证明责任的问题。目前法学界关于证据法究竟是实体法还是程序法,以及民法学家也在研究证据立法的现象,以及由此所引发的争议,这正是证据法学并未成为独立学科的明证。我们知道,民法学家一般不会去研究刑法问题,刑法学家通常也很少涉足民法领域。但是,却有民法学家在研究证据法问题,这就不能不发人深思。其实正是由于证据法学本身尚未确定自己的研究对象,才导致有学者声称:"(民事)证据法从性质上说是程序法与实体法结合的产物,它既可以融于实体法与程序法当中,也可以成为一个独立的法域。"其理由则在于:

---

[33] 当然,所谓"证据法学理论界"是否存在,实际上就很成问题。此处出于行文的方便,姑且以此称呼。

……证据制度与实体权利的保障具有密切联系。正因为如此,大陆法系许多国家与地区的民法典都设有证据规则方面的规定。我国澳门特别行政区的民法典就完全仿照葡萄牙的模式,在总则第四编"权利的行使及保护"中对民事证据制度作出了系统完备的规定。该编不仅规定了证据的一般规则,而且也对推定、自认、书证、鉴定证据、勘验、人证等作出了详细的规定。同样,《德国民法典》、《法国民法典》中也有大量关于证据制度、证据规则的规定。因此,民事证据制度完全能够也可以成为民法典的组成部分。㉞

平心而论,这段话并非完全没有道理。在大陆法系,民法规范中也存在很多证据法规范,尤其是证明责任规范。㉟ 但是需要注意的是,大陆法系并没有自己独立的证据法典,甚至也没有独立的证据法学。因此,如果说我们的证据法学要以大陆法系为榜样,那只能意味着我们就像大陆法系一样,将来也不可能有独立的证据法典,更不可能有独立的证据法学。而就目前的现状来看,它迄今为止也没有找到属于自己的独特的研究对象,正是由于研究对象的依附性,导致证据法学实际上并没有成为一门独立的学科,这也导致证据法学至今没有建立起一套系统的理论体系,自然也就没有自己的研究方法了。众多的证据法学家将经验的方法用于证据法学的研究,证据法学教科书实际上是一些实践经验的总结和办案技巧的展示,根本没有脱离"逻辑学"、"犯罪学"、"犯罪心理学"、"刑事侦查学"的窠臼。而在确实能够提供法学知识贡献的方面,它又像一只寄居蟹一样,寄居于刑事诉讼法学、民事诉讼法学、行政诉讼法学和若干实体部门法学之中,完全没有自己的独立性。

五、方法论训练的缺乏与学术能力的有限

综上所述,在过去 10 年间,我国社科类核心期刊发表的证据法方面的论文,有很大一部分或者不属于证据法学研究的范畴,或者对其他法学学科存在

㉞ 王利明:《审判方式改革中的民事证据立法问题探讨》,载《中国法学》2000 年第 4 期。
㉟ 正是由于实体法中存在着大量关于证明责任的规范,所以大陆法系的学者尤其是德国学者通常将实体法规定的证明责任称为"客观责任",而将程序法上的诉讼证明责任称为"主观责任",在主观责任中又将其区分为"主观抽象责任"与"主观具体责任"两大类型。具体论述参见〔德〕汉斯·普维庭:《现代证明责任问题》,吴越译,法律出版社 2000 年第 1 版,第二至四章。

天然的依赖性。㊱ 这两部分论文加在一起大约占到该领域理论研究的70%以上,这就使得从总体上看,现有的有关证据的研究要么根本不具备法学论文的品格,要么难以具备一门独立法学学科所需要的独立品格。个中原因,自然可以从立法和历史角度加以探讨,例如由于立法上没有将证据法单独作为一个部门法来对待,从而使很多学者不知道该如何下手;另外,我国证据法学研究起步比较晚,自然比较落后,等等。笔者当然也同意这些因素的存在,并且也赞成从这样的角度来解释目前证据法学研究的现状。但是,笔者也认为,仅仅从这样的角度来解释是远远不够的,因为它除了开脱罪责、安慰自我以外,不能解决任何问题。因此,一方面我们承认存在着立法模式以及历史的原因,另一方面也不能不探求一下研究者自身存在的问题。

笔者以为,若从研究者自身的原因出发,问题似乎主要可归结为两个方面:一是方法论训练的欠缺;二是学术能力的有限(当然,"有限"在此仅仅是一个委婉的说法,因为严格说来,无论是怎样的天才,也无论如何努力,其研究能力终归"有限",此处的"有限",是指相对于其他较发达学科而言更为有限)。前者导致了研究对象的异化,后者导致了整个证据法学研究水准的低下。

就第一个方面的问题而言,这些文章之所以难以成为法学论文,其中最主要的一个原因是,法律可以规范证据的收集、运用与审查判断,却无法为每一个具体的案件应当怎样收集证据、运用证据、审查判断证据提供具体的准则。而这正是这些论文试图要解决的问题。其中有些论文可能提出了比较有见地的观点,但正是由于其意图在于为某一或某些特定案件的证据收集、运用与审查判断提供一些经验性的准则,其研究成果所能适用的范围也就必然十分狭隘,而且几乎不可能加以推广。现实世界中的情况千差万别,适用于某一特定案件证据的收集运用以及审查判断技巧很难同时适用于其他案件。因此,这一类文章充其量只能成为经验的总结(如果不是炫耀的话),而根本无法成为系统化

㊱ 就教科书而言,证据法学研究对象的问题,不仅表现在其论述的具体论题方面,也表现在证据法学教科书的体系方面。在最近出版的几本证据法教科书中,虽然诸如"证据的收集"、"证据的审查判断"一类的内容略有减少,然而却几乎不约而同地出现了"证据规则"一章。笔者以为,"证据规则"是证据法学研究的核心内容,所有有关证据的学术研究都应当以证据规则为核心,从而生发出有关证据的一切理论,其中包括对证据规则进行法解释学的研究、从理念高度对证据规则进行的法哲学研究,从历史角度对证据规则产生的背景进行的法史学研究,以及从社会学的角度对证据规则进行的法社会学研究(如图一所示)。因此,一本关于证据法学的教科书,除非其整本书只有两章:第一章为证据理论,第二章为证据规则,否则根本不应当存在"证据规则"这一章。

的知识,其所提出的观点也根本不可能进行学术上的论证。

当然,这并不是说进行这类性质的研究完全没有可能增加知识的含量,而是说这些研究所能增加的知识含量十分有限。因为社会科学研究的目的主要还是制作概念、提出命题、建立理论,而理论的价值则主要在于提供知识。不同的命题在知识的含量方面是分层次的:其最高层次是有系统地组织经验,其次则是提供解释与预测,最低的层次是描述现象。[37] 对个别的事物加以描述,固然也可以提供给人知识,但是其知识的含量显然要低得多。好比一个城里人对一个乡下人说:"美国是一个民主法治国家"。这固然可以使一个乡下人了解一点有关美国的情况,但是其知识的信息含量显然十分有限;但若是一个学者对国家领导人说:"一切强大的国家都是民主法治国家"。那知识含量显然是不一样的。不仅如此,理论与理论之间在知识的含量方面也是不一样的。波普尔曾经指出:

> 凡是告诉我们更多东西的理论就更为可取,就是说,凡是包含更大量的经验信息或内容的理论,也即逻辑上更有力的理论,凡是具有更大的解释力和预测力的理论,从而可以通过把所预测事实同观察加以比较而经受更严格检验的理论,就更为可取。[38]

可见,理论的力量在于解释与预测,而其解释与预测的能力则取决于其所能容纳的信息量。然而,对证据的收集、运用与审查判断进行研究,却很可能陷于对单个证据及有关诉讼行为进行描述,或者就个别事物作出预测,而根本无法提出有系统的理论,自然也就无法大量地增加知识的含量,其理论研究的价值自然也就大打折扣。

研究者之所以选择这些基本上无法提供知识增量的论题作为研究的对象,其基本原因就在于方法论训练的缺乏。因为,如本章第二部分所述,只要方法得当,任何一个领域都可以做出杰出的学术贡献,任何材料都可以作为科学研究的对象。对此,皮尔逊曾经指出:"科学的范围是无限的;它的题材也是无穷的;自然现象的每一个组,社会生活的每一个面,历史发展的每一个阶段,无一

---

[37] 参见吕亚力:《政治学方法论》,台北三民书局2002年初版十刷,第33—34页。
[38] 〔英〕卡尔·波普尔:《猜想与反驳——科学知识的增长》,傅季重、纪树立、周昌忠、蒋弋为译,上海译文出版社2001年10月第1版,第311页。

不是科学研究的题材。科学的统一性成于它的方法,而非它的题材。"㊴然而正是由于方法论训练以及相应的学术涵养的缺乏,才导致证据法学的研究者实际上并不十分清楚什么样的论题才是蕴含丰富的学术资源的论题,以及什么样的论题更有可能提供系统化的知识,什么样的论题更有可能大幅度地促进知识的增长,甚至也不清楚法学的学术研究应当怎样将研究的对象界定于可论证的领域。

就第二类问题而言,存在的原因主要在于学术能力的有限,有限到甚至无法为证据法学开拓一片独立的领地,无法为证据法学建立一些基本的命题。如前所述,理论系统建立的第一个层次是概念的制作;第二个层次是命题的建立;第三个层次是理论的整合;第四个层次是统一理论的建构。一门学科的建立,大体上总是要经历这些阶段,但只有在第四个阶段完成之后,才可以说一门成熟的学科得到了建立。但就目前的证据法学研究而言,可以说概念的制作都没有完成,有些概念的使用实在是极不统一,甚至可以说是极为混乱(这一点可以参看前文的论述);也有一些学者试图提出一些命题,但是这些命题似乎并没有太大的市场,因为理论界相互引用的现象并不多见,引用外国或者本国权威的倒是比较多;在理论的整合方面,也有一些有益的尝试,例如近年来关于客观真实与法律真实的讨论,实际上就是在进行理论的整合,但是这一有益的讨论实际上并没有得到继续深入,相反,很多实际上很值得探讨的问题往往只是在一阵炒作之后即烟消云散了。

这一现象也从另一侧面加强了笔者的观点:同一时期出现大批同一论题的论文或著作,并不见得就可以加深对该论域的研究,而很可能是出于与知识增长完全无关的原因:一是学者们大多急功近利,很少塌下心来认真做研究,一见到有热门话题,出于占领阵地或者俗称"圈地盘"的目的,放下手中正在进行的研究,也来凑个热闹;二是有些人根本就不知道应该研究什么,只是见到大家都在做这一领域的研究,因此他也不失时机地跟进;而当过几年这一论域已经炒得差不多的时候,大家又一哄而散。这种现象正是理论水平不够的表现,也是学术能力有限的反映。因此,对一些热点问题的讨论可能一时间会冒出一大批论文,但是这些论文在本质上实际上处于同一水平,因此很难谈得上知识的增长。

㊴ K. Pearson, *The Grammar of Science*, London: A. & C. Black, 1911, p.78.

与此同时，那些有可能系统性地增加法学知识的论文，仅仅17篇，仅占全部论文总数的2%左右。正是由于学力不够，致使很多有价值的问题没有得到深入探讨，从而无力建构统一的证据法学理论，甚至一些基本的命题都没有得到建立，更何谈深刻的理论整合以及统一理论的建立！因此，这一领域成为一个很容易侵入的领域，就好比一个尚未开化的民族，很容易被外族入侵一样。

当然，也可能有论者会认为，一个学者对几个学科同时进行研究，不一定表明其中一些学科就没有独立性，而恰恰表明这些跨学科进行研究的学者具有较强的学术研究能力。俞江先生就说，在20世纪30年代，有些学者就能一连出版好几个不同领域的著作，至少也是一门学科中的好几个领域，例如陈瑾昆，既是民法总则和债法专家、又是刑事诉讼法专家；戴修瓒则是债法专家，兼修商法和刑事诉讼法；梁敬錞，曾参与《民国民律草案》债法部分的起草，在契约法和政治史方面皆有丰硕成果；柯凌汉，在债法和物权法两个领域均有精深造诣，等等。⑩ 笔者以为，一个学者能够出版好几个领域的著作，并不表明这个学者对好几个领域都有很深入的研究，而也可能是因为这些学者所处的时代，相关的教员本身就比较缺乏，一个教员可能必须身兼数门学科的教学工作，同时由于这些学科当时并不发达，因此随时进入任何一个领域相对也就比较容易。至于这些著作究竟能够显示研究多么深入，恐怕是一个仁者见仁、智者见智的问题。即以陈谨昆先生而论，既是民法专家，又是刑事诉讼法专家，然而其关于刑事诉讼法方面，也就是一本教材而已，如果这就叫做研究能力强，笔者就各个部门法一年写一部教材应当是没有问题的；倘若处在20世纪30年代，所有法学教材都比较奇缺的情况下，其市场应当也是存在的。

六、他山之石：英美的经验与成就

既然诸如证据的收集、运用与审查判断以及证明对象、证明责任、证明标准等问题均不能作为证据法学研究对象之主体，证据法学是否就应当沦为一门经验探讨型的学科，或者永远依附于诉讼法学乃至若干实体法学而不能自立？笔者以为，如果证据法学希望自身能够成为一门独立的学科，就不能总是仰人鼻息。而要做到这一点，将眼光投向大陆法系显然是没有希望的，因为大陆法系

---

⑩ 其实，这段文字并不意味着俞江先生早就已经未卜先知般地对我的观点进行了反驳，而是说，实际上对于一个学者兼修数个领域的现象已经存在着不同的解释。

迄今为止也没有建立起自己独立的证据法学。由此出发,对于英美法系证据法学学科的建立,就有必要作一番历史的考察。

应当说,英美法系证据规则的建立,与证据法学家的努力是分不开的。在18世纪以前,英国的证据规则都还处于萌芽阶段。很长时期之内,英国一直都没有证据规则。最早的证据规则是关于盖章的文书证据的规则,其后是关于证人资格的规则,反对自我归罪特免权的规则大约萌芽于17世纪,而最具争议的传闻证据规则直到1600年的时候也尚未确立。1794年,审理华伦·哈斯丁一案的伯克法官曾经指出:"证据法的确规定了一些事项,这是真的,但是这些规定十分笼统,十分抽象,而且如此紧凑,以至一只鹦鹉就可以在半个小时内将其强行记住,并在五分钟内复述完毕。"[41]

在英美证据法上第一部重要著作——《吉尔伯特论证据》一书中,作者极力将证据法则以一个单独的原则加以概括,这一原则就是"最佳证据规则"。吉尔伯特认为:"与证据相关联的第一个同时也是最重要的规则就是,必须要有与事实相符的最佳证据;法律的设计就是要朝向达到刚性的确实性,而没有与事实相符的最佳证据也就没有该事实的确实性。"[42]吉尔伯特的著作以"证据法"(The Law of Evidence)冠名,出版于1754年[43],并在此后的50年中领袖群伦。在独步学林大约50年后,吉尔伯特的观点遭到了边沁的猛烈批判,边沁认为,法律文书这种所谓的"最佳证据"恰恰是最不可靠的,因为制作记录的官员乃是凡人,其记录很可能是谎言与真理的混合物,因此其记录的可靠性也应当按照与其他人一样的标准来判定。[44]

边沁之后的第一位证据法学家要数埃文斯,他于1806年首先将法国的证据法翻译成英文,并在英译本中附了一份长长的评论,该评论甚至超过了译本的长度。其主要贡献则是首次区分了证据的可采性和证据的证明力这两个概念。威格默盛赞其作品为划时代的产物(an epoch making)。此后,菲力蒲在1814年出版的证据法著作中,将主要精力集中于证人的资格、证人出庭以及文

---

[41] Lord's Journal, 1794. See from, William Twining, *Rethinking Evidence: Exploratory Essays*, Northwestern University Press, 1994, p.34.

[42] Peter Murphy, *Evidence, Proof, and Facts: A Book of Sources*, Oxford University Press, 2003, p.41.

[43] John H. Langbein, "Historical Foundations of the Law of Evidence: A View from the Ryder Sources", in 85 *Colum. L. Rev.* p.1172.

[44] Jeromy Bentham, *Introductory View of the Rationale of Evidence: For the Use of Non-Lawyers as Well as Lawyers*, Thoemmes Press, 1995, p.143.

书证据领域。1842年,格林利夫出版了《证据法论要》一书,这是一本一般性地阐述英美证据法原理的著作。

上述这些学者的努力可以说为英美证据法学的发展奠定了基石,但英美证据法学真正的鼻祖可能要数史蒂芬(Sir James Stephen)了。史蒂芬是1872年印度证据法的总起草人。在1876年出版的《证据法摘要》一书的绪论中,史帝芬说道:

> 我的目标就是将有关证据的论题从其他部门法中分离出来,而在此以前,它与这些部门法其实是混合在一起的;同时也要按照这一主题的自然分类,将其内容限缩为一个紧凑的系统的形式;并且要将其压缩为一些精确界定的规则,在必要的时候辅以例证,如按照该主题的内容进行安排并限定案例与制定法的规定等。[45]

为了能将证据法从程序法的其他部分以及实体法中区分出来,史蒂芬主张将证据法缩小到尽可能小的范围,亦即将证据法建立在一个统一的相关性原则基础上,并以此统一证据法学的研究。同时,他还将在他之前的证据法学家大量地加以探讨的证明对象问题排除在证据法学的研究范围之外,同时认为有关"推定"的问题也应当放置在相应的实体部门法中予以探讨;并指出证人出庭、证据的固定、对证人的询问以及如何制作诉讼文书等问题,均属于程序法问题而不属于证据法问题。[46]

史蒂芬的观点虽然遭到后继者的批评[47],但是以塞耶为首的后继者却显然继承了他将证据法学与其他学科分离出来的思想。塞耶(James Bradley Thayer)甚至十分崇拜史蒂芬试图在英国普通法的混乱荆棘中以快刀斩乱麻的方式建立一个有关证据法的原理性系统和基础的勇气。虽然他也批评史蒂芬并没有关于可采性的清晰的概念,但他并不否定史蒂芬在根本方向上的努力,他只是认为,为实现其目标需要一个"更加适当的道路"。他认为,证据法的核心,实质上就是一系列基于政策而形成的否定性的"调整型和排除型法则",因此,证据法的内容体系可以概括为两个基本原则:第一,与案件事实在逻辑上没

---

[45] Sir James Stephen, *A Digest of Evidence Law*, Second Edition Reprint, St. Louis, F. H. Thomas and Company, 1879, p. viii.

[46] Ibid., pp. xiii-xv.

[47] 波洛克曾称其为"光荣的谬误"(a splendid mistake),

有证明作用的东西一律不能采用为证据;第二,除非有明确的法律或政策上的理由加以排除,一切有上述证明作用的东西都可以采用。[48]

进入 20 世纪以后,以威格默为代表的英美证据法学家不仅没有抛弃将证据法作为一个独立、系统的法律部门来对待,而且不断地在重复这一主题。在其著名的十卷本证据法著作序言中,威格默说道:

> 本书热切的渴望就是:第一,将英美证据法作为一个理性的原理和规则系统地加以阐述;第二,将明显混乱的司法先例作为上述原理和规则的前后一贯的结果来对待;第三,为获得对半个世纪以来独立的美国司法辖区内证据法现状的了解提供资料。[49]

威格默虽然也将法庭技术等问题纳入其研究视野,但是同样将那些被史蒂芬视为应当由实体法或诉讼法解决的问题排除在证据法的范围之外。同时,他还开门见山地指出,对于一个法律人而言,证据原理的研究分为两个明显的部分:其一是一般意义上的证明;其二就是证据的可采性。

无庸置疑,在英美法系内部,对于证据法的主要范围当然也存在争论。但是,透过历史,我们不难得出一些基本的结论:第一,从一开始,英美的证据法学家就力图将证据法从其他部门法中分离出来,这是证据法学得以发展壮大的一个最基本的原因。第二,为了实现这一目标,不同时代的证据法学者均从不同的角度进行过努力,其最重要的方向之一,就是要寻求证据法学自身独特的研究对象;尽管当今众多的证据法学者均同意将证明(proof)作为证据法学不可或缺的内容,但是,在诸多证据法的著作中,着力最多的仍然是有关证据可采性的规则。粗略地统计一下就可发现,英美证据法的教材中大约 60% 以上的篇幅,都是在探讨有关证据可采性的问题。[50] 也有的论著虽然为标新立异而在体

---

[48] James Bradley Thayer, *A Preliminary Treatise on Evidence at the Common Law*, Augustus M. Kelley. Publishers, New York, 1969.

[49] John Henry Wigmore, "Preface to the First Edition", in *Evidence in Trials at Common Law*, Revised by Peter Tillers, vol. 1, p. xix.

[50] 关于此点,可参见以下著作:Peter Murphy, *Murphy on Evidence*, 7th Edition, Blackstone Press Limited; Mark Reutlinger, "Evidence: Essential Terms and Concepts", *Aspen Law & Business*, 1996; Colin Tapper, *Cross on Evidence*, 7th Edition, Butterworths, London, 1990; John Huxley Buzzard, Richard May, M. N. Howard, *Phipson on Evidence*, 13th Edition, Sweet & Maxwell, London, 1982; Jon R. Waltz, Roger C. Park, *Evidence: Cases and Materials*, 10th Edition, Foundation Press, New York, 2004; Roderick Munday, *Evidence*, 2nd Edition, LexisNexis Butterworths, 2003.

系上以"证据的收集"、"证据的引出"、"证据的使用"等作为各编的标题,但各编论述的绝大多数内容,仍然是证据的可采性问题,而非如某些学者所想象的那样,去探究所谓的"证据运用"等问题。[51] 第三,证据法学家们还努力地试图建立统一的原则,以此统率所有的证据规则。

由于这些杰出的证据法学家的不懈努力,英美法系的证据立法已经遥遥领先地走在了世界的前列,英国自1898年以来对其有关证据规则的成文法已经作了数十次修改,美国更以惊人的技术于1975年颁布了统一的证据法典。在证据法学的著作方面,英美法系的证据法学著作真可谓汗牛充栋,在亚马逊网上书店键入"evidence law"这一字样,马上可以出来数千个结果;在West Law电子数据库键入"evidence"一词,则可以出现上万个结果。其中当然不乏平庸之作,但是英美的证据法学者基本上已经不再为概念的使用而感到困惑,也很少为认识论的问题争论不休;至于一种理论是否符合辩证唯物主义,更加不是关心的重点。[52] 一个研究者要选择证据法学作为研究题目,不仅必须对各个部门法尤其是刑事诉讼法和民事诉讼法有比较全面的了解,而且其在哲学、伦理学、社会学等方面也必须广泛涉猎,甚至对于数学上的概率论,也必须有能力进行学术上的把握。它不是一个可以随意侵入的领域。它对其他法学学科没有依赖性,虽然彼此也在互相加强。真正有作为的学者不会将精力放在证据的收集、应用与审查判断方面,而是致力于证据规则的解释、批判、改造以及证据理论的整合乃至统一的证据法学理论的建构。"海阔凭鱼跃、天高任鸟飞",在这里得到了淋漓尽致的体现。

七、证据法学研究前瞻

行文至此,我们已经不难看出:英美证据法学发展到今天,与其将该学科的研究领域进行严格的限定是有密切关系的。而这种严格的限定,正是严格的学术训练的结果。同时我们也看到,英美法系证据法学已经有了一套比较成熟的

---

[51] 参见 I H Dennis, The Law of Evidence, 2nd Edition, Sweet & Maxwell, London, 2002. 该书第一编为"理解证据:法律的基础";第二编为"收集证据:审前程序及接近证据的规则";其中分别论述反对自我归罪的特免权、供述、认定证据、以非法或不公正的方法获得的证据、证据的披露及豁免、职业特免权等内容;第三编为"引出证据:审判程序及证明的原则";第四编为"使用证据:排除规则的范围及其限制"。

[52] 以英美科技的发达与学术的严谨来看,这些机智的民族对一些被我们如此推崇的理论居然毫无兴趣,这样的理论要是一个好理论,恐怕太阳都要从西边出来了。

理论体系,这与一些天才般的法学家的努力是分不开的。而我国证据法学之所以呈现如此现状,与研究者缺乏方法论训练有极大关系。由于方法论训练的缺乏,导致该领域的研究在促进知识尤其是法学知识的增长方面长期以来几乎一直是碌碌无为,从而成为一门在知识和智力上均不具有挑战性的学科,自然也很难吸引更加优秀的人才进入该研究领域。因此,要改变这一局面,唯一的出路也许就在于研究者自觉地加强方法论的训练,提高自身的学术敏感性以及学术研究能力,从而向着更有可能促进知识增长、更有可能促进证据法学统一理论体系的形成方向前进。

就独立的学科体系而言,除了必须建立一系列的命题,整合一系列的理论并创建统一的证据法学理论以外,也可以从证据法学独特的研究对象出发,促成该门学科的独立性。从众多种类的证据规则来看,唯一能够称得上是证据法学独特研究对象的,可能也就是证据的可采性问题。有关证明责任、证明对象和证明标准的问题,虽然也属于证据法学研究的范畴,但是,如前文已经指出的那样,在统一的证据法学理论建立之前,如果将其作为证据法学的主要研究领域,该门学科必然丧失其独立性,从而也就失去了存在的必要性,当然也就不可能发扬光大。

我们的研究是否也应当学习英美法系,将证据法学的研究对象主要限定为证据的可采性?就目前而言,不容否认,如果单纯研究证据的可采性,或许不太可能,因为我国实际上有没有确立证据的可采性规则在理论上尚存在争议,如果一定要说有的话,这类规则也是十分有限的。如果将研究的重点转向非法证据的可采性问题(从表一所引述的数据来看,这也许正是今后几年发展的基本方向),证据法学实际上仍然无法获得独立的品格,因为这些问题本质上仍然属于诉讼法学探讨的问题(事实上也正是那些研究诉讼法尤其是刑事诉讼法的学者在探讨这些问题)。而英美证据法上的所谓可采性问题,主要是指基于认定事实的精确性以及为加强裁判事实的可接受性而设置的那些规则,例如传闻证据规则、意见证据规则、品格证据规则,等等。[53] 因此,从证据法学的学科发展角度,立足于将证据法学建设成为一门具有独立品格的部门法学,而不是依附于其他部门法学来看,对证据的可采性问题进行深入的研究与探索,应当

---

[53] 美国联邦证据法典所规范的主要内容,也是关于这些证据的可采性规则。具体参见:Michael H. Graham, *Federal Rules of Evidence*, West Group 1996.

是证据法学进一步发展的可能路径。

当然,在目前制定法尚无可采性规则的条件下,主张对证据可采性问题进行研究很可能被指为"巧妇难为无米之炊"。对此,本章认为,证据法学的研究虽然一方面要以制定法的规则为基本研究对象,但是法学的努力对于制定法规则的完善,也是法学所必须承载的一项基本任务。诚如拉伦茨所言:

> 法学对于法律实务的意义不仅止于对司法裁判提供助力。其最重要的任务之一是:发现一些现行法迄今尚未解决的法律问题,借此促成司法裁判或立法的改变……在立法准备工作上,法学有三方面的任务:其一,将待决之任务当作法律问题清楚地显现出来,并且指出因此将产生的牵连情势;其二,它必须与其他学科,特别是经验性的法社会学合作,研拟出一些能配合现行法的解决建议,供作立法者选择的方案;最后,它必须在起草技术上提供协助。[54]

从以上论述来看,我国目前的证据法研究者们在第一个方面的努力仍然是远远不够的;在第二个方面的努力则几乎可以忽略不计;在这样的前提下,第三个方面无论如何努力,也不过是白费工夫。因此,证据法学要想获得真正的发展,尤其是若想成为一门具有独立品格的法律学科,需要虚心学习的地方实在很多。

不过,可能的批评意见还会出现于另一方面:如果法学家们全部致力于立法的准备或者比较法的研究,以及统一的理论体系的建构,它对于实务的指导价值又体现在哪里呢?应当承认,这的确是目前司法实践对理论界提出的一个普遍的批评;而且就法学研究而言,对法律规则意义的探求也的确是法学家应当努力的主要方向;同时,就表一所统计的资料来看,那些以证据的收集、运用与审查判断为题的论文也主要来自从事司法实务的公安人员、检察人员和审判人员;同时,不仅这些论文集中于所谓的证据收集、运用与审查判断,而且一些由实务界人士主编的有关证据法的著作,也将论述的重点放置在特定案件中需要哪些证据这一论题上。这似乎加强了人们这样的印象:司法实务中需要的,恰恰是法学家们所不能提供的。对此,笔者认为,从实务界的角度来看,这些所谓的"论文"并没有反映一个正常的司法体制下法律人的正常需要。这些著作

---

[54] 〔德〕卡尔·拉伦茨:《法学方法论》,陈爱娥译,商务印书馆2003年第1版,第19页。

及论述虽然对于从事司法实务的人员尤其是从事公安工作的人员有一定的帮助,并且可以说对于具体案件的办理有较大的指导意义,但是,这并不能代表证据法学所应当努力的方向。因为,这些论文及著作所看重的仍然是事实的发现等问题,而不是法律规则的解释及应用。而司法活动则主要是将具体规则运用于具体案件的活动,它通常需要以一定的事实为前提。当然,这类著作在司法实务领域也有一定的市场,但是对于法官和检察官而言,对于这类著作的需求恰恰是其法律素质不高的体现。看上去这些检察官和法官似乎特别希望有人告诉他们:一个案件到底需要哪些证据才能定案。如果一部证据法学的著作能够彻底解决这一类问题,从此以后就根本不需要法官了:大力发展电脑科技,将具体事实输入电脑,就可以完成对案件事实的认定!

因此,如果证据法学一味地迎合司法人员的需求,必将导致整个学科大厦的崩溃,到最后,不是发展了法律这门学问,而是发展了自然科学在司法领域的运用。

另外,司法实务界对法学理论界的指责也说明,我国法学界对于实务界引导能力十分有限。因为,我国实际上一直存在着所谓"理论与实务脱节"的现象,也不乏实务界人士对理论界研究进行指责的现象。其实,如果真的存在着理论与实务脱节的现象,应当指责的也不一定就是法学家:如果实务界人士都照着法学家说的去做,不就不存在脱节现象了吗?当然,我也不是说实务界就必须照着理论界说的去做,我只是试图指出:对学术界的这种指责是不公正的。至少,实务界没有看到(或者看到了故意不说),虽然有些法学理论在实务中行不通,但这并非由于理论本身的缘故,而是我们的司法实务在很大程度上是不独立的,而我们的司法人员也没有对法学家的身份认同,这才是理论与实务脱节的最根本原因。因此,证据法学理论的转型,完全不应当受到实务界观点的左右——恰恰相反,致力于证据法学研究的学者们,完全应当以只争朝夕的精神,提出创造性的理论观点,一方面为证据立法准备条件,另一方面指导司法实践。

结语

就在几年前,法学界还曾经掀起一股"法学是一门科学吗"的质疑与反思,其中对于法学作为一门科学学科的质问,的确发人深省。笔者的目的当然不是挑战证据法学作为一门法学学科的地位,更非否定以往的研究成果,也不是要臧否现在的证据法学专家。恰恰相反,对于证据法学领域已经取得的某些成就,笔者是衷心佩服的;然而就证据法学作为一门学科而言,目前的努力是远远不够的,尤其是关于证据法学的基础性理论方面,如果连自己的研究对象都搞不清楚,其前途显然是岌岌可危的。

最后,笔者的视野虽然局限于证据法学领域,但据笔者的观察,在证据法学研究中存在的问题,也不同程度地存在于法学研究的各个领域。证据法学的前途虽然堪忧,其他学科似乎也不必沾沾自喜。法学学科的建立,应当说是整个中国法学界的事业,即便是部门法的建设,恐怕也不是该部门法领域的学者能够一力承担的。因此,一门具体学科的发展,总是与其上级学科的总体发展程度相适应。因此,整个中国法学的研究,似乎更应当做一次整体的反思,以此推进整个中国法学的进步,从而带动各个具体部门法学进步。

第二章　英美证据法的历史与哲学考察

引言

如本书第一章所言,证据法学应当以可采性规则为主要研究对象,方能成就其作为一门独立学科的独立品性。但是,如果不能全面了解英美法系证据规则的起源、内容、特征与功能,盲目地引进或拒斥这些规则哪怕其中的一个概念都是危险的。因此,本章意图对证据法的意义作一系统的梳理,对其内容及价值进行具体的分析,从而为建立我国证据规则体系提供制度的参照以及理论的指导。本章将运用历史与比较的方法,从英美证据法的起源、证据法的体系与内容、英美证据法形成的内在机理、英美证据法的诉讼功能、英美证据法的发展趋势等方面,全面阐述英美证据法对英美法系诉讼制度的影响,从而揭示证据规则更深层次的价值及其对我国证据立法不待言说的启发意义。

一、英美证据法的起源

(一) 证据规则的雏形

从公元700年到公元1200年之间,无论是欧洲大陆国家还是英格兰,都不具备产生证据规则的条件,因为这时候实际上并没有严格意义上的审判,一个人被指控犯罪以后,只能通过水火考验、共誓涤罪、决斗的方式来证明自己的清白。[①] 因此,诉讼本身不需要现代意义上的证人,也不存在现代意义上的"说服"。法庭的功能仅仅是证实它曾经观察过上述活动以适当的方式进行,而并不认为它拥有直接作出推理的权力。但是,诚如威格默所言,一些标志性事件的产生,的确具有证据规则之雏形的意味,这些事件包括传唤证人以证明某个文件、宣誓生效所必须具备的数量要件,以及印章在证明存在某一契约方面所具有的排他性证明力,等等。[②]

1215年以后,由于第四次拉特兰宗教会议禁止教士参加考验的审判,欧洲

---

① Leonard W. Levy, *Origins of the Fifth Amendment: the Right against Self-Incrimination*, Ivan. R. Dee, 1999, p.5 and infra.
② John Henry Wigmore, *Evidence in Trials at Common Law*, Peter Tillers Rev., Little Brown and Company, 1983, vol.1, p.607.

大陆与隔海相望的英格兰在诉讼程序方面走上了完全相反的道路。在欧洲大陆,非理性的审判方式逐渐被纠问式诉讼所取代,纠问式诉讼的目的在于获得完全的证明,这种完全的证明严格并且明确地规定了证明的质量和数量方面的证据标准。这种证据制度被称为法定证据制度。③

在英国,非理性的审判方式为陪审团审判所取代。在这种审判方式实行之初的几个世纪,对于定罪的原则性标准或者关于证据的规则几乎都没有什么要求。实际上,从1200—1500年长达300年的时间里,陪审团的司法功能在逐渐发展,其中最显著的贡献也许就是使现代意义上的"说服"成为一种必要的设置。因为,大多数学者认为,陪审团在17世纪以前是凭借自身的知识就案件作出裁判;最新的研究也表明,直到15世纪的时候,陪审团才不再是一个在信息方面自给自足的团体,而是成为一个听取和评价证据的主体。④ 在这期间,英国法中没有任何证据规则得到发展。⑤

在陪审团转变为在法庭上听取证言的审判机制之后,证据规则也没有马上就产生。比较普遍的观点认为,普通法上证据规则的形成是在17世纪,尽管有些规则的存在可能还要稍早于这个时代。在1745年英国的一个案件中,大法官哈德维科指出,当时唯一通行的证据规则是"最佳证据规则"。⑥ 在最早的证据法著作中,吉尔伯特集中论述的也是这一规则。尽管威格默声称1790—1830年间证据制度的丰满时期已经到来⑦,但直到19世纪80年代,当史蒂芬还在写作他的三卷本《英国刑法史》的时候,他还在说:据我所知,与刑事诉讼有关的证据规则,仅仅只有四条。⑧ 这四条规则可以视作证据规则的雏形。

其中第一条规则是,被告人和他的妻子无资格作证。这是传统证据法中最重要的内容。根据这一规则,被告人的妻子或者丈夫都不得被迫在法庭上作证

---

③ 有关欧洲大陆法定证据制度的内容,详见 A. Esmein, *A History of Continental Criminal Procedure*, The Law Book Exchange, Ltd., 2000, p. 251 infra.

④ Barbara J. Shapiro, *Beyond Reasonable Doubt and Probable Cause: Historical Perspectives on the Anglo-American Law of Evidence*, University of California Press, London, 1991, p. 4.

⑤ Wigmore, *supra* note 2, p. 607.

⑥ *Omychund v. Barker*, 1745 1 Atk 21 49.

⑦ Wigmore, *supra* note 2, p. 609.

⑧ Stephen, *A History of the Criminal Law of England*, Vol. 1, Macmillan and Co., 1883, p. 439.

反对其配偶。这一规则最初是在民事诉讼中得到确立,后来才影响到刑事诉讼。⑨

第二条规则的内容是,供述必须出于自愿。这一规则是通过一系列的司法判例发展形成的,1783年的一个案例最早宣布了这一规则。在基尔伯特于1801年出版的《论证据》一书中,已经有关于这一规则的论述。曾经有一段时间,法官倾向于排除所有的供述证据,同时任何引诱被告人供述的行为都是被禁止的。被告人供述必须出于自愿的原则与英国普通法上一直强调拷打为非法的规则密切相关。虽然有一段时间拷打似乎已经合法化了,但严格说起来它从来也没有合法过。

第三条规则是,除被害人关于其死亡原因的临终遗言之外,传闻证据一律加以排除。这一规则大致确立于18世纪80年代,因为史蒂芬在其1881年出版的《英国刑法史》一书中宣称,这一规则已经实行至少100多年了。⑩

第四条规则的内容是,品格证据通常都被认为与案件无关,但是实践中却放任其存在。从诺曼征服开始,被告人的品格即被用来作为决定是否允许其以共誓涤罪的方式洗刷自己清白的标准。斯图亚特王朝时期,凡是关于被告人曾经犯罪的证据都可以随意在法庭上出示。当然,关于被告人品行良好的证据也是具有可采性的。

(二) 交叉询问规则的产生

在陪审团由证人向裁判者身份转化之后很长一段时间内,几乎都没有什么关于询问证人的规则;证人可以自由地陈述他知道的事实,而不是通过询问的方式陈述事实。由控辩双方通过询问让证人陈述事实的做法最远可追溯到乔治三世的时候。⑪ 但是,当事人可以由律师代理向证人进行交叉询问的权利却是在18世纪初期发展起来的。威格默赋予这一权利十分重要的意义,声称交叉询问权获得承认的一个显著效果,是通过法庭审判中对证人的多重询问而发展出了证据规则,并使其中很多细节的方面自然地成为证据规则中的显著部

---

⑨ 关于这一规则之详细论述,可参见 R. H. Helmholz, Charles M. Gray, John H. Langbein, Eben Moglen, Henry E. Smith, Albert W. Alschuler, *The Privilege against Self-Incrimination: Its Origins and Development*, The University of Chicago Press, 1997.

⑩ Stephen, *supra* note 8, p.447. 乔治二世于1760年去世,乔治三世继位。——Churchill, *A History of the English-Speaking Peoples*, Cassell & Co, 2000, p.443.

⑪ Stephen, *supra* note 8, p.431.

分。⑫ 但是，尽管交叉询问的权利已经发展起来，在开始的时候，对证人进行询问的规则仍然十分稀少，其最基本的要求仅仅是必须平静和公正。按照普通法的诉讼程序，在检察官或私人起诉者作开庭陈述之后，就是对证人进行询问。询问首先由控诉方开始，被称为主询问(chief examination)，然后，如果被告方聘请了律师，则由律师询问，被称为交叉询问(cross-examination)；若被告人没有聘请律师，则由被告人自己进行交叉询问。王室的检察官在被告方交叉询问之后还可以再询问(re-examination)。法官和陪审团在认为必要的时候也可以询问。主询问的目的是让证人以连续而不间断的方式陈述相关的事实，并保证其陈述不至于偏离审判的主题。交叉询问的目的在于：一方面，促使证人讲述其在主询问过程中没有讲述的对被告人有利的事实；另一方面，验证证人在主询问过程中叙述之事实的正确性。再询问的目的在于澄清证人在交叉询问过程中暴露出来的疑点或问题。

询问过程中最主要的规则是，在主询问过程中，不能对证人进行诱导性询问。所谓诱导性询问是指早已设定好答案的询问，再询问过程中不能提出诱导性问题，在交叉询问过程中则允许进行诱导性询问。但是，这一规则在证人看起来可能对本方不利的情况下，可由法官酌情决定不予适用。一个比较普遍的例子是，如果证人在接受治安法官询问时对某一事实有所陈述，而在法庭上却对此事实犹犹豫豫、支支吾吾，则就可以对其提出诱导性问题。⑬

（三）当代英美证据规则的法典化

以上是早期英美法系刑事诉讼证据规则的主要内容。比起早期英美法系的证据规则，现代的证据规则要复杂得多。这些规则都是通过判例的形式逐渐确立的。但是引人注目的是，无论是英国还是美国，都先后走上了成文化的道路，而在成文化的道路上，英国和美国又渐有分道扬镳之趋势。

在英国，证据规则很早就走上了成文化的道路，其最早的成文证据法可能要算 1843 年适用于民事诉讼的《证据法》。⑭ 该法分别于 1845 年、1851 年、

---

⑫ Wigmore, *supra* note 2, p.608.
⑬ Stephen, *supra* note 8, p.430.
⑭ Evidence Act 1843. 这是 *Murphy On Evidence* 一书中列出的年代最为久远的成文证据法典。参见 Peter Murphy, *Murphy on Evidence*, 7th Edition, Blackstone Press, p.viii. 有些中文的证据法著作中提到的 1831 年《委托取证法》(Evidence on Commission Act)（何家弘主编：《外国证据法》，法律出版社 2003 年第 1 版，第 88 页），很可能是有关证据方面的程序法。

1877年、1938和1968年、1972年和1995年修订。[15] 在刑事方面，英国也于1898年颁布了《刑事证据法》[16]，并于1965年、1979年、1984年、1989年和1999年进行了修订；1984年，英国又通过了《警察与刑事证据法》；1988年又通过了《刑事司法法》。[17] 看上去，英国在刑事证据立法方面，似乎是要将证据制度与司法制度的内在目标有机地统一起来。

在美国，证据规则的立法在另一个方向上奋马疾行。1961年美国司法委员会批准建立一个证据规则咨询委员会，首席大法官沃伦任命了一个特别委员会考虑一个统一的证据规则是否可行和适当。[18] 托马斯·格林教授，这一特别委员会的报告人，准备了一份由该特别委员会批准的报告，声称这种统一的适用于联邦法院的证据规则既是适当的也是可行的。爱德华·克利雷教授被提名为咨询委员会的报告人。1969年，《联邦证据规则》的第一个预备草案发表。[19] 修改后的稿本于1970年经司法委员会同意后提交给最高法院。1971年，最高法院将该草案发表以供公众讨论。收到评论并考虑这些评论后，司法委员会对草案进行了再次修订并再次将其提交给最高法院。最高法院在审议并批准了其中一些小小的修订后，于1972年11月20日批准了该法案并予以公布。由于不满意该法案关于证人特免权的规定，议会当即通过了一个法令推迟该证据规则的生效时间，直至议会批准为止。议会对证据规则举行了听证会，在修改了诸多方面后，于1975年1月2日颁布，并于1975年7月1日生效。[20]

尽管英国和美国的证据规则都已经成文化，但是制定法并不是证据规则的唯一渊源。相反，无论在英国还是在美国，判例都是证据法最重要的渊源之一。

---

[15] Civil Evidence Act 1968; Civil Evidence Act 1972; Civil Evidence Act 1995.

[16] Criminal Evidence Act 1898.

[17] Police and Criminal Evidence Act 1984; Criminal Justice Act 1988.

[18] Committee on Rules of Practice and Procedure of the Judicial Conference of the United States, Preliminary Report on the Advisability and Feasibility of Developing Uniform Rules of Evidence for the United States District Courts, 30 F. R. D. 73, 75(1962). 关于最高法院是否有权通过这样的制定法的权力方面的讨论，可参见 Ronan E. Degnan, *The Law Of Federal Evidence Reform*, 76 Harv. L. Rev. 275, 1962, pp. 275-302.

[19] Committee on Rules of Practice and Procedure of the Judicial Conference of the United States, Preliminary Draft of Proposed Rules of Evidence for the United States District Courts and Magistrates, 46 F. R. D. 161(1969.)

[20] Act of Jan. 2, 1975, Pub. L. No.93-595, 88 Stat. 1926(1975).

另外,在英国,欧洲人权公约对国内证据规则也有很深远的影响。在美国,国际人权公约以及其他国际法渊源对于证据法的发展与使用也正在产生广泛的影响。

二、当代英美证据法的主要内容

(一)证据规则的分类

威格默认为,英美法系证据规则的内容可以分为以下四类:第一类是何种事实可以在法庭上用作证据加以出示的规则,即证据的可采性规则;第二类是何种事实必须由谁举出证据加以证明的规则,即证明责任分配的规则;第三类是证据必须向谁出示的规则;第四类是何种主张可以无须举证的规则。[21]

实际上,上述第三类规则虽然与证据规则有关,但多数学者并不将其视为证据规则。在有些著作中,论者将证据规则分为两大类:一是关于何种证据以何种形式进入法庭使事实的审理者知晓的规则,即通常所谓的可采性规则;二是关于证据力评价以及如何认定一个证明已经足够的规则,即证明标准的规则。[22] 笔者认为,其中第一种规则实际上可以分为两大类:一类是出于发现真实之精确性考虑而设置的证据排除规则如传闻规则,一类是出于特定政策考虑而设置的证据排除规则如特免权规则。由于这两类规则的特殊性,以下在介绍时将单独进行。另外,威格默在对证据规则进行这种分类时,实际上将补强证据规则归入了第二类。考虑到这一类规则的特殊性,以下在介绍时亦将单独进行。因此,笔者主张将证据规则概括为以下四类:基于认定事实之精确性考虑而设置的可采性规则、基于特殊政策设置的特免权规则、举证责任和证明标准规则以及包括补强证据规则在内的证明力规则。

(二)证据规则的主要内容

1. 基于发现真实目的设置的规则:可采性规则

可采性规则中的第一类,是基于发现真实的目的而设置,包括关联性法则、品格证据规则、意见证据规则、专家证人规则、传闻法则、证人宣誓与具结规则、诘问与弹劾规则等。它们是英美证据规则的主体和核心内容。之所以说这些规则的目的是发现真实,是因为这些规则在理论上通常被认为是为了防止陪审

---

[21] Wigmore, *supra* note 2, pp. 22-25.

[22] Barbara J. Shapiro, *supra* note 4, p. 2.

团被误导、被迷惑,或者防止陪审团给予这些证据过高的评价而设置的规则。它们与人权保障、特殊的社会政策等均无关系。尽管一些现代学者并不赞同或者不完全赞同这些规则的目的是基于发现真实的目的而设置,但是传统的观点、主流的观点、权威的观点都持这一主张。

通常,一个证据具有可采性的前提是具有关联性。但是,关联性并非可采性的唯一要求。一个有关联的证据完全可以因为符合上述规则的条件而不具有可采性。因此,这些规则很多时候又被称为排除规则,因为其效果就是排除证据。[23] 但是,"排除规则"的说法很容易让人想起"非法证据排除规则"。尽管二者之间有关联,但是为避免混淆起见,本书主张对两个概念予以区分,即可采性规则就是英美普通法上发展起来的有关证据是否能够被容许的规则,非法证据排除规则则是指以美国为典型的、为了保障被告人宪法上的基本权利而发展起来的、对于通过侵犯嫌疑人和被告人宪法权利的手段而违法取得的证据予以排除的规则。后者因其内容和目的均主要是对刑事被告人宪法权利的保护,与英美传统上证据法的主要目的是发现真实这一目的基本上背道而驰,因此本书对非法证据排除规则基本不予涉及。

2. 基于特殊政策设置的规则:特免权规则

证据法的核心部分就是证据可采性规则。英美传统证据法理论认为,可采性规则主要是出于两方面的考虑:一是为提高事实认定之准确性而设立的排除规则,二是出于与认定事实的准确性无关的考虑而设立的排除规则。前者包括品格证据的排除规则、传闻证据的排除规则、过去不良记录的排除规则、意见证据的排除规则以及相似事实的排除规则等;后者则主要是指特免权规则。在英美法系,特免权规则是指对于某一特定事项(particular subject),证人有权选择不作证;或者别人有权阻止某一证人作证的规则。[24] 特免权既包括基于公共利益的特免权,也包括基于私人关系的特免权。

根据克罗斯的论述,对特免权规则的理解主要包括以下方面:第一,由于特免权仅由特定的个人或群体享有,与特免权相关的待证事项通常可以通过其他

---

[23] 在美国,证据排除规则(exclusionary rule)通常指非法证据排除规则。Letitia D. Utley, "The Exclusionary Rule, Twenty-fourth Annual Review of Criminal Procedure: United States Supreme Court and Courts of Appeals 1993-1994 I. Investigation and Police Practices", 83 Geo. L. J. 824, 1995, p.824. 但在英国,证据排除规则则更多地指向以发现真实为目标的证据可采性规则。

[24] Mark Reutlinger, *Evidence: Essential Terms and Conepts*, Aspen Law and Business, 1996, p.195.

证人提供的证言得到证明;第二,特免权的个人性质意味着援引特免权遭到错误拒绝就必然导致他能够成功地上诉或者获得重开审判的命令;第三,根据英国法,不得因为证人主张特免权而对其作出不利的推论。[25] 但是最后这一点显然已经在一定程度上被 1994 年的《刑事司法与公共秩序法》的新规定所否定。[26]

在英国,基于公共政策而必须排除的证据包括以下三项内容:第一,证人不得被问及也不得被允许说出或提供有可能对公共服务机构产生偏见的陈述或书面文书;第二,在有关违反税收法的诈骗案件或者民事案件中,除非法官认为该证据的披露对于表明被告人的无辜是必要的,否则证人不得被问及也不得被允许披露其获得信息的渠道;第三,上级法院的法官不得被迫就发生在其面前的事件在其他审判程序中作证。[27] 至于私人交流性特免权,英国普通法上长期以来获得承认的特免权主要有两项:一是反对自我归罪的特免权,二是法律职业特免权。1981 年的《藐视法庭法》以制定法的名义增加了一种特免权:新闻记者应保守采访过程中知悉的信息的有限特免权(limited privilege for journalists with respect to their sources of information)。[28] 但 1984 年的《警察与刑事证据法》却完全废除了夫妻交流的特免权(privilege against compelled matrimonial communications)[29],同时,也没有任何迹象表明英国准备确立像美国普通法所确立的那样广泛的特免权,其中包括夫妻交流特免权、医生或心理学家与其病人之间的交流特免权以及宗教咨询者与其成员之间的特免权等。[30]

美国的特免权规则曾经在 1972 年联邦最高法院的《联邦证据法》中得到了详尽列举。根据该草案,一共有十种特免权得到正式承认:(1) 制定法要求的报告;(2) 律师与委托人之间的特免权;(3) 心理医生与病人之间的特免权;(4) 夫妻之间的特免权;(5) 牧师与悔罪者之间的特免权;(6) 政治投票特免权;(7) 商业秘密特免权;(8) 国家秘密特免权;(9) 政府信息特免权;(10) 线

---

[25] Sir Rupert Cross & Colin Tapper, *Cross on Evidence*, 7th Edition, Butterworths, 1990, pp.417-418.
[26] Criminal Justice and Public Order Act 1994. See also, Peter Murphy, *supra* note 14, p.408.
[27] John Huxley Buzzard, Richard May, M. N. Howard, *Phipson on Evidence*, 13th edition, Sweet & Maxwell, 1982, pp.272-279.
[28] Contempt of Court Act 1981, s.10.
[29] Police and Criminal Evidence Act 1984, s.80(9).
[30] Peter Murphy, *supra* note 14, p.408.

人身份特免权。㉛ 尽管该法案由于议会对该列举性规定的特别反对而暂时搁置,而且1975年议会正式颁布的《联邦证据规则》也没有列举特免权的内容,但是法官大多主张应以当初草案中列举的内容为标准来解释《联邦证据规则》第501条的规定,联邦最高法院也持此观点。㉜

3. 关于证明责任与证明程度的规则

英美法系证据法关于证明责任(the burden of proof)的问题首先涉及两个基本的概念:一是说服责任(the burden of persuasion);二是举证责任(the burden of producing evidence)。所谓说服责任是指在整个诉讼过程中,在全部证据的基础上使主张事实的各个要素达到一定的可能性或者真相的程度,并在要求的标准上使事实的裁判者相信该事实存在的责任。所谓举证责任是指当事人在诉讼的不同阶段提出证据证明所主张或所反驳的事实使法庭相信该事实存在的责任。㉝ 在陪审团审判的案件中,证明责任规则以另外一种面貌出现,那就是法官在总结时对陪审团作出的指示。法官必须指示陪审团:哪一方必须证明在法庭上提出的争议事实;举出多少证据可以使承担这一任务的一方算是完成了该任务。

在刑事诉讼中,说服责任永远由控诉方承担,举证责任则可以在控诉方与被告人之间转移;说服责任对应的是整个案件事实,举证责任则既可以是特定的案件事实,也可以是某个案件事实的某一方面(比如说,主体不适格);说服责任相应的证明标准是排除合理怀疑,举证责任的证明标准则因不同的当事人而异:对控诉方而言,由于他在总体上必须将案件事实证明到排除合理怀疑的程度,所以对他的证明要求比较高,对被告人而言,则只需要对控诉方所主张的事实提出合理怀疑即可。在刑事诉讼中,被告方不承担说服责任,但是在诉讼的不同阶段,被告方承担一定的举证责任。被告方对阻却违法性事实(包括正当防卫、紧急避险、不可抗力、意外事件)、精神病等事实承担举证责任。被告方的举证仅限于提出合理解释,在被告方提出这一主张并举出相应证据后,控诉方有义务加以反驳,并且必须将与被告方提出的与事实相反的结论证明到排除合理怀疑的程度。㉞

㉛ John Henry Wigmore, *supra* note 2, p.418.
㉜ Ibid., pp.419-420.
㉝ 以上概念主要参见 Peter Murphy, *supra* note 14, p.102.
㉞ *Woolmington v. DPP* (1935) AC 462.

在民事案件中,证明责任分配的一般原则是指说服责任由主张肯定性实体事实的当事人承担,无论该当事人是原告方还是被告方。㉟ 但在决定哪一方主张的是肯定性实体事实的时候,不能仅仅看该当事人对该主张事实之陈述的语法形式,而是必须考察争议事实的实质内容;因为这种语法形式可以随当事人的意愿任意改变,因此不能将实质上的肯定性主张混淆为形式上的否定性主张。㊱ 因此,该证明责任分配规则的实质实际上乃是,一方当事人的主张无论其以肯定还是否定的形式表达,只要对该方当事人的全部肯定性主张构成实质性的组成部分,则该方当事人就要对该主张承担说服责任。

民事诉讼中的举证责任,也可以在原被告双方之间转换。任何一个案件,原告方都必须首先提供足够的证据以便达到"表面可信的证明"。在原告方建立了这样的证明之后,被告方必须在答辩中提出反驳,并举出相应证据证明自己的主张。当然,被告的举证责任也可以转换到原告身上,比如,在侵权案件中,一般情况下被告提出原告具有共同过错的主张,这一主张应当由被告负举证责任,但是如果在对原告的证人进行直接询问或交叉询问的过程中被告的这一主张已经得到揭示,原告就负有举出证据证明其不存在共同过错的责任。㊲

无论是民事案件还是刑事案件,都有一些免证事实,一般包括推定(presumptions)和司法认知(judicial notice)。它是由已知事实(基础事实)推断未知事实(推定事实)的一种方式。推定事实又分为可反驳的推定和不可反驳的推定两种。在刑事诉讼中,无罪推定就是一种典型的推定,但也是可反驳的推定。在民事诉讼中,典型的推定包括:一般情况下,所有人都被推定为正常人;签订合同的主体在合同案件中均视为成年人,等等,当然,这些推定也属于可反驳的推定。㊳ 对于司法认知(judicial notice),学者们基本上不认为是证据,而是将其视为证据的一种替代品,因此在很多著作中对其少有阐述,只是在最后稍作介绍。㊴ 其内容主要包括陪审团认知事实(jury notice)、司法认知事实(adjudicative facts)和立法事实(legistlative facts),其中司法认知事实又包括众

㉟ Joseph Constantine Steampship Line Ltd. V. Imperial Smelting Corporation Ltd., ante; Seldon v. Davidson (1968) 1 W. L. R. 1083.

㊱ Buzzard et al, *supra* note 27, p.45.

㊲ Ibid., pp.54-55.

㊳ Ibid., p.57.

㊴ 例见 Peter Murphy, *supra* note 14, chapter 20.

所周知的事实(common knowledge)和轻易确定的事实(verifiable certainty)。[40]

至于证明的程度,则可能因证明责任主体的不同而有所区别。在刑事案件中,构成犯罪行为的每一个要件的法定证明责任最终都将由控诉方承担,并且必须证明到"排除合理怀疑"的程度。在英国,"排除合理怀疑"已经成为一个约定俗成的为上院赞成的公式。但在最近的20年来,法官又经历了一些其他形式的表述,例如:陪审团必须"满意到确信(satisfied so as to feel sure)"、"完全满意(completely satisfied)",或对被告人的有罪"感到确信(feel sure of the prisoner's guilty)"。有些定罪被推翻,因为法官指示的语言显示控方的证明程度要求太低了,比如,有的法官使用的词汇是"十分肯定 pretty certain"或者"合理确信 reasonably sure"。[41] 在美国,大多数州采用的仍然是"排除合理怀疑"这一经典表述。被告人如果提出精神病的辩护或者减轻责任的辩护,他必须举证加以证明,但只需要达到"优势盖然性"标准即可。在民事诉讼中,证明的责任会由于不同的争点而由不同的当事人承担,其程度上的要求也要达到"优势盖然性"(the preponderance of probability)。但是如果争议的问题属于准刑事问题(quasi-criminal),则证明的标准将介于刑事案件和民事案件的证明标准之间,例如,在移民案件诉讼程序中,证明的标准就要略高于其他民事案件。在诸如此类的案件中,证明的标准提升为"清晰的和令人信服的证据"(clear and convincing evidence)。[42]

4. 关于证据力的规则:补强规则

在英美法系,证据力的评价问题从来都不是证据法关注的重点,因为多数证据法专家都认为,如何评价证据是应当由法官和陪审团自由判断的问题。但是也有一些证据由于看上去如此可疑,因此人们也自然地产生出要求一定的证据对其予以加强的愿望。这就是通常所说的补强证据规则,它在法律上是指为了获得特定的结果比如定罪而要求一些特定的证据必须有另外的独立于该证据的证据加以支持的规则。[43]

英国法并没有哪一条规则要求证明案件事实的证据一定要达到特定的数量,普通法上也没有任何一条规则要求对证据进行补强。但是在某些案件中,

---

[40] Mark Reutlinger, *supra* note 24, pp. 269-277.
[41] See C. Tapper, *Cross on Evidence*, Butterworths, London, 1995, pp. 87-89.
[42] Mark Reutlinger, *supra* note 27, p. 250.
[43] Peter Murphy, *supra* note 14, p. 543.

尤其是在特定的刑事案件中,轻率地接受一方当事人的证明也的确存在着危险。因此,在有些案件中,法官会指示陪审团除非有补强证据否则不能定罪。这类规则适用于刑事诉讼中小孩未经宣誓的证据,或者与某些特定的犯罪,比如伪证罪、超速行驶、容留妇女卖淫等有关的证据。

起初,这一规则在实践中由法官视情况决定是否指示陪审团需要补强证据;逐渐,这种运用越来越经常,并且英国上院最终决定,在某些案件中"补强证据警示"必须作出,否则定罪判决在上诉程序中就会被推翻。在案件不由陪审团审判而由一个单独的法官审判时,或者由治安法官审判时,关于补强证据的要求并不导致如此精心的戒备,因为并不需要将法律的规定以总结的形式向某个决定事实的法官讲述。在离婚案件中,衡量通奸这一事实是否已经得到证明时,如果没有补强证据,法官会拒绝相信有这样的事实,但是法律并不禁止他接受未经补强的证据,只要他认为该证据已经足够。所以,在法官或治安法官审判案件时,"指示"只是在评价证据分量的时候作为一般性指导原则起作用。即使没有按照这一指导原则做到,也不必然引起上诉。

最近,英国已经通过一些制定法取消了对定罪的补强证据规则的限制。换句话说,补强证据规则正在逐渐走向消亡。目前,还存在着补强证据要求的案件已经仅限于叛国、伪证、超速行驶这三项罪名。[44]

(三) 证据规则的复杂性

达马斯卡曾经将复杂性归结为将英美证据法的三大特征之一,就证据规则的外部特征而言,这无疑是正确的。例如,有些证据是否属于某一证据种类从而应当予以排除,在很多情况下是很难判断的。根据意见证据排除规则,证人只能就其感知的案件事实作证,不能发表意见。因此,意见与事实的区分,成为英美证据法的一个重要前提。但是恰恰是在这个问题上,法律有时候很难进行区分。例如,当一个证人在故意杀人案件中作证说他看到被告人当时已经"恼羞成怒"时,"恼羞成怒"这种状态究竟是意见还是事实就很难断定。法律很难要求证人详尽地描述被告人的脸是否发红,红到什么程度,眼睛是否在喷火(眼睛怎能喷火?),等等;同时,即使被告人当时确实发怒,证人又如何得知被告人是"恼羞成怒"而不是因为别的原因而发怒?证人如何了解被告人当时的心理状态?如果法律要求证人作证如此精确,法庭审判可能将不堪重负。因

---

[44] Peter Murphy, *supra* note 14, p.546.

此,英国的实践在很多案件中似乎不去作这样的区分,而美国的法律虽然试图作出区分,但实际上是采取一种"逐案分析"(case-by-case)的方法。不管怎样,这一规则的存在主要是由于"陪审团可能会被引诱盲目地接受证人的意见",并且有可能忽视有经验的法官能够感觉到的可能的缺陷。

证据规则的复杂性是由很多因素决定的。首先,判例法和制定法的同时存在,使得证据规则的研习者经常感觉到无从着手。其次,几乎每一个规则都存在着例外,而且例外的数量远远多于规则的数量,这常常让初学者感到无所适从。传闻规则究竟有多少例外,就一直是一个纠缠不清的问题,其关键原因在于,很多在普通法上视为例外的证据,在制定法上根本就不构成传闻;同时,很多在普通法上不视为传闻的证据,在制定法上却规定为传闻的例外。[45] 另外,证据规则是随时而进的,其发展经历了几个世纪的时间,可以说已经非常成熟了,所以其复杂性同时也正是其成熟性的体现。

指出证据规则具有复杂性是有意义的,虽然这种属性仅仅是一个外部观察者所赋予的一种外部属性,但认识到这一点可以促使我们认真地学习这些规则,在认真学习的基础上作出科学的判断,才可能把握英美证据法当中沁人心脾的重要方面,才能把握其制度的精髓。蜻蜓点水、浮光掠影、浅尝辄止、轻率判断的做法,都是危险的。

三、英美证据法的形成机理

在叙述了证据规则产生的大致过程及其基本内容之后,我们可以考察一下证据法的形成机理。达马斯卡曾经将英美证据法的特征概括为三个方面:一是证据规则的复杂性;二是法律对错误运用证据的极大敏感性;三是法律对事实认定者的证据分析活动明显的控制意图。[46] 笔者认为,这种概括虽有一定道理,但是无法揭示英美证据法更为内在的特征,更没有揭示其形成的内在机理。笔者认为,首先,促使英美证据法形成的第一个因素乃是陪审团审判制度,该制度使英美证据法在诞生之初就打上了陪审团审判的烙印;其次,从总体上看,英

---

[45] 传闻证据排除规则排除的是传闻,如果不构成传闻,则不需要排除。因此,如果一方当事人希望通过适用传闻法则将该证据排除,他必须证明该证据属于传闻,并且不属于传闻规则的例外。因此,区分一个证据究竟是因为不属于传闻而具有可采性,还是虽然属于传闻但可以适用传闻的例外而具有可采性,这是十分重要的。

[46] Mirjan R. Damaska, *Evidence Law Adrift*, Yale University Press, 1997, p.24.

美证据法反映着英美法律制度对人性的深刻体察,这种人性的体察同时渗透着经验主义哲学的特征;最后,从证明标准的角度看,英美证据法的理论基础明显地充斥着实用主义的特征。

(一) 陪审团审判制度的烙印

众多的学者认为,证据法的产生和陪审团有关。塞耶是这一观点最有力的鼓吹者,他声称:"以排除规则为其主要内容的英格兰证据法是陪审团最伟大也是最显著的成就。"[47]塞耶的理由主要在于,如果小陪审团还和它开始产生的时候那样,不是在公开的法庭上,在法官的眼皮底下听取证人证言,而是依赖自身的信息,或者私下里去访问证人,可以说证据法永远也不会产生;正是由于司法对当事人向陪审团举证的监督和控制导致了证据制度的产生。塞耶说,"如果谁想要了解这一制度,就必须将它的这一来源牢记在心。"[48]为了让人们对此来源牢记在心,塞耶在其十二章的《论证据》一书中花了四章的篇幅叙述陪审团的产生和成长过程。在当代,仍然有不少学者认为证据规则乃是为陪审团审判而设置,并以此来解释其与大陆法系证据规则的差异。

不过,塞耶宣称"证据法是陪审团的儿子"[49]这一论断本身也容易引起误解,使人误以为没有陪审团参与审判就没有英美法系的证据规则。但事实上绝非如此。因为,一方面,在欧洲大陆,尽管没有陪审团审判,但是中世纪的时候已发展出很成熟的证据规则。这一事实说明,没有陪审团审判,同样可以产生证据规则,只不过不同的审判机制会产生不同的证据规则。在法官审判的情况下,发展出了关于证据之证明力的精致的规则,这些规则由法官来掌握;在陪审团审判的情况下,发展了关于证据之可采性的精致的规则,这些规则也由法官来掌握,并且成为法官控制陪审团的一种工具。另一方面,即使有了陪审团审判,也不必然导致证据法的产生。因为,陪审团审判制度本身是一个保守的因素,它自己不会积极地产生任何制度。如果证据法是陪审团创造的话,为什么在陪审团审判产生的 12 世纪以及此后的将近 500 年时间中,证据法都没有产生呢?根据英国最早的证据法著作,一直到 1726 年,英国的证据规则也主要仅涉及三个方面的内容:文书的证明(the proof of writings)、利害关系人无资格作

---

[47] James Bradley Thayer, *A Preliminary Treatise on Evidence at the Common Law*, Augustus M. Kelley. Publishers, New York, 1969. p.180.

[48] Thayer, *supra* note 47, p.181.

[49] Ibid., p.47.

证(the disqualification of witnesses for interest),以及按照实体法标准是否存在充分的证据(the sufficiency of evidence according to the criteria of substantive law)。[50] 正如郎本所指出的那样,在16—17世纪,英国的证据法尚未存在,法官对陪审团的指示中并没有关于现代证据法的内容,而律师依照现在的规则应当提出反对的现象也很少发生。直到18世纪至19世纪,证据法才首先在刑事诉讼中产生,然后才延伸至民事诉讼领域。[51]

因此,证据规则的产生与陪审团审判制度实际上并无必然的联系。但是这并不意味着证据规则与陪审团审判没有任何联系。事实上,陪审团由证人身份向法官身份的转变,为证据规则的产生提供了条件。在陪审团依赖自身信息判决案件的情况下,证据规则是不大可能产生的。所以,从1500年以后,当陪审团基本上已经不再依赖自身信息作出判断,而是在法庭上听取证人证言和当事人举出的其他证据,作为其裁决的基础,陪审团此时就不再垄断对事实的认定,因为法官与陪审团一样,也参与了对证据的听取过程。参与这个过程为法官对事实的认定施加自己的影响提供了机会和借口,因为从这时候起他开始有资格也有能力对证据进行评论并就如何适用法律对陪审团作出指示。在证据规则产生的这一前提下,我们也可以理解为什么陪审团产生之初法官没有将认定事实的权力留给自己。等到他们认识到这一权力的重要性的时候,陪审团行使这一权力的事实已经深入人心,想改也改变不了。但是,他们不会轻易放弃对这一权力的争取,对陪审团的指示正是他们分享这一权力的现成的方式,而正是由于法官对陪审团的指示使证据法的产生成为可能。所以,威格默认为,指导性审判的黎明正是证据法的分水岭。也正是在这个基础上,威格默指出,尽管证据法的充分发展是1790年至1830年之间的事情,其产生则应当是在16—17世纪之间,因为正是从那时起,法官对陪审团就证据问题开始作出指示。[52]

在这个意义上,笔者认为,陪审团审判为证据规则的发展提供了条件和契机。在英美法系,逻辑上具有相关性的证据仍然由于证据法的规定而不具有法律上的可采性,这些规则的存在很大程度上是由于人们相信,采纳这样的证据

---

[50] Anon. Geoffrey Gilbert, *The Law of Evidence*, Dublin, 1754. 该书出版于1754年,但是作者死于1726年,书中所述之证据规则自然应当是在他死前存在的证据规则。详见John H. Langbein, "Historical Foundations of the Law of Evidence: A View from the Ryder Sources", in 85 Colum. L. Rev., 1996, p.1172.

[51] John H. Langbein, *supra* note 50, pp.1171-1202.

[52] Ibid., p.1171.

可能会给事实裁判者造成超过它本身应当具有的证据力的评价。在所有关于陪审团容易被不适当的证据误导的理论中,最典型的例子是传闻证据规则。传闻证据排除规则有很多合理的基础,但其中最重要的一条就是,提供传闻的人不能在法庭上接受交叉询问以检验其证言的可靠性;交叉询问由反对他的一方进行,法庭会观察他的一般表现,以及他说话强调的重点,以及他声调的高低等;这一理论背后的东西则是:人们不相信陪审团能够考虑到这种证据的缺陷。[53]

品格证据的排除规则也是由于陪审团审判的影响。无论在英国还是美国,均不许控诉方将被告人的不良品行以及以前的定罪记录或者其他违法行为作为证据在法庭上出示。这一原则的主旨在于防止被告人因为偏见而被定罪。其基础显然是担心陪审团和其他法官对这样的证据给予不应有的重视。换句话说,品格证据规则是为了防止陪审团对这些证据赋予过高的证明力而设置的规则。与大陆法系不一样,关于以前的定罪证据不能在法庭上采纳,英美的法学家提供的解释完全不是因为不具有相关性,而是因为这样的证据容易导致陪审团对被告人产生偏见。对此,美国1947年的一个案件表述得十分明确:"州(政府)不得出示被告人先前被定罪的……这不是因为他的品格与案件无关,相反,而是因为它可能导致陪审团过分看重这样的证据以致形成对被告人的偏见,从而拒绝给予其公正的针对特定指控进行辩护的机会。排除这一证据的至高无上的政策,就是基于这种实际的经验:拒绝这样的证据将会防止对争议问题的混淆,防止产生不公正的惊讶以及不适当的偏见。因此,尽管它有一定的证明力,也必须予以排除。"[54]

在其他没有受到英国普通法影响的国家,对证据的出示和对待通常都采取了更为宽松的态度。在大陆法系,并没有基于事实,裁判者可能会错误地评价这样的证据从而影响事实认定的精确性而将其予以排除的规则。事实是,大陆

---

[53] 早在1811年,普通上诉法院首席大法官詹姆斯·曼斯菲尔德(James Masfield)就指出:"在苏格兰,以及大多数大陆国家,法官既决定争议事实,又决定法律,并且他们认为听取传闻证据没有危险,因为他们相信自己在考虑其对案件的判断时不会考虑这些证据,或者只给予其应有的极小的证明力。但在英格兰,陪审团是事实上的唯一法官,因而传闻证据被恰当地排除,因为没有人知道这些证据将会对陪审团产生什么样的效果。"See *Berkeley Peerage Case*(1811) 4 Camp. 401. See from, W. R. Cornish, *The Jury*, p. 84.

[54] *Michelson v. United States*, 335 U. S. 469, 475-476(1948).

法系受过训练的法律家几乎全体一致地认为,这样的排除规则是不能接受的。㉕ 比起英美法系的法律家,他们对外行法官在作出决定时不给予某些证据不适当的考虑的能力方面更有信心。但是,在通过立法预见将来方面,他们比英美法系的法律家更加悲观,因为他们不相信在预见特定种类的证据对认定事实的影响的基础上,可以成功地制定一套关于证据的法律规则。郎本曾经指出:在我们的审判法庭上,无论是民事诉讼还是刑事诉讼,你都可以听到律师们不断地打断(对方律师对证人的询问)并提出基于证据规则的反对;人们对这些咒语是如此熟悉,以致它们已经进入公共文化领域;闭上你的眼睛,你就可听到佩雷·马森或相似的电视中传出严厉而掷地有声的反对:"不具有实质性!""传闻!""意见!""诱导性问题!"而当我们切换频道,来到法国或意大利或瑞典的法庭,你便再也听不到这些声音了。㉖ 郎本还指出:"在过去的20年间,我曾经经常参观德国的民事和刑事诉讼程序。我听到过很多传闻证言,但是从未听到过反对此类证言的声音;我也听到意见证据在法庭上如潮水一般汹涌而至,却没有遭受任何抵抗。"㉗

所以,恰如塞耶等证据法学者所声称的那样,正是排除那些可能导致陪审团作出错误判断的需要,以及指示他们如何对待被容许的证据的愿望,共同构成了今天英美法系发展出如此精致和正式的证据法的首要原因。㉘

(二) 经验主义的人性基础

英美证据法是建立在人性经验的基础之上的。正如威格默所言:它与专利法不一样,不是规定一道法令就得到确立的制度;它与德国民法典一样,是法学家们共同努力的结晶。㉙ 它的形成是一个逐步发展的过程,这个过程凝结了法学家、法官、律师的经验以及普通人的人性,律师、证人、陪审员的人性。人类可能的缺陷、证人的不值得信赖的方面、当事人过于偏执的热情、偷偷摸摸的狡辩,陪审员不加修饰的推理、强烈的非理性情感等,均深深地刻印在英美证据法的规则当中。成千上万的审判形成了这些证据规则,法官和律师对审判的观察

㉕ Miryan Damaska, "Evidentiary Barriers to Conviction and two Models of Criminal Procedure: a Comparative Study", in 121 *U. Pa. L. Rev.* 506, 1973, p.514.

㉖ John H. Langbein, supra note 50, p.1169.

㉗ Ibid.

㉘ Thayer, *Evidence*, p.47; G. D. Nokes, "The English Jury and the Law of Evidence" (1956) 31 *Tulane L. R.* 153.

㉙ John Henry Wigmore, *supra* note 2, Vol.1, p.632.

和体验使他们加深了对人性缺陷的认识。陪审团对证据法的形成也不是毫无贡献,至少它使人们认识到了人类的这些缺陷。陪审员完全由未受过专业训练的外行人组成这一事实,一方面体现了英美国家对人类普遍认识能力的认同,从而将发现真实和伸张正义的责任放在了普通人的肩上;另一方面,正因为他们都是普通人,所以人们也不会对他们提出断案如神的期望,因而设置规则进行约束也就顺理成章了。证据规则就是这样一种机制,它使律师的诡计常常处于对方当事人及其律师和法官的监督之下,使法官的偏私在证据规则面前有可能束手无策,也可能使陪审员的无知在证据规则的约束下得到适当的弥补。

证据法既是人类弱点的体现和反映,同时也是人类经验的总结。恰如英美证据法学者所总结的那样:"证据规则建立在以下基础之上:宗教的慈善、自然的哲学、历史的真理以及日常生活的一般经验。"⑥ 众多的证据规则都是建立在经验的基础之上,它们在一定程度上可以说是人类共同智慧的结晶,并且证据法的发展过程也是人类认识能力日益增强的过程,证据法的发展同步体现着人类智慧的增长。对陪审团的不信任从而设置了众多的排除规则,这本身也是一种经验的总结;同样,将认定事实的职责交给陪审团这样一个未受过法律训练的团体,又是对人性乐观一面的肯定。有些证据规则虽然显得有些刻板,但是其中却充斥着经验的智慧。例如,传闻证据一般都予以排除,但是临终遗言却可以采纳,因为人们的一般经验告诉我们,一个人在临终时所作的陈述更具有打动人心的力量。另外,当事人所作的不利于己的陈述,也作为传闻证据排除规则的一个例外而具有可采性⑥,就是因为人们的经验告诉我们,一个正常的、理智的人一般不会编造对己不利的谎言。同样,相似事实必须排除的例外规则也体现着经验的理性,正如墨菲在评价史密斯诉英国一案时所指出的:一个人头一次在刚刚举行婚礼后就失去其亲爱的妻子也许被视为不幸,第二次在同样的环境下失去其妻子也许被视为不慎,第三次还在同样的条件下失去其妻子则太像是谋杀了。⑥ 相似事实能够被采纳为证据,在这个案件中实际上就是因为人类的经验认为,同样的不幸不可能如此惊人相似地发生在同一个人身上。

值得注意的是,本章所称的"经验主义",并不是在与"理性主义"相反的意义上使用的概念;恰恰相反,它是在与理性主义相容的意义上使用的概念。从

---

⑥ Wigmore, *supra* note 2, p.665.
⑥ Fed. R. Evid., rule 804(b)(3).
⑥ Peter Murphy, *supra* note 14, p.179.

二者对立的角度而言,经验主义和理性主义均是在16—18世纪发展起来的哲学流派。其中,经验主义是以英国的培根、霍布斯、巴克莱、洛克、休谟等为代表的、以承认观念和知识起源于经验这一事实为基本主张的哲学学派。理性主义则是以欧洲大陆的笛卡尔、斯宾诺沙和莱布尼茨等为代表的、以"凡是具有普遍必然性的真知识都不能从感觉经验得来而只能起源于理性本身"为基本主张的哲学流派。由于经验主义的代表人物主要集中于英国,理性主义的代表人物主要集中于欧洲大陆,因此,理论上又有"英国经验主义"和"大陆理性主义"之说。从二者相容的角度而言,无论是经验主义还是理性主义都反对天主教理论神学和经院的哲学方法。因此,理性主义又有广义和狭义之分。狭义的理性主义就是在与经验主义相反的角度界定的理性主义,广义的理性主义则包括所有推崇人的理性,反对那种以神为中心、崇尚信仰至上的经院哲学的哲学思潮。正是在这个意义上,经验主义也属于理性主义的思想阵营。正如学者所言,"那种把经验主义与唯物主义、理性主义与唯心主义等同起来,并且因此把经验主义与理性主义的斗争和唯物主义与唯心主义的斗争等同起来的做法,是把复杂的哲学斗争简单化,是不符合史实的。"[63]

正是在经验主义与理性主义作为相容概念的意义上,英美证据法常常被视为理性的结晶,而这背后又是自然科学发展到一定程度的结果。有论者指出,无论是经验主义还是理性主义的哲学家,都有一个共同的思想根源,那就是在当时自然科学上所建立的数学—力学的世界图景下,把自然和人、物质和精神截然地对立起来。[64] 正因为如此,很多法学家都认为,证据法的产生是科学方法在哲学中的运用所导致的结果。首先,理性主义的兴起使人们相信真相是可以通过科学的方法发现的,而不需要诉诸神灵的力量。因此,水火考验、共誓涤罪等将真相的发现诉诸于上帝的审判方式逐渐消亡,而通过在法庭上举证证明的审判方式逐渐兴起。因此,对人类理性的推崇,是证据法产生的思想基础。[65] 其次,正是这种以科学为背景的理性主义在法律制度方面导致了实体与程序的分野和事实与法律的分野[66],而事实与法律的分野又导致了对认定事实的精致

---

[63] 陈修斋主编:《欧洲哲学史上的经验主义和理性主义》,人民出版社1986年版,第60页。
[64] 参见陈修斋前引书:《欧洲哲学史上的经验主义和理性主义》,第21页。
[65] Ellen E. Sward, "Values, Ideology and the Evolution of the Adversary System", 64 *Ind. L. J.* 301, 1989, p.325.
[66] Ibid., p.326.

化要求,从而产生了以防止陪审团被误导为核心的证据可采性规则。

台宁指出,从吉尔伯特到边沁,从威格默到麦考密克,都明确或默示地认为,英美证据法的理论基础就是乐观理性主义。该理论认为,对于过去事实的正确认识,可以而且只能通过对证据进行理性的推理而获得,从而,法律的目的就是通过对事实材料的精确决断而获得正确的决定。[67] 因此,理性主义哲学观,正是证据法得以诞生的思想动力,也是其延续生命的思想基础。

(三) 实用主义的证明哲学

虽然在大多数证据规则方面,英美国家的制度显示出乐观主义的倾向,但是在证明标准规则方面,它更多地体现着实用主义理念。对于认识的程度,西方主流的认识论理论都认为,客观世界虽然可以认识,但是这种认识无法达到绝对真实的程度。因此,英美法系的那些证据法学家一方面承认:获得特定的过去事实的知识是完全可能的;[68]另一方面他们又认为,在审判过程中对于过去事实获得绝对确定的知识是不可能的,所能获得的是关于过去发生之事实的一种可能性(probability),而不是确定性(certainty)。[69] 正是在这样的思想原则下,英美的证据规则将民事诉讼的证明标准定为"优势盖然性标准",而刑事诉讼中定罪的标准只是"排除合理怀疑",而不是排除一切怀疑。这无疑体现着实用主义的哲学理念。

实用主义哲学起源于亚里士多德的实践理性论。亚里士多德的实践哲学开始于他的这一判断:任何人都可以在特定情境下决定何为正确,而不需要一个关于何为正确的普遍的理论。亚里士多德哲学激发了现代很多哲学,其中包括两大主要派别:一是现代解释学,二是美国的实用主义哲学。无论是解释学还是实用主义哲学,均强调亚里士多德的实践理性这一主题。[70] 它主张的是具体情境化的解释工作,反对的是包罗万象的宏大理论,强调的是对复杂问题的有效解决。

排除合理怀疑证明标准的确立就是实用主义精神的典型体现,它反映了英

---

[67] William Twining, *Rethinking Evidence: Exploratory Essays*, Northwestern University Press, pp.71-73.
[68] Ibid., p.73.
[69] Peter Murphy, *supra* note 14, p.3. 此处"确定性"指的是科学上的确定性,而不是前文所说的盖然意义上的确定性。
[70] 关于现代解释学和美国实用主义哲学发端于亚氏实践理性论之论断,参见 William N. Eskridge, Jr. & Philip P. Frickey, "Statutory Interpretation As Practical Reasoning", 42 *Stan. L. Rev.* 324.

美国家在追求事实真相与保障人权、树立司法裁决的终局性等方面的价值上的妥协。他们正确地认识到,在诉讼中要完全做到既不冤枉一个好人又不放纵一个坏人是不可能的;他们还正确地认识到,在诉讼中追求真相必须付出代价,而且很多时候即使付出代价也不一定能够获得圆满的答案。如果对于一切案件的定罪标准,都要达到排除任何其他可能性,包括不合理的可能性,既是不可能的,也是不必要的。在诉讼中追求完美的结果既是不必要的,也是危险的。因为,"正是那些期望将祖国变成天堂的努力总是把她变成了人间地狱。"[71]

四、英美证据法的诉讼功能

传统证据法学理论认为,证据规则的首要价值是保证发现真实。本文并不否认证据规则在这方面的意义,但是并不认为证据规则的首要任务是保证真实的发现。本文认为,将证据规则的功能仅仅归结于发现真实至少是片面的,因为证据规则的不同种类实际上就已经代表了不同的功能。墨菲在其著述中将英美法系的证据规则分为八类:(1) 结构性规则(structural rules),其功能在于为法庭审判中如何处理有关证据的问题提供一个基本的框架,例如,关于举证责任与证明标准、展示资料的认证等方面的规则;(2) 优先性规则(preferential rules),其目的在于当较高质量的证据可以获得时避免接受较低质量的证据,如最佳证据规则等;(3) 推理性规则(analytic rules),其功能在于避免接受从经验上看可能不可靠的证据,如传闻证据规则等;(4) 预防性规则(prophylactic rules),其作用在于防止那些陪审团可能无力对其进行客观判断的证据,或者陪审团可能赋予其不适当的证据力的证据(prejudicial evidence:可能导致偏见的证据),如前科的排除规则等;(5) 简单化规则(simplificatory rules),目的是对数目庞大的材料进行简化以使陪审团能够掌握的规则;(6) 数量规则(quantitative rules),目的在于限制证据出示的重复累赘或要求在证据数量方面达到一定的要求,比如补强证据规则等;(7) 政策性证据规则(policy-based rules),其目的在于保护特殊的亲密关系或者国家秘密等,如特免权规则等;(8) 自由裁量规则(discretionary rules),它允许法官为了正义或审判的迅速进行而不理会某些证据规则。[72]

---

[71] 转引自 F. A. Hayek, *The Road to Serfdom*, ARK Paperbacks, 1986, p.18.
[72] Peter Murphy, *supra* note 14, 2000.

从以上规则来看,证据规则的功能是多元的,仅仅从任何一种目的论的理论出发,都不足以解释众多证据规则的价值和意义。从英美证据法所服务的诉讼程序来看,我们认为,总体上,英美法系证据规则主要具有三大主要功能:第一,绝大多数证据规则均在一定程度上有利于保障诉讼中真实的发现;第二,以提高认定事实之精确性为目标的排除规则加强了裁判事实的可接受性;第三,以当事人举证为基础的举证责任规则加强了英美法系法庭审判的对抗式特征。兹分述如下:

(一)加强认定事实的精确性

毋庸置疑,任何一个诉讼制度要想正常运转,至少都必须在一定程度上声称自己发现了真实,而且能够最大限度地发现真实。如本文一再强调的那样,裁判事实的可接受性可以通过多种渠道获得,而且在通常情况下,一个符合客观真实的裁判往往会比明显看上去不符合客观真实的裁判更具有说服力,从而也就更具有可接受性。英美法系的诉讼程序并不将发现真实视为诉讼的唯一目标,也不将其视为最高目标。但是这并不是说英美法系的诉讼程序不需要发现真实。实际上,根据传统的证据理论,大多数的排除规则都是为了保障陪审团不受误导而设置的,也就是说是为了保障发现真实而设置的。英美的制度一方面通过表示对陪审团的不信任,从而将很多表面上看起来容易引起误导的证据排除出审判法庭;另一方面它还通过对抗制的举证方式,尽量避免在认定事实的过程中出现遗漏的信息,并避免出现错误的裁决。

正因为如此,美国《联邦证据规则》第102条开宗明义地规定:"解释本法应力求执法之公平,避免不当之耗费与拖延,促进证据法的成长与发展,以达发现真实及公正裁判之目的。"[73]换句话说,证据法的目的就是发现真实和公正裁判,其中的公正裁判又服务于发现真实。因为,此处所说的公平,通常解释为《联邦证据规则》第403条所规定的为避免不公正的偏见、误导陪审团、混淆争点、拖延诉讼、累积证据而排除有关联的证据。排除此类证据既是出于公正的考虑,同时也有助于真实的发现。这是法典上对于发现真实作为证据规则之主要目的和功能的立法确认。

当然,认定事实的精确性可以作为裁判可接受性的来源,从而也就不具有终极的价值。但是,一方面,很多英美的学者都习惯于将诉讼中的发现真实作

---

[73] Fed. R. Evid., Rule 102.

为一项重要的价值,甚至作为一项终极目标加以强调,因此发现真实总是给人一种很深的印象;另一方面,加强认定事实的精确性、加强法庭审判的对抗性等内容,实际上都是相互影响、彼此依存的关系。可以说英美证据制度的各个方面都是在长期的历史发展过程中形成的这种相互依存、相互影响、互为表里的关系。

值得指出的是,虽然以可采性为主体内容的证据法的主要目的是发现真实,但英美法系其他法律制度如对抗制、非法证据排除规则等却对这一主题明显存在冲淡的效果。关于对抗制对发现真实的影响,一方面,不断地有学者论证对抗制对发现真实的积极意义;[74]另一方面,不断地有学者主张对抗制妨碍了真实的发现。[75] 而在非法证据排除规则领域,一方面,不断地有判例声称证据排除规则有利于保障法庭审判的纯洁性;另一方面,又不断地有学者质疑非法证据排除规则的这一功能。[76] 一方面,多数人认为,对质权、反对自我归罪的特免权以及非法证据排除规则是宪法上保障人权的重要措施;另一方面,当受害人在遭受这些规则蹂躏的时候,人们对这样惨无人道的规则表示了由衷的怀疑。[77] 因此,无论从哪个角度出发,这一制度的确在加强裁判事实的可接受性、保障无辜的人不被错误定罪、加强法庭审判的纯洁性、加强法庭审判的对抗性方面,远远超出大陆法系国家以及其他非英美法系国家;而在强调发现真相方面,则英美的制度又明显地显示出其对这一价值的漠不关心,只有证据规则是这一现象的例外。

(二) 加强裁判事实的可接受性

笔者认为,绝大多数基于认定事实的精确性而设置的证据排除规则其根本目的都是为了获得或者加强裁判事实的可接受性亦即裁判事实的正当性、合法性(legitimacy)。虽然我并不赞成将裁判事实的可接受性作为证据规则唯一的

---

[74] Marvin E. Frankel, "The Search for Truth: An Umpireal View", 123 U. Pa. L. Rev., 1975, 1031.

[75] Joseph D. Grano, "The Adversarial-accusatorial Label: a Constraint on the Search for Truth", 20 HVJLPP 513, 1997, p.513 infra.

[76] Akhil Reed Amar, The Constitution and Criminal Procedure: First Principles, Yale University Press, 1997, p.24. Amar 的观点是,当一个证据被排除出法庭从而导致法院作出了一个错误的判决的时候,所谓法庭审判的纯洁性也就不复存在了。

[77] 在一个强奸案件中,一名少女被6人轮奸,案发后为实现被告人的"对质权",该少女在法庭上被被告律师连续询问了12天。——Jenny McEwan, Evidence and the Adversarial Process—The Modern Law, 2nd Edition, Hart Publishing, 1998, p.273.

价值目标,但是它却至少是其中最重要的目标。发现真实实际上是服务于这一目标的,因为任何诉讼最终都必须解决其裁判事实的可接受性问题,却不一定要解决发现真实的问题,尽管真实的发现在多数场合可能会更有助于解决裁判事实的可接受性。

对于裁判事实的可接受性,查尔斯·尼桑曾经精辟地指出:裁决的可接受性是法律能够道德化和具有教育功能的关键,因此,审判尽管表面上看起来是一个发现真实的过程,而实际上则是一个剧场,是一场戏剧,公众通过参与而从中吸收应当如何行为的信息;尽管促进裁判事实精确性的措施通常也会促进裁判事实的可接受性,但是事情却并不总是这样;不仅如此,有些证据原则只能这样来理解:它们的目的不是为了获得裁判事实的精确性,而是为了获得裁判事实的可接受性。[78] 例如,历来被视为为保障发现真实而设置的传闻排除法则,就是一个典型的例证。传统上一直认为,传闻规则是为保障发现真实而设置的规则,但实际上,如果传闻法则是为了保障真实的发现,这一规则排除的就应当是不可靠的证据,而将比较可靠的证据作为例外赋予其可采性。实际上并非如此,往往是那些较有可靠性的证据被排除,而作为例外被赋予可采性的证据则不一定可靠。[79] 但是,他们仍然在坚持这一规则,原因即在于,这一规则虽然在一定程度上阻碍了真实的发现,但是它有助于实现裁判事实的可接受性。对此,尼桑作了精辟的分析。尼桑认为,传闻规则不能起到促使公众立即接受裁决的作用,因为可接受性可能会使公众要求法官考虑一切与案件有关的材料,而传闻证据通常也被认为具有相关性。但是,传闻证据规则可以使裁判认定的事实具有持续的可接受性。因为,未经交叉询问的传闻,可能会在裁判作出后受到改变,从而使裁判事实的可接受性大打折扣。而经过交叉询问的证言则可以降低证人改变证言的危险;而且,即使证人日后改变说法,由于交叉询问,他先前在法庭上所作证言的可信性也会高于其改变后的证言。[80] 由此可见,以裁判事实的可接受性来解释证据规则的理论更加具有可接受性。

关于司法审判的目的在于实现裁判的可接受性,从而证据规则的主要目的

---

[78] Charles Nesson, "The Evidence or the Event? On Judicial Proof and the Acceptability of Verdicts", 92 *Harv. L. Rev.* 1359.

[79] Christopher B. Mueller, "Post-modern Hearsay Reform: the Importance of Complexity", 76 *Minn. L. Rev.* 367,详见第 370—376 页。

[80] Charles Nesson, *supra* note 78, pp.1374-1374.

也就在于实现裁判事实的可接受性这一点,理论上并不是不存在争论。有论者甚至指出,重建考验或决斗的审判方式在今天会被认为野蛮,但它们曾经被社会相信是最具有使人屈服之能力的争端解决方式。[81] 这一论断无疑是正确的,但是裁判事实的可接受性却并不等于一种司法制度执行其裁决的能力。毫无疑问,在专制的政府体制下,法院可能会最有能力执行其生效裁判,但是这种裁判的执行力不是来自其裁判的合法性,而是来自公开的恐怖和暴力。马克思·韦伯在论及权力与暴力之关系时曾经强调,对于政治团体来说,暴力既不是唯一的,也不是通常的管理手段,它们的领导人经常使用各种手段来贯彻其目的,其中也包括暴力,但是暴力始终都是特殊的,而且到处都是最后的手段,只有在其他手段失灵的情况下才会使用。[82] 在现代社会中,诉讼的终极目的一是要解决纠纷;二是要将一些基本的价值推行于整个社会;诉讼的过程实际上始终离不开这两个基本目标;而一切诉讼规则和证据规则也都必须服务于这两个基本目标。如果暴力始终是作为最后的手段而不是作为经常性手段,这样的目标就需要通过加强裁判的可接受性而获得实现。正是在这个意义上,我们说裁判事实的可接受性乃是证据规则的终极目标,是所有证据规则都必须服从的价值取向。也正是在这个意义上,中世纪的考验审判以及决斗审判,虽然具有使人服从的力量,但是这种力量显示的不是其裁判的可接受性,而是该制度所具有的强迫服从性。

尽管仍然有不同的声音,司法审判目的在于实现裁判事实的可接受性这一观念,在英美法系证据法学理论中已经日益成为共识。墨菲的《论证据》一书,开篇就是关于司法审判性质的界定:"审判是对过去发生事实的调查,其主要目的在于建立一个关于过去事实的可接受的可能性,这种可能性赋予法官赋予或拒绝当事人某种救济请求的权力。"[83]而且,"司法审判并不是追求过去发生之事实的最终真相的探索过程,而是建立一种关于发生过什么事情的版本,这个版本对于过去发生之事实的正确性必须达到可以接受的可能性。"[84]还有一些作者虽然不赞成将"可接受性"作为证据规则服务的目标,因为他们认为,如果一套规则公开宣称它仅仅是服务于一个制度所呈现的表象,它将无法成功地

---

[81] Note, "The Theoretical Foundation of the Hearsay Rules", 93 *Harv. L. Rev.*, p.1813.
[82] 参见马克思·韦伯:《经济与社会》,林荣远译,商务印书馆1998年第1版,第83页。
[83] Peter Murphy, *supra* note 14, p.2.
[84] Ibid.

实现这一目标；但同时亦表示，社会必须对审判制度的结果怀有信心的需要至少是证据规则呈现当前这种状况的重要原因之一，而这种需要在刑法领域又被最大限度地戏剧化了：当我们观察剥夺自由、财产乃至生命的惩罚时，公平的感觉对于我们的良心获得安宁而言显然是至关重要的。⑮

为什么在陪审团审判的早期没有产生为获得裁判事实之正当性而产生的证据规则，而直到18世纪末期才产生这样的证据规则呢？难道12世纪、13世纪的裁判就不需要正当性吗？如果需要的话，此时的裁判正当性又来自何方？为了说明这一点，有必要简略回顾一下陪审团审判的历史。在证据规则产生大约二百年以前，陪审团在一定程度上具有证人的特征。⑯ 这一点至少可以从两个方面得到证实。首先，陪审团的成员必须是来自争议发生地点的邻人。福特斯鸠告诉我们，至少有4名成员必须是来自主张的事实发生地的百户邑。⑰ 从陪审团的组成人员的地域限制我们可以看出，早期的陪审团的成员至少有一部分是了解案件事实的人，或者是对于了解案件事实具有便利条件的人。其次，陪审团的裁决如果被推翻，则作出该裁决的陪审团成员要受到处罚。他们原来的裁决被认为是作伪证。这一点可以从当时大小陪审团的组成得到论证。刚开始的时候，大陪审团的成员也是小陪审团的成员，有时候，在大陪审团决定被告人是否有罪的时候，为了更具有代表性，更多的人被加进来；有时候，只有部分大陪审团的成员参加决定嫌疑人是否有罪的程序。⑱ 也就是说，在小陪审团决定案件时，至少其中的一部分成员并且是大部分曾经参加过大陪审团的调查和起诉工作。这样，如果小陪审团的裁决与大陪审团认定的事实不一致，这样的裁决就表示陪审员的裁决前后矛盾。同样的陪审团在不同的场合作出不同裁决，这与证人在不同的场合作出不同的陈述没有本质上的区别。所以，他们必须以伪证罪论处。

至于陪审团的证人身份何时才正式转化为法官身份，在史学界并无定论。可以肯定的是，这是一个逐步发展的过程。首先，陪审团成员的地域限制在逐步放松，必须来源于案件发生地的陪审团成员数目在逐渐减少。在民事案件

---

⑮ Note, *supra* note 81, pp. 1811, 1807.

⑯ 对陪审团从证人向法官身份的转换，可参见 John Marshall Mitnick, "From Neighbor-witness to Judge of Proofs: the Transformation of the English Civil Juror", 32 *Am. J. Legal Hist.* 201.

⑰ W. S. Holdsworth, *A History of English Law*, Vol. 1, London 1956, at 313.

⑱ Ibid., at 324.

中，这一数字在1543—1544年间是6，但在1584—1585年间在私人争讼案件中这一数字减少到2。到1705年，法案的规定是只要是来自本郡就足够了。但是，直到1826年，在刑事案件中必须有陪审员来自百户邑的规定才被最后废除。⑧⑨

既然陪审团是以了解案件事实真相的证人身份对案件进行裁判，不需要证据规则是很自然的。同时，他们也无须为裁判理由提供正当性说明——试想一下，有哪个证人会为自己所了解的案件事实进行推理性论证呢？了解这一点，对于我们理解当今英美法系陪审团至今无须为其裁判提供理由具有至关重要的意义。毫无疑问：证人无须为自己了解的案件事实提供理由，只有当陪审团不再是证人，而是成为听取证人证言、审查当事人出示的其他证据的事实裁判者的时候，陪审团才需要为其认定的裁判事实提供推理性论证。

即使在陪审团逐渐脱离了证人的特征以后，也没有人想到要求陪审团为自己认定的案件事实提供一个正当性说明。这样的社会需要发展成为一种通过证据规则体现出来的制度也经历了一个逐步发展的过程。这主要是因为，第一，法官仍然掌握着控制陪审团的工具，那就是，直至18世纪晚期，英美法系的法庭审判仍然保持着一元化法庭的运转模式，法官对事实认定过程的控制远远超过了我们现在所看到的程度。法官可以与陪审员进行非正式的交谈，并且可以对陪审团进行详尽的指示。最后，如果陪审团提供的裁决不能令他满意，他可以行使自由裁量权指令重审，甚至一些有个性的法官还要求陪审团退出法庭重新评议。⑨⑩ 因此，通过证据规则控制陪审团的需要尚未产生。第二，陪审团裁决从一开始就被视为是"上帝的裁决"，在陪审团审判实行的最初几百年时间里，陪审团的声音一直被视为上帝的声音。当人们的思想意识还没有从蒙昧中完全解放出来的时候，要求为法院判决提供推理的想法也是不现实的。在这一方面，英美法系的发展一直落后于大陆法系；甚至可以说，二者的发展方向简直是背道而驰的。在大陆法系，古罗马法中就存在着"法律理由停止之处，法律本身也停止"⑨①的法谚。而直到今天，英美法系的法官在作出裁判时也不会就事实问题进行推理性论证。可以说，英美法系的诉讼制度从一开始就强调裁判结果的神圣性（无论实际上裁判结果是否具有这种性质）。对此也可以从证

---

⑧⑨ Holdsworth, *supra* note 87, at 313.
⑨⑩ John H. Langbein, "The Criminal Trial before the Lawyer", 45 *U. Chi. L. Rev.* pp.284-300.
⑨① 参见〔德〕卡尔·拉伦茨：《法学方法论》，陈爱娥译，商务印书馆2003年版，第226页。

据规则本身的变化得出结论。在现代的证据规则产生以前,最主要的证据排除规则就是利害关系人不得作证的规则,这一规则是通过证人宣誓制度运转的:凡是与案件结果有利害关系的人均不得提供宣誓证言,因此,这一制度实际上将证人证言的可靠性建立在对上帝的信任的基础上。相反,当证据规则发展起来的时候,证人证言的可靠性是通过律师对证人的交叉询问来保证的。㉒ 因此,我们有理由相信,启蒙思想的逐步传播使人们不再将陪审团裁判视为上帝的声音。在陪审团审判刚刚确立的时候,这种审判方式仅仅是蒙昧的、具有迷信色彩的古老的弹劾式诉讼的替代物。从某种意义上说,陪审团审判之所以能够取代古老的考验的审判方式,是因为它在很多方面与这些审判方式一样,均诉诸于非理性的价值。㉓ 因此,人们将陪审团的裁决视为上帝的声音是很自然的。这种做法一方面起到了替换古老的证明方式的作用,另一方面可以加强裁判的正当性及可接受性。然而,到了近现代社会以后,人们日益不能满足于这种非理性权威的裁判,因此必须寻求新的加强裁判事实可接受性的手段。换句话说,在新的历史条件下,要维持陪审团审判的正常运转,就必须为这一制度寻求新的正当性根据。正是在这种情况下,证据规则应运而生。

从大陆法系证据规则的稀缺也可以得知其法官为何会对事实的认定给出详尽的理由。在大陆法系法院的判决中,法官不仅有义务明确法庭认定的事实,而且有义务为每一个结论提供证据支持以及由证据导向事实认定的推理环节。㉔ 大陆法系甚至认为,没有解释的判决是可怕的。㉕ 我们只能认为,由于大陆法系不存在对证据资格进行预先审查的规则,所以只能以事后补救的方式,通过对判决进行充分的说理来获得裁判事实的可接受性。然而心理学研究表明,"在证据与结论之间,似乎存在着宛如跳跃一般的中断。直觉的低语、冲动的意志乃至本能的情感,他们联合起来作出一项判决。"㉖因此,通过这种方式获得裁判事实可接受性的做法实际上意味着一种冒险。曼斯菲尔德勋爵曾经

㉒ 对此,可参见 John H. Langbein, *supra* note 50, p.1200.

㉓ 类似看法可参见 William L. Dwyer, *In the Hands of the People: The Trial Jury's Origins, Triumphs, Troubles, and Future in American Democracy*, Thomas Dunne Books, St. Martin's Press, New York, 2002, p.36.

㉔ 关于大陆法系判决书的风格,读者可参见宋冰:《读本:美国与德国的司法制度及司法程序》,中国政法大学出版社1998年版。

㉕ Damaska, *supra* note 46, p.44.

㉖ Ibid., p.42.

给一个新任命的殖民地法官提出过一个脍炙人口的建议:"给出你的决定,因为它可能是正确的;但是不要给出你的理由,因为它们可能是错误的。"⑰从这个角度来看,英美法系在这一问题上采取了比大陆法系更为明智的做法,因为人们对证据作出反应的因素实际上很难以命题的方式来表达。⑱正是在这个意义上,英美法系的诉讼制度被设计为对证据资格进行严格的预先审查的制度,并且在陪审团作出裁决以前,很多司法辖区都允许法官就案件中的证据对陪审团作出指示。对此,达马斯卡正确地指出:"英美(证据)法的生命力不仅源自防止出现实体错误的愿望,而且源自对不可预测之陪审团裁决的合法性的事先支持的愿望。"⑲

(三) 加强法庭审判的对抗性

兰斯曼认为:"对抗式诉讼不能简单地视为一个单个的或一些共同的技巧,它是一个统一的观念,这一观念通过对一系列相互作用的程序起作用,而每一个程序对于整个程序而言都有真正重要的价值。对抗式诉讼的核心原则就是,激烈冲突的争议双方在一个精心设计的法庭辩论程序中举出证据,这样的举证最有可能为法官提供充分的信息,通过这些信息,中立、消极的法官能够以既能让当事人接受也能让社会接受的方式作出解决纠纷的决定。"⑳

不幸的是,在证据规则与对抗式诉讼的关系问题上,英美法系的学者更多地关注对抗式诉讼对证据规则在形成和发挥作用方面的影响。郎本指出:证据法的产生是对抗式的刑事诉讼迅速发展的结果,正是刑事诉讼中双方激烈的对抗,导致了大量证据规则的产生,这些规则后来又延伸到民事诉讼。㉑ 克罗斯也将对抗式诉讼作为证据规则产生的原因之一。㉒ 达马斯卡甚至更进一步认

---

⑰ James Gobert, *Justice, Democracy and the Jury*, Dartmouth Publishing Company Limited, 1997, p.19.

⑱ 即使是在现代社会,陪审团审判的方式对于裁判的可接受性而言在很多情况下仍然具有法官审判所不可比拟的优越性。正如德怀尔所言:"尽管经过了很多世纪,我们已经积累了很多知识、智慧与先例,仍然有一些案件如此棘手,对我们的道德情感如此富于挑战性,如此难以通过法律推理的方式获得答案,以至于我们仍然渴望神迹出现以指示我们应当如何行为。在那些案件中,陪审团无疑具有特别的优势:它无须为其裁判提供解释。" 参见 William L. Dwyer, *supra* note 93, p.37.

⑲ Damaska, *supra* note 46, p.45.

⑳ Stephen A. Landsman, "A Brief Survey of the Development of the Adversary System", 44 *OHSLJ*, 713.

㉑ John H. Langbein, *supra* note 50, p.1201.

㉒ Cross, *Evidence*, Colin Tapper Rev. Butterworths, p.2.

为,英美法系当事人控制模式的举证制度,也是证据规则存在的一大支柱,由于这一支柱正在受到侵蚀,因此证据规则亦将被迫发生改变。[103]

笔者认为,说对抗式诉讼造就了证据规则固然也存在着片面的真理,但是更为重要的是,证据规则也在一定程度上造就了对抗式诉讼。证据规则彻底割断了侦查、起诉与审判之间的联系,使得审判法官能够彻底摆脱审前程序中事实调查者对案件形成的预见及其影响,使无罪推定的原则能够得到真正的贯彻,因为侦查、起诉与审判的分离乃是这一原则发挥效用的前提条件。因此可以说,英美法系诉讼的对抗性质实际上是由证据规则而得到加强的。这主要是由证据规则的适用性所决定的。美国《联邦证据规则》第101条规定:"本规则是第1101条规定的范围和例外,适用于在联邦法院、联邦破产法院和联邦治安法院进行的诉讼。"该规则第1101条(D)项规定:"本规则不适用于下列场合:(1)对事实的预先讯问。(2)大陪审团调查程序。(3)根据条约或法令对逃犯等的引渡和引渡逃犯的程序;刑事案件中预先询问程序;量刑程序、给予或申请缓刑的程序;签发逮捕令、刑事拘传令和搜查令的程序;以及与决定是否取保释放的程序。"[104]从这些规定来看,美国诉讼实行的是审判中心制。在这种制度下,审判成为诉讼的中心,而证据规则恰恰是切断审前程序与审判程序的重要工具。在为实现证据规则所设定之目标而举行的审前听证会上,一些容易对审判法官之中立性产生影响的证据被彻底剥离出审判程序。

从刑事诉讼证明的阶段性特征也可以看出,英美证据法为了防止法官预断所作的努力及这种努力十分必要。在英美刑事诉讼程序中,对于证据的要求在诉讼各个阶段是不一样的。在法庭审判阶段,对于定罪的要求是"排除合理怀疑",这一规则的目的是旨在保证只有事实上真正有罪的被告人才被定罪。而在审前阶段,大陪审团决定是否起诉的证据要求是"表面的证明"。这两种不同的要求目的就是防止起诉程序和审判程序合二为一。换句话说,这两种不同的证明标准的目的是防止使审判程序变成起诉程序的简单重复。[105]为了实现这一目标,一方面需要在证明的标准上对二者作出区分,另一方面当然也需要防止起诉程序作出的结论对审判法官容易带来的不适当影响。证明标准的这种区分在另一方面还起到这样的作用:它不断地暗示人们,由于起诉的标准低

---

[103] Damaska, *supra* note 46, p.44.
[104] Fed. R. Evid., rule1101.
[105] Barbara J. Shapiro, *supra* note 4, p.114.

于审判的标准,所以在审判中实行无罪推定是无比重要的,因为被起诉的人并不一定都是罪犯,单从起诉的标准就可以看出来。从逻辑上说,由这一前提还可以推出相应的结论:既然被起诉的人不一定都是罪犯,防止负责起诉的官员以及大陪审团影响审判法官和负责审判的陪审团就是必要的,既然如此,通过证据规则以及由此决定的相关程序对一些案件信息进行筛选也就顺理成章了。

所以,达马斯卡认为,集中型审判决定了证据规则的有效性[106],实际上是一种倒因为果的说法。事实上,不是由于集中型的审判使证据规则的适用成为可能,而是因为证据规则的存在才使审判成为诉讼的中心。[107] 因此,从一定意义上说,不是对抗制造就了证据法,而是证据法造就了对抗制。

五、英美证据法的未来

1938—1939 年间,威格默曾经声称"证据法在整体上安然无恙。"[108]如今,60年过去了,英美证据法还像威格默所声称的那样基础牢固、纹丝不动吗?我们认为,只要威格默作出此断言的客观环境及证据法本身的优势仍然存在,证据法将仍然牢固地存在于英美法律体系中。而支撑英美证据法的基础究竟是什么呢?笔者认为,主要有以下方面:(1)证据法的人性基础,只要人性不变,证据法的优势不会改变;(2)很多证据可采性规则是为了防止陪审员被误导而设置,因此,只要陪审团不被取消,只要裁判事实的可接受性仍然作为诉讼的首要价值,证据法仍将存在;(3)即使陪审团取消,法官审判也存在着对证据规则的需求,因此,从总体上看,证据法仍将"安然无恙"。

(一) 证据法的人性基础

如前所述,英美证据法体现了英美国家对人性的经验体察,它实际上是人类经验智慧的结晶,而且这种经验聚集在证据法的具体规则之中并非一日之功。正因为这种人性基础不是在一夜之间融合到证据法当中的,因此它也不可能在一夜之间就消失。因为,虽然经验可能会有所变化,但这也只能意味着证

---

[106] Mirjan Damaska, *supra* note 46, Chapter III.
[107] 英美证据法的这种状况与法学家的努力是分不开的。英国证据法学的鼻祖史蒂芬(Sir James Stephen)在 1876 年出版的《证据法摘要》一书中,为了能将证据法从程序法的其他部分以及实体法中区分出来,主张将证据法缩小到尽可能小的范围,亦即将证据法建立在一个统一的相关性原则基础上,并以此统一证据法学的研究。Stephen, *A Digest of Evidence Law*, p.431.
[108] Wigmore, *supra* note 2, p.632.

据规则的改进或者更加具有弹性,而不会导致证据法随着经验的变化而消亡。律师、证人、陪审员在不断的审判程序中不断地继续显示出他们的人类缺陷,而人性弱点的不断暴露一遍又一遍地加深人们的这样一种信念:必须有一套规则来对人类的缺陷进行一定的补救,至少必须使这些弱点尽可能地受到约束,而不是天马行空地任其驰骋。因此,人们可以对这一机制进行改进,但却不能忽视人类自身的弱点。

(二)陪审团审判的生命力

证据法的产生虽然并非陪审团的创造,但是很多证据规则尤其是证据的可采性规则都是为了防止陪审团被误导而设置的,因此,只要陪审团不被取消,这些证据规则就仍将存在。陪审团的使用虽然日渐减少,但在美国,它仍然是被告人一项宪法上的权利。宪法的权利是不可剥夺的,通过宪法废除这一制度的可能性微乎其微,而且,尽管陪审团审判制度在当今面临着众多的批评,很多学者都指出,陪审团的缺陷并非内在的、不可克服的缺陷,从而能够而且应当做的最多也就是对陪审团审判制度进行改革,而不是彻底废除。基于此一理念,早在60年前,威格默就指出,取消陪审团是不可能的,陪审团将一直陪伴我们至少好几代人的时间。[109] 科尼希亦认为:"推论出陪审团是一个正在消亡的制度的结论是错误的,在英格兰和威尔士,每年都有17.5万人被征召为陪审员,其中有11.1万人真正担任陪审员。事实上,与其说陪审团审判制度在消亡,不如说其运用正在日益进入这样一个法律领域:主要刑事案件的审判。正是在这一领域,一个公正无偏的、具有代表性的且对国家的自由承担责任的法庭,显得尤为重要。"[110]

今天,尽管批评陪审团的声音越来越多,但是明确主张废除陪审团的意见却仍然罕见。总的来说,虽然有关陪审团审判的所有制度或原则都曾经或正在受到挑战,但同时,所有的原则也都有相应的学者站出来表示拥护。这些原则包括无因回避制度、一致裁决原则、陪审团取消法律原则、全部外行组成原则,等等;另一种趋势则是要废除这些原则,代之以新的制度,比如,允许多数裁决、允许法官评价证据、允许陪审团作记录,甚至引进混合庭,等等。从这些批评来看,有关陪审团审判的每一个制度都受到了质疑,有的学者赞成废除某一个制

---

[109] Wigmore, *supra* note 2, p.632.
[110] W. R. Cornish, *The Jury*, Allen Lane the Penguin Press, 1968, at 10.

度,同时又主张保留另一些制度。不过,陪审团审判制度的功能迄今为止仍然找不到合适的替代方式,因此,在可以预见的将来,陪审团审判不会在英美法系国家消失。即使是最激烈的批评家,也没有提出要废除陪审团审判。科塞尔在其文章中对大陆法系的混合庭审判制度赞美有加,但到最后提出对美国制度的改革建议时,也没有提出要废除陪审团制度;美国的一位传记作家在其最近出版的著作中记录了一些陪审团审判的案例,这些案例足以使人对陪审团审判制度丧失信心,但是,即使这样,该作家在其著作的末尾还是说,美国陪审团是值得保留的制度。[11] 因此,尽管因为陪审团审判制度本身也存在着缺陷,所以对陪审团审判制度的批评也会一如既往,但是,这些批评不会导致陪审团的废除,反而有利于陪审团的改革,从而克服其明显的缺陷,加强其生命的力量。

(三) 法官审判对证据法的需求

在没有陪审团的情况下,原来用于保护被告人的许多证据排除规则的运用将大大减少,其有效性也会大大降低,因此被告人会受到对抗式因素减少的负面影响,但是这并不意味着在无陪审团审判的程序中就不需要证据规则。恰恰相反,即使不考虑裁判事实的可接受性,法官审判也比陪审团审判更需要证据规则的约束。这主要是因为,在法官审判中存在着更多的非对抗制因素,从而更需要通过证据规则的适用加强法庭审判的对抗性。

乍一看,当法官取代陪审团作为事实的裁判者的时候,他与陪审团的角色似乎没有什么不同——本质上都是来决定控诉方是否证明了被告人犯有被指控的罪行。但实际上,当外行被吸收到程序当中的时候,决定的制作是社区的活动的结果,并且他们能够对于程序的优点以及以该优点为基础对被告人的定罪提供更为广泛的考虑。他们首先对法律制度负责,并且最终要通过其决定对社区负责,这就要求他们在证据的基础上严格执行刑法。如果由职业法官单独审判,诉讼程序就更像是决定被告人是否有罪,而不像是解决国家和被告人之间的纠纷。尽管诉讼程序仍然保持对抗制的形式,本质上却更倾向于政策执行模式。对抗制的保护将被吸收到政策执行的程序中,但是,人们越是将诉讼程序视为一个纠纷解决程序,当事人就越能控制争议的轨迹和范围。

当陪审团审判被法官审判所取代时,审判的特征也就发生了变化。在外行

---

[11] 转引自 Lisa Kern Griffin, "'The Image We See Is Our Own': Defending the Jury's Territory at the Heart of the Democratic Process", 75 *Neb. L. Rev.* 332.

法官审判的对抗制程序中,法官是消极的,这可以保证控诉方和被告方均有机会向陪审团陈述自己的事实和主张,当然也存在着法官可能会过分干预的情况。但是,由于种种原因,这种干预的可能性在法官独任审判的时候更可能发生。因为,第一,在法官审判的程序中,法官被赋予了达成最后决定的更多的责任(在陪审团审判中法官当然也有责任,但是比较而言明显要轻一些);第二,即使法官在有陪审团的情况下也这样做,陪审团的存在本身也会对法官的行为进行约束。

经验性研究也表明,在无陪审团审判的案件中,法官就是干预主义者。费城审判的研究表明,法官在询问证人和律师的总结陈述时都喜欢积极行动。[112] 在北爱尔兰的迪普洛克法庭,法官的干预也比有陪审团参与的案件要多。[113] 重要的是,即使法官保持消极姿态,危险反而可能会更大。一个单个的事实裁判者常常在所有的证据都出示完毕之前就已经形成了对案件的看法,如果他的看法没有与任何当事人进行过交流,则败诉者实际上丧失了在法官面前陈述自己的证据和理由并说服他接受自己观点的机会。在法官咄咄逼人的情况下,他们的偏见至少还可以让当事人看到,律师从而有机会进行反抗,消极的法官则将手藏在背后,这样律师在判决作出之前就没有机会抗议其观点。陪审团审判对这种现象提供了一个保护机制,因为,虽然在陪审团审判的情况下,律师也不能知晓陪审团对案件的看法,但是,陪审团没有观点需要隐瞒,在审判结束以前他们不能进行评议,在评议之前陪审团作为一个整体不可能形成顽固的看法,即使其中个别陪审员已经形成预断。所以,当事人不会受到最危险的消极法官的损害。

综上所述,由于法官审判中存在着更多的积极干预的因素,在这样的程序中更需要加强证据规则对法官权力之约束。正是基于以上认识,很多学者指出,当没有陪审团时,被告人在对抗式的竞争中实际上是处于不利地位的,减少这种缺陷的一个办法就是保证证据规则在法官审判程序中得到严格的执行。[114]

---

[112] Stephen J. Schulhofer, "Is Plea Bargaining Inevitable?", 97 *Harv. L. Rev.* 1037, 1062(1984).

[113] John D. Jackson & Sean Doran, "Conventional Trials in Unconventional Times: The Diplock Court Experience", 4 *Crim. L.F.* 503, 519(1993).

[114] Sean Doran, John D. Jackson, Michael L. Seigel, "Rethinking Adversariness in Nonjury Criminal Trials", in 23 *Am. J. Crim. L.* p.30.

结语

综上所述,证据法虽与陪审团存在密切的关系,陪审团却不是证据法产生的唯一因素,更不是证据法存在的必要条件。相反,经验主义的人性基础、实用主义的哲学观念等,更是当代英美证据法产生的深层因素;法官对陪审团控制的需求,以及对裁判事实精确性的加强,则是证据法产生的直接动力。正是以经验主义为导向的理性主义思想,和法官控制陪审团的欲望以及提高裁判事实精确性的需要三者的有机结合,导致了当代英美证据法的诞生。因此,无论是作为人类共同经验的结晶,还是作为控制事实裁判者心证形成的约束机制,或是作为提高裁判中认定事实之精确性的手段,证据法的移植都具有正当性。

第三章 证据规则的法典化

——美国《联邦证据规则》的制定及其
对我国证据立法的启示

引言

英美法系本是一个以判例法为主要法律渊源的法系,但其证据规则的法典化程度却已臻佳境。其中,尤其以美国《联邦证据规则》为杰出的代表。我们在参照、借鉴英美证据规则的同时,只有对其法典化过程以及证据法典的体系与精神进行深入的研究,方能对移植证据规则的理由以及移植的方案提出有说服力的论证。因此,本章以美国《联邦证据规则》为例,阐述英美证据规则法典化的一般历程,分析法典的框架体系,探求其中体现的法律精神。在此基础上,本章对移植证据规则的必要性与可行性进行分析,对移植证据规则的具体方案、证据规则法典化的具体模式以及证据法典应当包括的具体内容进行论证。笔者认为,移植证据规则最重要的原因在于我们需要一套约束法官心证的规则体系,英美的证据规则恰好提供了这样一套体系。而所有的移植方案中,法典化是更容易实现法律现代化的一种方案。因此,本书赞成以法典化的方式制定统一的证据法典。

一、证据规则法典化的历史渊源

(一) 欧洲大陆:法典化运动及其成就

从历史上看,法典化起源于法国 19 世纪初期,其目的一是统一国家法律制度,二是简化法律使其便于适用,三是通过法典化对原有法律进行改革。其中,统一法律的实施也许是其中最重要的目的。以民法而论,在大革命以前,法国各大小邦国中存在着三百多部地方性民事法典。不仅如此,这个国家还存在着两种完全不同的法律体系:一个是以罗马法为基础的制定法,即书面的法;另一个则是口耳相传的习惯法,即口头的法。前者主要适用于北方,后者主要适用于南方。更为糟糕的是,无论前者还是后者,都同时受到三种法律的影响,并以三种法律作为补充:一是封建法;二是教会法;三是国王法令。所有这些法律都为了适应当地的情况而作出调整。可以说,法律的分散与凌乱在这里达到了极致。在这种情况下,1791年通过的法国宪法确定了统一法国法律的方向,在拿破仑的支持下,法典化在1804年以《法国民法典》的颁布得以完成。① 法国法典化的尝试获得了极大成功,迅速激发了欧洲大陆的法典化运动。

如果说法国民法典的巨大成功是一种出于对现实不满而自发的行为结果,德国的法典化运动则更像是经过深思熟虑之后采取的行动。1814年,德国海德堡大学法学家蒂堡发表了《论统一德国民法典的必要性》一文,主张以《法国民法典》为典范,制定德国的民法典,以结束德国法律的割据状态,并以此奠定德意志国家的统一基础。② 虽然由于以萨维尼为首的历史法学派的反对而导致德国法典化运动的推迟,这一运动还是在1897年以《德国民法典》的通过而达到高潮。

尽管欧洲大陆在法国的带领下实践了法典化运动并分享着这一运动给法律现代化带来的成果,但是,其在证据规则方面却毫无建树。相反,原先存在的有关证据之证明力的规则,也随着法典化对法律制度的变革而被一扫而空——法定证据制度被当作封建余孽,取而代之的是法官绝对的自由心证。③

(二) 证据规则的成文化:英国人的努力

与此同时,英国的法典化运动也并不顺利。诚如达维所言,欧洲大陆编纂法典的原因很多,但其中最重要的还是出于结束不稳定的局势和法律的极端分裂的需要,这种愿望在英国却不存在,因为英国早已通过王室法院建立了通行于全国的法律,另一方面,英国的许多法律汇编也使它们看上去似乎可以构成法典的等同物。④

英国法律虽然不存在各地分裂的情况,但是普通法的杂乱无章也在很大程度上给法律的适用及发展带来不便。对此,著名的功利主义哲学家边沁给予了

---

① Barbara C. Salken, "To Codify or Not to Codify—That is the Question: a Study of New York's Efforts to Enact an Evidence Code", 58 *Brooklyn L. Rev.* 641(1992), pp.643-644.
② 参见封丽霞:《法典编纂论——一个比较法的视角》,清华大学出版社2002年版,第173页。
③ 关于法定证据制度在欧洲大陆的起源、内容及消亡的历史,参见 A Esmein, *A History of Continental Criminal Procedure: With Special Reference to France*, The Lawbook Exchange Ltd, 2000, pp.617-630.
④ 参见〔法〕勒内·达维:《英国法与法国法:一种实质性比较》,潘华仿、高鸿钧、贺卫方译,清华大学出版社2002年版,第24—27页。

毫不留情的批判。边沁对英国法的不确定性和不易接近感到十分愤怒,他认为,这一罪恶根源就在于普通法是法官制造的法律,因此其不得不依赖于浩繁的卷帙,解决方案就是以一部书面的成文法典来取代它们,并且不要为法官留下任何评论和解释的空间,其目标在于精简英国的法律,使其简便易懂,并且降低普通人对于律师的依赖性。⑤ 为了实践其理论,边沁还亲自撰写了《司法程序原理》,并附上其亲自制定的法典大纲⑥;为了消除普通人对于律师的依赖性,边沁还着手撰写了《证据原理概观:如同有律师一样没有律师》一书,阐述自己对证据法的看法。⑦ 可以说,边沁的一生都在为法典化事业而努力。

受边沁观点影响,1833年,威廉四世任命了一个委员会以考察是否需要对刑法法典化。然而,20年过去之后,英国的法官却不认为英国的法律有什么不确定性,也不认为英国需要一部刑法典,异口同声地否定了法典化的努力。⑧

令人惊讶的是,普通法法典化的第一步居然是证据规则的法典化。令人奇怪的是,这一过程发生的地点不是在英国,而是在印度。1870—1871年,史蒂芬为印度起草了《印度证据法》,该法案于1872年获得通过,成为正式的证据法典,这是世界上第一部成文的证据法典。⑨ 这部法典虽然由英国人起草,英国人自己却没有证据法典。史蒂芬为印度起草的证据法获得成功之后,又尝试为英国起草证据法。这一尝试遭到了失败。如今,虽然英国存在着大量有关证据的制定法,但这些制定法很难称得上是证据法典,因为它们仅仅是从各个不

---

⑤ Jeremy Bentham, *Theory of Legislation*, 92-95(Richard Hildreth trans., Oceana Pub., Inc. 1975)(1914), p.92.

⑥ Jeremy Bentham, *Principles of Judicial Procedure, With the Outlines of a Procedure Code*; in the Works of Jeremy Bentham, Thoemmes Press, 1995, Vol VI & VII.

⑦ Jeremy Bentham, *Introductory View of the Rationale of Evidence*; For the Use of Non-Lawyer as Well as Lawyers, in the Works of Jeremy Bentham, Thoemmes Press, 1995, Vol. VI.

⑧ M. E. Lang, *Codification in the British Empire and America* 11(1924), pp.42-48. 转引自 Barbara C. Salken, "To Codify or Not to Codify—That is the Question: A Study of New York's Efforts to Enact an Evidence Code", 58 *Brooklyn L. Rev.* 641(1992), pp.645.

⑨ 有关印度证据法的起草经过及内容,参见 James F. Stephen, *A Digest of the Law of Evidence*, second edition reprint, St. Louis, F. H. Thomas and Company, 1879.

同的角度对有关证据的规则进行规范。⑩

(三) 证据规则的法典化:美国人的尝试

美国在建国前基本适用英国的法律。新中国建立后,美国人发现要维持其法律体系是一件很困难的事情。一方面,美国的制定法通常会通过一些小册页予以公布,但是要找到这些小册页本身就是很不容易的事情,要找全这些册页更是难上加难。另一方面,熟悉普通法的人本来就很少,而且这些人大部分来自于英国,到美国转一圈之后又回到英国,从而将他们熟悉的英国普通法知识也带了回去。⑪

在证据法领域,尽管早先也有一些努力,但是真正的法典化应当自20世纪才正式开始。其中,最先开始证据规则法典化努力的是威名赫赫的威格默。1909年,当威格默还是一个年轻人时,就出版了他的《证据法典》(Evidence Code)。但是,该《证据法典》由于过于拘泥于细节而没有获得采纳。⑫ 1939年,美国法律学会(American Law Institute)开始制定《模范证据法典》(Model Code of Evidence),法典的起草由摩根教授担任主席,威格默也参与其中。该法典于1942年公布。但是,由于该法典过于技术化且在很多方面采取了激进的

---

⑩ 从各种有关证据法学的典籍所论述和引用的情况来看,英国的第一部与证据规则有关的制定法应当是于1845年通过的《证据法》(Evidence Act);此后,英国于1851年和1938年两次通过《证据法》(Evidence Act);1853年通过了《证据修正法》(Evidence Amendment Act);1869年通过了《证据再行修正法》(Evidence Further Amendment Act);这些法律应当是有关证据规则的一般规定。除此以外,英国还存在着大量通过不同角度规范证据规则的法律。其中,有关文书证据的法律包括分别于1868年、1882年和1985年通过的《文书证据法》(Documentary Evidence Act);1933年通过的专门针对外国、宗主国以及殖民地的文书作出规定的《证据(外国、领主国,以及殖民地文书)法》[Evidence (Foreign, Dominion and Colonial Documents) Act]。有关宣誓的法律包括分别于1888年、1961年和1978年通过的《誓证法》(Oaths Act);1963年通过《宣誓与证据法:海外权力机构与国家》。特别适用于刑事案件中的法律包括分别于1896年、1965年和1979年通过的《刑事证据法》(Criminal Evidence Act);分别于1925年、1948年、1967年、1982年、1988年、1991年以及2003年通过的《刑事司法法》(Criminal Justice Act);分别于1984年通过的《警察与刑事证据法》(Police and Criminal Evidence Act)、1994年通过的《刑事司法与公共秩序法》(Criminal Justice and Public Order Act)和1999年通过的《少年司法与刑事证据法》(Youth Justice and Criminal Evidence Act)。在民事诉讼方面,英国分别于1968年和1995年颁布《民事证据法》(Civil Evidence Act)。此外,其他有关实体法、程序法和司法制度的法律中有关证据规则的规定不计其数。一个比较详细的英国证据制定法的清单,可参见 Hodge M. Malek, et el, *Phipson on Evidence*, Sweet & Maxwell, 2005.

⑪ Charles M. Cook, *The American Codification Movement*, (1981), pp.6-9.

⑫ Christopher B. Mueller & Laird C. Kirkpatrick, *Evidence Under The Rules: Text, Cases, and Problems*, Little Brown and Company, 1988, p.3.

变革,因此遭到强烈的反对,连参与其事的威格默教授也极力反对该法典。事实上也没有任何一个州采用该法典。[13] 之后,统一州法委员会全国协商会议(National Conference of Commissioners on Uniform State Laws)于1953年公布了《统一证据法典》(Uniform Rules of Evidence)。尽管该法典获得了美国律师协会的认可,但是也只有少数州采纳了该法典。[14] 最后,加利福尼亚州议会于1965年通过了《加利福尼亚州证据法典》,该法典被普遍认为是在对普通法规则的修正方面获得了成功。[15]

二、可采性:《联邦证据规则》的基本内容

(一)《联邦证据规则》:制定、颁布与修正

为了调查联邦证据规则是否必要,是否可行,美国联邦最高法院于1961年在埃尔·沃仑担任首席大法官期间任命了一个特别委员会,并任命耶鲁大学一位杰出的教授詹姆斯·莫尔(James William Moor)担任主席。1962年,该特别委员会得出结论,联邦证据规则既是必要的,也是可行的。报告提交给联邦最高法院,最高法院在1965年宣布任命了一个由法官、学者等组成的咨询委员会以准备规则的草案。该咨询委员会经过数年准备后于1969年将草案向社会公布以征求意见。在收到反馈意见后,对草案进行了修正。联邦最高法院司法会(Judicial Conference)通过了该草案并将其提交给联邦最高法院。在经过进一步的修改后,联邦最高法院于1972年10月29日批准了这些规则并授权首席大法官将其提交给国会。首席大法官于1973年2月将草案提交给国会。众议院和参议院的司法委员会均就证据规则举行了听证。但一直到1974年,草案才获得通过。1974年10月,美国总统福特终于签署了该法案,使其成为一部法律。1975年1月2日,国会终于将《联邦证据规则》(以下或简称《规则》)以制定法的形式公布。公布后的《联邦证据规则》与最高法院提交的草案相比有多处修改,其中最显著的就是删掉了关于特免权规则的几乎所有内容,而代之以国会自己拟定的一条近似于总则式的一般规定。1975年7月1日,《规则》

---

[13] Kenneth Williams, "Do We Really Need the Federal Rules of Evidence?" 74 N. Dak. L. Rev. 1, 1998, pp. 2-3; Christopher B. Mueller & Laird C. Kirkpatrick, supra note 12, p. 4.

[14] Ibid., pp. 2-3.

[15] Christopher B. Mueller & Laird C. Kirkpatrick, supra note 12, p. 4.

生效。⑯

《联邦证据规则》颁布至今已经 30 余年。但是,在它的前 20 年里,相比其他程序性规则的修正而言,《联邦证据规则》的修正显然相形见绌。截至 1992 年,美国的程序性规则已经有了上百个修正案,而其证据规则才只有 6 个修正案。这与美国的立法体制有很大关系。根据美国法律,国会委任最高法院为有关程序规则的制定和维护者,其中包括证据规则。最高法院又将这一差事指派给司法会(Judicial Conference),司法会现在承担着维持国会通过的所有程序性法典的任务。在司法会内部,这一差事又被委派给各个程序性规则的咨询委员会。但是,自从 1974 年《联邦证据规则》通过之后的 20 年内,证据规则的咨询委员会并不存在。维护证据规则的任务被指派给联邦民事和刑事程序规则的咨询委员会。在这样的委员会下,证据规则根本不被重视。因此,1992 年,第三巡回法院法官和一些学者强烈呼吁重建联邦证据规则的咨询委员会。⑰ 在这一呼吁的背景下,联邦最高法院首席大法官任命了证据规则咨询委员会的委员。咨询委员会负责提出规则修改的建议,主持公共听证并报告任何有关规则修改的建议。如果委员会同意有关修改的建议,就将其向司法会报告;司法会如果同意,则向最高法院报告;最高法院如果同意,就向国会提出。国会可以拒绝修改(这极少发生),可以明确批准其建议(这更少发生),也可以置之不理(这属于常态)。不过,国会的不作为通常被视为默许。⑱

(二) 法典的体系与内容

《联邦证据规则》以"条"(article)为基本单位组成。整个法典一共 11 条,每一条规范一个基本的方面,下面细分为若干个规则(rule),规则下面有若干项。每一条下面的规则以条的顺序号为其顺序号的首位数字,在此基础上每一个规则单独编号。例如第 1 条下面的第一个规则编号为 101,第二个规则编号为 102;第 2 条下面的第一个规则编号为 201,第二个规则编号为 202。依此

---

⑯ 有关《联邦证据规则》的立法过程,参见 Glen Weissenberger, *The Supreme Court and the Interpretation of the Federal Rules of Evidence*, 53 Ohio St. L. J. 1307 (1992), pp. 1327-1328; Paul C. Giannelli, *Understanding Evidence*, LexisNexis, 2003, pp. 8-10; Kenneth Williams, *supra* note 13, pp. 4-5.

⑰ Edward R. Becker and Aviva Orenstein, "The Federal Rules of Evidence After Sixteen Years—The Effect of 'Plain Meaning' Jurisprudence, the Need for an Advisory Committee on the Rules of Evidence, and Suggestions for Selective Revision of the Rules", 60 *Geo. Wash. L. Rev.* 857(1992).

⑱ 相关论述参见 Paul R. Rice, "Advisory Committee on the Federal Rules of Evidence: Tending to the Past and Pretending for the Future?" 53 *Hastings L. J.* 817(2002), pp. 818-819.

类推。

具体来讲,第 1 条是一般规定,或可称之为"总则",包括 6 个规则。规则 101 规定的是《规则》适用的范围;规则 102 规定了《规则》的目的与解释;规则 103 规定了对于有关证据事项的裁决;规则 104 规定了有关证据的预先事项,包括证人资格、存在特免权、以特定事实为条件的相关性、陪审团不在场情况下的听证、被告人的证言、证据的分量与可信度等问题;规则 105 规定的是有限的可采性;规则 106 规定的是书面或录音证词的剩余部分或相关部分。[19]

第 2 条是关于审判事实之司法认知的规定。该条只有一个规则,即规则 201。该规则规定了七项内容,分别是规则适用的范围、事实的种类、任意采用、强制采用、获得听证的机会、司法认知的时间范围以及对陪审团的指示等。[20]

第 3 条是关于民事诉讼和民事程序中推定的规定,一共两个规则。其中,规则 301 是关于民事诉讼和民事程序中推定的一般性规定,规则 302 是州法律在民事诉讼和民事程序中适用问题的规定。[21]

第 4 条是对于相关性及其限制的规定。其中规则 401 对"相关证据"作了界定;规则 402 规定了相关性和可采性的一般原则;规则 403 规定了有相关性的证据由于可能导致偏见、混淆、浪费时间等原因而被排除;规则 404 规定了品格证据其他行为作为证据的可采性;规则 405 规定了证明品格的方法;规则 406 规定了习性证据和日常实践作为证据的可采性;规则 407 规定了事件发生之后采取的救济措施作为证据的可采性;规则 408 规定了让步和承诺作出让步的可采性;规则 409 规定了支付医疗费或类似费用的可采性;规则 410 规定了答辩、答辩交流以及相关陈述的不可采性;规则 411 规定了责任保险的可采性;规则 412—415 规定了性侵犯案件中有关品格证据、其他行为的可采性。[22]

第 5 条是关于特免权的规定。第 5 条只有一个规则,即规则 501,是关于特免权规则的总则性规定。具体的特免权规则在《规则》中并无特别规定。如前所述,最高法院提出的特免权规则在国会遭到激烈的批评,国会最终将最高法院提议的条文全部删除,代之以国会自己提出的一个一般性规定。[23]

---

[19] Fed. R. Evid., Article Ⅰ, Rule 101-106.
[20] Fed. R. Evid., Article Ⅱ, Rule 201.
[21] Fed. R. Evid., Article Ⅲ, Rule 301-302.
[22] Fed. R. Evid., Article Ⅳ, Rule 401-415.
[23] Fed. R. Evid., Article Ⅴ, Rule 501.

第 6 条是关于证人作证的规定，一共包括 15 个规则。规则 601 是关于证人作证能力的一般性规定；规则 602 规定证人应当对其作证的事项拥有亲身感知的知识；规则 603 是关于宣誓和具结的规定；规则 604 是关于翻译的规定；规则 605 和 606 分别是关于法官和陪审员在其审判案件中作证资格的规定；规则 607 是关于谁有权对证人可信度提出质疑的规定；规则 608 是关于证人的品格和行为证据的规定；规则 609 是证人曾被定罪这一事实可用于弹劾证人可信度的规定；规则 610 是有关证人的宗教信仰或观点能否用于弹劾证人的规定；规则 611 是关于举证和询问证人方法与顺序的规定；规则 612 是关于书面记录用于提醒证人记忆的规定；规则 613 是关于证人先前的陈述是否可用于弹劾证人的规定；规则 614 是关于法庭传唤并询问证人的规定；规则 615 是有关证人隔离的规定。[24]

第 7 条是有关意见证据可采性的规定，一共包括 6 个规则。规则 701 规定的是外行意见的可采性；规则 702 规定的是专家意见具有可采性的条件；规则 703 规定的是专家意见所依赖的基础；规则 704 规定的是专家对于案件最终事实的意见是否具有可采性；规则 705 规定的是专家意见所依赖之资料的披露；规则 706 是有关法庭任命专家证人的规定。[25]

第 8 条规定的是传闻法则，一共 7 个规则。规则 801 规定的是传闻的定义和传闻的豁免；规则 802 规定的是传闻可采性的基本原则；规则 803 是关于无论传闻陈述者是否仍可获得情况下传闻均具有可采性的规定，即传闻的第一类例外；规则 804 是关于传闻陈述者已经不可获得情况下传闻具有可采性的规定，是传闻的第二类例外；规则 805 是关于传闻中的传闻的规定；规则 806 是关于传闻的陈述者可被弹劾的规定；规则 807 是有关传闻的剩余例外的规定，即传闻的第三类例外。[26]

第 9 条规定的是检验与辨认，包括 3 条规则。规则 901 规定的是对于验真和辨认的一般要求；规则 902 规定的是自我检验；规则 903 规定的是文书的签署人是否必要亲自确认该文书之真实性的问题。[27]

第 10 条是关于文书、记录和照片的规定，一共包括 8 个规则。其中，规则

---

[24] Fed. R. Evid., Article Ⅵ, Rule 601-615.
[25] Fed. R. Evid., Article Ⅶ, Rule 701-706.
[26] Fed. R. Evid., Article Ⅷ, Rule 801-807.
[27] Fed. R. Evid., Article Ⅸ, Rule 901-903.

1001 规定的是文书、记录和照片的定义;规则 1002 规定了对文书、记录和照片的原始性要求;规则 1003 规定了复制件的可采性;规则 1004 是规定在满足特定条件的情况下其他有关书证内容之证据的可采性;规则 1005 规定的是公共记录的可采性;规则 1006 规定的是对于卷册数量较大的书证之摘要的可采性;规则 1007 规定的是一方当事人对于文书、记录或照片以书面形式作出承认的可采性;规则 1008 规定的是在有关书证内容之其他证据可采性问题上法庭和陪审团之间的职能分工。[28]

第 11 条是混合性规定,共包括 3 个规则。规则 1101 规定的是《规则》的可适用范围;规则 1102 规定的是规则的修订;规则 1103 是关于各个规则在引用时标题的规定。[29]

(三) 证据规则法典化的实体基础

《联邦证据规则》是在法典化运动的背景下制定的。[30] 可以确定地说,证据规则法典化是法典化运动的一个内在组成部分,是证据规则法典化的动力和源泉,自然可以在法典化运动中找到其发生的根据。

但是,法典化运动并不足以解释证据规则的法典化。因为,在法典化的发源地欧洲大陆,就没有实现证据规则的法典化。其原因在于,欧洲大陆基本上没有英美意义上的证据规则。当然,在欧洲大陆的对岸——英国——也没有实现证据规则的法典化。但是这另有缘故。英国的证据规则没有法典化是因为英国不存在像欧洲大陆那样法律极端分散的情况,因此法典化运动在英国几乎没有市场。所以,英国的情况几乎不必考虑。但是,即使法典化的两个前提条件均存在:有证据规则,且存在着统一法律的需要,也不一定必然导致法典化;因为可选的途径还包括将证据规则作为程序性法典内容的一部分。这也可以称为"法典化",但这不是本章意义上的"法典化"。从这个角度来说,证据规则本身的独特性才是证据规则法典化的根本动力。它的独特性在于其规则与其他程序性规则和实体性规则存在着的显著差别,使其区别于其他类别的规则而

---

[28] Fed. R. Evid., Article X, Rule 1001-1008.

[29] Fed. R. Evid., Article XI, Rule 1101-1103.《联邦证据规则》在中国已经有多个中文译本,包括较早的卞建林译:《美国联邦证据规则》,载白绿铉、卞建林译:《美国联邦民事诉讼规则、证据规则》,中国法制出版社 2000 年版。

[30] Stephen A. Saltzburg, Kenneth R. Redden, *Federal Rules of Evidence Manual*, second edition, The Michie Company Law Publishers, 1977, p. 1.

独立存在。

　　证据规则的独特性体现在哪里呢？那就是，它仅仅是关于证据可采性的规则。除此以外，证据法基本上不涉及其他内容。所谓"可采性"，又称"可容许性"，或称"许容性"，就是一个证据能否被事实的裁判者看到或者听到的资格。在英美证据法上，一项证据能够被事实的裁判者看到或者感觉到，该项证据就具有可采性；如果一项证据因某种原因被排除，该项证据就不具有可采性。一项证据可以基于很多原因被排除，但其中最基本的原因无非是两个：一个是出于发现真实的需要；另一个则是基于特殊法律政策的需要。在基于特定法律政策需要而排除的证据当中，又可以分为两类：一类是基于宪法的规定而排除的证据；另一类是基于其他实体法律政策而排除的证据。基于宪法而排除证据的规则，通常被称为"非法证据排除规则"。基于其他实体法律政策而排除证据的规则，主要包括特免权规则和《联邦证据规则》中规则407—410所规定的规则。[31] 但是，联邦证据规则并无关于非法证据排除规则的规定[32]，而是将其注意力集中在出于发现真实需要和特殊实体法政策需要而设置的排除规则。这是其获得独立性的重要原因。因为这些规则均非其他程序法和实体法所能包容，所以才能够单独由证据法加以规定。这是《联邦证据规则》获得其独立性的实质性基础。

　　《联邦证据规则》的这种内容体系，与证据法学者将证据规则与程序性规则加以区分的努力是紧密地结合在一起的。这种努力从第一部证据法典诞生时就已经开始了。史蒂芬为印度制定的证据法典，其首要目标就是将证据法与程序法和实体法的其他部分区分开来。[33] 为实现此一目的，史蒂芬在三个方面

---

[31]　例如，《联邦证据规则》中规则407规定，在一个事件引起伤害之后，如果采取措施能够降低伤害或损害发生的可能性，则该措施不得被用于证明疏忽、有责行为或产品缺陷等。Fed. R. Evid., Rule 407. 这一规则的目的就是鼓励人们在事件发生后立即采取相应的救济措施，为此特别规定采取此类措施这一事实不得被用来证明采取措施的一方对于伤害或损害的发生负有责任。

[32]　《联邦证据规则》虽然也提到了联邦宪法——Fed. R. Evid., 规则402——但也只是附带性地提到，具体因违反宪法而取得的证据是否应当排除以及为何应当排除，在法律上由宪法修正案决定，在理论上由宪法学者和刑事诉讼法学者研究。

[33]　"My object in it has been to separate the subject of evidence from other branches of the law with which it has commonly been mixed up; to reduce it into a compact systematic form, distributed according to the natural division of the subject-matter; and to compass into precise definte rules, illustrated, when necessary, by examples, such cases and statutes as properly relate to the subject matter so limited and arranged." James F. Stephen, *supra* note 9, at Introduction, p. viii.

作出了努力：首先，他将"特定争议中什么应当予以证明（What may be proved in a particular issue）"这一问题剔除出证据法的范畴；其次，他将大部分的"推定（Presumptions）"划归实体法的不同部门，而仅仅在犹豫之后才将部分推定纳入证据法的范畴；最后，他还将如何记录证言、证人如何出庭等问题均归入程序法的范畴，而拒绝在证据法中对这些问题加以规定。㉞ 台宁指出，正是这一努力使他能够成功地以简洁的方式叙述证据法的内容，并且给证据法一个内部和谐融贯的理论基石。㉟ 尽管史蒂芬也承认，区分证据法与其他法律并不容易，但是他在这方面的努力显然获得了成功，他实质性地缩小了证据法的范围，后来的大部分学者都以他为榜样。

三、形式化与理性化：《联邦证据规则》的精彩呈现

马克思·韦伯将法律的发展史划分为若干类型化的阶段：第一个阶段是形式的、非理性的法律，它以天启法和初民法为代表，其特征是以异于理性的方法如神谕、神判等直观的形式主义作为判断合法与非法、有罪与无罪的标准；第二个阶段是实质的、非理性的法律，它以家族法为代表，其特征是以具体的、伦理的感觉评价作为判断的标准；第三个阶段是实质的、理性的法律，它以自然法为代表，其特征是以可辨别的超越于法律形式之外的准则作为法律本身的内容；第四个阶段是形式理性化法，法律以外的准则被逐步排除在法律创造与识别的过程之外，法律内部的逻辑形式主义取得了最后的主宰地位。㊱

韦伯主要在两种意义上使用"形式"这一概念：一是按照抽象的法律规则处理所有具体案件，而不是具体问题具体分析；二是法律体系的独立性和自我完善性，即法律规则的适用不受道德、宗教、政治以及权力者个人意志等实体性要素的影响。㊲

"理性"这一概念在韦伯的著作中也有不同含义：一是指社会由法律支配；二是指法律规则的系统性；三是指法律的制定和适用都通过逻辑分析进行；四

㉞ James F. Stephen, *supra* note 9, at xiii.

㉟ William Twining, *Rethinking Evidence: Exploratory Essays*, Northwestern University Press, 1994, p.55.

㊱ 参见马克思·韦伯：《经济与社会（下）》，林荣远译，商务印书馆1998年版，第201—202页；林端：《韦伯论中国传统法律——韦伯比较社会学的批判》，台北三民书局2003年版，第7—8页。

㊲ 参见黄金荣：《法的形式理性论——以法之确定性问题为中心》，载《比较法研究》2000年第3期，第289页。

是指法律由理智控制。㊳鉴于韦伯在多处论述法律的形式理性化特征,而各处论述对于法律的形式化、理性化界定并不一致,本章没有对"形式化"、"理性化"的含义加以区分;相反,将"形式理性化"当作一个概念来对待,其核心意义就是法律规则的可预期性。韦伯指出:"法律的一并理性化和系统化以及在法律程序中具体的可预见性是经济活动存在,尤其是资本主义活动的最重要的条件。没有法律的保障,这一切是不可想象的。"㊴

笔者认为,尽管《联邦证据规则》仍然有许多缺陷,但是从总体上看,《联邦证据规则》在证据规则的法典化方面是一个成功的典范,它是一部高度形式理性化的法典。兹从以下几个方面加以论证。

(一) 法典的完整性与可适用性

韦伯指出,法律的系统化要求法律本身是一个没有漏洞的规则系统,一切可以想象的事实在逻辑上都可以被包容在它的一个规范之名下,以便保障事实所指向的社会秩序。㊵因此,一部法典应当能够解决与法典相关的所有问题——至少是绝大部分问题,才能称得上是一部完整的法典。因为,只有当一部法典能够处理其领域内的大部分问题时,该法典才具有独立性和自我完善性,才不会为权力的行使留下法律的空缺。

笔者认为,《联邦证据规则》在总体上达到了完整性要求。法典是对普通法上证据规则的经验总结。这体现在两个方面。从宏观上看,《规则》对于普通法上存在的所有大类规则均进行了规定。普通法上关于证据可采性的规则无非是两大原则:一是具有相关性的证据通常具有可采性;二是不具有相关性的证据一律不具有可采性。《规则》秉承了普通法上的这两大原则,并将普通法上的排除规则通过第 4 条、第 5 条、第 6 条、第 7 条、第 8 条分别规定了品格证据规则、特免权规则、证人作证规则、意见证据规则和传闻法则;之后又以第 9 条、第 10 条分别规定了实物证据的确认规则和文书证据的原始性要求等。可以说,普通法上的全部证据规则几乎全部囊括其中。虽然第 5 条并未提供特免权方面的具体规则,但是其总则性规定已经足以将该类规则包括在内。从微观上看,各个大类中的小类规则均在法典中有所体现。以第 4 条为例,规则

㊳ 参见黄金荣:同注㊲引文,第 289 页。
㊴ 马克思·韦伯:《论经济与社会中的法律》,张乃根译,中国大百科全书出版社 1998 年版,第 62 页。
㊵ 林端:《韦伯论中国传统法律——韦伯比较社会学的批判》,台北三民书局 1980 年版,第 9 页。

401 规定了相关性的基本概念,也就是界定了满足相关性的基本条件。但是该规则仅仅是从经验的角度界定相关性,因此一项证据具体到一个案件中有无相关性还是要根据经验和理性来判断。也因此,规则 401 仅仅是对相关性判断的一般规则,它并未告诉法官如何具体判断一项证据是否具有相关性。然而,第 4 条的规定并未停留在这种抽象的原则层面。从规则 404 开始,是一系列关于特定证据种类的相关性和可采性规则,对于这些种类的证据,实际上是立法者已经预先对其相关性作出了判断,一项证据只要符合其中的一个种类,法官即无须对相关性的有无再作判断,只需按照《规则》的规定作出裁决即可。

法典的完整性必然导致规则的复杂性。因为,为了包容所有相关事实,法律必须对所有能够想象到的事实加以规范。这可以以传闻法则为例。如果将第 8 条关于传闻的定义、传闻的排除、传闻的豁免以及传闻例外统一视为传闻的总体规则,我们可以说传闻法则真的是相当的完善和复杂,也是相当精致。以"证人先前的陈述"为例,联邦证据规则将其区分为证人先前的一致陈述、证人先前的不一致陈述和关于人身辨认的陈述,以区别不同证言内容所具有的不同的可采性。不仅如此,规则还将证人的证言区分为反对方当事人的自认和不利于己的证言,以不同的途径赋予其可采性。这些规定一方面体现了普通法经验的丰富多彩,另一方面也体现了立法者思维的缜密。再以公共记录这一例外为例,如果将传闻排除视为一般的原则,公共记录则属于传闻的例外。传闻通常不具有可采性,但是传闻的例外具有可采性。在传闻的例外当中还有例外,比如公共记录中的警察机关的记录,它作为传闻例外的例外,就不具有可采性。不仅如此,传闻例外的例外中又有例外,那就是,警察机关日常登记事项,作为例外的例外的例外,又具有可采性。[41]

但是,规则的复杂性又不能损害其适用性,就是说,法典的完整性不能以其可适用性为代价。这意味着:第一,规则仍然必须是明确的;第二,人们应当能够预测规则适用的后果;第三,应当能够很方便地找到与事实对应的规则。应当说,这些特征并没有因为《规则》的复杂性而受到损害。从第一个方面来说,越是复杂的规则通常反而越是明确,因为复杂的规则通常是对不同的情况作出了复杂的区分;从第二个方面说,如果司法能够保持足够的独立和中立,其适用规则的结果应当大体上是一样的;第三,联邦证据规则的编排体系十分科学,一

---

[41] 有关传闻法则中的具体规则,可参见:Fed. R. Evid., Rule 801-807。

目了然,其篇幅大致相当于一本 30 页左右的小册子,查找起来十分方便。这为其可亲近性(Accessible)创造了条件,也为其学习和适用提供了方便。

(二) 法律原理的一致性

如果一部法典在逻辑结构上具有一个一以贯之的原则,这样的法典将是一部理性化的法典,因为第一,人们可以依照该原则解释法典中的具体规则,尤其是那些意义模糊的规定;第二,这一原则还可以帮助人们批评一些特定的规则,这些规则如果不符合这一原则,可能面临废除或修改;第三,如果该原则被经验研究所证明为虚或者由于最新的研究而被证明不再如此千真万确,以致其真理性受到质疑,则或许能成为整个法律制度变革的契机或基础。[42]

为证据法典寻找逻辑上一以贯之的原则,这项事业从世界上第一部证据法诞生时即已开始。作为印度证据法典的起草者,史蒂芬的第二个目标就是要将证据法以一个贯穿始终的原则串起来。[43] 如前所述,史蒂芬的第一个目标获得了极大的成功,但是他的第二个目标却使他招致了批评,因为他试图将证据法统一于相关性原理之下。[44] 尽管如此,史蒂芬努力的方向却为后来者所追随。在此之前,吉尔伯特曾将证据法的原理概括为最佳证据原理。但是,吉尔伯特的观点一直没有得到普遍接受。史蒂芬之后,塞耶、威格默等竭力将证据法同陪审团联系起来,认为证据法的诞生是由于不信任陪审团的结果(Jury distrust),因此将证据法的原理概括为"控制陪审团原理(Jury control doctrine)"。[45] 塞耶和威格默的观点对后世影响深远,成为比较通行的学说。[46]

不过,"控制陪审团原理"从一开始就遭受质疑。最近的一篇论文指出,《联邦证据规则》一以贯之的原理并非所谓的"控制陪审团原理",而是"最佳证据原理"。[47] 在英美证据法上,有所谓"最佳证据规则",即对于文书、记录、照片

---

[42] Edward J. Imwinkelried, "The Worst Evidence Principle: The Best Hypothesis as to the Logical Structure of Evidence Law", 46 *U. Miami L. Rev.* 1069, 1069-1071(1992).

[43] James F. Stephen, *supra* note 9, at Introduction, pp. viii, xix.

[44] 参见波洛克、塞耶等均对史蒂芬的这一观点提出了批评。参见 William Twining, *supra* note 35, p. 85, note 99.

[45] 威格默的观点,参见 John Henry Wigmore, *Evidence in Trials at Common Law*, Peter Tillers revised, Little Brown and Company, 1983, pp. 605 and infra;塞耶的观点,参见本章第五部分的介绍及相关注释。

[46] 例如,Christopher B. Mueller & Laird C. Kirkpatrick: supra note 12, p. 1.

[47] Dale A. Nance, "The best Evidence Principle", *Iowa Law Review*, January, 1988.

等要求通常必须出示原件,在原件已经不可获得的情况下可以出示复制件。⑱此处所说的"最佳证据原理",虽然也与"最佳证据规则"有关,但并非特指对于文书、记录和照片等的最佳证据规则,而是说普通法上的证据规则和《联邦证据规则》中所有的规则都贯彻了"最佳证据原理"。所谓最佳证据原理,并不是说所有的证据都必须是原始证据,而是说当事人及其律师提交的证据,应当是其通过合理手段能够获得的最有助于帮助事实的裁判者作出正确裁判的证据。如同吉尔伯特所指出,根据这一原理,如果一项证据不过是原始证据的替代品,但本身并非原始证据,且原始证据仍能获得,则该证据不具有可采性。⑲换句话说,如果一项证据本身暗示着仍然存在着比该证据更加"原始",从而在认识论上更优的证据,则该证据不具有可采性。

南希认为,普通法和制定法上的证据规则之所以以"最佳证据原理"作为贯穿始终的原则,是因为现代审判虽然在很多时候必须为一些特定价值让路,但是发现真实仍然是其首要的目标;在一个无成本的语境中,对于发现真实而言最佳的途径就是收集一切相关的信息;但是由于审判并不是一个无成本的环境,因此就只能放弃部分信息的收集,而集中力量于与本案最密切相关、最能帮助审判者正确地认定案件事实的证据。⑳普通法上关于证据可采性的规则,就是鼓励当事人提出最能证明自己主张的事实依据,而排除那些可能导致浪费时间、拖延诉讼、引起偏见的证据。换句话说,证据规则的目的就是要求当事人及其律师将其可能获得的最佳证据提交给法庭,以利法庭作出一个实体上正确的判决。㉑

笔者认为,无论是"逻辑相关性原理",还是"控制陪审团原理",或是"最佳证据原理",均从各个侧面反映了英美证据法的哲学本性,其核心乃是秉承了英美证据法上一贯的理性传统。台宁指出,这一理性传统可以简单描述如下:认识论是关于认知而非怀疑的理论;真理的反映论比真理的融贯论获得更为普遍的认同;决定的制作模式是理性的模式,它与非理性的模式例如决斗、共誓涤罪、考验等方式形成鲜明的对比;推理的主要特征是归纳;通过追求真相达致正

---

⑱ Fed. R. Evid., Rule 1001, 1002, 1003.
⑲ G. Gilbert, *The Law of Evidence* 3-4(1st ed. 1754). 转引自:Dale A. Nance, *supra* note 47, p.253.
⑳ Dale A. Nance, *supra* note 47, pp.232-233.
㉑ Ibid., p.233.

义既是法律的最高命令,但在所有社会价值中又不是必然的、压倒性的或优先的价值。[52] 从吉尔伯特到史蒂芬、边沁,从塞耶、威格默到克罗斯、麦考密克,对于审判的性质与目的,对于有关过去事件的知识与信仰,以及在法庭语境中争议问题的推理等,一直都坚持着这一理性传统。

今天,这种理性基础不仅体现在各个规则可以融贯地以"最佳证据原理"获得解释这一抽象的意义层面,而且体现在《联邦证据规则》所采取的"可采性的自由主义"原则这一具体层面。所谓"可采性的自由主义",是指许多在普通法上的不具有可采性的证据,在《联邦证据规则》中被赋予可采性。[53] "可采性的自由主义"原则既是一项立法原则,又是一项司法原则。从立法上看,《联邦证据规则》赋予了许多根据普通法不具有可采性的证据以可采性。例如,根据普通法的规定,与案件处理结果存在利害关系的当事人不具备作证资格,从而其证言不具有可采性;这一规则在制定法上遭到彻底的废除。[54] 从司法上看,《联邦证据规则》对于可采性的自由主义态度主要可归纳为两个方面。首先,当一项证据究竟是否具有关联性发生疑问时,应当按具有关联性来作出裁判。其次,如果一项证据既有关联性,也就是具有证据价值,又存在着导致审判不公正或者不效率的情形,则法官应当在证据价值和可能导致的不公正或不效率的影响之间进行权衡;法官在衡量其证据价值和其负面影响时,对其证据价值应当作最大估计,同时对其负面影响作最小估计。[55] 笔者认为,《联邦证据规则》所确立的"可采性的自由主义"原则,正是秉承了英美证据法上乐观理性主义认识论传统的表现,因为它使得更多的证据能够进入法庭,实际上是对陪审团依据理性和经验正确地认识和评价证据的能力以及形成心证的能力赋予了更多的信任。

综上所述,美国《联邦证据规则》既复杂而又精妙,既庞大而又明确,既深刻而又简单。庞大表明了法典的完备性,深刻表明了法典的成熟性,明确和简单则体现了法典所追求的可预期性。综合以上各个方面,《联邦证据规则》在法典化方面为世界法律制度提供了一个高度形式理性化的光辉典范。

---

[52] William Twining, *supra* note 35, pp. 72-74.

[53] *Ferrara & Dimercurio v. St. Paul Mercury Ins. Co.*, 240 F. 3d 1, 6 (1st Cir. . 2001); Jack B. Weinstein, Margaret A. Berger, *Wienstein's Evidence Manual Student Edition*, 6th Edition, LexisNexis, 2003, at 6.01[5][a].

[54] Fed. R. Evid., Rule 601.

[55] *Deters v. Equifax Credit Information Service*, 202 F 3d 1262, 1273-1274 (10th Cir. 2000).

四、美国《联邦证据规则》的实际影响

一位美国学者曾经指出：一部法典是否成功，主要以四个标准加以衡量：完整性、融贯性、勇敢性、正确性。在以上述标准衡量之后，该论者得出的结论是，《联邦证据规则》在前三个方面都不合格，因此是一部失败的法典。[56] 笔者同意以上论者所持的部分观点，例如一部成功的法典应当具备完整性、融贯性、勇敢性、正确性等特征。但是笔者不同意其关于《联邦证据规则》是一部失败的法典的判断。衡量一部法典成功与否，主要是看该法典订立的目标是否实现，从这个角度而言，《联邦证据规则》是一部成功的法典，因为，第一，该法典基本实现了立法者所追求的目标，即法律的统一性和可适用性/可亲近性；第二，该法典促进了法学教育方式的转变和法学研究的繁荣；第三，法典甚至促成了法学研究方向的转变。

（一）法典化与法律的统一性和可适用性

证据规则法典化的目标之一，就是统一证据规则的适用。[57] 在《联邦证据规则》制定之前，除了加利福尼亚等 4 个州以外，其他各州均没有制定证据法典。在《联邦证据规则》颁布生效后的第二年，已经有 5 个州追随《联邦证据规则》的榜样通过了自己的证据规则；至 1984 年，美国已有 28 个州通过并颁布了证据法典。[58] 到 1994 年，已经有 35 个州通过证据法典。到 1995 年，该数字增加为 37 个。如今已有 40 多个州以《联邦证据规则》为榜样颁布了自己的证据法典。[59]

美国各州对《联邦证据规则》的采纳与追随在很大程度上实现了《联邦证据规则》的制定者们最初的目标，即通过证据规则的法典化实现全国法律规则的统一性。据称，在《联邦证据规则》颁布之前，当一个律师进入法庭并通过抽签而确定其案件的审判法官时，他知道他的案件所适用的证据规则将是该法官自己掌握的一系列证据规则；他还知道，如果是另一名法官来审理他的案件，所

---

[56] Irving Younger, "Symposium: The Federal Rules of Evidence: Introduction", 12 *Hofstra L. Rev.* 251 (1984), p.252.

[57] L. Kivin Wroth, "The Federal Rules of Evidence in the States: A Ten-Year Perspective", 30 *Vill. L. Rev.* 1315, 1318(1985), p.1321; Kenneth Graham, "State Adaptation of the Federal Rules: The Pros and Cons", 43 *Okla. L. Rev.* 293, 312 n.87(1990), p.298.

[58] See, Margaret A. Berger, "The Federal Rules of Evidence; Defining and Refining the Goals of Codification", 12 *Hofstra L. Rev.* 255, 258-259(1984), note 4.

[59] Paul C. Giannelli, *Understanding Evidence*, LexisNexis, 2003, p.10.

适用的将会是另一套规则;在很多法域,可以说有多少法官就会有多少套证据规则。[60] 在纽约州,如果你问一个律师,一个证人先前曾经作出的与其当前在法庭上作出的不一致陈述是否具有可采性,律师大约会告诉你一个含糊其辞的答案:"也许没有可采性,不过1968年州最高法院的裁决暗示着该证据具有可采性,但是从那时起,下级法院已经不再理会这一裁决了。"[61]《联邦证据规则》颁布之后,在联邦的法院里,对于上述问题至少可以获得一个明确的回答。不仅如此,各州的法官在解释自己的证据法典时也基本上参照联邦法官解释证据规则的原理和方法;甚至在没有采用《联邦证据规则》的州,《规则》的规定也被当作权威法源加以引用。[62]

法律的统一适用必然依赖于规则的简洁甚至简单。在这方面,《联邦证据规则》为律师和所有的法律人提供了一个简洁、紧凑的关于证据规则的版本。尽管理解其规定或许需要花费半年至一年的工夫,精通它或许需要付出一辈子的努力,但是,对于一般案件的适用而言,一本小册子已经足敷应用。诚如萨尔兹堡所言:无论律师们如何精心地准备自己的案件,有关证据的意外问题都可能在法庭上出现;一旦出现这种情况,律师就需要一个关于该问题的迅速的指引,或者至少能够回到一部能够从容不迫地求助的法律体系。《联邦证据规则》正是这样一部让法官和律师都能够欣然接受的法律读本。[63]

(二) 证据法教材与法学教育的变化

《联邦证据规则》的颁布不仅为证据规则的学习者提供了一个简单的入门法典,并且在法学教育领域也引起了深刻的变革。在《联邦证据规则》颁布之

---

[60] Stephen A. Saltzburg, "The Federal Rules of Evidence and the Quality of Practice in Federal Courts", 27 *Clev. ST. L. Rev.* 173, 178(1978), p.189.

[61] 试比较: *Vincent v. Thompson*, 377 N.Y.S.2d 118(N.Y. App. Div. 1975)(该案判定:间接的禁止反言原则在州最高法院早先的判决中并不存在), *Letendre v. Hartford Accident & Indem. Co.*, 236 N.E.2d 467(N.Y. 1968)(该案判定先前的不一致陈述用于证明其内容之真实性时具有可采性)与 *People v. Raja*, 433 N.Y.S.2d 200(Sup. Ct. 1980)(该案判定先前的不一致陈述只有在用于弹劾时才具有可采性). See, Faust F. Rossi, "The Federal Rules of Evidence in Retrospect: Observations from the 1995 Aals Evidence Section: The Federal Rules of Evidence—Past, Present, and Future: A Twenty-Year Perspective", 28 *Loy. L. A. L. Rev.* 1271(1995), p.1275.

[62] See C. Mueller & L. Kirkpatrick, *supra* note 12, p.27;在纽约,至今仍然没有制定成文的证据法典,但是其法院经常援引《联邦证据规则》的规定以判决当前的案件。See, e.g., *People v. Settles*, 46 N.Y.2d 154, 169, 385 N.E.2d 612, 620, 412 N.Y.S.2d 874, 883(1978); *People v. Watson*, 100 A.D.2d 452, 464, 474 N.Y.S.2d 978, 986(2d Dep't 1984).

[63] Saltzburg, *supra* note 60, p.184.

前,英美的证据法教材基本上以普通法为基础,其最大的特点在于散乱无章,以致即使手里有好几本证据法教材,也不知应当如何着手。《联邦证据规则》的颁布大大改变了这一尴尬。颁布至今,已经涌现了一大批以注释、阐发《联邦证据规则》为基本目标的教材和著作。其中较著名的包括《韦恩斯坦证据手册(学生版)》,迄今已经印制第六版[64]、《证据:客观方法》[65]等。可以说,如今美国的法学院无不以教授《联邦证据规则》为其基本课程。[66]

这主要是因为,作为制定法的《联邦证据规则》比作为判例法的普通法学习起来更加容易。无论是法学教授还是法学院的新生,当他们初次接触普通法中庞大的证据规则时都不免有些畏首畏尾。尤其是以威格默为代表的十卷本的证据法著作,使学生们在大部头的证据法学著作面前感觉掌握证据法简直需要"愚公移山"的精神。但是,首先,法典化的规则给了证据法的研习者一个简单的路径指引,因为它明确地告诉人们规则是什么,而不是像普通法那样需要通过大量阅读和分析才能抽象出法律的原则。普通法就像一片汪洋大海,既不知何处是起点,也不知何处是终点;又像一座迷宫,出发时兴致勃勃,路途上筋疲力尽;而成文的法典既容易进,也容易出,因为其路径明确。其次,简单明了的规则能够使人直接进入问题领域,而不是像普通法那样淹没在判决书的海洋之中。再次,规则本身虽然也需要理解和消化,甚至也要求法学院的学生进一步了解规则在司法实践中的应用情况,但是对于学生而言,法典毕竟给了学生一个从规则本身开始的机会——万事开头难——法典化的证据规则给了证据法的研习者一个简单而清晰的开头,这正是走向成功的便捷之径。

(三)司法判决及法律解释理论的发展

《联邦证据规则》的颁布不仅导致法学教材与法学教育的变革,而且大大地发展了法律解释的理论。对于成文规则的解释,繁荣了证据法学,活跃了证据法学领域的学术讨论。

具体而言,在司法领域,联邦最高法院关于多波特案件的判决就是对普通

---

[64] Jack B. Weinstein, Margaret A. Berger, *Wienstein's Evidence Manual Student Edition*, 6th Edition, LexisNexis, 2003.

[65] Dennis D. Prater, Christine M. Arguello, Daniel J. Capra, Michael M. Martin and Stephen A. Saltzburg, *Evidence: The Objection Method*, Michie Law Publishers, 1997.

[66] Margaret A. Berger, "The Federal Rules of Evidence: Defining and Refining the Goals of Codification", 12 *Hofstra L. Rev.* 255, 257(1984).

法上关于专家证言可采性标准的一个革命性突破。在普通法上,对于专家证言可采性的标准一向奉行1928年弗赖伊案件所确立的"一般接受标准",它要求专家所持理论必须公开发表以接受同行评议,以此作为评价其是否达到"一般接受"标准的程度。㊆ 在多波特案件中,联邦最高法院特别探讨了在《联邦证据规则》颁布后弗赖伊案件所确立的"一般接受"标准是否仍然适用的问题。对此,联邦最高法院给予了否定的回答。㊇ 多波特案件的判决实际上提出了《联邦证据规则》领域中法解释学的第一个问题:《联邦证据规则》已经颁布,普通法上关于证据可采性的规则是否仍然适用?理论界对此展开了激烈的辩论。㊈

在法学研究领域,《联邦证据规则》的解释从一开始便成为证据法学者们争论的话题,其中较为著名的包括,《规则》赋予法官在决断可采性问题上比较广泛的自由裁量权,因此《规则》虽然是一部法典但是又不同于其他法典,对于法官的自由裁量权应当采取何种立场加以解释?对此,联邦最高法院采取了对整个证据规则"字面意义"解释法的立场,即将《规则》按照通常的制定法来对待,以规则中规定的字面意义解释规则的含义并加以适用。联邦证据规则的规定以及联邦最高法院的判决,均成为学术界热烈讨论的对象。㊉

㊆ *Frye v. United States*, 293 F. 1013(D. C. Cir. 1923).

㊇ *Daubert v. Merrell Dow Pharmaceuticals, Inc*, Supreme Court of the United States, 1993, 509 U.S. 578. 关于弗赖伊案件和多波特案件的具体论述,可参见易延友:《英美证据法上的专家证言制度及其面临的挑战》,载《环球法律评论》2007年第3期。

㊈ Glen Weissenberger, *The Supreme Court and the Interpretation of the Federal Rules of Evidence*, 53 Ohio St. L. J. 1307(1992); Glen Weissenberger, *Are the Federal Rules of Evidence a Statute?* 55 Ohio St. L. J. 393(1994);韦森伯格的观点主要是:《联邦证据规则》只是对普通法上规则的重述,它并未终止法官继续发展出新规则的权力,因此不能简单地将《联邦证据规则》视同于其他法典并以此为基础拘泥于其字面意义加以解释;Edward J. Imwinkelried, *A Brief Defense of the Supreme Court's Approach to the Interpretation of the Federal Rules of Evidence*, 27 IND. L. REV. 267(1993) 恩温科雷德的观点是,最高法院以《联邦证据规则》的文本为基础对其作出解释的方法是正确的,应当为其辩护。

㊉ Randolph N. Jonakait, "The Supreme Court, Plain Meaning, and the Changed Rules of Evidence", 68 *Tex. L. Rev.* 745(1990). Professor Jonakait has argued that recent Supreme Court decisions have stifled the dynamic quality of evidence law; Thomas M. Mengler, "The Theory of Discretion in the Federal Rules of Evidence", 74 *Iowa L. Rev.* 413(1989); Randolph N. Jonakait, "Text, Texts, or Ad Hoc Determinations: Interpretation of the Federal Rules of Evidence", 71 *Ind. L. J.* 551(1996); Andrew E. Taslitz, "Interpretive Method and the Federal Rules of Evidence: A Call for a Politically Realistic Hermeneutics", 32 *Harv. J. on Legis.* 329(1995); Paul C. Giannelli, "Interpreting the Federal Rules of Evidence", 15 *Cardozo L. Rev.* 1999 (1994); Edward J. Imwinkelried, "Moving Beyond 'Top Down' Grand Theories of Statutory Construction: A 'Bottom Up' Interpretive Approach to the Federal Rules of Evidence", 75 *Or. L. Rev.* 389(1996); Eileen A. Scallen, Andrew E. Taslitz, "Reading the Federal Rules of Evidence Realistically: A Response to Professor Imwinkelried", 75 *Or. L. Rev.* 429(1996).

当然,对于《联邦证据规则》在总体上应当如何解释,仅仅是该法典引出的问题的一部分,大量关于具体规则应当如何解释以及如何适用的法学研究,可以说汗牛充栋。

五、我国证据立法之必要性与可行性分析

英美的制度虽然壮丽辉煌,法典化的证据规则虽然成熟精致,但是,我国是否需要证据规则,以及需要怎样的证据规则,仍然是一个需要探讨的问题。这一问题又可以区分为两个层次:第一个层次是我们是否应当移植英美证据规则的问题;第二个层次才是怎样移植的问题。如果不发生第一个问题,第二个问题自然也就不存在。本部分试图解决第一个问题,在此基础上,下一部分试图解决第二个问题。

(一) 我们是否需要证据规则? 回答当然是:需要

1. 约束法官心证

在我国引入证据规则的最主要、最直接的理由,是出于约束法官心证的需要。从历史上看,法定证据制度的产生,就是源于对法官在认定事实方面自由裁量权的限制。但是这一制度由于过于僵化,且对于定罪的证明标准提出了超过实际需要的要求,从而导致了刑讯逼供这一野蛮司法制度的产生。[71] 随着这一制度在法国大革命时期遭到批判和彻底废除,约束法官心证的制度在大陆法系从此不复存在。从历史的角度来说,我国未曾实行法定证据制度,但对法官心证约束的需要从未停止;(从现实的角度来说,我国法院在有关证据问题的裁决方面可谓毫无约束,这一方面导致了一部分冤假错案的发生,另一方面也是律师辩护意见难以得到采纳的根本原因之一——由于等级模式的司法官僚体制[72],我

---

[71] "形式的和理性的两方面证据的刻板僵硬经常使得在刑事案件中确定定罪依据变得十分困难。正是由于这个原因而不是其他什么原因,最终导致了广泛地使用刑讯手段获取证据,尤其是证据之王——口供。"参见〔美〕伯尔曼:《法律与革命》,贺卫方、高鸿钧、张志铭、夏勇译,中国大百科全书出版社 1993 年版,第 306 页。

[72] 等级模式(hierarchical officialdom)的司法官僚体制,是指司法官员往往由等级分明的专业法官组成,上下级之间的关系强调不平等的特征。职业化的官僚以及长时期的任职,均不可避免地导致专业化和程式化,而这些又导致司法官员划定一个他们认为属于他们的领域,并在处于相同情境中的人员内部发展出彼此之间自我认同的身份意识。逐渐地,"内部人"和"外部人"之间的区别变得严格化,从而"外部人"对程序的参与以及对程序决定的制作而言则变得无关紧要。Mirjan Damaska, *Faces of Justice and State Authority*, Yale University, New Haven and London, 1986, pp.18-23.

国的法官天然地倾向于偏信检察官的控诉,再加上没有明确的证据规则加以规范,法官的自由裁量权过大,其结果就是律师关于证据和案件事实的意见几乎总是被搁置一边。)也就是说,我国既不存在法定证据制度曾经给欧洲大陆人民带来的那种挥之不去的梦魇般的记忆,又存在着对法官心证进行约束的现实需求。这一历史事实和现实实践为我们将来的制度发展提供了更多的选择机会。

另外,我国面临的问题也与美国一些至今仍未颁布证据法典的州所面临的问题不一样。以纽约州为例,其律师相信法官胜于相信立法者,这是他们反对证据立法的原因之一。[73]但是这不能作为中国不需要或不能颁布证据法典的理由。恰恰相反,纽约州暴露的问题更证明中国引入证据法典是正确的。因为一方面,这说明,证据规则对于法官而言是一个极大的约束,这种约束是来自立法机关的约束,在一定程度上说,也是来自民意的约束;另一方面,中国的情况恰好是相反的,因为律师们更相信立法者而不是法官,律师们更愿意有明确的规则以约束在当事人和律师面前无比自由,而在其上级法官和行政官员面前又毫不自由的法官。

当然,约束法官心证的目的不一定非要通过移植证据规则来获得。笔者认为,在解决我国面临问题的时候,应当将外国的所有相关制度作为同等的参考选择项,比较其中的优劣高低,看看哪一个更加有助于解决我们的问题;最后才是决定是否移植,以及应当如何移植。如果我们的眼睛只盯着某一个国家的某一项制度,就可能一叶障目,不见森林。正如一句美国谚语所说:"如果我们手里唯一的工具就是锤子,我们就会将所有的问题都看成钉子。"但是,经过简单的比较,笔者仍然主张用证据规则这个"锤子"来解决我国法官心证无约束这个"钉子"。

从约束法官角度而言,已经存在或仍然存在的方法莫过于证据法上的法定证据制度、司法制度上的分权与制衡机制以及程序法上的上诉审查制度。可以说,古代的法定证据制度是最有效的制度,但也被认为是最荒谬的制度,因为它

---

[73] "In addition, in states like New York and several others, the legislature controls the codification and the amendment process. Given the popularity with voters of 'tough on crime' issues, criminal defense lawyers fear the politization of evidence law. They trust judges more than legislators." Faust F. Rossi, "The Federal Rules of Evidence in Retrospect: Observations from the 1995 Aals Evidence Section: The Federal Rules of Evidence—Past, Present, and Future: A Twenty-Year Perspective", 28 *Loy. L. A. L. Rev.* 1271(1995).

一方面夸大了立法者的理性,以为立法机构可以无所不能,预先将一切尽在掌握;另一方面,它又过分贬低了司法者的理性,将司法者牢牢地束缚在各项证据力规定的镣铐之中,不能在自己的理性中发现蛛丝马迹。因此,以法定证据制度来约束法官心证,在现代社会显然已经不合时宜。

约束法官心证的第二种方案是司法制度上的分权与制衡机制。这一机制在我国并非不存在,但是由于众所周知的缘故,我国司法体制中的分权与制衡机制有着先天的缺陷。不仅如此,这种缺陷在可预见的将来恐怕都难以获得有效的疗效。即便有现成的方案以供选择,也由于意识形态和国家体制的缘故难以论证,更遑论引进和实施了。因此,这一方案基本上不在考虑的范围之内。

第三种方案是依赖上诉法官的审查。达马斯卡曾经指出,在古代,大陆法系虽然没有传闻法则,但是其对于证据的充足性规则(实即法定证据制度),可以防止一个人仅仅因为传闻而被定罪;进入现代社会以后,大陆法系有关证据的数量规则因被认为僵化而被一概废除。但是,这并不意味着大陆法系没有应对传闻法则的策略。相反,在大陆法系,初审法官的裁判通常会遭到上诉法院的审查,这可以有效地防止法官仅仅将其对事实的认定建立在传闻证据的基础之上。[74] 可以认为,大陆法系通过上诉审查约束法官心证的制度是值得借鉴的。但是,这一制度远不如证据规则来得直接。并且,在中国当下的司法环境中,依赖上诉审查约束法官心证如果不是一句空话,也至少不会有很好的效果。

因此,在众多约束法官心证的制度当中,证据规则是一种最优的方案。第一,它最具有直接针对性;第二,它基本上不涉及意识形态;第三,它是一种已经被证明为有效的制约方式。

2. 统一法律实施,实现法制现代化

法制现代化是制定证据法典的另一个重要理由。法制现代化的一个基本要求,是法律具有普适性,可预期性。韦伯指出:"对于商品市场的利益者来说,法的理性化和系统化,一般而言和保留以后有所局限的条件下,意味着法律维护功能的日益增长的可预计性——经济的,特别是资本主义方式的持久企业是最重要的先决条件之一,企业需要在法律上交往的可靠性。诸如兑换和兑换诉讼这类特殊交易形式和特殊诉讼就是根据法律保证在纯粹形式上的明确无

---

[74] Mirjan Damaska, "Of Hearsay and Its Analogues", in 76 *Minn. L. Rev.* 425-458.

误,服务于这种需要的。"⑦ 在没有证据规则的情况下,一项证据是否被事实的裁判者认真听取,法官在作出裁判时是否考虑了当事人及其律师提出的证据,均不可预测。这一点在当今中国尤其明显。同一项证据在不同法院提出,其效果很可能大不一样;即使是在同一个法院,遇到不同的法官,其效果也会大相径庭。很多时候,律师们甚至不知道自己应不应该提出某项具体的证据,因为提出这些证据或许不仅不能起到维护当事人合法权利的效果,反而会使法官心生厌烦。可以确信:在制定和颁布证据规则之后,这种法制的不统一局面和法律适用的不可预期性,均将得到大大改善。

3. 促进法学繁荣,增强公民法律意识

除了约束法官心证、实现法制现代化以外,证据规则还可以附带性地促进法学教育的进步和法学研究的繁荣,增加公民的法律意识。当然这并不是说每个人从此可以成为证据法专家,而是说它至少可以为公民提供一个有关证据规则方面的简洁的读本,为其了解相关的规定提供一种便捷的方法。从法学教育的角度来说,它也可以改变目前各法学院教授(副教授)们在证据法学教学方面各自为战的局面。虽然市场上销售的有关证据法学的教科书基本上千篇一律,无论是结构上还是内容方面都没有太多变化,但是在实际的教学过程中,仍然往往是专攻民事诉讼法的学者或教师将这门课程讲成民事诉讼法学,而专攻刑事诉讼法的学者则将该门课程讲成刑事诉讼法学。至少从学术共同体这个角度来看,目前并不存在所谓的"证据法学界"。从有关证据(法)的著作来看,许多作品甚至连证据法学应当研究什么都尚未清楚,其研究的内容要么属于自然科学领域,从而无法增加法学的知识,要么属于刑事诉讼法学领域,从而无法增加证据法学的知识。⑦

(二) 引进证据规则的障碍:错误认识之澄清

在认识到需要证据规则之后,还需要对证据规则本身有更清醒的认识,从而需要澄清一些错误——至少是不准确的观念。那就是,证据法是陪审团的儿子。

这一错误观念始于英美的证据法学者。塞耶明确指出,证据法是陪审团的

---

⑦ 〔德〕马克思·韦伯:《经济与社会(下)》,林荣远译,商务印书馆1998年版,第202—203页。
⑦ 有关的批评与讨论,参见易延友:《证据学是一门法学吗》,载《政法论坛》2004年第3期。

儿子,陪审团是证据法的父亲。⁷⁷ 在《联邦证据规则》通过之前,一些州甚至拒绝在不实行陪审团审判的案件中因下级法院容许了不适当的证据而推翻其判决。⁷⁸ 在现代,仍然有许多英美证据法学者在解释《联邦证据规则》时将规则作为对陪审团不信任的产物。⁷⁹ 换句话说,如果没有陪审团,实际上就不需要证据规则——没有父亲,哪有儿子? 这是我们对于引进证据法需要破除的第一个迷信。

笔者认为,无论是从证据规则的起源还是从证据规则的功能来看,证据法均和陪审团不存在直接关系。首先,从历史上看,陪审团起源于12—13世纪,最开始是一个证人团,也就是事实的提供者;后来才逐渐转变为事实的裁判者。这一转变大约在15—16世纪逐步开始,在17世纪时才最终完成。⁸⁰ 在这之前以及之后的两个世纪中,英国仍然没有证据规则。证据规则的产生和成熟是16—19世纪的事情。⁸¹ 了解了这一事实,我们基本上可以作出两点判断:第一,在陪审团审判从13世纪产生后一直到17世纪证据法都没有诞生,如果说证据法是陪审团的儿子,只能说这个"父亲"太无能;第二,虽然从时间上看证据规则的产生后于陪审团审判制度的产生,但是若从陪审团作为事实的裁判者而不是提供者这一角度来看,二者虽然不是同步,但也几乎是同时产生,同步趋

---

⑦ James Bradley Thayer, *A Preliminary Treatise on Evidence at the Common Law*, Cite as *Evidence*, Augustus M. Kelley. Publishers, New York, 1969.

⑧ Note, "Improper Evidence In Nonjury Trials: Basis For Reversal?" 79 *Harv. L. Rev.* 407 (1965), p.407.

⑨ "Most of those rules—relating to relevance, hearsay, privilege, and so on—were calculated to exclude various kinds of testimony and tangible evidence from a lay jury's consideration during its fact-finding deliberations. The notion underlying many, although not all, of these categorical negative rules was that jurors in a less sophisticated time were ill-equipped accurately to assess the relevance and reliability (the probative worth) of some classes of evidentiary material. Jurors, it was speculated, might assign substantial weight to some forms of evidence without pausing to focus on their questionable trustworthiness and the ready availability of stronger, or at least more thoroughly tested, proofs. Furthermore, it was said, again in an empirical vacuum, that certain types of evidence might confuse jurors or ignite their irrational prejudices." Waltz, *Judicial Discretion in the Admission of Evidence Under the Federal Rules of Evidence*, 79 NW. U.L. REV. 1097, 1097 (1985).

⑩ 关于陪审团审判制度的起源及其发展,参见易延友:《陪审团审判与对抗式诉讼》,台北三民书局2004年版。

⑪ 威格默认为,证据法的产生最早可以追溯到16世纪。郎本指出,直至18世纪中期,证据法也没有完全发展起来,其成熟大约是19世纪的事情;并指出,威格默也承认有关证据法的历史文献不会早于18世纪,只不过威格默认为那是由于历史文献难以获得的缘故。John H. Langbein, "Historical Foundations of the Law of Evidence: A View from the Ryder Sources", 85 *Colum. L. Rev.* 1193 (1996), p.1171.

于成熟。因此,至少不能以陪审团先于证据法存在来论证陪审团是证据法的父亲。

从证据规则的功能来看,绝大多数证据规则和陪审团无关。以宣誓规则为例,法律界普遍认为,宣誓制度的功能是唤醒证人对其作证义务在良心深处的理解,并将证人置于有关伪证处罚的语境之下,从而促使其向法庭陈述真相。[82] 换句话说,宣誓制度的目的是促使法庭将其裁决建立在更加可靠的证言基础上。这一制度与陪审团又有什么关系呢?难道它也是为了避免使陪审团受到误导吗?恰恰相反,已有论者正确地指出,如果以"陪审团容易被误导"为根据来解释证据规则,就应当废除宣誓制度,因为宣誓制度更加容易对陪审团产生误导,因为陪审团常常误以为伪证罪总是受到揭露和追究。[83]

即使那些表面上与陪审团有着密切关系的规则,在以"控制陪审团原理"来解释时也会遇到难解的尴尬。以传闻法则为例,传统的解释该规则产生的重要原因之一,是为了避免陪审团给予传闻法则过高的证明力。[84] 这一解释是很成问题的。因为,如果传闻法则是出于对陪审团评价证据能力的不信任,该规则实际上在对陪审团的认知能力、理解能力方面的判断自相矛盾。因为第一,传闻法则有时候适用有时候不适用,例如在专家作证时,询问专家的律师可以引入传闻;第二,传闻的许多例外规则中,传闻被容许通常仅适用于一部分案件事实而不适用于其他案件事实。换句话说,一个传闻常常会被容许证明一个案件事实而被禁止用于证明其他案件事实,这样的规则增加了传闻规则的复杂性。在这样的情况下,法律一方面假定陪审团不能正确地评价证据,从而对其认知能力作出了较低的预期;另一方面又希望陪审团能够对一个证据在针对一个案件事实时予以考虑,而在确定另外一些案件事实时又完全忘记,这实际上是对陪审团的认知能力提出了过高的要求。笔者认为,之所以会出现这样尴尬的情况,就是因为传统英美的法学界错误地将对陪审团的不信任(Jury distrust)作为证据法的基础。如果不是从不相信陪审团的角度对证据规则进行解释,完全可以避免这一尴尬的状况。

事实上,早在"陪审团控制原理"产生之初,就已经有许多英美学者对陪审

---

[82] Jack B. Weinstein, Margaret A. Berger, *supra* note 53, at 10.04.

[83] Dale A. Nance, "The Best Evidence Principle", *Iowa Law Review*, January, 1988, p.281.

[84] Michael L. Seigel, "Rationalizing Hearsay: A Proposal for a best Evidence Hearsay Rule", 72 *B. U. L. Rev.* 893(1992)

团和证据规则之间的传统论述提出了反对意见。摩根教授在 1937 年就专门撰文指出,陪审团和证据规则的产生无关。[85] 最近,耶鲁大学著名学者郎本教授通过对 1754—1756 年间英国王座法院首席大法官莱德之审判笔记的考证,言之凿凿地论证了证据法的产生和陪审团并无联系的观点。[86]

(三)证据法对应的制度变革

确立证据规则、制定证据法典不仅需要澄清错误观念,而且必须在制度上扫清道路。也就是说,必须排除那些在制度上构成证据规则引进之障碍的东西,证据规则才可能顺利得以引入。

笔者认为,为引入证据规则,我国的司法制度和诉讼程序至少在两个方面必须予以变更:一是变陈述式举证方式为问答式举证方式;二是必须增设有关证据可采性的裁决程序。

在英美法系,其与证据规则最基本的配套制度,就是问答式的证人作证制度,该制度禁止双方律师提出可能导致证人作冗长陈述的问题。换句话说,律师或当事人对证人的提问,通常均必须严格限定问题的范围。这样,通过一问一答的方式,让证人在法庭上陈述有关案件的事实。与大陆法系不一样,这样的作证方式不允许证人一上来就一五一十地将其知道的案件事实完完整整地向法庭作出陈述,而是必须在律师的引导下一步一步、一问一答地陈述自己知道的案件事实。[87] 应当说,绝大多数证据规则都是在这种"问答式"的举证制度下获得实施的。因为,如果证人在法庭上滔滔不绝地叙述,律师只能从其叙述中经过甄别,从而找出其中违反证据规则的证据;但是由于证人已经叙述完毕,其证词已经为陪审团所知晓,因此律师即使在证词一经作出后立即作出属于哪一类不具有可采性的证据并及时地提出反对,也已经基本上是徒劳无功。但在问答式的举证制度下,一旦一方提出一个问题,对方即可判断该问题引出的回答是否可能引出一个不具有可采性的证据;如果属于这样的问题,律师应当马上提出反对;如获法官支持,则证人不必回答这样的问题。正因为如此,传闻法则以及所有证据规则的实施,对于律师而言,均是一项具有高度技巧性的工作。

---

[85] Morgan, "The Jury and the Exclusionary Rules of Evidence", 4 *U. Chi. L. Rev.* 247, 250-251 (1937).

[86] John H. Langbein, *supra* note 81.

[87] 有学者将这种制度称为"问答式",而将大陆法系和我国的证人作证方式称为"叙述式",有一定的道理。参见龙宗智:《论我国刑事审判中的交叉询问制度》,载《中国法学》2000 年第 4 期,第 82 页

例如,检察官问证人:"你和约翰会谈时约翰是否告诉过你贝利同意卖给你100克海洛因?"由于约翰并未在法庭上出庭作证,对于这一提问,辩方律师通常会及时提出反对,因为它引出的回答将是一个传闻证据。法官如裁决反对有效,则证人不必且不能回答该问题。这样,对于约翰是否告诉过证人有关事项,陪审团根本就无从得知,这样的证言也就不会在陪审团心目中留下不利于被告人的印象。但是,这一制度在我国目前并不存在,并且在大陆法系也暂不存在。因此,如果我们意在移植证据规则,第一步就是必须同时引入问答式的证人作证制度。

至于增设有关证据问题的裁决程序,这是不言自明的道理。在很大程度上,证据规则均属于实体性规则,因为这些规则通常只规定一项证据是否具有可采性。当一项证据的可采性发生问题时,则需要程序性规则来加以解决。我国最高人民法院和最高人民检察院有关非法证据应当予以排除的规则之所以在实践中不受重视,基本上不具有可操作性,最重要的原因就是缺乏证据的裁判机制。因此,确立证据规则,必然需要确立相应的裁判机制。

六、证据规则法典化之路径选择

虽然我们需要证据规则的论点已经在前文得到论述,但是,如何确立证据规则仍然值得探索。当然,本章不可能条分缕析地探讨每一个法条具体应当如何表述,但是对于其中的一些基本问题,应当予以澄清。具体而言,证据规则的引入模式是法典式的,还是分散式的?证据法应当包括哪些内容?非法证据排除规则是否应当包括在证据法典之中?以下从模式与内容两个方面分别予以探讨。

(一) 模式:分离还是独立?

如前所述,英美证据规则在立法的路径上实际上是两种模式:一种模式是将证据规则分散规定在不同的法律体系中,较为集中的规定分别见于有关刑事诉讼和民事诉讼的制定法,这种模式以英国为代表;另一种模式是将证据规则单独以法典的形式加以规定,这种模式以美国为代表;除美国外,制定证据法典的还有加拿大、以色列以及英国的前殖民地国家。笔者将前一种模式称为"分离模式",将后一种模式称为"独立模式"。这两种模式在当今中国均有拥护者。分离模式以《诉讼证据规则研究》⑧⑧和《刑事证据法专家拟制稿》⑧⑨为代表,前者是将刑事诉讼证据规则、民事诉讼证据规则和行政诉讼证据规则分别作为学者建议稿提出立法建议,后者是一个单纯以刑事诉讼证据规则为目标的立法建议。独立模式以《中国证据法草案》⑨⓪为代表,主张制定统一的证据法典。

笔者赞成第二种模式。⑨① 原因是:第一,无论是以英国为代表的分离模式还是以美国为代表的独立模式,其规范的证据规则中的大部分实际上都既适用于民事诉讼也适用于刑事诉讼。这一点在《诉讼证据规则研究》中也有体现:作者在刑事诉讼证据规则立法建议中提出的大部分内容,在民事诉讼证据规则立法建议中也有规定。⑨② 第二,即使对于一部分仅适用于某个特定诉讼程序中的规则,也完全可以在统一独立的证据法典中予以规范,不过在规定该规则时指出该规则的特定适用性即可。美国《联邦证据规则》就是这样规定的。例如其关于推定的规定,就只适用于民事诉讼,因此标题冠以"民事诉讼中的推定"字样。⑨③ 第三,统一独立规定有利于实现法律的简单化和确定性。因为,分散于不同诉讼法典中规定的做法必定导致不同法典对同样内容的不同规定,如果这些不同确有必要,自然不会发生问题;问题是这种模式必然在没有必要的场合会出现不同,从而必然会损害法律的权威性,也会给法学的学习和研究者带来不便,从而损害其可亲近性和可操作性。第四,从证据规则的功能来看,其主要功能是约束法官心证,在这一功能方面,无论刑事诉讼还是民事诉讼乃至行政诉讼,其发生作用的原理均不存在区别,因此也没有必要分别予以规定。第五,在这样的前提下,对刑事诉讼、民事诉讼、行政诉讼的证据规则分别规定,必然导致大量内容的重复,这在成熟的立法上也是应当竭力予以避免的。

基于此,我国若要引进证据规则,最好是制定一部统一、独立、完整的证据

---

⑧⑧ 参见刘善春、毕玉谦、郑旭:《诉讼证据规则研究》,中国法制出版社 2000 年版。
⑧⑨ 参见陈光中主编:《中华人民共和国刑事证据法专家拟制稿(条文、释义与论证)》,中国法制出版社 2004 年版。
⑨⓪ 参见江伟主编:《中国证据法草案(建议稿)及立法理由书》,中国人民大学出版社 2004 年版。
⑨① 这里不涉及对以上提到著作的评价问题。从著作水平而言,笔者认为上述著作均体现了较高的立法技术水平,并且提出了比较具有可行性的建议。但是各自从自己的角度出发提出了不同的立法模式,却没有任何一方对自己的模式进行充分的论证,这或许是上述著作面临的最大的问题。
⑨② 参见刘善春、毕玉谦、郑旭:《诉讼证据规则研究》,中国法制出版社 2000 年版。可比较其第 341—368 页提出的刑事证据规则与第 650—666 页提出的民事证据规则的规定,无论在体系上还是在内容上均大同小异。
⑨③ Fed. R. Evid., Article Ⅲ.

法典,而不是将有关证据规则的规定分散在诉讼程序法典当中。

(二) 内容:集中还是全面?

在内容上,美国《联邦证据规则》只规定证据的可采性,基本上不存在有关证明对象、证明标准、证明责任的规范。我国证据规则在法典化过程中是否应当规定有关证明对象、证明责任和证明标准的问题?另外,证据法典是否应当包括非法证据排除规则?这些问题均应当加以考虑。

笔者认为,对于证明对象,通常是指具体案件中的待证事实。对此,英美证据法均选择予以回避,不从正面加以规定,而只是从司法认知和推定的角度在特定情况下免除一方当事人的证明责任。之所以如此,是因为证明对象本质上属于实体法决定的范畴,证据法无法提供具有可操作性的规范。事实上,在美国《联邦证据规则》当中,也涉及证明对象的问题,只不过是间接的涉及。在决定相关性时,通常的步骤:第一步是判断当事人举出的证据是否具有实质性,即所要证明的事项是否属于案件争议事实;第二步是判断该证据对于决断争议事实是否有帮助,即是否有证明力。其中,对于"实质性"的判断就是证明对象的问题,如果当事人举出的证据不属于案件证明的范围,也就不具有实质性,从而不具有相关性。但是,证据法从未具体规定,什么样的事实具有实质性,根本原因在于,作为案件证明对象的实质性问题,根本上属于实体法决定的事项。比如对于强奸妇女的问题,如果是普通法上的强奸罪,要求行为人使用暴力,则被告人"性行为系经女方同意"这一答辩理由,具有实质性,因为根据普通法,"是否违背妇女意志"属于强奸罪的构成要件;但在制定法上,被告人以"行为系经女方同意"为由提出答辩,就不具有实质性,因为制定法上的强奸罪大致相当于我国的强奸幼女罪(强奸罪),被害人是否同意性交,不属于犯罪构成要件,因此不属于争议事实,也就不具有实质性。因此,有关证明对象的事项,证据法既不需规定,也无法(正面)规定。

对于证明责任,本质上也属于实体法规定的事项。大凡研究证明责任且有所成就的学者,到最后都必须从实体法的角度出发阐释其证明责任理论。这一点从罗森贝克的名著《证明责任论》当中,可以得到印证。根据罗森贝克的理论,证明责任的发生以实体法上的权利义务关系为判断的基准,因此"不适用特定的法规范其诉讼请求就不可能有结果的当事人,必须对法规范要素在真实的事件中得到实现承担主张责任和证明责任"。⑭ 据此,除了程序性裁判之外,所有的证明责任问题均将由主张权利来源的实体法规范所决定。在这样的情况下,证据规则即使规定证明责任,也只能是笼统的原则,不具有可操作性,还不如不规定。

对于证明标准,笔者认为,它实际上是一个由法官对所有证据自由地审查判断后自由心证的范畴。即使规定,也只是从自由心证这一原则加以规定,不可能赋予各个不同的诉讼一个明确、具体的证明标准。证据规则更不可能像某些法官所希望的那样,对于具体案件需要哪些证据详细加以列举。⑮ 至于审查判断证据的原则,笔者主张以不同的诉讼法典分别予以规定,因为它们随不同的诉讼法而有不同的表述。

对于非法证据排除规则,笔者也不赞成在证据法中加以规定。原因是:第一,非法证据排除规则基本上只适用于刑事诉讼,其在本质上属于刑事诉讼中人权保障的内容,与民事诉讼、行政诉讼没有关系,因此应当以刑事诉讼法典来规范;证据法典对此内容的规定,属于画蛇添足。第二,非法证据排除规则牵涉人权保障的问题,意识形态比较浓厚,争论比较激烈,通过难度比较大,对于实现约束法官心证这一证据法典的最终目的来说,属于节外生枝。

因此,证据法典的制定,应当以可采性为其基本内容,以约束法官为其基本目标,以"最佳证据原理"为其一以贯之的原则,对于可采性以外的规则,基本上应当予以忽略。这样做的好处是:第一,精力集中,有利于规则的精致化,最终实现其科学化;第二,法典的内容比较统一,有助于实现法律规则原理的一贯性;第三,规则相对简单,且没有不具有可操作性的规定,容易获得司法实践的支持,从而加强法律的权威性。

结语

综上所述,证据规则的立法化是以人类理性为基础的法典化运动的一个组

---

⑭ 〔德〕罗森贝克:《证明责任论——以德国民法典和民事诉讼法典为基础撰写(第四版)》,庄敬华译,中国法制出版社 2002 年版,第 104 页。

⑮ 这一方向的努力只会把我们带回证据法的萌芽时代,在英国早期的证据法著作中,曾经将证据的充足性作为论述的对象。例如,在吉尔伯特的《论证据》(该书大约写作于 1726 年,作者逝世后于 1754 年出版)中,主要论述的就是三个问题:一是以"最佳证据规则"为核心的文书证据规则;二是以因利害关系而被取消作证资格为核心的证人资格规则;三是根据实体法标准决断的证据的充分性问题。参见 John H. Langbein, *supra* note 81, p.1176。

成部分。它在英国遭遇了传统思维习惯的阻碍,但是在美国却取得了巨大的成功。在我国,证据规则法典化的努力已经取得了不错的成就,但是相关的理论问题仍然亟待解决。在笔者看来,证据规则法典化不是一件想当然的事情,而是一个需要在学术上进行论证,从而在政治上作出决策的事项。学术上的论证仅仅是政治上决策的基础。笔者的论证或许并不成熟,但它是这种努力的一个开端,希望引起更多的重视。

另外,以上论述并不表明笔者主张我们应当立即制定一部证据法典,或者将美国《联邦证据规则》的中译本提交全国人大表决通过。历史学家萨维尼曾经指出:无论有能力编纂法典的时代是否真正发展成熟,法典编纂问题必定要先于这样的时代而产生。[96] 因此,笔者认为,证据规则的法典化将是一个漫长的过程。它需要具备一定的条件,其中最重要的大概是证据法知识的积累,这一方面需要我们对英美证据规则进行长期深入的探索,这是一件极端枯燥的事业从而需要意志极为坚定的学者不懈的努力;另一方面还需要对我国的司法体制、诉讼程序及相关的司法实践有着深入的了解和深刻的洞察。只有在这样的基础上制定的证据法典,才是符合中国需要的证据法典,才能够为中国法制的现代化作出应有的贡献。

---

[96] 参见〔德〕霍尔斯特·海因里希·雅科布斯:《十九世纪德国民法科学与立法》,王娜译,法律出版社2003年版,第43页。

中篇　可采性

第四章　证据可采性中的关联性要件
　　　　——以美国《联邦证据规则》为分析对象

第五章　特免权规则：美国的制度与实践
　　　　——兼论特免权规则的普遍性与差异性及中国语境下特免权规则的确立

第六章　证人作证的一般规则及对证人证言的诘问与弹劾

第七章　英美专家证言制度及其面临的挑战

第八章　传闻法则：历史、规则、原理与发展趋势
　　　　——兼对我国"传闻法则移植论"之探讨

第九章　"卑鄙是卑鄙者的通行证"
　　　　——品格证据规则及其基本原理

第四章 证据可采性中的关联性要件
——以美国《联邦证据规则》为分析对象

引言

关联性是英美证据法上的一个基本概念。[①] 任何一项证据,其被法庭容许的基本前提,就是必须具有关联性;不具有关联性的证据,只有在极其例外的情况下才具有可采性。可以说,关联性概念既是英美证据法的中枢神经,也是各国诉讼证据规则中的核心概念。因此,本章以美国联邦证据规则为线索,对关联性规则作一初步研究。本章第一至第五部分介绍与关联性有关的规则,包括关联性的概念、关联性与可采性之间的关系、因公正和效率原因而排除具有关联性的证据、附条件可采性和附条件关联性、有限关联性和有限可采性等;第六部分阐述判断关联性与可采性应当遵循的基本原则,第七部分对关联性规则在实践应用上的困难进行分析与讨论,并指出关联性规则本身在排除证据方面的局限性。

一、关联性的定义

美国《联邦证据规则》第 401 条规定:关联性证据意味着该证据具有使任何一个对于决定诉讼结果的事实比没有该证据时更有可能或更无可能的趋势。[②] 根据这一定义,一个证据具有关联性需要同时满足两个条件:一是该证据试图证明的事项属于能够影响诉讼结果的案件事实,对此,理论上称之为"实质性";二是该证据对于结果事实的证明能够产生一定的影响,对此,理论上称之为"证明力"。

(一) 实质性(materiality)

根据上述规定,一项证据具有关联性的条件之一,是该证据与决定诉讼结果的事实相关联。《联邦证据规则》在此处用的是"fact that is of consequence to the determination of the action"这一术语,直译为"对决定诉讼具有结局性影响

[①] Jack B. Weinstein, John H. Mansfield, Norman Abrams, Margaret A. Berger, *Evidence: Cases and Materials*, 9th Edition, the Foundation Press Inc., 1997, p.1.

[②] Fed. R. Evid., Rule 401.

的事实",简称"结果事实"。在第405条中,《联邦证据规则》用的是"an essential element of a charge, claim, or defense",直译为"指控、主张或辩护中的实质性要件"。在有些法律文件中,这一术语被"consequential fact"或"material fact"所取代。在理论上,这一概念通常以"实质性(materiality)"来指代。③ 因此,所谓实质性,就是指证据试图证明的对象属于对决定诉讼结果具有影响作用的案件事实之组成部分的属性。

证据法虽以实质性来界定关联性,实质性却并不由证据法规定。由于这一概念描述的是证据所证明的事实和案件中的争点之间的关系,一个证据拟证明的事项是否具有实质性,必须根据该诉讼所涉及的实体法来判断。通常来说,诉讼中具有实质性的事项包括民事案件中的因果关系要件和刑事案件中的犯罪构成要件等。通常而言,刑事案件中积极性辩护的构成要件一般具有实质性。例如,在二级谋杀(大致相当于我国刑法上的故意伤害致死)这个罪名中,预谋并非其构成要件,因此,被告人以醉酒为由提出辩护,就不具有实质性,从而也就不具有关联性。再如,在一个强奸案中,被告人提出一个积极性辩护主张,即性行为经过同意。这一主张在普通法上的强奸罪中具有实质性,在制定法上的强奸罪中不具有实质性。因为,制定法上的强奸罪(大致相当于我国刑法上的奸淫幼女)通常是指被害人在某一年龄段以下,不具有同意的能力,即使被害人同意,仍然构成强奸罪。因此,被告提出的主张不具有实质性,其所提出的证据也不具有可采性。但在普通法上,强奸罪的成立通常以违背妇女意志为前提,因此,"性行为系经被害人同意"这样的抗辩理由就具有实质性,与之关联的证据也就具有可采性。在民事案件中,损害事实通常具有实质性。例如,根据纽约州的立法,如果一名男子未经女子同意就亲吻该女子,其行为属于性骚扰,如果女方提出侵权之诉,男子亲吻女子这一事实就具有实质性。④

有些证据用于证明的事项可能并不是案件事实,但是由于间接与案件事实有关,也可以认为具有实质性。例如,用于影响事实裁判者对证人可信度评价的证据,用于证明其他与本案相关的事实的证据等。事实上,一个相关的证据

---

③ Jack B. Weinstein, Margaret A. Berger, *Weinstein's Evidence Manual Student Edition*, 6th Edition, Matthew Bender & Company, Inc., 2003, at. 6.01[2].

④ *Girden v. Sandals Int'l*, 262 F. 3d 195, 203-204(2d Cir. 2001).

不得单纯以其不具有实质性而予以排除,因为联邦证据规则并无此意。⑤ 因此,实质性并不是判断关联性的一个绝对标准。但是在大多数情况下,实质性的有无是判断关联性的一个有益的工具。

(二) 证明力(tendency)

一项证据除了必须和能够影响诉讼结局的案件事实存在一定的关联之外,还必须对该结果事实的存在比没有该证据时更有可能或者更无可能。通俗地讲,就是一个证据对于决定案件事实的有无具有一定的影响力。对于待证事实而言,如果一个证据的出示既不能增加该待证事实存在的可能性,也不能降低该待证事实存在的可能性,则该证据对于决定该待证事实的存在与否就没有意义,从而也就没有证明力。

但是,证明力要素并不要求证据证明的结果是该证据试图证明的事实存在比不存在更有可能"(more likely than not)",即达到优势盖然性(preponderance of evidence)"的标准,而是"该事实在有这一证据时比没有该证据时更有可能或更无可能"。例如,在一个杀人案件中,控方提出证据证明被告人与被害人的妻子有奸情,单独有这一个证据并不能够证明被告人杀人这一事实的存在比不存在更加可能,但是该证据会成为陪审团衡量被告人是否比别人更加有杀人动机的因素。换句话说,一个男人与一个女人有奸情这一事实并不必然推导出这个男人会杀害这个女子的丈夫这一结论;但是,如果一名男子与一名女子有奸情,则其杀害该女子丈夫的可能性通常会大于其他与该女子不存在任何关系的人。因此该证据仍然具有关联性。再如,在一个斗殴现场提取的血迹,检验结果证明血型为 AB 型,被告人的血型恰好为 AB 型。假设在一个城市中,AB 血型人口占 25%,该血型证据仍然具有关联性。因为该证据排除了很大一部分人是作案人的可能,它有助于认定被告人的身份,尽管不是排他性的认定。又如,目击证人看到抢劫银行的劫匪是白人男子,证言中提到的两个因素都具有关联性。因为它排除了其他人种,也排除了妇女作案的可能性。

由此可见,第 401 条所规定的关联性要求是很低的。诚如法学家们所言:"一块砖不是一堵墙。"⑥在通常情况下,都是很多块证据之砖,垒起来待证事实

---

⑤ *United States v. Carriger*(1979, CA6 Mich)592 F2d 312, 79-1 USTC P 9195, 4 Fed Rules Evid Serv 124, 43 AFTR 2d 538.

⑥ "A brick is not a wall." *McCormick on Evidence* 185, at 339 (John William Strong ed., 4th ed. 1992).

这堵墙。

正是因为这种对可能性的较低要求,才使得间接证据的容许成为可能。在英美证据法学理论中,所有证据均可分为直接证据和间接证据。其中,直接证据就是不需要通过推理和假设,其本身就能证明案件事实,间接证据则是需要通过推理方能证明争议事实存在与否。⑦

尽管很多情况下,只有间接证据也可以定案,直接证据和间接证据的证明效果却是大不一样的。考虑一下这个案例,控诉方有四个证据证明被告人杀害了他的妻子:第一个证据是在被害人的指甲里边发现了被告人的皮肤;第二个证据是被告人的面颊上有新鲜的抓痕;第三个证据是被告人在被害人死亡20分钟后才报警;第四个证据是这对夫妻刚刚以妻子的名义购买了100万美元的人寿保险,受益人是被告人。通过这四个证据,人们通常会认定被告人有罪,但是其确定性程度可能不会很高,因为在上述证据中每一个证据所推导出的结论都具有比较大的不确定性。但是,如果在案件中有一个直接证据,情况将会大不一样。假设该案被告人最终作出了供述:

> 是的,是我杀了她。我不后悔,一点也不。我得到了那笔钱,每一分钱都是我的。……你不会明白的。二十年了。除了她的尖叫和哭喊以外我一无所有。我在她面前听到的就是她如何恨我,以及如果不是嫁给我的话她的生活又会如何。我成全了她。所以我不感到有愧于她。……她疯狂地从床上爬起来以便逃脱,但是我阻止了她。她试图反抗,也无济于事。我给了她足够剂量的毒药。……这个巫婆从此永远地安静了。我决不后悔。

对于一个理性人而言,在程序性保障得到落实,也就是说被告人在未遭受刑讯逼供、威胁、引诱、欺骗等因素影响的情况下作出上述供述,则事实的裁判者在决定将被告人定罪时,显然会比在只有间接证据的情况下将被告人定罪更加心安理得一些。

二、关联性与可采性之关系

《联邦证据规则》第402条规定,除非合众国宪法、议会制定的法律、联邦

---

⑦ Kevin Jon Helle, "The Cognitive Psychology of Circumstantial Evidence", 105 *Mich. L. Rev.* 241 (2006), p.248.

证据规则或者最高法院制定的规则另有规定,所有相关的证据都具有可采性;不相关的证据,不具有可采性。⑧ 根据上述规定,关联性与可采性的关系,基本上可概括为两大原则:一是有关联性的证据通常都具有可采性;二是没有关联性的证据一概不具有可采性。兹分述如下。

(一) 有关联性,通常就有可采性

有关联性就有可采性,是关联性与可采性之间关系的一个基本原则。例如,在一个抢劫案的审判中,被告人被要求逐字逐句地重复抢劫犯在抢劫银行时说过的话。该证据得到容许,因为抢劫案件发生时抢劫犯戴着面具,无从辨认,只能从声音方面进行身份认证。⑨

这一原则充满了例外。其中第一项例外就是《联邦证据规则》的规定。尽管如何界定关联性,以及如何判断关联性,在很大程度上属于经验法则解决的问题,但是,美国《联邦证据规则》却对关联性问题作了极为详细的规定。其第401条规定了关联性的定义,第402条规定了关联性与可采性的关系,第403条对具有关联性的证据在可采性方面设置了一些限制,这一章的其他条文均针对一些特定事项是否具有关联性作了规定。其中第404条规定了有关被告人品格通常予以排除和被害人品格通常予以容许的规定;第405条规定了品格的证明方法;第406条规定了习性证据和日常实践的可采性规则;第407条规定了事件发生后采取的救济措施不得被用作证明过错行为存在的证据的排除法则;第408条规定了承诺作为证明一个主张或损害存在的排除法则;第409条规定了支付医疗费或类似费用不得用于证明伤害的有责性这一规则;第410条规定了答辩交易中所作陈述的排除规则,第411条规定了责任保险的存在或不存在均不得用于证明被告人的过失或其他过错行为的规则,第412条规定了性侵犯案件中被害人品格的排除规则,第413条规定了性侵犯案件中被告人品格的可采性规则,第414条规定了猥亵儿童案件中被告人的相似犯罪的可采性规则,第415条规定了性侵犯民事案件中相似行为的可采性规则。⑩ 由于这些规定,第四章实际上就是一部关联性的法典,是对于生活经验的全面总结。除此以外,《联邦证据规则》的其他条文,也基于关联性或其他经验、政策的考虑,对

---

⑧ Fed. R. Evid., Rule 402.
⑨ United States v. Brown(1981, CA2 Vt)644 F2d 101, cert den(1981)454 US 881, 70 L Ed 2d 195, 102 S Ct 369.
⑩ Fed. R. Evid., Rule 404-415.

证据的可采性作了详尽的规定。

除《联邦证据规则》的规定以外,具有关联性而没有可采性的情形还包括下列情况:一是根据合众国的宪法应当予以排除的关联性证据;其中包括因违反第四修正案关于搜查和扣押而获得的证据,因违反第五修正案反对自我归罪特免权而获得的证据,以及因违反第六修正案关于对质权的规定而获得的证据。二是根据联邦制定法而应当予以排除的证据,例如,联邦秘密窃听法明确规定,任何违反该法的规定获得的证据在联邦以及州的任何法庭上,都不具有可采性。⑪ 三是根据联邦最高法院颁布的有效规则而应当予以排除的证据。例如,在 Taylor v. Illinois 一案中,最高法院认为,在特定情况下,例如,故意并且恶意地违反证据开示的命令,将来这一证据会被排除,对当事人违反证据开示命令的行为施加惩罚,这一做法被认为是符合宪法的。⑫

(二) 没有关联性,就没有可采性

没有关联性,就没有可采性。这是一项比较严格的原则,几乎没有例外。⑬ 一个证据一旦被认定为没有关联性,通常也就不具有可采性。例如,在1978年的一个案件中,被告人被指控偷了5块里脊肉。被告人被发现进入一个肉联厂(Hannaford Brothers Meat Plant),回到自己车上,又进入肉联厂,再回到自己车上。现场搜查,发现肉联厂丢失了5块里脊肉。逮捕被告人后,在被告人的口袋里发现了5块里脊肉。法庭上,被告人作证说自己未曾取走这些肉,他不知道这些肉怎么到了自己车上,他在汽车的地板上看到这些肉,以为是自己在别的地方买的,于是顺便放入了口袋。他的辩护律师试图出示一个证据,该证据表明,被告人曾经遭受一个名叫 Carver 的人的威胁。律师出示这一证据的目的是要证明,是 Carver 故意将肉放进被告人车中以便对其栽赃陷害。审判法官没有容许该证据,理由一是该证据不具有关联性,二是该证据容易使陪审团产生混淆。在此基础上,陪审团裁决被告人罪名成立。被告人提出上诉。上诉法院经过审理指出:根据判例,证明一方当事人或证人感受到另一方当事人有敌

---

⑪ 18 U. S. C. §2515. 其他制定法的规定参见 Fed. R. Evid. , 402 advisory committee's note(咨询委员会在此列出了一个相关制定法的清单)。

⑫ *Taylor v. Illinois*, 484 U. S. 400(1988).

⑬ 原则上,没有关联性的证据绝对没有可采性。但是,在极其例外的情况下,如果一方当事人出示的不具有关联性的证据不适当地得到容许,则另一方当事人也可出于反驳的目的在此基础上出示具有相似特征的证据。*United States v. Hall*,(1981, CA5 La)653 F2d 1002, 8 Fed Rules Evid Serv 1342.

意的证据可以得到容许，但是，在当下这个案件中，Carver 既不是当事人，也不是证人；根据判例，单独一个证明另一人曾经对被告人实施威胁的证据若用于证明该人与本案有关，该证据不具有可采性；当下案件中被告方出示的证据意图证明 Carver 栽赃陷害，但是，审判中被告人也承认，Carver 并未参加抓捕他的行动，也没有证据表明 Carver 有机会将赃物放到被告人车上。因此，上诉法院判定，原审法院认定该证据不具有可采性并无不当。⑭

通常情况下，举出证据的一方需要说明该证据如何与结果事实相关。如果举出证据的当事人无法说明其拟出示的证据与结果事实相关，则该项证据通常被认为不具有关联性。⑮ 例如，在 Robbins v. Whelan 一案中，法院裁判中的少数意见指出，当事人对自己提出证据的关联性负有解释的义务；在当事人没有对关联性提出适当解释的场合，法官可以排除该证据。该案被告人 Whelan 驾驶一辆梅赛德斯奔驰车与两原告驾驶的车在高速公路上相撞。根据原告的叙述，原告从辅路进入高速公路之前，朝两边都看了看，认为正在高速公路行驶的奔驰车离自己还有 300 英尺的距离，其速度大约高达每小时 70 英里。在这个点上，原告 Frye 试图进入高速公路的剩余区域。被告则声称，当原告注意到他时他正以每小时 40—48 英里的速度行驶，不过他的车一直在加速行驶，当发现原告的车突然并上来时已经来不及反应。审判结束后陪审团宣布被告胜诉。

原告上诉称，审判法庭错误地排除了原告提供的证据。该证据是全国高速交通安全局发布的关于轿车和汽车行驶资料的报告，其中包括特定年代生产的汽车的安全刹车距离。原告特别指出，根据该报告中的图表，被告所驾驶的奔驰车在以每小时 60 英里行驶时其刹车距离应当是 160 英尺和 169 英尺之间。被告对此证据提出反对，理由是该证据与本案无关。法庭支持了被告的主张。

联邦上诉法院认为，这一证据与本案有关。原因是，马州的一名警察曾经在法庭上作证时说，他认为被告当时的行驶速度应当在 50 英里以上，因为刹车距离有 160 英尺。根据前述报告，如果被告以每小时 60 英里行驶，其刹车距离最大为 169 英尺。因此，如果该报告所述情况得到确认，且被告的刹车痕迹的确有 160 英尺，则可以确认被告当时的时速高于被告自己所说的 40—48 英里每小时。尽管报告中提到的数据并不一定完全准确，但是，这种绝对的精确性

---

⑭ *State v. Kotsimpulos*, Supreme Judicial Court of Maine, 1980, 411 A. 2d 79.

⑮ *Achille Bayart & CIE v. Crowe*, 238 F. 3d 44, 49(1st Cir. 2001).

并不是其成为本案证据的前提条件。何况,被告并没有任何主张证明该案中存在着特殊的情况导致其刹车距离可能与报告存在明显区别。因此该证据具有足够的关联性。至于其证据价值,则是被告应当予以反驳的内容。因此,法庭错误地排除了这一对原告至关重要的证据,我们认为这不仅仅是一个无害的错误。因为该证据的排除显然削弱了原告的证据力量。同时,由于我们无法判断陪审团在有该证据时是否仍然会作出有利于被告的判决,因此我们将该案发回重审。

对于上诉法院的多数意见,Campbell 法官表示反对。其理由主要是,原告在举出《报告》作为证据时,并没有特别地说明该证据是用于证明被告的车在超速行驶,原告有义务解释其证据想要证明的目标。法官是人,不是神。因此,法官没有回想起一名警察曾经作证说被告的车应当在 50 英里以上这件事情不算过分。如果原告特别地指出了其证据要证明的目标,相信法官的裁决应当是另一种结果。本案中原告想要证明的事项并不明确,并且也不是显而易见、无须说明的事项。律师提到过,奔驰车以每小时 60 英里的速度行驶时需要的刹车距离是 160 英尺,但他从未提到当奔驰车的刹车距离是 160 英尺时其车速应当是 60 英里每小时。二者之间尽管有联系,但是并不明显。要求法官如此聪明显然是强人所难了。⑯

该案虽然以上诉法院认定原告提供的证据具有关联性而告终,但是上诉法院中持少数意见的法官关于当事人应当对其拟证明的事项提供说明的看法,则是一个不容忽视的因素。毕竟,关联性的判断具有较大的主观成分,因此很多时候需要出示证据的一方予以说明。

三、基于公正和效率排除关联证据

美国《联邦证据规则》第 403 条规定,一个具有关联性的证据,如果其可能导致的不公正偏见、混淆争点和误导陪审团的危险超过了其可能的证明价值,或者顾虑到该证据可能导致不适当的拖延、浪费时间或者不必要的堆积证据等因素,均可导致该证据被排除。⑰

出于分析的方便,我们可以将上述规定中的"不公正偏见、混淆争点和误

---

⑯ *Robbin v. Whelan*, United States Court of Appeals, first Circuit, 1981. 653 F. 2d 47, cert. denied, 454 U. S. 1123(1981).

⑰ Fed. R. Evid. , Rule 403.

导陪审团的危险"统称为"危险";将"不适当拖延、浪费时间和累积证据的顾虑"称为"顾虑"。根据此项规定,法庭在判断一项证据是否具有可采性时通常要在证据价值与各种风险或顾虑之间进行衡量以决定取舍。1997年的一个判例判定,权衡的过程就是一个比较的过程,在这个过程中,法官应当考虑,如果排除某一证据,案件事实是否还有其他证据予以证明;如果有,该证据是否比目前予以排除的证据更少引起审判的不公或者不效率。[18] 以下对"危险"和"顾虑"分别予以阐述。

(一) 因存在不公正偏见、引起混淆或误导陪审团的危险而排除证据

可能导致证据被排除的第一种危险是"不公正的偏见"。值得指出的是,这一规则只要求排除不公正的偏见;公正的偏见无需排除。因为,任何一方提出的证据在一定程度上都是有偏见的。同时,最有力的证据通常也就是最有偏见的证据。因此,如果凡是有偏见的证据都需要排除,最有力的证据也就是最需要排除的证据。

专家咨询委员会对"不公正偏见"的解释是:不公正的偏见就是暗示结论将建立在通常但不必然是情感因素的基础上。[19] 根据这一原则,一项证据如果陪审团不能理性地进行评价,该证据就是有可能导致不公正偏见的证据。例如,在 People v. Cavanaugh 一案中,控诉方出示了一张被害人的照片,照片显示被害人死亡时已经被切掉了三根手指并被肢解,坐在血迹斑斑的椅子上,身上爬满了蛆。该案上诉后,上诉法院判定,该证据应当予以排除。[20] 当然,这并不是说这样的照片一律自动予以排除,而是说法官应当斟酌情况决定是否准许出示。又如,在 State v. Poe 这一案件中,被告人 Roy Lee Poe 被指控一级谋杀。尽管陪审团没有建议适用死刑,法官最终还是判决宣告被告人死刑。被告人认为,法庭容许控诉方出示一些彩色幻灯片的做法是不正确的,因为这些幻灯片容易引起对被告人的偏见。事实上,在出示这些幻灯片之前,被告人杀害了被害人这一主张已经得到证实。控诉方出示了一些黑白照片,显示被害人躺在床上,头部有两个枪眼。而这些彩色的幻灯片则是在尸体解剖过程中拍摄的。其

---

[18] *Old Chief v. United States*, 519 U.S. 172(1997).
[19] Fed. R. Evid., 403 advisory committee's note.
[20] *People v. Cavanaugh*, 282 P.2d 53, 64 (Cal. 1955).

中一张反映的是死者的头部,在外科医生将死者的后头骨的骨架,其头皮被翻到头骨的边缘以显示被清空的头颅。另一张图片是从顶部拍摄的空洞。即使是黑白的图片,也会使人感到恶心,彩色的图片则加剧了其恶心程度。犹他州最高法院认为,这些图片实际上是与本案无关的,其唯一的目的就是煽动和激起陪审团的怒火。最高法院最后判定,本案中辩护律师虽然没有及时针对这一证据的可采性提出异议,但是法院不能容忍这种技术性错误影响案件的判决,因此,由于审判法官滥用了其对于证据可采性的自由裁量权,本案应当发回重审。[21]

不仅恶心的照片通常不具有可采性,而且,漂亮的照片如果容易让人引起不适当的遐想,也可能会被法庭排除。例如:在1982年的一个案件中,被告人被指控一级谋杀,被害人是一男一女两名儿童。审判中,控诉方出示的第34号证据为,一名被害人在被害前不久照的一张照片。审判结束时法官指示陪审团,该照片唯一的目的乃是用于核对被害人的身份。上诉后,州上诉法院认为,初审法庭容许该证据是一个错误,因为该证据可能会在陪审员心中激起许多情感,其所具有的偏见是如此巨大,尤其是它与本案证据不具有关联性。它的功能就是强调这名女童在不适当的时机遭受伤害和死亡是如此的不幸。[22]

可能导致具有关联性的证据被排除的第二种危险是混淆争点。很多判例对此作了解释和界定。在2000年的一个案件中,法庭判定,检察官用一个仿真手枪来证明被告人犯有非法持有枪支罪,这一证据具有可采性,因为该证据可用于证明警察看到被告人时手中拿着的手枪的情形,而只要法官在对陪审团作出指示时向陪审团说明这支手枪并不是被告人非法持有的那支,则该证据不会使陪审团造成混淆。[23] 在1986年的一个案件中,一名统计学专家在法庭作证说,黑人雇员在所有被雇用者中所占的比例,与黑人被解雇者在所有被解雇者中所占的比例,是完全不同的。该证据获得容许,理由是该证据引起混淆的危

---

[21] *State v. Poe*, Supreme Court of Utah, 1968, 21 Utah 2d 113, 441 P.2d 512, appeal after remand, 471 P.2d 870(Utha 1970).

[22] *Smith v. State*, Court of Criminal Appeals of Oklahoma, 1982, 650 P.2d 904. 该案中上诉法院所说的"许多情感",是指该案被害人生前的照片十分漂亮,让人看了以后感觉其被害实在是一个巨大的悲剧,从而对被告人产生偏见。

[23] *United States v. Aldaco*(2000, CA7 Ill)201 F3d 979, 53.

险并不足以导致必须排除该证据。㉔ 在 2005 年的一个案件中,警察在逮捕被告人时使用了警犬。被告人认为这一行为是对被告人使用了过度的暴力。审判中,专家证人试图在法庭上证明,警察在抓捕被告人的过程中使用警犬已经超出了警察使用暴力的正常范围,属于过度使用暴力。其理论基础是,警察在使用暴力时应当遵循最小化原则,因此任何超出最小化暴力的暴力都是不合理的。法庭认为,该证据既不具有相关性,也容易引起混淆。因为,即使陪审团最终认定警察使用的暴力超出了最小化暴力的范围,陪审团仍然可能会判定警察的行为属于合理范围。㉕

通常情况下,如果一项证据表面上很合理而且似乎很有说服力,但是如果有详细的反驳证据反驳或者需要法庭对该证据实际上只有很小的证据价值进行指示时,法庭通常会拒绝容许该项证据。另一方面,如果一项证据虽然可能会有偏见,但与案件高度相关,且又不是极端地具有偏见,尤其是在交叉询问或辩论过程中还可以指出其偏见性时,法庭通常不愿意排除该项证据。㉖ 另外,在法官审判的场合,基于一项证据可能导致不公正的偏见而提议排除该证据㉗,或者以该证据可能引起混淆为由提议排除该证据都是不恰当的。因为理论上一般认为,法官通常比陪审团更有理性,因此不太容易被非理性的情感所左右,也更不容易被证据所迷惑、误导或对争点产生混淆。

可能导致关联证据被排除的第三种危险是误导陪审团。混淆争点和误导陪审团之间存在重合的情况。几乎所有混淆争点的证据,同时也是误导陪审团的证据。但另一方面,并非所有误导陪审团的证据都会导致混淆争点。因此,《联邦证据规则》对二者还是作了区分,以免挂一漏万。

(二) 基于拖延审判、浪费时间和不必要累积证据等顾虑而排除证据

如果一项证据可能导致法庭审判的不适当拖延,浪费时间或者不必要的累积证据,该项证据也可能被排除。其中,拖延强调的是不适当的拖延。任何证据的出示都可能导致拖延,证据法所禁止的是不适当的拖延。"浪费",并不是

㉔ *Wilmington v. J. I. Case Co.* (1986, CA8 Iowa) 793 F2d 909, 40 BNA FEP Cas 1833, 40 CCH EPD P 36410, 20 Fed Rules Evid Serv 1217.

㉕ *Marquez v. City of Albuquerque* (2005, CA10 NM) 399 F3d 1216, 66 Fed Rules Evid Serv 702.

㉖ Jack B. Weinstein, *supra* note 3, at 6.02[4].

㉗ *Schultz v. Butcher*, 24 F.3d 626 (4th Cir. 1994).

单纯的时间"耗费"。任何证据的出示都将耗费时间,证据法所禁止的是无意义地消耗时间。累积证据就是该证据对于增加其他证据的证明力而言是如此的微弱,以致即使容许该证据,其对于决定事实真相的贡献也远小于其对延长审判时间的贡献。㉘

因此,如果一项证据仅仅是重复已经得到容许的证据,则该项证据将被排除。㉙ 如果一项证据仅仅是围绕当事人争议的边缘问题展开,则该项证据也可能被排除。同时,如果一项证据仅有很微弱的证据价值,但却将严重地影响法庭审判的效率并且不必要地使陪审团感到困惑,该项证据也会遭到排除。㉚ 在一个绑架案件中,被告人举证说检察官曾经答应要对他宽大处理,如果他合作的话。该证据被认为是浪费时间而予以排除,因为它与被告人有罪还是无罪这一问题是否有关实在是大可怀疑。㉛ 但是,这并不意味着法庭可以不顾一项证据的证据价值,而仅仅因为容许该项证据将延长法庭审判为由将其予以排除;排除关键性证据将构成自由裁量权的滥用。㉜

需要注意的是,可能造成不公正的偏见等风险和造成审判的拖延的顾虑二者是存在着显著区别的。"危险"影响的是事实认定程序的纯洁性,"顾虑"只是影响法院的效率。因此,"危险"导致证据被排除的可能性,往往大于因"顾虑"而排除证据的可能性。

四、附条件关联性与附条件可采性

《联邦证据规则》第104条(b)规定,如果一项证据的关联性有赖于另一事实条件的成就,则法院对该证据的容许,应当以当事人提出充分的证据,足以认定该条件已经成就为限。㉝ 这就是通常所说的"附条件的关联性"。

根据这一规则,如果一封来自于Y的信函,L被用来证明Y对某件事情表示同意,这封信就是案件中的一个证据。但是,举出这封信作为证据的一方必须首先证明,这封信的确是出自Y的手笔。否则,这封信对于证明Y对某特定

㉘ *United States v. Kizeart*, 102 F. 3d 320 (7th Cir. 1996).
㉙ *Robert S. v. Stetson Sch., Inc.*, 256 F. 3d 159, 169-170 (3d Cir. 2001); United States v. Adams, 914 F. 2d 1404, 1408 (10th Cir. 1990).
㉚ *United States v. Sprong*, 287 F. 3d 663, 665 (7th Cir. 2002).
㉛ *United States v. Callahan* (1978, DC Minn) 442 F Supp 1213, 2 Fed Rules Evid Serv 890.
㉜ *United States v. Barile*, 286 F. 3d 749, 756 (4th Cir. 2002).
㉝ Fed. R. Evid., Rule 104(b).

事件表示同意这一事实就不具有证明力。在这种情况下,L 具有关联性的前提就是,签署它的人是 Y 这一事实能够成立。㉞ 这种情况下,L 的关联性就是附条件的关联性。在条件成就的情况下,这封信作为本案证据具有关联性;在条件不成就的情况下,这封信不具有关联性。

有时候,一项证据的关联性需建立在另外一项或几项证据的基础上,而这些证据却尚未提出。在此种情形下,法官可以先容许该证据,但是以后来的证据能够构成该证据之关联性的基础为前提。在之后的审判中,如果当事人未能建立起这些证据和之前附条件容许的证据之间的联系,则法官应当指示陪审团不考虑这些证据。㉟

与附条件关联性相近的概念是附条件的可采性,规定在《联邦证据规则》第 104 条(a)。根据该规定,当一方当事人对某项证据的可采性提出反对时,法官就应当对反对的理由进行审查,以决定该证据是否具有可采性;证据可采性的基础,就是通常所说的"可采性的预先事项(preliminary questions of admissibility)",包括证人资格、是否存在特免权,以及证据的可采性等问题。㊱ 可采性的预先事项属于法官决定的事项,这是证据法在法官和陪审团之间所做的分工。法官在决定一个证据是否具有可采性时,对于可采性的基础存在与否的证明,必须达到"优势盖然性(preponderance of evidence)"的证明标准。

有关可采性基础事实的决断在本质上属于"事实的(factual)"范畴。但是这些事项之所以分配给法官而不是由陪审团来决断,是因为对这些事项的判断很多时候会牵涉一些法律所设定的标准。例如,根据《联邦证据规则》,传闻法则不具有可采性,但是对提出证据一方当事人不利的传闻证据,作为例外具有可采性。当该方当事人提出该传闻证据并主张其具有可采性时,法官就必须判断该传闻证据是否对该方当事人构成不利影响。因为这是该证据具有可采性的基础。在判断这些事项是否成立时,法官当然要听取与该事项是否成立有关的证据。而在做这项工作时,联邦证据规则是不适用的。也就是说,法官在判断这些事项时,可以容许采用根据证据规则不具有可采性的证据。㊲

必须引起注意的是,在事项决定权的主体方面,第 104 条(b)的规定构成

㉞ Fed. R. Evid., Rule 104(b) Advisory Committee's note.
㉟ *Huddleston v. United States* (1988), 485 U.S. at 690.
㊱ Fed. R. Evid., Rule 104(a).
㊲ Fed. R. Evid., 104(a) advisory committee's note.

第 104 条(a)的例外。根据第 104 条(a),可采性的预先事项属于法官决定的事项。但是,如果所有事项均由法官决定,则陪审团决定事实的制度设置将很可能受到破坏。㊳ 因此,第 104 条(b)虽然规定:"法院对该证据的容许以当事人提出充分的证据足以认定该条件成就为限",判断条件是否成就的权力应当由陪审团掌握,而不由法官掌握。法官只决定当事人是否提出了足以认定该条件成就的充分证据,而不就该条件是否成就作出判断。因此,对于该事项,法律的证明标准是"表面可信的证明(prima facie case)",而不是"优势盖然性"标准。㊴ 这样的要求虽然看起来难以理解,但这确实是《联邦证据规则》关于证明标准方面一个微妙的区别。

还须注意的是,《联邦证据规则》的起草者们对第 104 条(b)规定的附条件的关联性与第 401 条规定的关联性作了区分。例如,在一个谋杀案件中,被告人关于谋杀的书面供述是否具有可采性,必须以该供述与谋杀案件具有关联性为基础;但是在决定该供述是否具有关联性之前,法庭首先必须查明该书面供述是否为该被告人所签署。对于前者,属于关联性问题,完全由法庭进行裁决;对于后者,属于附条件的关联性问题,法庭只就当事人是否提供了足以证明条件成就的证据进行裁决,而不就被告人是否签署了该供述这一事实进行裁决。被告人是否签署了该供述,属于陪审团决断的事项。㊵

五、有限关联性与有限可采性

《联邦证据规则》第 105 条规定,当一个证据仅仅对一方当事人具有可采性或者仅仅对某一特定目的具有可采性,而对另一方当事人或其他目的而言不具有可采性时,法官应当应一方当事人之请求,将该证据的使用限定于适当的范围,并就此向陪审团作出指示。㊶

根据上述规定,如果一项证据对某一特定事项具有可采性,它并不会因为对另一特定事项不具有可采性而必须予以排除;反过来也是这样:一个对某一特定事项具有可采性的证据并不会自动地对所有事项具有可采性。因此,当一

㊳ Fed. R. Evid., 104(b) advisory committee's note.
㊴ Paul C. Giannelli, *Understanding Evidence*, LexisNexis, 2003, p.89.
㊵ Fed. R. Evid., 104(b) advisory committee's note; Paul C. Giannelli, *Understanding Evidence*, LexisNexis, 2003, p.91.
㊶ Fed. R. Evid., Rule 105.

个证据仅对某特定事项具有可采性而对其他事项没有可采性时,法官必须指示陪审团,只有在考虑该特定事项时才能考虑该证据;对于律师而言,在结辩时也只能在该证据具有可采性的事项范围内使用该证据;在只有法官审判的案件中,尽管不存在陪审团从而无需作出指示时,法官也必须遵守该规则的规定,将只对特定事项具有可采性的证据用于适当的案件范围。

由于该规则的规定属于强制性规定,违反规定拒绝就此向陪审团作出指示将导致法官的裁决被推翻。但是,如果当事人没有请求法官作出此类指示,则在通常情况下将视为对权利的放弃,只有在极为特殊的情况下也就是在"明白的错误(plain error)"的情况下,该规则才仍然适用。所谓"明白的错误"是指,错误如此明显,以至于即使当事人不提出申请法官也应当主动予以纠正或指示的情形。但有些时候,当事人故意不请求法庭作出此种指示乃是出于策略的考虑,因为,请求指示恰恰唤醒了陪审团对此一证据的记忆,而当事人的策略则是尽量地减小陪审团对一些无关紧要的证据的记忆。[42] 在律师采取这种策略的场合,明白的错误规则也就不再适用。[43]

该规则存在的基础一是有些证据仅与案件中的特定事实相关,而与其他事实无关,因此该证据仅对与之相关的案件事实具有可采性;对于这一种情况,我们可称之为"有限的关联性"。二是有些证据虽然也与其他事实相关,但由于证据规则要求排除其对特定事项的可采性。无论是哪种情况,我们都统称为"有限的可采性"。这种有限的可采性在共同犯罪或共同侵权的案件中更为常见。在这类案件中,有些证据对于某一被告人可能具有可采性,对其他被告人可能不具有可采性。在此种情况下,根据规则的规定,法官必须将该证据的适用限定于适当的范围。

但是,在有些案件中,仅仅将只具有限可采性的证据限定于"适当的范围"并不足以保护不得被适用该证据的当事人,因为对证据的这种表面上的"有限适用"完全可能在实质上导致该证据被适用于不应当适用的范围。在 Bruton v. United States 一案中,联邦最高法院明确指出:在有些场合,陪审团不愿意或者无法按照法官的指示运用证据,而该证据的适当运用对于被告人而言又是如此至关重要,因此司法制度中人类的缺陷和司法实践的问题就不能忽视;本案

---

[42] *United States v. Johnson*, 46 F. 3d 1166, 1171(D. C. Cir. 1995); *United States v. Barnes*, 586 F. 2d 1052, 1059(5th Cir. 1978).

[43] *Sherman v. Burke Contracting*, Inc., 891 F. 2d 1527, 1534(11th Cir. 1990).

就是这样一种情况,法庭之外的被告人同案犯的陈述如此有力地证明,被告人的犯罪被处心积虑地在陪审团合并审理的共同犯罪案件中早已散布。基于此,最高法院宣布,一旦法庭认定,容许这样的证据可能导致陪审团不顾法庭指示而仍然探究对被告人有罪的证据的危险,从而侵犯被告人的对质权,法庭就应当判定该证据不具有可采性。[44]

六、关联性和可采性判断的基本原则

以上我们介绍了《联邦证据规则》有关关联性的基本规定。在这些规定的背后,隐藏的是在证据容许问题上的自由主义立场,关联性在立法上的逻辑主义理论,以及在司法上奉行的经验主义原则。兹分述如下。

(一) 可采性判断的自由主义

从《联邦证据规则》第401条的规定来看,一项证据对于证明一个结果事实的存在或不存在只要存在着任何趋势,就具有关联性。判例和理论均认为,这一规定体现了对于可采性的比较自由的标准。[45] 这一结论是基于普通法上对可采性所作的诸多限制。与普通法上的规则比较起来,《联邦证据规则》对于证据的可采性问题采取了更为宽容的态度:许多在普通法上不具有可采性的证据,在联邦证据规则上均具有可采性。例如,根据普通法的规定,与案件处理结果存在利害关系的当事人不具备作证资格,从而其证言不具有可采性;这一规则在制定法上遭到彻底的废除。又如,根据普通法,如果一名证人收取了当事人的报酬,该证人证言便不具有可采性。但是根据制定法的规定,证人为作证而收取报酬这一事实不得用作取消其作证资格的证据,但是可以用作弹劾证人可信度的证据。也就是说,该证人证言仍然具有可采性,但反方当事人可以用该证据来削弱或降低其证言的可信度。

正是在这个意义上,《联邦证据规则》对于证据的可采性采取了更为宽松的政策,根据这一政策,更多的证据可以自由地进入法庭。因此,英美的证据法学家们将这一政策概括为"可采性的自由主义"政策。具体而言,《联邦证据规则》对于可采性的自由主义态度主要可归纳为两个方面。首先,当对一项证据

---

[44] Bruton v. United States, 391 U.S. 123(1968).

[45] Ferrara & Dimercurio v. St. Paul Mercury Ins. Co., 240 F. 3d 1, 6(1st Cir.. 2001); Jack B. Weinstein, Margaret A. Berger, supra not 3, at 6.01[5][a].

究竟是具有关联性还是不具有关联性发生疑问时,应当按具有关联性来作出裁判。其次,如果一项证据既有关联性,也就是具有证据价值,又存在着导致审判不公正或者不效率的情形,则法官应当在证据价值和可能导致的不公正或不效率的影响之间进行权衡;法官在衡量其证据价值和其负面影响时,对其证据价值应当作最大估计,同时对其负面影响作最小估计。[46]

(二) 立法上对于关联性设置的逻辑主义

与可采性的自由主义立场一脉相承的是法律对待关联性问题所采取的逻辑关联性主义,也就是逻辑关联性原则。所谓逻辑关联性(logical relevancy),是指经验意义上的关联性,也就是证据与待证事实之间具有某种联系的属性,由于这种属性的存在,使得法官对于待证事实的有无在形成内心确信时产生一定的影响。根据联邦证据规则的定义及规定,一个证据只要能够对法官认定事实产生影响,无论这种影响在力量上如何微弱,它就与待证事实存在关联性,这种关联性就是所谓的逻辑关联性。与之相对,"法律关联性"(legal relevancy)则是指,即使一项证据能够对法官关于待证事实的心证产生影响,也不一定就具有可采性;换句话说,在逻辑上具有关联性的证据,不一定在法律上具有关联性。因此,法律关联性实际上是为证据在法律上具有可采性设置了更高的门槛,它要求一项证据具有关联性不能仅仅是使法官对待证事实的认定产生影响;相反,只有在该证据对法官认定事实能够产生高于最微弱影响的影响时,该证据才能被认定为具有关联性。[47] 由于"法律关联性"这个概念容易引起人们误导,让人误以为一个逻辑上不具有关联性的证据可以通过法律上赋予关联性从而具有可采性。事实上,法律关联性的功能是使逻辑上具有关联性的证据在法律上不具有可采性。基于此,弗里德曼建议,将"法律关联性"这一概念改为"法律不关联性"。[48]

在证据法学领域,两个权威人物对于证据立法及司法的影响不可低估,其一是塞耶,另一个则是威格默。塞耶关于证据可采性的立场是,应当尽可能地

---

[46] *Deters v. Equifax Credit Information Service*, 202 F 3d 1262, 1273-1274(10th Cir. 2000).

[47] 关于逻辑关联性与法律关联性的含义,可以参见 Herman L. Trautman, "Logical or legal Relevancy-A Conflict in Theory", 5 *Cand L. Rev.* 385(1952); M. C. Slough, "Relevancy Unraveled", 5 *Kansas L. Rev.*, Vol.1(1956).

[48] See, Ronald L. Carlson, Edward J. Imwinkelried & Edward J. Kionka, *Materials for the Study of Evidence* 260(2d ed., 1986).

使所有与案件相关的信息都能够进入法庭,从而为事实的裁判者提供尽可能丰富的信息,作出更加准确的判断,因此其对于证据的可采性问题坚持逻辑关联性立场。[49] 威格默则认为,如果将关联性界定为逻辑关联性,则无论一个证据的证明力如何微弱,均将具有可采性;因此必须对关联性从法律上加以限制,设置比逻辑关联性更高的门槛,以提高审判的效率,因此采取了法律关联性的立场。[50] 从以上关于关联性的规则来看,美国《联邦证据规则》对于关联性的问题采取了塞耶的逻辑关联性立场,而放弃了威格默所主张的法律关联性立场。因为,《联邦证据规则》规定的是"任何趋势",也就意味着一个证据只要能够影响法官对待证事实的肯定或否定的确认,无论这种影响如何微弱,都将满足规则关于关联性的要求,从而使其具有可采性。

(三) 司法上对于关联性判断方面的经验主义

与立法上遵行的逻辑关联主义相一致,司法上在判断一项证据是否有关联性时,奉行经验主义。在这个判断的过程中,自然会牵涉一些微妙的逻辑判断。稍不留意,就有可能出现错误。有些情形可能看上去很相似,但是经过仔细辨认,还是能够区分彼此之间的差别的。

例如,在一个杀人案件中,被告人辩称自己是出于防卫的目的。他说他害怕被害人,被害人是一个镇上的警长。他之前曾经听说被害人在逮捕一个老人之后残忍地对他实施了虐待,并导致老人死亡。法庭审判中,控方出示证据,证明该老人死于酗酒,并且在尸体上没有发现任何伤痕。被告提出反对,说这个证据与本案无关。因为,本案争议的焦点是被告人是否听说被害人虐待过老人,而不是被害人是否真的虐待过老人。在该案中,法院判定,虽然本案的焦点不是被害人是否虐待过老人,因此在这一点上辩护律师的观点成立。但是,这并不否定控方提出的证据的关联性,因为,上述判断并不妨碍该证据仍然可能帮助法官对被害人是否听说过这件事情作出否定性判断。[51]

又如,在1988年的一个民事案件中,其争议证据是否应当具有可采性也是很令人迷惑的。该案中,被告人在执行公务时用枪指着两名嫌疑犯让他们举起

---

[49] James Bradley Thayer, *A Preliminary Treatise on Evidence at the Common Law*, Augustus M. Kelley. Publishers, New York, 1969.

[50] John Henry Wigmore, *Evidence In Trials at Common Law*, Vol. VIII, Peter Tillers Rev., Little, Brown and Company, Boston, Toronto, 1983, at § 12.

[51] *Knapp v. State*, Supreme Court of Indiana, 1907, 168 Ind. 153 79 N.E. 1076.

手来。两名嫌犯试图反抗,没有举起手来。一名警察作证说,其中一名嫌犯迅速将手伸进上衣口袋,被告当即开枪,嫌犯当场死亡。其家属提起民事诉讼,陪审团判决被告赔偿 100 万美元。被告提出上诉,理由是法庭错误地允许了原告方提出一个不相关的证据:事后搜查证明,死者身上并没有武器。上诉法院多数法官认为,法庭允许这一证据是不适当的,因为该证据不具有关联性。[52]

由于一项证据是否具有关联性在很大程度上要视案件的具体情况而定,因此在关联性的判断方面,法官享有很大的自由裁量权。换句话说,关联性的有无,是一个由法官自由裁量的事项。上诉法院通常会尊重审判法官的判断,仅仅只是通过对审判法官是否滥用其自由裁量权对法官进行制约。[53]

七、关联性规则运用的困难

虽然《联邦证据规则》对关联性问题给予了充分的重视,并形成了一系列比较明确的规则,但是由于该《规则》所采取的"逻辑关联性"立场,导致法官们在实践中以关联性为由排除证据变得几乎不可能。因为,任何两个事实之间都可能存在逻辑上的关联性,只不过,有些事实之间的关联性比较强,而有些事实之间的关联性比较弱而已。但无论如何,世间两个事实之间总是能够找到相关性。就像两个人无论多么陌生,人们总是能够通过一定的方法将他们联系起来一样。无论表面上看两个事实之间多么遥远,也总是能够找到将两个事实联系起来的链条。麦考密克告诉我们:"一块砖不是一堵墙。"这个说法非常形象。由此推论,墙是砖垒起来的,砖是由更微小的物质元素——分子和原子组成的,没有砖,就没有墙,没有分子和原子,就没有砖,因此,无论一块砖上的一个原子是多么的微小,它对于这堵墙来说一样是功不可没。《联邦证据规则》从文字上看,如果说墙就是争议事实的话,主张争议事实的一方提出证据时并不需要提供一块砖。半块砖也是可以的,四分之一、八分之一、十六分之一……一千万分之一块砖也是可以的。

举例而言,假设张三被指控犯盗窃罪,李四出庭作证证明张三在北京市丰台区入室行窃出来后被李四看见。在控诉方出示了李四的证言后,辩护方举出

---

[52] *Sherrod v. Berry*, 856 F. 2d 802(7th Cir. 1988).
[53] *Diamond v. Howd*, 288 F. 3d 1, 6(6th Cir. 2002); *United States v. Hanigan*(1982, CA9 Ariz)681 F2d 1127, 10 Fed Rules Evid Serv 1553, cert den(1983)459 US 1203, 75 L Ed 2d 435, 103 S Ct 1189 and [criticized in United States v. Woodruff(1996, ND Cal)941 F Supp 910].

证据证明在张三被指控盗窃的那天,河北省廊坊市下雨。廊坊市下雨和张三在北京市盗窃有什么联系呢?辩护人说,由于廊坊离北京比较近,因此可以推论:廊坊下雨,北京的天气就受到影响——虽然这种影响可能比较微弱,但是你不能否定影响的存在;根据规则的规定,只要有影响,就有关联性。北京的天气受到影响,就有可能影响目击证人所提供的证言的准确性——尽管目击证人的观察能力受到天气影响的可能性不太好确定,但是不能否定天气对证人观察能力影响的存在。因此,廊坊下雨这一事实与证人在案发当天观察能力受影响这一事实之间存在关联性;从而,这一证据也就与证人可能存在误认的可能性这一事实之间也有了关联性。尽管这种关联性的程度看上去比较微弱,但是我们无法否定两者之间的关联性。

但是这并不是说在美国法院的法官从来不会因为一个证据不具有关联性而将它予以排除。基于关联性的理由将证据予以排除的情况还是经常发生的。在这些场合,法官的解释通常是该证据不具有关联性;或者是该证据与案件之间的联系过于遥远。无论是哪种解释,实际上法官都已经偏离了规则401所设定的标准。因为,根据该规则,关联性是没有门槛的。换句话说,尽管立法的立场是逻辑关联性,司法的立场却是法律关联性,也就是说,司法对于关联性设置了比立法更高的要求。塞耶的理论虽然在立法上取得了胜利,但真正占领司法这个战场的却是威格默。

不过,法律关联性的偶尔胜利并不代表法院的一贯立场。实践中,仍然有大量的只具有极小关联性的证据在法庭中大行其道。这就是为什么有些案件的审判长达数月甚至数年的一个重要原因。对此,一位美国学者总结说,之所以会出现大量与案件事实并无紧密关联的证据,有时候是因为有些律师为了娱乐和讨好陪审员而处心积虑地利用一些法庭技巧,将自己伪装成与陪审团亲善的形象;技巧纯熟的律师总是拥有比一般人更高的交往能力、更丰富的词汇和更微妙的叙事编辑能力,因此对于证人的询问往往从细节开始,以便在陪审团面前型构己方对于案件事实的描述;经验老到的律师们往往通过语词的细微差别、语调的轻重缓急以及舞台表演的艺术等修辞性方法,控制证人并影响陪审团的判断。[54] 另外,冗长的提问还可以成为挑选陪审团或削弱陪审团记忆的重要方法。如果律师认为本案陪审团不大可能裁决己方胜诉,就通过漫无边际的

---

[54] See David Crump, "On the Uses of Irrelevant Evidence", 34 *Hous. L. Rev.* 1 (1997), pp. 20-45.

提问使陪审团感到忍无可忍,最终放弃审判○55;即使不能使陪审团因厌烦而放弃审判,冗长的提问也可以使陪审团忘记那些令他们印象深刻的、与案件事实存在着更多关联的证据。○56

但是,导致不具有关联性或者只具有极小的关联性的证据大行其道的原因,除了律师们的法庭策略和辩论技巧之外,最根本的原因还是法律对于关联性问题采取了逻辑关联性的立场。除此之外,附条件可采性与附条件关联性规则、有限关联性与有限可采性规则等也在一定程度上加剧了根据关联性判断可采性的难度。因为,根据这些规则,有些证据的关联性有待于另外一些证据的出示,而在出示这些证据之后,当事人还必须建立起这些后出示证据与之前出示的证据之间的联系。有些时候,当事人无法建立起二者之间的联系,法官只能指示陪审团将这些证据从大脑中清除,遗憾的是陪审团往往做不到这一点。另外,由于关联性的强弱并不影响关联性的存在,加上很多时候在一个证据没有完整地呈现在法庭之前,往往很难判断该证据是否与案件相关,因此法官们总是不愿意轻易地打断律师的提问。因此,关联性规则虽然精妙,其所起的过滤证据的作用却可能十分有限。

结语

综上所述,美国关于证据可采性的规则虽然以证据具有关联性为必要条件,但是法律对于关联性的程度却没有提出任何要求。○57 由于这个缘故,在美国证据法上,真正起到排除作用的规则,主要不是关联性规则,而是法律根据关联性大小已经作出预断的排除规则,包括传闻证据排除法则、意见证据排除法则、品格证据排除法则等。由此反观我国证据法学界关于证据属性的探讨,或许会发现我国学者们所提的问题实际上并不成为问题:证据固然需要具有关联性,但是世界上却找不出逻辑上不具有关联性的证据。而且,既然关联性本质

○55 在一个案件中,陪审团因为实在忍受不了双方律师无聊的提问,最后向法官建议:在1月1日之前如果还不能结束审判,他们就不伺候了。法官收到建议之后没有别的办法,只好宣布该案陪审团为悬案陪审团,并将该陪审团解散后重组陪审团进行审判。See Mark Hansen, *Jurors Demand a Speedy Trial*: *When Their Deadline Can't Be Met, Judge Declares a Mistrial*, A. B. A. J., Mar. 1995, at 26, 26.

○56 David Crump, *supra* note 54, pp. 20-45.

○57 当然,这并不表明笔者认为法律应当对关联性设置更高的门槛。因为,既然任何两个事实之间都有可能具有关联性,则这种关联性就只能属于一种主观的特性;既然这种关联性属于主观的特性,我们也就无法在立法上判断其关联的程度从而提出相应的要求。

上属于经验决定的事项,它也就只能是外部属性而不是内部属性。[58] 由此,那些关于"关联性属于内部属性"的判断既没有根据,也没有意义。再由此反观我国的司法实践,那些以关联性为由排除证据的做法,其根据何在？我国虽然没有美国式的证据规则,但是法律也从未给关联性设置比逻辑关联性更高的门槛。既然如此,以关联性为由排除证据,显然就不具有法律上的正当性。由美国的司法实践可知,仅仅以关联性法则来约束法官的内心确信[59]是根本不够、完全不够、远远不够的。要实现对法官心证的约束,除了确立关联性法则之外,更加重要的还是比关联性规则更加明确,从而也更加具有可操作性的品格证据规则、传闻法则、意见证据规则、宣誓规则、专家证言规则、同一性认定规则(验真法则)、最佳证据规则(原本法则)等。除此以外,我们并没有更好的办法能够通过证据的规则约束法官心证的形成。

---

[58] 至少在《联邦证据规则》的起草者们看来,证据的关联性仅仅是一种外部属性,而不是内部属性。参见 Original Advisory Committee's Note to Fed. R. Evid. 401.

[59] 有关证据规则的功能在于约束法官心证的论点,参见易延友:《证据规则的法典化——美国〈联邦证据规则〉的制定及对我国证据立法的启示》,载《政法论坛》2008 年第 6 期。

第五章　特免权规则：美国的制度与实践
——兼论特免权规则的普遍性与差异性及中国语境下特免权规则的确立

引言

特免权规则是英美证据法上最重要的规则之一。本章拟以美国法上特免权的制度与实践为基础，通过对大陆法系相应制度的比较，对特免权规则的普遍性作一论证；并通过我国相应制度的分析，指出在我国建构特免权规则应当努力的方向。本章第一部分对证人作证义务观念的历史起源进行阐述，并对特免权豁免制度的含义进行厘清，对特免权规则的总体类别进行归纳；第二部分介绍反对自我归罪的特免权；第三部分介绍基于婚姻关系而产生的特免权；第四部分介绍基于职业关系产生的特免权；第五部分介绍基于公共利益考量而产生的政府特免权；第六部分以大陆法系部分国家为例论述特免权规则的普遍性，同时指出特免权规则在不同国家之间的差异性，并分析这种普遍性及差异性的原因；第七部分对我国相应的制度进行分析与评价，结论部分指出其将来的改革方向。

一、作证义务观念与特免权豁免制度

（一）证人作证义务观念之发展

在英美法系，证人特免权与强制传唤证人作证的制度存在着天然的联系。如果法律上没有强制证人作证的手段，如果证人愿意作证就作证，不愿意作证就不作证，自然不可能产生特免权规则。因此，我们对证人特免权的了解，应当始于对强制作证制度的了解，也正是因为这个缘故，笔者首先介绍强制证人作证规则的确立。

直至15世纪的时候，英国陪审团的组成都仍然具有证人的特征。根据威格默的考证，陪审员都基本上是半证人半审判员的身份[1]，因为他们通常都是

---

[1] John Henry Wigmore, *Evidence In Trials at Common Law*, Vol. Ⅷ, Peter Tillers Rev., Little, Brown and Company, Boston, Toronto, 1983, p.63.

从案件发生地征召来临时履行审判的职能,他们实际上是以自己对案件情况或者对被告人的了解裁判案件。正是在这个意义上,学者们声称陪审员来到法庭上与其说是审判,不如说是作证。同时,在很长的一段时间内,证人、陪审员都被传唤到法庭上,但是证人并不公开在法庭上作证,而是秘密地向陪审员作证。虽然证人和陪审员是被分别传唤的,但是其职责却几乎和陪审员一样。这种实践至少延续到1400年左右。[②]

大约到15世纪末期的时候,现代意义上的证人——即了解案件情况向法庭陈述事实的人——开始逐渐出现。有时候是当事人请求证人帮助他作证,有时候他出于自身利益的需要来到法庭作证。但是,他不会因强迫而作证——没有人能够强制别人到法庭上作证。换句话说,没有任何人在法律上有必须作证的义务。人们不仅没有义务到法庭作证,而且,法律也不欢迎他们作证。他们陪同一方当事人到法庭上作证的行为往往会被法庭视为向法庭施加压力,要求法庭满足他们的意愿,作出有利于其为之作证的一方当事人的裁决。[③] 换句话说,这些人的到来并不被认为是履行义务的表现;相反,他们被认为是来捣乱的,没有他们,法庭裁决将会更为轻松。一个证人给一方当事人作证的行为将有可能被另外一方当事人起诉。更加奇怪的是,如果陪审员恰好了解到某人对案件事实比较清楚,他可以到该人的住处询问案情;但是,如果一个人主动跑到法庭向陪审员陈述案情,则他很可能因此被法庭判为干扰诉讼而遭受处罚。[④] 在此,法律的逻辑是:一个主动到法庭为一方当事人作证的人一定是和该当事人属于同一利害关系的人,因此也应当被视为同一方当事人;但是如果证人被传唤到法庭作证,则他作证的行为不会遭到处罚,因为法律不会强制一个人扰乱诉讼。这种实践一直延续到1500年左右。

不过,这样的司法实践日益难以适应形势发展的需要。陪审员不再主要来自于案件发生地的居民,因此难以通过自身对案件的了解作出裁判。其证人身份逐渐弱化,裁判者身份逐步加强。在这种情况下,就需要清除那些阻碍证人作证的法律障碍。终于,在1562—1563年间颁布的伊丽莎白制定法(Statute of Elizabeth)规定,如果一个人拒绝作证,则可以对他施以刑罚或提起民事损害赔

---

② Wigmore, *supra* note 1, Vol. Ⅷ, p. 63.
③ Ibid.
④ Ibid., p. 64.

偿诉讼。⑤ 威格默认为,这一法律的动机并非确立证人的作证义务,而是通过这一法律强化"法律不会强迫一个人干扰诉讼"这一原则,使那些到法庭作证的人不再被视为干扰诉讼,从而去除法律对于证人作证的障碍。换句话说,由于该制定法的颁布,所有到法庭作证的人无论是主动去的还是因法庭传唤而去的,都属于被该制定法强迫而去的,因此不能遭受处罚。也正是在这一意义上,威格默指出,该法律的目的与其说是对证人施加出庭作证的义务,不如说是赋予他们出庭作证的权利。⑥ 而且,该法律也仅适用于民事诉讼。在刑事诉讼中,被告人根本无权要求证人作证。在民事诉讼中,1600 年之后,证人出庭的自由才被证人作证的义务所取代;在刑事诉讼中,直到 1679 年之后,法官才通过特别命令允许被告人带他的证人出庭。⑦ 被告人的这一权利后来在美国宪法上作为一项宪法权利加以保障。⑧

到如今,英美社会已经发展出这样的观念:公众有权获得任何人关于案件事实的证据。因此,当我们探讨特免权概念时,首先需要明确的前提是每个人均有义务向法庭提供证言。

(二)特免权规则的意义与种类

虽然每个人都有作证的义务,但是,仍然有一些特殊情形可以豁免证人的作证义务。在这个意义上,"特免权"之所以翻译为"特免权",或许正是由于只有在特定情形下才享有的权利。根据威格默的分析,所有可能导致证人作证义务被豁免的情形可以分为两大类:一类被称为"旅行特免权 viatorial privilege",另一类被称作"证言特免权(testimonial privilege)"。⑨ 旅行特免权指的是证人不出席法庭的权利,它有时候也可以导致其提供证言的义务被豁免,但是这并非该项制度的动机或目的。通常,一项旅行特免权需要同时满足三个要件:一是该证人已经收到出庭作证的通知;二是该证人获得了其出庭必要的补偿;三是该证人由于健康原因或者其他情况的出现使其不能出庭。⑩ 证言特免权是指提供证言义务的豁免。表面上看,既然提供证言的义务得到豁免,出席法庭

---

⑤ Wigmore, *supra* note 1, Vol.Ⅷ, p.65.
⑥ Ibid., p.66.
⑦ Ibid., p.67.
⑧ 即申请法庭强制有利于己的证人出庭作证的权利,由美国联邦宪法第六修正案加以规定,通常被称为"强制程序条款(compulsory process clause)"。
⑨ Wigmore, *supra* note 1, Vol.Ⅷ, p.113.
⑩ Ibid.

的义务自然也应当豁免。但事实上并非如此。第二类特免权并不当然地包含第一类特免权。通常都是证人来到法庭上才主张其证言特免权。这一类特免权又可以分为两大类:一类是主题特免权(topic privilege),另一类是交流特免权(communication privilege)。主题特免权是指证人所了解的案件事实中的特定部分,法律出于特定的政策考虑而允许其拒绝披露。夫妻特免权、反对自我归罪的特免权,均属此类。交流特免权则是证人与他人交流或者从他人得知的信息不得被强迫披露的特免权,包括夫妻交流特免权、律师—委托人特免权、心理医生—咨询者特免权、牧师—忏悔者特免权等。[11]

(三) 美国《联邦证据规则》对特免权的规定

威格默的概括主要是对普通法上的证人作证义务豁免途径的概括。其中所谓的"旅行特免权"与我们平常所接触的特免权概念存在着较大的区别,在当前的证据法中也没有什么地位。在美国《联邦证据规则》通过之前,联邦最高法院起草的《证据规则草案》(以下简称《草案》)中一共包含了13条规则,其中包括1个一般性规则,9个特免权规则和3条程序性规则。[12] 但是,由于议会对特免权规则存在着冲突意见,导致《联邦证据规则》在很长时间内未能获得通过。对《草案》的批评大多数集中于特免权规则,主要的批评内容就是政府特免权过于广泛,夫妻特免权又过于狭隘;记者、医生和会计师则不享有特免权等。[13] 因此,议会最终拒绝了关于特免权的所有规则,而代之以一个一般性的规定:

> 除非合众国宪法另有要求或者议会制定的法律或者最高法院根据制定法颁布的规则另有规定,证人、个人、政府、国家或政治机构的特免权应当遵从法院依照理性和经验解释的普通法原理。但在民事诉讼和民事程序中,如果州法律对于构成一项主张或抗辩之构成要素的内容作出了规定,则证人、个人、政府、州的特免权应当服从州法的规定。[14]

从以上规定的内容来看,《联邦证据规则》并没有规定具体的特免权;相

---

[11] Wigmore, *supra* note 1, Vol. VIII, p.114. 威格默著作中谈到交流特免权时还提到陪审员特免权。在现代社会,陪审员不得被强制披露其在评议案件过程中的交流内容,这一制度属于陪审团审判制度的内在组成部分。因此,本章对陪审员交流特免权不作论述。

[12] Proposed Fed. R. Evid., Rule 501-513.

[13] 关于美国《联邦证据规则》制定和颁布的历史,可参见本书第三章。

[14] Fed. R. Evid., Rule 501.

反,一项特免权是否应当获得承认与尊重,应当依照普通法的原理来确定。至于普通法上的哪些特免权应当获得承认,则必须诉诸理性和经验;另外,在民事诉讼中如果州法对相应内容作了规定,则特免权是否存在还必须诉诸州法的规定。

虽然《联邦证据规则》并没有特别地规定哪些特免权获得承认,但是,草案所规定的条文基本上成为联邦法院和各州法院在发布判决时有利的参照。许多联邦法院和州法院基本上都是参照《草案》的规定承认和解释特免权的概念和种类的。因此,《草案》的规定虽未获得通过,其在司法实践中的生命力却并不因此而消亡。在理论上,各种关于证据法的著作也已经趋向于以《草案》的规定作为阐述的对象。因此,笔者基本上追随《联邦证据规则》起草者的足迹,但在特免权的种类方面还是有所取舍。对于《联邦证据规则草案》第507条规定的政治投票特免权[15]和第508条规定的商业秘密特免权[16],由于内容相对简单,或者在理论上存在较大的争议,笔者不作介绍;对于威格默称之为"旅行特免权"的规则,因目前大多数证据法早已不再视为特免权,笔者亦不作论述。在介绍的顺序方面,笔者遵从个体权利优先的法则,首先介绍反对自我归罪的特免权;其次介绍基于婚姻家庭关系产生的特免权;然后介绍基于职业关系产生的特免权;最后介绍政府特免权。以下将分别对各种特免权进行介绍。

二、反对自我归罪的特免权

(一) 宪法渊源

反对自我归罪的特免权是唯一被美国联邦宪法承认的特免权。联邦宪法第五修正案明文规定:"任何人不得被迫在任何刑事案件中成为反对他自己的证人。"[17]该项特免权不仅在美国联邦宪法中获得肯定,并且在各州的宪法中也有相应的规定,只是语言的表述上有所不同。在1964年的 Malloy v. Hogan[18] 一案中,联邦最高法院还判定,反对自我归罪的特免权属于联邦宪法第十四修

---

[15] Proposed Fed. R. Evid., Rule 507. 该条规定的是公民在行使投票权之后可拒绝就其在政治选举中的投票内容进行披露的权利。

[16] Proposed Fed. R. Evid., Rule 508. 该条规定的是商业秘密持有人可以拒绝披露并阻止他人披露其商业秘密,但前提是这种秘密的保守不会导致隐藏欺诈或者其他不公正。

[17] U. S. Const. amend. V.

[18] *Malloy v. Hogan*, 378 U. S. 1(1964).

正案中的"正当程序条款(Due Process Clause)"包含的内容,因此可通过正当程序条款适用于各州。在这一判例的基础上,尽管有些州提供的对被告人的保护也许比联邦宪法更为周到,但是联邦宪法的规定相当于给各州对被告人的保护设置了最低的要求。[19]

(二) 理论基础

英美学者从各方面论证了特免权存在的理由。归纳起来,大体包括以下诸条:(1) 特免权保护无辜的被告人不会因为在证人席上的不良表现而被错误定罪;(2) 特免权可以防止法庭被伪证所困扰;(3) 特免权规则可以鼓励第三方证人出庭作证,因为其不必担心因作证而使自己被定罪;(4) 特免权是对政府权力需要受到约束的承认,既然真正的自我归罪的回答不可能是被强迫的,那么,强迫也就没有意义;(5) 特免权可以防止法庭审判程序沦为臭名昭著的星座法院、高等委员会所适用的纠问式诉讼;(6) 特免权规则经过了历史的检验;(7) 特免权规则可以防止法庭审判成为无尊严、不文明的场合;(8) 特免权可以鼓励控诉方作完全彻底的独立侦查;(9) 特免权可以在尤其是涉及宗教、政治等案件中击败"恶法"和"不好的程序";(10) 特免权可以防止一个人仅仅因名声不好而被起诉;(11) 特免权有助于防止刑讯逼供和其他不人道的方法;(12) 特免权规则可促使政府在没有很好理由怀疑一个人犯罪的情况下不去干扰公民个人的生活。[20]

(三) 适用范围

从文字上看,特免权似乎仅适用于刑事审判程序,且只能由刑事被告人主张该项权利。但在实践中,这一狭隘的解释并不为法院所采纳。相反,无论是在民事诉讼还是刑事诉讼中,特免权都可获得支持;另外,特免权不仅适用于审判程序,而且适用于审前程序;不仅刑事被告人可以主张此项特免权,第三方证人也可主张该项特免权;不仅在司法程序中可以援引特免权,并且在行政和立法程序中也可援引特免权。总而言之,只要是在政府可以通过权力强制证人提供证言的场合,特免权都可获得适用。对第五修正案作如此宽泛解释的原因在于,如果政府可以自由地在一个非刑事诉讼的语境中强制证人提供可能导致自

---

[19] Christopher B. Mueller, Laird C. Kirkpatrick, *Evidence under the Rules: Text, Cases and Problems*, fourth Edition, Aspen Law & Business, p.954.

[20] John Henry Wigmore, *supra note 1*, Vol. VIII, pp.310-317.

我归罪的证言之后,再在另一个刑事审判程序中用这一证言对该证人定罪,则反对自我归罪的特免权就将失去其应有的意义。[21]

(四) 保护对象

特免权的保护仅限于个体的自然人。公司、工会、非公司的社会团体以及个人合伙,均不能主张特免权。由于特免权的个体属性,在共同犯罪案件中,共同被告人享有的特免权不得及于全体被告人。被告人的律师或其他代理人也不得基于其证言可能导致被告人被定罪而主张该项特免权。同样,一个公司的雇员也不得以某份文件可能导致对其个人定罪为名拒绝交出公司的文件,原因是该文件并不属于他个人所有。[22]

(五) 强迫

特免权禁止的是强迫自证其罪,不禁止自愿的自我归罪。因此,证人如若自愿提供可能导致自我归罪的证言,该证言不得以侵犯证人特免权为由而予以排除。同样,在刑事案件中,如果被告人自愿作证,则意味着被告人已经放弃特免权。但是,被告人在何种范围内放弃其特免权,存在着两种不同的意见。一种意见认为,被告人一旦选择作证,即放弃了在所有问题上拒绝作证的特免权;另一种观点认为,被告人选择作证,放弃的仅仅是针对直接询问中所涉及的问题的权利。对此问题,在法律上仍然没有明确的规则。[23]

(六) 刑事责任

特免权禁止的是可能导致刑事责任的陈述,不会导致刑事责任承担的陈述,不受特免权保护。因此,如果陈述所指向的犯罪已经获得豁免,则该陈述不属于可能导致刑事责任的陈述;另外,如果陈述所指向的行为已经经过一次有效审判,则根据反对双重归罪原则,该陈述也不会导致刑事责任的承担。如前所述,特免权规则既适用于民事诉讼,也适用于刑事诉讼,因此在民事案件和其他案件中,只要导致刑事责任的陈述都受特免权保护。

如果证人的刑事责任已经被豁免,则证人不得再援引特免权拒绝作证。美国的司法实践中存在着两种豁免:交易性的豁免和使用及衍生使用性的豁免。其中,交易性的豁免是指,控诉方不得使用证人的证词对证人提出指控。即控

---

[21] Christopher B. Mueller, Laird C. Kirkpatrick, *supra* note 19, p.954.
[22] Ibid., p.956.
[23] Paul C. Giannelli, *Understanding Evidence*, LexisNexis, 2003, p.617.

诉方为了获得证人证言,答应不指控该证人。使用及衍生使用性的豁免是指,控诉方为了获得证人证言,允诺不得使用该证言以指控该证人,也不得以通过该证言提供的线索找到的其他证据指控该证人。无论是何种豁免,一旦证人证词中指向的犯罪获得豁免,证人即不得拒绝作证,否则将可能遭到藐视法庭罪的处罚。

(七) 言辞证据和实物证据的区分

特免权只保护交流性证据,不保护实物证据,例如证人的血样、展示其身体、参加辨认等。在 Schmerber v. California 一案中,医生从被告人身上取走血样以检测酒精浓度,被告人接受律师的建议,拒绝检测,之后警方强制取走了血样,被告人声称这一做法侵犯了他的反对自我归罪的特免权。法院认为,反对强迫自我归罪的特免权仅适用于交流性或者言辞性的证据,不适用于肉体的或者实物证据。[24] 在 United States v. Wade 一案中,被告人被强制参加辨认程序,审理该案的法院认为,该程序只是强制被告人展示其身体的体貌特征,并不是强迫被告人披露其所了解的有关案件的知识,因此强制其参加辨认的行为没有侵犯其反对自我归罪的特免权。[25] 在 Gilbert v. California 一案中,法院判定,强制被告人提供笔迹样本的做法,同强制其提供声音样本乃至身体一样,都属于对被告人身体特征的辨认,因此没有侵犯宪法第五修正案所保护的特免权。[26] 在 United States v. Dionisio 一案中,审判法院再次指出,强迫被告人说话以便对其声音进行技术分析的做法,不侵犯其反对自我归罪的特免权。[27] 在 Pensylvania v. Muniz 一案中,法院判定,让被告人走路、转身、眼球颤动,金鸡独立等,均不违反宪法。[28]

(八) 反对自我归罪的特免权与沉默权的联系与区别

与反对自我归罪的特免权相近的概念是沉默权。尽管沉默权的概念或许在历史上出现在先,但是近现代意义上的沉默权应当是在反对自我归罪的特免权的基础上发展演变而来。至少,作为沉默权之代表的举世闻名的米兰达规

---

[24] 384 U.S. 757(1966).
[25] 388 U.S. 218(1967).
[26] 388 U.S. 263(1967).
[27] 410 U.S. 1(1973).
[28] 496 U.S. 582(1990). 但是,该案审理法院同时判定,有关其回答不知道自己第六个生日的日期的内容,则属于特免权保护的范畴,因此应当予以排除。

则,其起源仍然是美国联邦宪法第五修正案所规定的"反对强迫自我归罪的特免权"。因此,从两个概念所保护的权利内容来看,二者至少存在着重合的部分。因为,打破沉默的效果就是选择作证,作证的内容无非是证明自己有罪或者无罪。在这个意义上,沉默权所保护的内容更加宽泛,反对自我归罪的特免权保护的仅仅是不受强迫自我归罪的权利。

在具体的操作层面上,沉默权规则是存在例外的。也就是说,违反米兰达规则并不一定总是导致证据被排除。另外,从美国联邦最高法院的判例来看,最高法院的大法官们几乎总是声称米兰达规则属于预防性规则,它本身并不是宪法所要求的,只是最高法院的法官们为了保障被告人的宪法权利而设置的预防措施。反对自我归罪的特免权则不一样,它本身即为宪法所要求,凡是证明违反该项特免权获得的证词一概不具有可采性,在这一点上特免权没有任何例外。[29]

三、婚姻家庭特免权

(一) 历史上的婚姻特免权

婚姻特免权是基于婚姻关系而产生的特免权,即丈夫和妻子之间的特免权,因此又称"夫妻特免权"。在历史上,对于夫妻之间能否作证的问题,曾经在不同的方向上存在过不同的规则。其第一个规则是夫妻之间互相被取消作证资格的规则。该规则着眼于夫妻之间相互提供有利于对方证言的问题,普通法通过取消夫妻之间相互作证的资格,使得有利于另一方的证言不具有可采性。其理论基础在于,由于婚姻关系的存在,夫妻之间对于案件处理结果实际上存在着利害关系,因此其证言不具有证明力。第二个规则是夫妻之间互相不得提供不利于对方证言的规则。这一规则主要适用于刑事诉讼,其效果在于防止夫妻中的一方在刑事诉讼中帮助指控者实现对对方的定罪,根本目的则在于维护基本的伦常关系,威格默称该规则为反婚姻事实的特免权(privilege for anti-marital facts)[30],其意即为,若夫妻中的一方被容许提供反对另一方的证言,即对夫妻关系构成侵害,因此是反婚姻的,或者说,是对婚姻关系有害的。这样

---

[29] 有关反对自我归罪的特免权与沉默权之间的其他区别,参见易延友:《沉默的自由》,中国政法大学出版社2001年版,第8—12页。

[30] Wigmore, *supra* note 1, Vol. VIII, p.211.

的规则不仅在英国普通法上存在,而且在中国古代也曾经盛行。除了以上两个规则之外,与婚姻关系有关的还包括夫妻交流特免权,即基于婚姻这种亲密关系而产生的信息不得被强制披露的特免权。在威格默的特免权分类体系中,夫妻交流特免权属于交流特免权中的一种,它和律师—委托人特免权、信徒—牧师特免权等一样,都旨在禁止强迫交流中的一方提供因交流而知悉的信息。

以上提到的第一个规则即因婚姻关系而被取消作证资格的规则在 1853 年英国颁布的《证据修正法案》中已经遭到废除。第二个规则即普通法上夫妻互相不得提供不利于对方证言的制度,至今仍然生存于绝大多数司法辖区。[31] 在美国联邦最高法院通过的《联邦证据规则》第 505 条中,也确认了该项特免权。第三项规则即夫妻交流特免权的规则在《联邦证据规则》中没有得到规定,但是在美国联邦最高法院的判决中得到确认。以下将首先介绍《联邦证据规则》第 505 条规定的夫妻特免权规则,然后对夫妻交流特免权作一简要阐述。

(二) 夫妻特免权:反对配偶一方提供不利于另一方证言的特免权

1. 理论基础

《联邦证据规则》虽然只有一个总则性的规定,但是该规则的起草者们在规则草案中提供的条文在很大程度上已经成为司法的参照。根据该规则草案第 505 条的规定,刑事案件中的被告人享有禁止其配偶作证反对他的特免权;有权主张该项特免权的人应当是刑事案件中的被告人,或者被告人的配偶以被告人的名义主张该项特免权;在例外情况下,刑事案件被告人也不得主张特免权。[32] 在 Hawkins v. United States 一案中,联邦最高法院阐述了该项特免权的理论基础:

> 法律禁止在一个人的生命或自由处于危险的审判中时将丈夫置于反对妻子的境地,以及将妻子置于反对丈夫的境地,这一规则的基本理由,就是我们相信这样的政策对于孕育家庭的和平而言至关重要;而家庭的和平并不仅仅是为了丈夫或妻子的利益或者孩子们的利益,也是为了公众的利益。这一信念不仅在过去从未被视为不合理,并且如今也没有被视为不合理。[33]

---

[31] Wigemore, *supra* note 1, Vol. Ⅷ, pp. 262 and infra.
[32] Proposed Fed. Rule Evid., Rule 505.
[33] *Hwakins v. United States*, 358 U.S. 74, 79 S. Ct. 136, 3 L. Ed. 2d 125(1958).

2. 权利的持有人

在有些州,夫妻双方无论是作为被告人还是证人均可主张特免权。在另一些州,只有作为证人的一方可以主张特免权。因为该特免权的目的被认为是促进夫妻和谐,因此当一方坚持要将另一方送入监狱时,这样的婚姻已经被视为没有价值,或者夫妻一方的行为表明夫妻关系已经破裂,则特免权所提供的保护也就失去了意义。例如,在 Trammel v. United States 一案中,被告人的妻子在获得证言豁免之后为控方作证指控其贩运毒品,被告人主张夫妻证言豁免权遭到拒绝。联邦最高法院指出,如果夫妻中的一方自愿在刑事诉讼中作证指控另一方,无论其选择作证是出于何种动机,都表明他们之间的关系已经不可修复,从而,以特免权来保护所谓的夫妻和谐也就无从谈起。在这样的案件中,容许当事人主张特免权与其说是促进家庭和睦,不如说是阻碍正义的伸张。㉞

3. 案件范围及界限

夫妻特免权的适用仅限于刑事案件,民事案件不适用。该特免权的目的是防止夫妻中的一方在对方遭受生命或自由的危险时落井下石从而破坏家庭和睦。法律的意思并不是说如果被告人遭受的不是生命或自由的危险,对方提供反对的证言就不会使家庭和睦受到威胁,但是考虑到其程度或许会轻微许多,因此对于民事案件中提供反对的证言,法律并不禁止。

在时效方面,只要是有效婚姻,该项特免权及于全部证言。换句话说,即使犯罪时并未结婚,结婚后夫妻之间也不能互为反对方证人。但是,根据《规则草案》起草者的规定,如果一方针对婚前的事项作证,另一方不得主张特免权,一旦婚姻关系终止,特免权也终止。夫妻一方死亡,将导致特免权不复存在,因为婚姻关系已经结束。如果婚姻关系已经破裂,也不再享有特免权,如果婚姻为虚假婚姻,则不享有特免权。但是,如何认定一桩婚姻为虚假婚姻,则必须谨慎。在一个案件中,被告人在收到大陪审团传唤通知后不久即与一女子结婚;而在此之前两人已经共同生活长达两年时间。法院指出,在这类案件中,不能仅仅因为收到传唤的时间和夫妻二人结婚的时间间隔如此短暂而怀疑其结婚的动机,而应当考虑两人已经共同生活两年这一事实,不能粗率认定此婚姻为虚假婚姻。㉟

㉞ *Trammel v. United States*, 445 U.S. 40, 100 S. Ct. 906, 63 L. Ed. 2d 186(1980).
㉟ *In re Grand Jury Proceedings*(Emo), 777 F. 2d 508, 509(9th Cir. 1985).

4. 例外

《联邦证据规则》第 505 条为夫妻特免权规定了三项例外。第一,在刑事程序中如果配偶中的一方所被指控的罪行是侵犯夫妻中另一方的人身或财产权利,或侵犯的是双方中任何一方孩子的人身或财产权利时,不得主张享有特免权;另外,如果是配偶中的一方在实施针对另一方的犯罪过程中对第三方的人身、财产构成侵犯而遭到指控,该被告人也不得主张特免权,例如,被告人对被害人实施强奸,这通常被认为是破坏婚姻关系的行为,当这种行为发生时,基于婚姻关系而主张特免权是违背逻辑的。第二,一方针对婚前的事项作证,另一方不得主张特免权。专家咨询委员会的意见是,不得以婚姻特免权来鼓励人们为了享受特免权而结婚。㊱ 但是,这项例外在实践中导致了两种不同的方向。一种方向是,法院会在针对婚前事项要求证人作证时援引这一例外,而几乎完全不考虑人们结婚的原因。㊲ 但是更为普遍的做法是,法院在援引这项例外强制证人提供证言时,通常会以该婚姻为虚假婚姻为前提。根据判例,有时候即使一个婚姻结合的目的就是为了使当事人能够在有关他们的指控中主张特免权,该当事人也不得因此被剥夺该项特免权。㊳ 第三,如果被告人夫妇被指控的罪行是违反 Mann Act 或类似法律的罪行,则该夫妇不得主张特免权。Mann Act 规定的是运送外籍妇女卖淫、基于不道德的商业目的贩卖妇女等罪行。

(三) 夫妻交流特免权

1. 理论基础

基于亲密的婚姻关系而产生的夫妻交流特免权与基于婚姻关系而产生的夫妻之间不得成为反对方证人的规则存在着明显的区别。后者在《联邦证据规则草案》中获得规定,前者在草案中没有获得规定,草案的起草者们试图通过规则的规定废除普通法上基于亲密的婚姻关系而产生的夫妻交流特免权,但是该规则并未获得议会认可,在实践中这种交流特免权却仍然获得广泛和普遍的承认。与夫妻特免权旨在促进婚姻关系的和谐不同,夫妻交流特免权的目的

㊱ Advisory Committee's Note to Proposed Fed. Rule Evid., Rule 505.
㊲ *United States v. Clark*, 712 F. 2d 299(7th Cir. 1983).
㊳ *State v. Gianakos*, 644 N. W. 2d 409, 411-412(minn. 2002).

在于鼓励夫妻之间共享相互的秘密。㊴ 正是因为交流特免权的目的旨在鼓励夫妻之间共享对方的秘密,因此,即便夫妻中的一方愿意为控方作证,另一方也有权阻止其披露夫妻之间基于相互信任而吐露的信息。㊵

2. 主张特免权的条件

主张该项特免权的第一个条件是交流时必须存在法律上有效的婚姻。㊶ 在这一条件下,一些比较"现代"或者"后现代"的生活方式将会在主张特免权方面存在困难,因为仅仅是同居关系而在法律上并不等同于婚姻关系,因此虽然同居关系也可以被视为是一种亲密关系,但是却不会获得法院的认同。另外,如果交流时夫妻已经分居,特免权是否还可以受到保护?对此存在着不同的立场:有论者认为,在此情况下,承认特免权将更有助于实现特免权的目的——分居的事实表明婚姻行将破裂,如果容许特免权存在,将会鼓励分居的夫妻分享各自的秘密,从而修复行将破裂的婚姻关系。但还有一些法院则坚决认为,既然夫妻已经分居,就已经没有亲密关系可言,因此不承认分居的夫妻之间享有此项特免权。另外,如果主张特免权时,夫妻中的一方已经死亡,另一方是否可以主张此特免权?对此,理论上认为,既然特免权的目的是倡导信任,保守秘密的做法就应当是长久的而不是短暂的,因此即使一方死亡,生存的一方也应当继续有权主张特免权。实践中,美国的大多数法院都认为,配偶一方死亡或离婚之后也应当享有特免权。

主张特免权的第二个条件是所主张的内容必须属于交流的内容。已有判例指出,交流的方式并不要求一定是言辞或书面的方式㊷,因此具有交流意思的肢体语言也可视为交流的内容。但是,也有判例指出,特免权仅适用于夫妻之一方试图向另一方传递信息的言辞或表达。㊸

主张特免权的最后一个条件是该项交流是在秘密的情况下所做的交流。在 Pereia v. United State 一案中,联邦法院判定,通常情况下必须假定夫妻之间

㊴ *Wolfle v. United States*, 291 U.S. 7, 14, 54 S. Ct. 279, 78 L. Ed. 617(1934). 也有法院认为,该项特免权的理论基础是宪法所保护的隐私权,因此废除该项特免权必将导致对隐私权保护的削弱。*United States v. Neal*, 532 F. Supp. 942, 945-946(D. Colo. 1982), aff'd, 743 F. 2d 1441(10th Cir. 1984).

㊵ *United States v. Singleton*, 260 F. 3d 1295, 1297 n. 2(11th Cir. 2001).

㊶ *United State v. Leas*, 249 F. 3d 632, 641(7th Cir. 2001); *United States v. Knox*, 124 F. 3d 1360, 1365(10th Cir. 1997).

㊷ *United States v. Brown*, 605 F.2d 389, 396 n. 6(8th Cir. 1979).

㊸ *United State v. Lustig*, 555 F. 2d 737, 748(9th Cir. 1977).

的交流在意图上都属于秘密交流,只有在有证据证明该夫妻间的交流发生于第三方在场的场合,或者该夫妻有意或已经将交流的内容传达给第三方的情况下,才能推翻这一假定。[44]

3. 例外

在普通法上,如果夫妻中的一方被指控的罪行是针对另一方或者对方的子女,则该被告方当事人无权主张特免权。例如,在 United States v. White 一案中,法院明确指出,在被告人被指控谋害其继女的案件中,被告人无权主张夫妻交流特免权。[45] 另外,如果在交流时夫妻双方都在共同参与某一正在进行的犯罪或者即将进行的犯罪,被告人也无权主张该项特免权。[46]

(四)其他家庭特免权

在美国,法律并未规定除夫妻之外的其他家庭成员之间享有此类特免权。因此,即使证言披露的内容是在秘密交流的情况下作出的,父母子女间也可相互作证反对对方,并且可以被法庭强制作证。[47] 理论上,许多论者认为,父母子女间的特免权拥有与其他特免权同样坚定的理论基础。[48] 但是迄今为止,也只有零星的几个判例承认在特定情况下该项特免权可以获得一定的保护,大多数法院则认为这应当是一个由立法机构决定的事项。[49]

四、职业特免权

职业特免权本质上属于交流特免权。因交流而产生的信息,特免权持有人可以拒绝披露。交流特免权大体上可以分为夫妻交流特免权和职业特免权两类,本部分探讨的是基于职业特点而形成的特免权规则,包括律师—委托人特免权、医患关系特免权、神职人员—忏悔者特免权和记者—信息提供者特免

---

[44] 347 U. S. 1, 6, 74 S. Ct. 358, 98 L. Ed. 435(1954).

[45] 974 F. 2d 1135, 1137(9th Cir. 1992).

[46] *United States v. Picciandra*, 788 F. 2d 39. 43-44(1st Cir. 1986).

[47] Grand Jury Proceedings of *John Doe v. United States*, 842 F. 2d 244, 245-248(10th Cir. 1988); *Port v. Heard*, 764 F. 2d 423, 428-432(5th Cir. 1985).

[48] Watts, *The Parent-Child Privileges*: "Hardly a New or Revolutionary Concept", 28 *Wm. & Mary L. Rev.* 583, 619(1987); Bauer, "Recognition of a Parent-Child Testimonial Privileg", 23 *St. Louis U. L. J.* 676(1979); Comment, "Parent-Child Testimonial Privilege: An Absolute Right or An Absolute Privilege?" 11 *U. Dayton L. Rev.* 709(1986).

[49] Christopher B. Mueller, Laird C. Kirkpatrick, *Modern Evidence*: *Doctrine and Practice*, Little Brown and Company, 1995, p.619.

权等。

(一) 律师—委托人特免权

1. 历史与理论基础

从历史上看,最早获得承认与尊重的特免权就是律师与委托人之间的特免权。有学者声称,在古代罗马法和教会法中,就能找到该项特免权的渊源。[50] 在英国,早在1577年左右,法院就陆续地承认了律师和委托人之间的特免权。[51] 在现代法律体系中,该项特免权几乎是与强制证人出庭作证的程序同步发展并以例外形式获得承认的。

从很早的时候开始,特免权对于增进律师和委托人之间的信任就扮演着十分重要的角色。特免权获得尊重与确立最首要的理由是,特免权可以让委托人获得建立在充分信任基础上的法律建议和有效的代理,这一目的的实现有赖于律师和委托人之间完全的和坦诚的交流。如果没有特免权,委托人在很多情况下将不敢寻求律师的帮助,或者至少不会对律师给予完全的信任,从而不会对其吐露其所知悉的全部真相,[52]并导致律师在不掌握完全信息的情况下无法为其提供全面周到的和有效的法律服务。

但是,律师—委托人特免权的目的并不仅仅在于帮助委托人获得有效的律师服务,更在于提升律师行业的荣誉和尊严。容许律师披露其在执业期间获悉的委托人秘密,只会导致鼓励背叛和不忠这种不良的风气,从而葬送律师职业的本质。[53] 因此,这一制度将有助于更加广泛的公共利益的实现,因为它将有助于法律的执行和司法。

2. 特免权的主张

美国《联邦证据规则草案》在第503条规定了律师—委托人特免权。[54] 根据第503条(c)的规定,特免权的持有人包括委托人、委托人的监护人或者保

---

[50] Radin, "The Privilege of Confidential Communication Between Lawyer and Client", 16 *Calif. L. Rev.* 487(1928).

[51] *Berd v. Lovelace*, 21 Eng. Rep. 33(1577); *Dennis v. Codrington*, 21 Eng. Rep. 53(1580). See from, Christopher B. Mueller, Laird C. Kirkpatrick, *supra* note 49, p.459.

[52] *Fisher v. United States*, 425 U. S. 391, 403(1976),该案判决指出,特免权的目的就是鼓励当事人向其律师完整地披露案情。

[53] Hazard, "An Historical Perspective on the Attorney-Client Privilege", 66 *Calif. L. Rev.* 1061(1978).

[54] Proposed Fed. R. Evid., Rule 503.

护人、已死亡委托人的私人代表人、继承人、信托人,或者公司、团体或其他组织的类似代表人。与委托人进行交流的律师也可以以委托人的名义主张该项特免权。在没有相反证据的情况下,委托人的律师通常可以以委托人名义主张该项特免权。根据503(b)的规定,委托人不仅可以主张自己拒绝披露其与律师交流的秘密,并且可以主张禁止与其交流的律师披露他们之间的交流秘密。

特免权不因委托人死亡而消失。已死亡委托人的继承人、法定代理人等仍可主张该项特免权。委托人既可以是自然人,也可以是公司、社会团体或其他组织,也可以是政府。[55] 如果特免权的持有人为公司,在公司终止后,继承其权利义务的公司仍然可以主张该项特免权。

对律师而言,即使一名律师已经不再代理委托人的事务,也可主张该项特免权以拒绝披露在其代理期间与委托人交流知悉的委托人秘密。对于该律师代理之前委托人与其他律师之间的交流秘密,正在代理的律师也可主张特免权,但如果前任律师不认为这些事项属于特免权保护的范围,则现任律师在是否主张特免权的问题上应当听从前任律师的意见。[56]

3. 职业关系要求

如前所述,委托人就是委托律师提供法律服务,或者基于此项目的而向律师进行咨询的人。法律并不要求委托人的事项已经进入诉讼程序,或者委托人已经向律师交纳律师费。但是,法律要求委托人向律师请求的服务属于法律性质的服务。如果律师提供的不是服务,而是作为委托人的朋友、共谋者、会计师或者商业咨询师,则该项特免权并不适用。由于在很多情况下律师提供的服务可能既包括法律服务也包括商业服务,主张特免权的人必须证明其律师服务乃是基于法律职业范围的服务。[57]

基于上述理解,特免权规则中的律师就是为委托人提供法律服务的从业人员。根据判例,世界上任何获准从事法律执业的人员均可满足这一要求。因此,该律师是否属于律师协会的成员并不重要,重要的是委托人是否可以基于合理的信任,相信其所寻求的对象是一名律师。相反,如果委托人明知其所求

---

[55] Town of Norfolk v. United States Army Corps of Engineers, 968 F. 2d 1438, 1458(1st Cir. 1992).

[56] United States v. Dellillo, 448 F. Supp. 840, 842(E. D. N. Y. 1978). See Jack B. Weinstein, Margaret A. Berger, *Weinstein's Evidence Manual Student Edition*, 6th Edition, LexisNexis, 2003, 18.03[6][a].

[57] Clarke v. American Commerce Nat'l Bank, 974 F. 2d 127, 129(9th Cir. 1992).

助的对象并非律师,则尽管该人可能受过相当的法律训练并且拥有相应的法律技能,该人也不能被视为律师,从而其与委托人之间的交流秘密也不得拒绝披露。㊳

4. 交流的界定

只有交流才是权利保护的对象,交流中涉及的事实因素不属于特免权保护的范围。换句话说,交流,而不是委托人的知识,才是特免权保护的对象。㊴ 例如,一名交通肇事者在交通肇事后向其律师咨询,他与律师交流的内容属于权利保护对象,但是他所知道的有关交通肇事的事实不属于权利保护的对象。

通过书信交流,书信的内容属于特免权的保护范围,但是,当事人向律师提交的文件,例如在咨询之前就已经存在的有关纳税的文件等,则不属于特免权的保护范围。在有些情况下,当事人应交给律师保管的书面文件可以因宪法第五修正案所规定的反对自我归罪的特免权而拒绝提交。但是,如果一个书面文件或物品不属于反对自我归罪特免权保护的范畴,则该书面文件即使在律师手中,律师也不得以任何理由拒绝提交。㊵ 另外,委托人向律师提交的物证等,律师既不能持有,也不能建议委托人销毁,否则均构成妨害司法。

通常情况下,委托人的身份并不属于特免权的保护范围。传统理论认为,委托人的身份之所以不属于特免权保护范围,是因为委托人身份不属于委托人需要以吐露身份的方式促进律师提供的法律建议的有效性的秘密事项。㊶ 但是有时候,委托人的身份又属于保护范围。例如,一名委托人向律师咨询他应当缴纳多少税,这一事实涉及委托人和律师之间交流的秘密性问题,因此属于特免权的保护范围。㊷ 因此,在那些委托人身份的披露可能会帮助其获得更好的律师服务时,委托人身份也属于特免权保护的内容。但是,委托人自己的意愿和利益实际上是难以掌控的,因此,委托人身份是否可以获得特免权的保护,关键还是看支撑特免权规则的理论基础是否支持这样的保护。

5. 交流的秘密性

特免权保护的交流内容要求必须是秘密交流。如果交流不具有秘密性,则

㊳ Hpd Labs., Inc. v. Clorox Co., 202 F.R.D. 410, 415-417(D.N.J. 2001).
㊴ Upjohn Co. v. United States, 449 U.S. 383, 395, 101 S. Ct. 667, 66 L. Ed. 2d 584(1981).
㊵ Fisher v. United States, 425 U.S. 391, 403-404, 96 S. Ct. 1569, 48 L. Ed. 2d 39(1976).
㊶ Christopher B. Mueller, Laird C. Kirkpatrick, *supra* note 49, p.519.
㊷ Baird v. Koerner, 279 F.ed 623, 632-633(9th Cir. 1960).

交流的内容不受特免权保护。因此,如果第三方在场,则交流通常被认为不具有秘密性。[63] 但是,如果交流时第三方在场的目的是促进委托人与律师之间的交流,或者对于双方之间的交流来说属于合理的必要,则该第三方的在场并不导致委托人丧失特免权的保护。例如,如果在场的第三方是配偶、父母或商业伙伴等,则交流仍然具有秘密性。[64]

如果委托人在接受法律服务时意图将自己与律师之间的交流公之于众,则该项交流的内容将丧失特免权的保护。另一方面,如果委托人尽了合理的努力使自己与律师的交流处于秘密状态,则即使该交流内容因被窃听而披露于第三方,委托人也不会因此而丧失特免权;相反,委托人可以拒绝披露交流的内容,并且可以阻止窃听者披露该项内容。[65]

6. 特免权的放弃

特免权通常可以通过以下几种行为放弃:

自愿披露。自愿向第三方披露交流的内容,视为放弃特免权。[66] 其理论基础是,当事人既然已经自愿披露了交流的内容,说明交流的内容已经不再具备秘密的性质;从实际操作的角度来看,法律也不可能保护已经泄露的秘密。因此,向第三方披露交流的内容将导致特免权的放弃。

因疏忽而披露。在现代社会,人们之间的交流往往有可能因为交流者的疏忽或者保密措施不够完善而导致交流内容被泄露。例如,委托人将发给律师的邮件发给了另外的收件人,或者由于拨错号码将传真发给了第三人等。对于这种因疏忽而导致泄密的情形是否导致特免权的放弃,法院发展出了三种不同的处理方法:(1) 宽仁标准,在这种标准下,放弃特免权必须是特免权的持有人明知的情况下所做的放弃,因此如果持有人并不明知,则疏忽行为不导致特免权的放弃。[67] (2) 严格标准,在这一标准之下,除非已经合理地采取所有有助于保守秘密的措施,否则任何泄密的行为都将导致特免权的放弃;同时,一旦特免权遭到放弃,其效力将及于与该泄露事项相关的所有交流内容。[68] (3) 中间标准,在这一标准之下,疏忽行为是否导致放弃特免权取决于以下五个方面的因

---

[63] United States v. Ackert, 169 F.3d 136, 138-140(2d Cir. 1999).
[64] Federal Deposit Ins. Corp. v. Ogden Corp., 202 F.3d 454, 461(1st Cir. 2000).
[65] United State v. Valenica, 541 F.2d 618, 621-622(6th Cir. 1976).
[66] United States v. Workman, 138 F.3d 1261, 1263(8th Cir. 1998).
[67] Georgetown Manor, Inc. v. Ethan Allen, Inc., 753 F. Supp. 936, 938(S.D. Fla. 1991).
[68] In re Sealed Case, 877 F.2d 976, 981(d. c. Cir. 1989).

素:一是相关文件产生过程中所采取的合理预防其内容因疏忽而泄露的措施;二是因疏忽而泄密的次数;三是泄密的程度;四是泄密之后所采取的纠正措施的及时程度;五是原谅当事人的过错是否有助于实现司法的利益。⑩

将委托人与律师之间的交流或律师的建议置于争议之中。这种情况也将导致特免权被放弃。例如,委托人以律师渎职为名提起诉讼,就不能再以其与律师之间的交流受特免权保护为名拒绝披露交流的内容。事实上,在这种情况下,委托人如拒绝披露交流的内容,将无法证明律师的渎职。另外,如果被告人辩解说自己的行为是依照其律师的指导,则导致其与律师之间交流的内容不受特免权保护。法官指出,被告人不能辩解说自己的行为是根据律师的指导,但同时却拒绝披露律师建议的具体内容,被告人不能将特免权既当矛又当盾而同时使用。⑩

因作证而披露。如果委托人在作证时提到其与律师交流的内容,则视为该委托人放弃这一特免权。如果委托人是在接受交叉询问时被律师问到有关交流秘密的事项,而委托人没有援引特免权拒绝回答,通常也认为导致特免权的放弃。但是,如果委托人能够举出证据证明该提问是突然袭击导致其在作证时没有及时反应过来,或者出于误解而回答了问题,则该特免权仍然可以获得支持。另外,如果委托人传唤其律师到庭作证并就有关交流的内容向律师提问,也导致其与该律师交流秘密特免权的放弃。

7. 特免权的例外

《联邦证据规则》草案的起草者们为该项特免权规定了五项例外:

(1) 犯罪或欺骗。如果交流的内容涉及将来的犯罪或欺骗行为,则不受特免权的保护。例如,委托人为了诈骗而咨询律师,该交流内容不受特免权保护。在这种情况下,律师已经超出了提供法律服务的范围,其给予委托人的建议实际上相当于共谋。但是,这取决于委托人的主观意图而不是律师的主观意图。如果委托人并非意图诈骗,律师却告诉委托人如何实施诈骗,则该交流内容仍然受特免权保护。另外,如果委托人就过去的犯罪事实向律师咨询,律师提出合法的辩护主张的建议,这样的交流是受到特免权保护的。

(2) 共同以已故委托人为由主张特免权。在一个案件中,如果诉讼的各方

---

⑩ Hydraflow, Inc. v. Enidine Inc., 145 F. R. D. 626 (W. D. N. Y. 1993); PaulC. Giannelli, Understanding Evidence, LexisNexis, 2002, pp.566-567.

⑩ United States v. Workman, 138 F. 3d 1261(8th Cir. 1998).

均以已故委托人的秘密为由主张特免权,则该项特免权不得主张。这是因为,在遗嘱继承案件中,如果诉讼的双方都主张拥有继承权,却又都以已故立遗嘱人的名义主张其与律师之间交流秘密的特免权,法庭将无从判断到底哪一方是真正地代表了立遗嘱人的意愿。在这种情况下,法律没有赋予任何一方主张特免权的机会,而是要求双方都无权主张特免权,从而必须披露立遗嘱人在向律师咨询期间交流的内容,以便查明立遗嘱人的真实意图。

(3) 违反义务。委托人和律师之间是一种委托代理关系,这种关系基于合同而产生相应的权利和义务。如果合同的一方认为对方违反了合同义务而提起诉讼,则无论提起诉讼的是委托人还是律师,都将导致特免权的丧失。例如,一名刑事案件中的被告人起诉其律师没有尽到律师职责,交流的内容就不受特免权保护,或者,一名律师起诉其委托人没有按照约定交纳律师费,也可导致特免权的丧失。在前一种情况下,特免权的丧失有些类似于特免权的放弃,因为委托人实际上通过将交流的内容置于争议的境地而放弃了特免权。在后一种情况下,不仅证据规则设置了相应的例外,律师职业责任模范法典也设置了相应的例外。[71]

(4) 经律师见证的文书。如果一个文书属于律师见证的文书,则在有关文书内容的问题上,委托人不得以特免权为由拒绝披露。这一例外的理论基础是,当律师作为见证人在有关文书上签字时,其目的乃是以一个证人的身份证实文书内容的真实性,此时律师的功能并非提供法律服务,而是相当于一个普通证人的角色。另外,从签署文书的目的来看,律师见证文书本身就是为了在将来证明文书内容的真实性,因此律师见证这一行为本身就排除了该行为的秘密性,委托人邀请律师见证,对这一事实可以视为对有关执行该文书和该文书的有效性问题上放弃了特免权,从而也就不应当受到特免权的保护。[72]

(5) 共同委托人。如果是不同的委托人共同委托律师提供法律服务,之后委托人之间因为意见不合而发生诉讼,则该共同委托人均不得就其与律师之间的交流主张特免权。例如,两个人共同委托一名律师起草合作协议,后来双方发生争吵导致合作失败提起诉讼,二人在共同咨询律师时进行的交流不属于特免权保护范围。因为,在这种情况下,一方主张特免权所获得的利益可以因另

---

[71] ABA Model Code of Professional Responsibility, DR 4-101(C); ABA Rules of Professional Conduct, Rule 1.6(b)(2).

[72] Advisory Committee's Note on Proposed Federal Rule of Evidence Rule 503(d)(4).

一方放弃特免权而获得的利益所抵消。换句话说,法律即使容许双方主张特免权,也可能因一方放弃特免权而使得主张特免权的一方无法有效地主张特免权。但是,如果是与第三人产生纠纷而导致诉讼,共同委托人仍可以特免权对抗第三人。⑬

8. 特免权与职业责任的区分

保守在执业过程中知悉的委托人秘密不仅是特免权的要求,同时也是律师职业责任法的要求。但是二者是有区别的。根据《执业行为模范规则》的规定,律师不得披露与其代理之当事人有关的信息。但在两种情况下可以例外:一是为了防止委托人从事可能导致被害人立即死亡或受到严重身体伤害的犯罪;二是对律师的行为产生争议的场合。⑭

从职业秘密义务规则的内容来看,其与特免权规则之间至少存在两个方面的区别:一是职业秘密义务禁止律师披露的信息不仅包括秘密交流所获得的信息,而且包括在执业过程中知悉的所有信息,而特免权规则禁止披露的仅仅是秘密交流所获得的信息;二是职业秘密义务适用于所有的场合,包括非法律程序场合;特免权规则仅适用于法律程序。

(二) 医患特免权

医患特免权包括普通的医生—患者特免权和心理医生—患者特免权两大类别。对于第一类特免权,在普通法上并不存在。⑮ 它的产生是制定法的创新,最开始在1828年的纽约州获得承认,随后蔓延到美国大约四分之三的州。但是在理论上,很多学者反对该项特免权的存在,认为该项特免权是滋生欺诈案件的温床。还有学者认为,即使不存在这类特免权,也不会阻碍患者寻求获得医生的帮助,因为实际上很少有患者对医生的陈述具有秘密的性质。由于理论上的这种批评,实践中虽然没有完全废除这项特免权,但是其范围却在缩小。另外,《联邦证据规则草案》的起草者们认为,既然医生的职业伦理守则已经包括了医生应当尊重和保守患者隐私的内容,证据规则就没有必要再对该项特免权加以规定。⑯

但是,对于心理医生—患者特免权,《规则》和判例均采取了不同的态度。

---

⑬ FDIC v. Ogden Corp., 202 F.3d 454, 461(1st Cir. 2000).

⑭ ABA Rules of Professional Conduct, Rule 1.6(a).

⑮ United States v. Moore, 970 F. 2d 48, 50(5th Cir. 1992).

⑯ Advisory Comiitee Note to proposed Rule 504.

《规则》第504条(b)规定:患者基于精神状态或情感状态需要获得诊断和治疗的目的,向心理医生、在心理医生的指导下参与诊断和治疗的人,以及患者的家庭成员吐露的秘密交流信息,有权拒绝并阻止他人加以披露。[77]《规则草案》之所以如此规定,是因为心理医生—患者的关系和普通医生—患者的关系存在着显著的不同。对于一个患有精神疾病或者情感有问题的人而言,他/她与心理医生交流的大多数话题都具有较高的私密性,其中很多甚至属于患者不愿意对家庭成员吐露的内容。[78] 在这一理论的支撑下,最高法院在1996年的一个案件中明确宣称,执业心理医生与患者之间出于诊断和治疗目的进行的秘密交流属于特免权保护的范围,并指出该项特免权所促进的利益足以超越披露秘密所带来的证据价值。[79]

根据前述规定和判例,该项特免权的内容与律师—委托人的特免权具有相似之处。在特免权的持有人方面,该项特免权的持有人为患者而非心理医生,不过心理医生可以以患者的名义主张该项特免权。在交流的目的方面,法律要求交流必须是出于诊断和治疗的目的。在交流的秘密性方面,法律不保护不具有私密性的交流。规则也为该项特免权设置了例外:一是如果心理医生在患者在接受诊断或治疗期间认定该患者需要到医院就医,则在就医过程中心理医生可以披露特免权保护的信息;二是法官认为有必要对患者的精神或心理状态进行检查时,心理医生不得拒绝披露相应信息;三是患者在任何法律程序中以其精神或心理状态作为主张或辩护的理由时,该项特免权不受保护。

(三) 神职人员—忏悔者特免权

几乎所有的州都承认神职人员—忏悔者之间的交流特免权。[80] 不仅如此,《联邦证据规则草案》的起草者们也在第506条中规定了该项特免权。[81] 尽管由于议会不同意特免权规则的内容而删除了有关特免权规则的所有条款,但是

---

[77] Proposed Federal Rules of Evidence, Rule 504(b).

[78] Slovenko, "Psychiatry and a Second Look at the Medical Privilege", 6 *Wayne L. Rev.* 175, 184-185 (1960).

[79] Jaffee v. Redmond, 518 U.S. 1, 116 S. Ct. 1923, 1928, 135 L. Ed. 2d 337(1996).

[80] Mitchell, "Must Clergy Tell? Child Abuse Reporting Requirements Versus the Clergy Privilege and Free Exercise of Religion", 71 *Minn. L. Rev.* 723(1987).

[81] Proposed Feral Rules of Evidence, Rule 506.

在议会通过的规则颁布之后,联邦法院仍然以一系列判例重申了该项特免权。⑧

与心理医生—患者特免权相似,鼓励忏悔者向神职人员披露其全部问题是该项特免权的直接目的。与心理医生—患者特免权不一样,该项特免权的持有人既包括忏悔者,也包括神职人员。有的州法律甚至允许神职人员在忏悔者已经同意披露的情况下拒绝披露秘密交流产生的信息,如果该牧师相信披露这样的信息违背其良心深处神圣的信仰的话。⑧ 在功能方面,法律要求交流的目的是基于获得精神方面的指导的目的。非出于获得精神指导方面的目的而是出于其他目的,例如咨询如何避税等问题的交流,不属于此项特免权保护的范围。与其他交流特免权一样,该项特免权也要求交流具有秘密的性质,因此,向第三方披露交流信息将导致特免权不受保护。

(四) 记者特免权

记者特免权在美国的很多州都获得承认,其理论基础是鼓励人们向报纸或者电子媒体提供信息。⑧ 也有学者认为,该项特免权应当受到联邦宪法第一修正案关于出版自由条款的保障。但在 Branzburg v. Hayes 一案中,最高法院判定,联邦宪法第一修正案关于出版自由的条款并没有必然要求赋予记者拒绝披露其信息来源的特免权;相反,法庭应当在保护记者的该项特免权和促使公众在刑事案件中履行其作证义务之间进行权衡。⑧ 尽管该判例宣称第一修正案没有规定记者特免权,但是人们从该案判决中却解读出最高法院至少承认了该项特免权这一结论,因为,尽管法院在保护特免权时需要在两种不同的价值之间进行权衡,但是如果记者能够举出证据证明保护信息来源的价值超过了促使公众履行作证义务的价值,则该项特免权仍然可以获得保护。因此,该案件通常也被视为确立了记者特免权的一个重要案件。在美国联邦法院的其他案件中,通常会援引该案件判决支持记者的特免权主张。⑧

---

⑧ In re Grand Jury Investigation, 918 F. 2d 374, 377(3d Cir. 1990); United States v. Mohanla, 867 F. Supp. 199, 200(S. D. N. Y. 1994).

⑧ Ohio Rev. Code § 2317.02(C).

⑧ "Develoment in the Law—Privilege Communications", 98 Harv. L. Rev. 1450 1556(1985).

⑧ Branzburg v. Hayes, 408 U. S. 665(1972).

⑧ Shoen v. Shoen, 5 F. 3d 1289, 1292(9th Cir. 1993).

五、政府特免权

如果将所有特免权分为保障私人利益的特免权和保障公共利益的特免权,从而将特免权区分为私人特免权和公共特免权,则前面所述特免权均属于私人特免权。虽然政府在作为委托人向律师进行咨询时也可享有律师和委托人之间的交流特免权,但此时支撑其特免权主张的理论基础并非公共利益。只有那些只有政府才可主张的特免权才属于公共特免权。[87] 对于公共特免权,《联邦证据规则草案》以两个条文加以规定,其中第 509 条规定了国家秘密及其他政府信息特免权;第 510 条规定了线人特免权。以下分别加以介绍。

(一) 国家秘密及其他政府信息特免权

《联邦证据规则草案》第 509 条(a)(b)规定,政府在证明一项证据的披露可能合理地导致国家秘密或者政府信息泄露的前提下,有权拒绝或阻止他人提供该项证据。[88] 这就是通常所说的国家秘密和政府信息特免权。由该规定可见,在保护政府信息方面,证据规则设置了两种特免权:一是国家秘密特免权;二是其他政府信息特免权。前一种特免权是关于外交和军事秘密方面的国家秘密的特免权,属于一项绝对的特免权;后一项特免权则属于赋予的关于政府信息方面的特免权。[89]

该项特免权所指称的国家秘密是指事关国防和国际关系方面的军事秘密和外交秘密。军事秘密的特免权在普通法上早已获得承认。[90] 尽管该项特免权也包括了国际关系或外交关系方面的秘密,但是理论上通常认为,一个纯粹只包括外交秘密的诉讼不大可能发生;相反,一旦该项特免权获得主张,这类案件必然都会包括国防方面的问题。[91]

国家秘密特免权的理论基础是,避免使祖国遭受侵害的危险,这一利益显

---

[87] 当然,这种区分也可能是具有误导性的,因为实际上,前面所述的特免权虽然表面上是为了保护私人个体的利益,但在很大程度上,这些利益的保护也会间接有利于公共利益。因此,与其说这些特免权保护的是私人利益,不如说这些特免权主要只能由私人主张。

[88] Proposed Federal Rules of Evidence, Rule 509(b).

[89] Jack B. Weinstein, Margaret A. Berger, *Weinstein's Evidence Manual Student Edition*, 6th Edition, LexisNexis, 2003, at 18.06[1].

[90] United States v. Bur, 25 F. Cas. 30(No.14, 692), 187(No.14, 694)(C.C.D. Va. 1807). Reynolds, 345 U.S. 1, 7-8, 73 S. Ct. 528, 971.

[91] Jack B. Weinstein, Margaret A. Berger, *supra* note 89, at 18.06[1].

然盖过了在个案当中满足任何个人或公众在发现真实方面的利益需求。因此，一旦政府已经证明该证据的披露可能导致国家秘密泄露，政府就可以主张该项特免权。

由于该条文同时规定，对于国家秘密特免权，只有政府的首席长官或者掌管该项秘密事项的首席长官有权主张该项特免权，因此该项特免权通常又被称为"国家秘密及执行长官特免权（state secrets & executive privilege）"。但对于其他政府信息特免权，该条文规定，任何为政府提供代理的律师均可主张。[92]

其他政府信息包括三种情况：

一是政府机构间的意见和建议（intragovernmental opinions or recommendations），这也是一项为普通法所承认的特免权。需要注意的是，该项特免权保护的内容仅限于意见和建议这些主观范畴的事项，纯粹的事实材料不属于特免权禁止披露的对象。因为，该项特免权的目的在于通过免除日后被追究责任的担忧，鼓励政府机构之间提供意见和建议；但是该项建议和意见所依据的事实材料的披露不会打击建议者的积极性。[93] 该项特免权有时又被称为"讨论程序的特免权（deliberative process privilege）"，因为它只适用于政府在作出决策过程中提出的意见和建议。因此，如果经过讨论之后，政府没有作出任何决策或者没有制定任何政策，则该项特免权并不适用。[94] 二是出于执法目的编纂的侦查卷宗。如果将出于执法目的而编纂的侦查报告或卷宗予以披露，将很可能严重损害执法的效率。[95] 三是政府根据《信息自由法（Freedom of Information Act）》得以拒绝披露的信息。《信息自由法》赋予公民在不需要提供任何理由的情况下获得政府信息的权利。但是，该法规定了一系列的例外情况。政府信息特免权的第三项内容实际上就是来源于《信息自由法》的例外，因此，当法庭决定政府是否享有某项拒绝披露相应信息的特免权时，应当根据《信息自由法》的规定来决定。

以上三种情况只是为政府主张特免权提供了可能。在满足其中任何一种情形的条件下，法庭还必须决定，该政府信息的披露是否违背公共利益。也就

---

[92] Proposed Federal Rules of Evidence, Rule 509(c).
[93] Consumers Union of United States, Inc. v. Veterans Administration, 301 F. Supp. 796, 806(1969).
[94] Allen v. Chicago Transit Auth., 198 F.R.D. 495, 502(N.D. Ill. 2001).
[95] Ferri v. Bell, 645 F. 2d 1213(3d Cir. 1981); Purphy v. FBI, 490 F. Supp. 1138(D.D.C. 1980).

是说,只有在信息披露违反公共利益的前提下,在上述三种情形下主张特免权才可能获得允许。

(二) 线人特免权

《联邦证据规则草案》第510条规定,对于为执法官员或立法机构成员提供有关违法之侦查信息的人,政府有权拒绝披露其身份。此项特免权通常被称为"线人特免权",因为提供信息者通常被称为政府的"线人"。根据该项特免权规则,政府拒绝披露的事项仅限于线人的身份,不包括线人与政府交流的信息,但是如果披露交流信息将导致线人身份暴露的话,政府也可以拒绝披露相关的交流信息。⑯ 该特免权既适用于民事案件,也适用于刑事案件。不仅联邦政府可以主张该项特免权,各州政府及其分支机构也可主张此项特免权。

在 United State v. Tucker 一案中,法院指出,执法官员的经验表明,潜在的案件线索的提供者通常都不希望其身份被暴露,而是希望保持匿名状态,因为他们常常担心一旦身份暴露,就会有不可预见的侵害光顾他们或者他们的家人;通过保守线人身份的秘密,政府一方面可以持久地获得将线人置于受保护的境地所带来的利益,另一方面还可以鼓励更多的人为政府的司法活动提供信息。⑰

线人特免权存在着三项例外:一是,由于只有政府可以主张该项特免权,线人自己却无权主张该项特免权,因此,如果政府不主张特免权,就可导致线人的身份被暴露。换句话说,政府实际上可以在披露线人身份和拒绝披露线人身份之间进行权衡。如果政府认为没有必要主张特免权,可以放弃特免权。特免权一旦放弃,线人的身份即应予披露。二是,线人特免权并不是一项绝对的特免权。相反,两种公共利益之间完全可能发生冲突:"保护政府信息畅通"的公共利益和"公平地决断争议事项"的公共利益,在有些情况下是同等重要的,在有些情况下前者可以压倒后者,在有些情况下后者却要压倒前者。因此,当法庭认定,披露线人身份对于公平地决断被告人有罪还是无辜的问题确属必要时,如果政府拒绝披露线人身份,法官就可以直接撤销对被告人的指控,宣告被告人无罪释放。⑱ 三是,如果证据取得方法的合法性产生争议,而线人的身份又

---

⑯ Advisory Comiitee's Note on Proposed Federal Rule of Evidence, Rule 510(a).
⑰ United States v. Tucker, 380 F.2d 206 213(2d Cir. 1967).
⑱ Roviaro v. United States, 353 U.S. 53, 62, 77 S. Ct. 623, 1 L. Ed. 2d 639(1957).

成为证明取证方法合法的依据,同时法官对于信息来源于线人这样的说法并不认为具有合理的可靠性或可信度,法官可以要求政府披露线人的身份。[99]

六、特免权规则的普遍性与差异性——两大法系特免权规则之比较

(一)特免权规则的普遍性与差异性

与其他证据规则大不一样的是,特免权规则不仅存在于英美法系,而且大量普遍存在于大陆法系。只不过,不同国家承认和确立的特免权内容是不一样的。

1. 反对自我归罪的特免权

在私人特免权中,反对自我归罪的特免权获得普遍承认。如前所述,沉默权是包含反对自我归罪的特免权在内的,因为沉默权的内容既包括反对被迫提供自我归罪证言的权利,也包括反对被迫提供任何证言的权利。因此,凡是在立法上确认了沉默权的国家,都可以说承认了反对自我归罪的特免权。由此出发,可以说欧洲大陆法系国家普遍确认了反对自我归罪的特免权。其中,比较全面地确立了该项特免权的要数德国。该国《刑事诉讼法典》第55条规定:

> 每个证人均可以对如果回答后有可能给自己、给第52条第1款所列亲属成员中的一员造成因为犯罪行为、违反秩序行为而受到追诉危险的那些问题,拒绝予以回答。
> 对证人要告知他享有拒绝证言权。[100]

第136条规定:

> 初次讯问开始时,要告诉被指控人所被指控的行为和可能适用的处罚依据,接着应当告诉他,他有依法就指控进行陈述或者对案件不予陈述的权利。[101]

对于上述第55条的规定,我们可以理解为规定了证人反对自我归罪的特免权;对于第136条的规定,我们可以理解为规定了刑事被告人的沉默权,其中

---

[99] Proposed Federal Rules of Evidence, Rule 510(c)(3).
[100] 参见《德国刑事诉讼法典》,李昌珂译,中国政法大学出版社1995年版,第16—17页。
[101] 同上,第62页。

包含了反对自我归罪的特免权。

《意大利刑事诉讼法典》规定:"证人无义务就他可能承担刑事责任的事实作证。"[102]同时规定,被告人有权不回答除有关身份信息以外的问题,也就是说,被告人在刑事诉讼中有权保持沉默。因此也可以说,意大利刑事诉讼法已经完整地确立了反对自我归罪的特免权。

受葡萄牙刑事诉讼法影响之我国《澳门(地区)刑事诉讼法典》亦规定:"如证人提出回答有关问题将导致其须负刑事责任,则无需回答该等问题。"同时,根据该法第 50 条之规定,犯罪嫌疑人在诉讼中的任何阶段均享有拒绝回答可能导致对其归责之问题。[103] 由此可以推断,作为大陆法系国家之一的葡萄牙,也确立了比较完整的反对自我归罪的特免权。

法国刑事诉讼法也明确赋予刑事被告人针对讯问保持沉默的权利,规定了被告人的反对自我归罪的特免权。但是其证人却不享有该项特免权。相反,《法国刑事诉讼法典》第 109 条、第 110 条的规定,证人应当宣誓并作证;如果证人出庭但拒绝作证,法官可以对其课以刑罚。[104] 因此,法国的反对自我归罪的特免权仅限于被告人享有。

2. 婚姻家庭特免权

在欧洲大陆,婚姻特免权是归属于家庭特免权一类,并且通常作为家庭特免权的一部分获得规定。但是,家庭特免权又不仅限于婚姻特免权,也就是说,不仅丈夫—妻子之间可以主张特免权,而且其他家庭成员之间也可以主张特免权。事实上,很多欧洲大陆国家都赋予父母子女间享有不互相作证反对对方的特免权。例如,《德国刑事诉讼法》第 52 条规定:"下列人员有权拒绝作证:(1)被指控人的订婚人;(2)被指控人的配偶;(3)与被指控人现在或者曾经是直系血亲或者直系姻亲,现在或者曾经在旁系三亲等内有血缘关系或者在二亲等内有姻亲关系的人员。"[105]达马斯卡也提到,在南斯拉夫刑事诉讼法中也规定,如果一名证人的回答可以导致其近亲属遭致严重的不体面、金钱的丧失或者刑事指控,则该证人有权拒绝回答该项提问。[106]

---

[102] 参见《意大利刑事诉讼法典》,黄风译,中国政法大学出版社 1994 年版,第 70 页。
[103] 参见澳门特别行政区立法会:《刑事诉讼法典(中文版)》,第 119 条,第 50 条。
[104] 参见《法国刑事诉讼法典》,余叔通、谢朝华译,中国政法大学出版社 1997 年版,第 54 页。
[105] 参见《德国刑事诉讼法典》,第 13 页。
[106] Miryan Damaska, "Evidentiary Barriers to Conviction and Two Models of Criminal Procedure: A Comparative Study", 121 *U. L. Rev.*, 506, 521(1973).

《意大利刑事诉讼法》规定:"被告人的近亲属没有义务作证。但是,当他们提出控告、告诉或申请时,或者他们的近亲属受到犯罪侵害时,应当作证。"[107]

《法国刑事诉讼法》第 353 条规定:下列人员作证,可以不令其宣誓:(1)被告人以及出庭受同案审判的其他被告人的父母或任何其他直系尊亲;(2)儿女或任何其他直系卑血亲;(3)兄弟姐妹;(4)与前三项同等级的姻亲;(5)配偶(虽已离婚,也可不宣誓);(6)民事当事人;(7)16 岁以下的未成年人。第 336 条规定:"如果检察院和任何当事人均不反对其宣誓,则前款所列人员的附誓证言,并不导致其证言无效。"从以上两个条文的规定来看,《法国刑事诉讼法》此处的规定并不是要赋予证人基于婚姻家庭关系免证的特免权,而是强调不能因为这些证人没有宣誓就剥夺其作证资格。实际上,从《法国刑法典》的规定来看,家庭成员之间应当是有权拒绝作证指控对方的。例如,1994 年的《法国刑法典》就规定,明知亲属犯重罪而不制止或告发者,向犯重罪之亲属或其共犯提供住所或生活费及逃避侦查之手段者,明知被拘禁或受有罪判决之人有无罪证据但为保护亲属而故意不向官府提供者,均不处罚。[108]

从上述国家的有关规定来看,大陆法系国家的婚姻家庭特免权侧重保护的是亲属之间互相不得被强迫作证反对对方的权利。虽然这种制度也在一定程度上包含了夫妻交流秘密的内容,但是这种保护并没有延伸至夫妻双方都不是诉讼当事人的领域。因此,尽管大陆法系关于婚姻家庭特免权的主体可能比英美法系更为广泛,但是其保护的方式和程度却仍然不如英美法系。

3. 职业秘密特免权

德国刑事诉讼法规定了证人可因职业关系而拒绝作证。具体如:神职人员对于在作为心灵感化人是被信赖告知或所知悉的事项,有权拒绝作证;被告人的辩护人在行使职务时被信赖告知或知悉的事项,有权拒绝作证;律师、专利代理人、财会师、经宣誓的查账员、税务顾问和税务全权代表、医生、牙科医生、药剂师和助产士,对于在行使职务时被信赖告知或知悉的事项,均有权拒绝作证。[109]

《意大利刑事诉讼法》亦规定,宗教职业的司铎、律师、法律代理人、技术顾问、公证人、医生、外科医生、药剂师、产科医生及其他从事卫生职业的人,对于

---

[107] 参见《意大利刑事诉讼法典》,第 70 页。
[108] 参见《法国刑法典》,中国人民公安大学出版社 1995 年版,第 166—169 页。
[109] 参见《德国刑事诉讼法典》,第 14 页。

因自己的职务或职业原因而了解到的情况,均无义务作证。⑩

法国在赋予证人反对自我归罪的特免权方面持否定态度,但对职业秘密特免权却予以保护。其《刑事诉讼法》第109条规定:"新闻记者作为证人被传唤就其执行职务收集到的信息作证时,有权不披露其消息来源。"⑪然而,该法典对其他任何职业特免权都不屑一顾,却单独对记者特免权作了规定,也算是独树一帜。⑫

4. 公共特免权

对于公共特免权,《德国刑事诉讼法》规定了两种特免权。一是线人特免权:"联邦国会、州议会或者下院的成员,对于那些因为他们是这些机构的成员而向他们信赖告知事实的人员以及这些事实本身,或者对于他们以联邦国会、州议会或者下院成员的身份而向其信赖告知事实的人员以及这些事实本身",有权拒绝向法庭作证。二是公务秘密特免权。其法典第54条规定:"对于法官、公务员和其他公职人员为证人,就他们对此负有保守秘密义务的事项予以询问,以及对于是否许可他们作证,适用公务员法规中的特别规定;对于联邦政府或者州政府成员,适用对他们以此为准的特别规定;予以作证如果将给联邦或者德国某州的利益带来不利的,联邦总统可以拒绝作证。"⑬

意大利刑事诉讼法规定了至少三种公共特免权:一是公务员、公共职员和受委托从事公共服务的人员,不得就因其职务原因而了解到的并且应当保密的事实作证;二是公务员、公共职员和受委托从事公共服务的人员,有义务不就属于国家秘密的事实作证;三是法官不得强令司法警官和警员以及情报和军事或安全机构的工作人员,泄露其情报人员的名字。⑭ 从上述内容来看,与英美的特免权规则比较起来,意大利刑事诉讼法规定的免证义务与其说是特免权,不如说是义务,因为特免权是可以放弃的,而义务却是不得放弃的。

---

⑩ 参见《意大利刑事诉讼法典》,第70页。

⑪ 参见《法国刑事诉讼法典》,第54页。

⑫ 当然,不能排除其相应法律对律师保守秘密的内容作出规定,从而在功能达到与特免权在一定程度上一致的效果。但是,其法典既然在此处规定了记者特免权,说明立法者对于特免权的概念显然有着清醒的认识;在这一前提下,其对律师—委托人特免权以及其他职业特免权毫不置喙,说明其立法意图实在无意于确立其他职业特免权。

⑬ 参见《德国刑事诉讼法典》,第16页。

⑭ 分别参见《意大利刑事诉讼法典》第210条、202条和第203条的规定,该书第71页。

（二）特免权规则普遍性的原因分析[115]

从以上介绍来看，包括德国、法国、意大利、葡萄牙等国在内的主要大陆法系国家，均比较普遍地确立了特免权规则。[116] 虽然各国在不同种类的特免权之间有所取舍，但是大类的规则通常都获得确立。笔者认为，特免权规则之所以能在两大法系获得比较普遍的确立，主要是基于两个方面的原因：

1. 人性中的共同部分是特免权得以确立的前提与基础。

恰如米尔恩所言："不论社会生活采取什么样的特殊方式，都存在某些为社会生活本身所必须的道德要素。……这些道德要素汇集起来，就构成了可以适用于每种社会生活方式的一种道德标准。这种道德标准就是共同道德。"[117]

婚姻家庭特免权是共同道德的一个典型例证。在中国古代，汉宣帝在颁布"亲亲得相首匿"诏令时指出，这种亲属特免权的"立法理由"在于："父子之亲、夫妇之道，天性也。虽有祸患，犹蒙死而存之。诚爱结于心，仁厚之至也，岂能违之哉！"[118]类似的有，古罗马查士丁尼皇帝在废止强迫父亲交出犯罪之子女时，也表达了同样的心情："古人甚至将上述规则同样地适用于处在父亲权力下的子女，但是后人正确地认为这种办法过于严峻，因此（我决定）全部予以废止。因为谁能忍心把自己的子女尤其是女儿作为加害人而向他人交出呢？因为父亲由于儿子的遭遇比儿子本人更加感觉痛苦，至于廉耻观念更不容许以这种办法对待女儿。"[119]因此，当代学者宣称："亲属之爱，是人类一切感情联系的基础，是一切爱的起点。"[120]此说虽然或许有待论证，但是亲属之爱是人类共同的道德情感，应当是没有问题的。正是基于这种具有"共同道德"色彩的伦理哲学，使中外法律不约而同地产生了容隐的传统。

---

[115] 笔者没有试图分析特免权规则差异性的原因，是因为笔者认为差异性不需要分析。本来国家就不同，有差异是正常的，所以无需解释，没有差异才是不正常的，所以需要解释。

[116] 关于欧洲大陆国家的律师—委托人特免权，还可参见：Taru Spronken, Jan Fermon, "Protection of Attorney-Client Privilege in Europe", 27 *Penn St. Int'l L. Rev.* 439 (2008).

[117] 〔美〕米尔恩：《人的权利与人的多样性——人权哲学》，夏勇、张志铭译，中国大百科全书出版社1995年版，第Ⅱ页。

[118] 《汉书·宣帝纪》。

[119] 〔古罗马〕查士丁尼：《法学总论》，第223页。

[120] 范忠信：《亲亲相为隐：中外法律的共同传统——兼论其根源及其与法治的关系》，载《比较法研究》1997年第2期，第120页。

反对自我归罪的特免权虽然不是起源于婚姻家庭特免权,因而也与婚姻家庭特免权在理论基础方面存在一定差异,但是,我们仍然无法否认该项特免权之所以得到普遍的确立,还是由于其共同的人性基础。尽管我们在感情上或许不愿意接受,但如果能够理性地加以对待,则我们必须承认,我们每一个人其实都是自私的。当然,我们也可以换一个比较动听的单词:自爱或自尊。在经济学上,这种共同的人性被称为"追求自身利益最大化"。从沟通的有效性的角度来说,我们必须承认经济学上的这种说法更加具有打动人心的力量,因为它避免了使用"自私"这种可能引起反感情绪的字眼。[121]但是无论如何,这种人性自私的理念早已浸透在古今中外的法律体系和思想理念之中。在受基督教熏陶的经典文学中,我们不难看到类似的语句:"上帝告诉我们,不要为别人爱他自己胜过爱你而生气!"克林顿任美国总统时,在面对全国公众就自己对大陪审团撒谎一事道歉时也说:"上帝曾经说过,我们每一个人都是可能犯错误的孩子。"而这一切,无非源起于人们的欲望和满足欲望的本性。从这一点来看,中国古代儒家所主张的亲属得相首匿的制度,在很大程度上起源于人类自爱的本性。因为,至少在有些儒家代表人物看来,人们首先总是爱自己的,其次才及于自己的亲人,然后及于自己的乡亲,最后才及于自己的国人。[122]

正是因为人总是自爱的,所以在任何时候,强迫一个人反对他自己总是违反人性的,正是由于这个缘故,特免权的渊源才具有如此的广泛性和多样性。不仅英国以普通法和《大宪章》作为援引特免权的依据,而且在欧洲大陆,古代罗马法、教会法中的法律格言,例如"无人有义务揭露自己的丑行"、"正义从未呼唤任何揭露自己的犯罪"等,都成为主张特免权的依据。[123]

2. 法律政策目标的一致性也促成了特免权规则的普遍性。

在英美证据规则中,特免权规则属于最独特的规则。首先,几乎所有规则都只适用于审判阶段,不适用于其他诉讼阶段和其他法律程序;但特免权规则既适用于审判阶段,也适用于其他诉讼阶段,还可适用于其他法律程序。其次,绝大多数证据规则的目的都在于发现真实,或者规则确立的理论基础都在于提

---

[121] 大概正是由于这个原因,才有人称经济学家的理论为花言巧语。参见〔美〕黛尔德拉·迈克洛斯基:《经济学的花言巧语》,石磊译,经济科学出版社2000年版。

[122] 儒家的一个代表巫马子曾经主张:"巫马子谓子墨子曰,我与子异,我不能兼爱,爱邹人于越人,爱鲁人于邹人,爱我乡人于鲁人,爱我家人于乡人,爱我亲人于我家人,爱我身于吾亲以为近我也。"参见《墨子·耕柱》。

[123] 参见易延友:《沉默的自由》,中国政法大学出版社2001年版,第59—68页。

高裁判中认定事实的精确性,但特免权规则中的大部分内容却在于实现法律所设定的特定目标。虽然在理论上存在着"政策执行模式"的诉讼和"纠纷解决模式"的诉讼,但实际上,无论哪一种诉讼程序都或多或少会追求国家主流价值目标的实现或推广。在此条件下,各国法律都会在诉讼法、证据法方面体现社会主流意识形态所追求的价值目标。英美法系和大陆法系虽然在传统法律制度上存在着重大差异,但是其社会的性质却基本上是一致的,在法律上都强调法治的传统,在宗教方面均深受基督教教义的影响,在哲学上都比较强调个人主义,在政治上都比较侧重对公民政治自由的保障等。因此,其在证据法上必然追求某些共同的价值目标。

以律师—委托人特免权为例,随着资本主义的兴起以及法律的高度形式化[124],私人对于法律规则的掌握显然难以适应现代市场经济发展的需要。因此,社会普遍存在着对律师和法律专家的需求。但是,由于当事人的层次参差不齐,具体的法律事务也千差万别,其中有些当事人可能会因为担心泄露自己的隐私而不愿将案情向律师和盘托出,有些当事人可能因担心商业秘密被泄露而不愿咨询律师。因此,为了鼓励当事人就其法律事务咨询律师,同时为了鼓励当事人在咨询律师时能够将案情和盘托出,以保证律师掌握全面的信息,从而为其当事人提供有效的法律服务,无论英美法系还是大陆法系的法律均不约而同地赋予了委托人阻止其律师披露其在执业过程中知悉的委托人秘密的权利。这一权利在英美法系表现为委托人的特免权,在大陆法系则表现为律师的义务。但当我们追本溯源的时候,却不无惊奇地发现:如今盛行于两大法系的这一制度,实际上却共同发源于古罗马法上关于律师应当忠实于委托人而不能在委托人的案件中作证的观念。[125]

不仅现代的特免权规则可以上溯至古罗马法时代,甚至该特免权获得正当性的理论基础也与罗马法上对律师的敬重不谋而合。方便律师为委托人提供有效的法律服务,只不过是一个功利主义的说法。律师—委托人之间的特免权更加崇高的目的,更在于维护律师这一职业的尊严和体面。在这一方面,公元一世纪时罗马皇帝对律师的赞美或许值得在此反复回味:

---

[124] 马克思·韦伯认为,法律的形式理性化是法律发展的最高阶段。参见马克思·韦伯:《经济与社会(下卷)》,林荣远译,商务印书馆1998年版,第91页以下,尤其是第202页。

[125] 参见〔美〕麦考密克:《麦考密克论证据》,汤维建等译,中国政法大学出版社2004年版,第174页。

  那些消解诉讼中产生的疑问并以其常在公共和私人事务中进行辩护帮助他人避免错误、帮助疲惫者恢复精力的律师，为人类提供的帮助不亚于那些以战斗和负伤拯救祖国和父母的人。因此，对于我们的帝国来说，我们不仅把身披盔甲、手持剑盾的人视为战士，同样认为律师也是战士。因为那些受托捍卫荣誉之声，保护忧虑者的希望、生活和后代的诉讼辩护人也是在战斗。[12]

  试想，在战场上因贪生怕死、见利忘义而背叛战友的人，怎么能承担其"战士"的荣誉？同样，律师如果不能保守其在执业过程中知悉的秘密，从而成为可耻的"叛变者"，又如何能够承担其伸张正义、维护法制的重任？

  与起源于古罗马的律师—委托人特免权不同，记者特免权是现代社会的一个发明。但是我们看到，不仅在英美法系存在着记者特免权，而且在大陆法系也存在着记者特免权。例如，法国虽在其刑事诉讼法典中没有规定其他特免权，却独独对记者特免权作了明确规定。记者特免权是一项和民主政治理念紧密结合的制度。如果记者也必须像平常人那样肩负就其信息来源向法庭作证的义务，新闻自由或许可以寿终正寝。正是由于这个缘故，众多的美国学者认为，记者特免权属于联邦宪法第一修正案关于言论自由条款保护的范畴。大陆法系国家对该项特免权特别垂青的原因，应该也正是基于对新闻自由这一宪政理念的维护。

  综上所述，尽管不同的国家存在着不同的语言，也存在着不同的习俗和不同的文化，甚至其人民还有着不同的皮肤，但是，在维护法治的基本理念方面，世界各国实际上存在着共同的需求，这些共同需求构成了法律政策目标在一定程度上的一致性，从而成为那些共通的特免权的共同的基础。诚如一位美国学者所言：特免权的本质并不是要排除证据，而是赋予公民独处的自由，是国家在对于特定关系之间的交流保持克制的表现。因此，尽管其他证据规则都与陪审团审判制度存在着或多或少的联系，特免权规则却与这一制度几乎毫无

---

[12] 参见〔意〕桑德罗·斯奇巴尼选编：《司法管辖权·审判·诉讼》，黄风译，中国政法大学出版社1992年版，第42页。

关系。⑫

七、特免权规则与我国相应制度之比较

(一)反对自我归罪的特免权

如前所述,反对自我归罪的特免权在美国作为一项基本人权由联邦宪法第五修正案加以规定。与其他证据排除规则比较起来,反对自我归罪的特免权对于属于受强迫而提供的证言实行的是绝对的排除,并且这项规则没有例外。在大多数大陆法系国家,其刑事诉讼法也均赋予被告人反对自我归罪的特免权。德国、意大利、葡萄牙等国均确立了比较完整的特免权规则,也就是既赋予刑事被告人反对自我归罪的特免权,也赋予证人反对自我归罪的特免权。但在法国,其刑事诉讼法仅赋予刑事被告人反对自我归罪的特免权。

我国宪法上并无关于反对自我归罪的特免权的表述。宪法只是规定:"……被告人有权辩护。"但反对自我归罪的特免权是否属于辩护权的内在要求,需要进行法律解释上的进一步探索。不过考虑到我国法制传统的因素,即使辩护权包括反对自我归罪的特免权,由于该特免权没有获得明确承认,其在理论界和实践中获得认可的可能性也不大。因此,法律是否确立了特免权制度,关键还是要看具体部门法也就是刑事诉讼法的规定。

而在刑事诉讼法上,与反对自我归罪特免权最密切联系的,应当数第93条。该条规定:"犯罪嫌疑人对侦查人员的讯问,应当如实回答。但对与本案无关的问题,有拒绝回答的权利。"从该条文的内容来看,在侦查阶段,犯罪嫌疑人并不享有反对强迫自我归罪的特免权。需要注意的是,"反对强迫自我归罪的特免权"中的"强迫"一词,包括事实上的强迫和法律上的强迫两层含义。事实上的强迫是指司法机关运用肉体上、精神上的方式强迫证人作证或作出供述,典型的方式例如古代的刑讯制度等。这种强迫在我国现行《刑事诉讼法》上已经明令禁止。因为第43条明文规定:"……严禁刑讯逼供和以威胁、引诱、

---

⑫ David W. Louisell, *Confidentiality, Conformity and Confusion: Privilege in Federal Court Today*, 31 Tulane L. Rev. 101(1956). Reprinted in Edward J. Imwinkelried, Glen Weissenberger ed., *An Evidence Anthology*, Anderson Publishing Co., pp.157-158. 尽管如此,各国由于传统的差异、社会背景的不同,其在证据法的规范目标方面也必然显露出一些差异。这种差异既体现在宏观方面,也体现在微观方面。就宏观方面而言,主要体现为各国确认的特免权种类并不完全一致。就微观方面而言,在一些具体的规则方面会存在细微的差别。例如反对自我归罪的特免权,在法国只有被告人享有,证人不得主张该项特免权等。

欺骗以及其他非法的方法收集证据……"。据此,无论是肉体上还是精神上的强迫,均为刑事诉讼法所禁止。也就是说,事实上的强制方法在我国刑事诉讼中并不存在。法律上的强制是指法律可以强制传唤证人出庭作证,或者要求证人作出供述。其否定的含义是,在可以进行法律强制的情形下,任何人不得拒绝作证。从这个意义上看,我国刑事诉讼法虽然不存在第一种方式上的事实强制,但是却存在法律上的强制。因此,我国法律并未确立反对自我归罪的特免权。不仅证人不享有就有可能导致自我归罪的问题拒绝作证的权利,犯罪嫌疑人、被告人均不享有此项特免权。

(二) 婚姻家庭特免权

如前所述,婚姻家庭特免权不仅为英美法系国家所普遍承认,而且为大陆法系国家普遍确立。我国古代存在着亲属得相首匿的制度,又称"亲属得相容隐"的制度,简称"容隐"制度;民间俗称"亲不为证"。这一制度虽然和特免权规则存在着区别,但其在效果上却基本上是异曲同工的。理论上,孔子主张"子为父隐,父为子隐,直在其中"。[128] 孟子认为,当一个人的父亲犯罪时,其子女不仅不能揭发,反而必须"窃父而逃",逃到南海之滨,共享天伦之乐。[129] 在制度上,我国从汉宣帝时期即正式确立了亲属得相容隐的制度。汉宣帝地节四年诏曰:"自今子首匿父母,妻匿夫,孙匿大父母,皆勿坐。其父母匿子,夫匿妻,大父母匿孙,罪殊死,皆上请廷尉以闻。"[130]这一诏令正式开创了中国法律制度中容隐的传统,此后历朝历代均沿袭这一制度而有所发展。[131]

遗憾的是,这种充满了人道精神的制度在新中国成立后随之废除。相反,现行《刑法》第310条第1款规定:"明知是犯罪的人而为其提供隐藏处所、财物,帮助其逃匿或者作假证包庇的,处三年以下有期徒刑、拘役或者管制;情节严重的,处三年以上十年以下有期徒刑。"第311条规定:"明知他人有间谍犯罪行为,在国家安全机关向其调查有关情况、收集有关证据时,拒绝提供、情节严重的,处三年以下有期徒刑、拘役或者管制。"对于这两个条文规定的犯罪,刑法均没有规定任何例外,也就是说,家庭成员、近亲属之间相互包庇、拒绝提

---

[128] 《论语·子路》。
[129] 《孟子·尽心上》。
[130] 《汉书·宣帝纪》。
[131] 参见范忠信:《亲亲相为隐:中外法律的共同传统——兼论其根源及其与法治的关系》,载《比较法研究》1997年第2期,第115页。

供证据的行为,均属于犯罪行为。《刑事诉讼法》也没有规定亲属之间可以互相拒绝作证。因此,从目前《刑法》和《刑事诉讼法》的规定来看,我国法律体系中找不到任何基于婚姻家庭关系而可以主张豁免作证的依据。

(三) 职业秘密特免权

职业秘密特免权包括律师—委托人特免权、医患特免权、神职人员—忏悔者特免权和记者特免权等类别。

关于职业特免权,我国法律并无明文规定。但是,《刑事诉讼法》第84条规定:"任何单位和个人发现有犯罪事实或者犯罪嫌疑人,有权利也有义务向公安机关、人民检察院或者人民法院报案或者举报。"这一规定似乎意味着在有关犯罪事实的问题上,任何人均不得以任何理由拒绝作证。但是,我国法律体系中也存在着关于职业秘密的规定。当职业秘密要求相应的职业人应当就相应事项保守秘密时,该特定职业人是否就因此而享有拒绝作证的权利——即使其证言涉及的是可能构成犯罪的事实?笔者认为,对此问题必须具体问题具体分析,不能一概而论。

以律师职业为例,2007年修订并于2008年生效的《律师法》第38条第1款规定:"律师应当保守在执业活动中知悉的国家秘密、商业秘密,不得泄露当事人的隐私。"第2款规定:"律师对在执业活动中知悉的委托人和其他人不愿泄露的情况和信息,应当予以保密。但是,委托人或者其他人准备或者正在实施的危害国家安全、公共安全以及其他严重危害他人人身、财产安全的犯罪事实和信息除外。"若仅从第1款的规定来看,我们或许推论不出律师对于从其委托人处知悉的秘密享有拒绝向法庭作证的权利。因为,法律的表述是"不得泄露当事人的隐私"。但是,"不得泄露"是否包括了"不得向司法机关泄露"这一含义,需要通过解释加以明确。因为,根据前述《刑事诉讼法》第84条的规定,"任何单位和个人"发现有犯罪事实或者犯罪嫌疑人时,均"有义务"向公安机关、人民检察院或者人民法院报案或者举报。这两个法律关于同一事项的规定实际上是不一样的,两者的关系是否可以认为《刑事诉讼法》所做的是一般规定,《律师法》的所做的是特别规定?如果作此理解,则《刑事诉讼法》的规定属于一般原则,《律师法》和其他行业性规则的规定属于例外。但我们也可以理解为,《刑事诉讼法》的规定是一个总则性规定,其他行业规则的规定相当于分则性规定。若作此理解,则行业性规则必须统一服从于《刑事诉讼法》的规定。

如果我们赞成第一种解释,也就是认为,律师对于执业过程中知悉的商业秘密和个人隐私可以拒绝向司法机关披露,则尽管该规定属于律师职业道德规范和执业纪律规范的范畴,但只要是我们承认律师享有拒绝向司法机关披露相关信息的权利,也就可以认为律师对于相应信息享有特免权。从这一点来看,律师职业道德和执业纪律规范在功能上和特免权规则具有重合之处。但即便如此,我们也会发现,经过我们这样解释的"特免权",也与英美法系证据法上的律师—委托人特免权存在重大差异。

(1) 英美的特免权规则对于律师可以拒绝披露的事项作了比较严格的限定:第一,特免权只有委托人有权主张;第二,只有委托人秘密属于特免权保护的范畴,其他人秘密不属于特免权保护的范畴;第三,只有基于交流产生的信息才属于特免权保护的范畴。但我国《律师法》规定的内容显然并不包括上述三方面的限制。首先,我国律师法的规定仍然侧重于律师职业道德和执业纪律,因此其着眼点在于律师而不在于委托人,故律师可以拒绝披露相应信息,但委托人却无权阻止律师披露相应信息。因此,在这一点上和英美法系着眼于委托人而不是着眼于律师的特免权,显然不可同日而语。其次,我国《律师法》规定的保守秘密不仅限于保守委托人的秘密,而且包括保守委托人以外的第三人主要是证人的秘密。这也和它侧重的重点不是委托人权利而是律师执业纪律有关。最后,我国《律师法》不仅保护通过交流获得的信息,而且保护所有执业过程中知悉的委托人的商业秘密和个人隐私。因此在保护范围方面,我国《律师法》规定的范围要广于英美法系特免权规则保护的范围。

(2) 从规范属性来看,英美法系特免权规则规定是"权利",因此属于权利规范;我国律师法规定的是义务,因此属于义务规范。对于权利而言,不行使权利,即构成权利的放弃。因此,特免权是可以放弃的,因此,英美法系的特免权规则规定了关于何种情形下视为放弃权利的规则。但是,"义务"是不容放弃的。因此,《律师法》并没有规定何种情形可以构成"放弃义务"的规则。

(3) 并非最不重要的是,特免权规则存在着多种例外。其中包括交流的内容涉及将来的犯罪或诈骗行为;共同以已故委托人名义主张特免权;违反义务;经律师见证的文书;不同的委托人共同委托律师提供法律服务等。而我国《律师法》对于保守秘密这一义务仅规定了两项例外:一是委托人或其他准备或正在实施的危害国家安全、公共安全的犯罪事实;二是其他严重危害他人人身、财产安全的犯罪事实和信息。也就是说,《律师法》规定的律师保守职业秘密的内容,只包括犯罪行为,而且是可能导致严重危害他人人身、财产安全的犯罪事实和信息。这里存在一个法解释学的问题,那就是:"其他严重危害他人人身、财产的犯罪"究竟何指?除此以外,在英美法系特免权规则的例外场合,由于我国《律师法》并未规定,是否可以视为在这些场合律师也可以职业秘密为由拒绝披露其从委托人处获得的信息?例如,当共同委托人因意见不合而发生诉讼时,律师是否可以拒绝作证?

对于医患特免权,相应的执业纪律规范也可以达到和特免权规则相似的目的和功能,但是对于这一类规范,相应的执业纪律与《刑事诉讼法》关于任何人有义务揭露犯罪的义务的关系,似乎采取了和《律师法》不一样的处理方式。如前所述,如果将《刑事诉讼法》第84条的规定和《律师法》的规定理解为一般规定和特别规定的关系,则《律师法》的规定在适用方面优于《刑事诉讼法》的规定。但是,在医患关系方面,相关规定似乎更加倾向于将《刑事诉讼法》的规定理解为总则性规定,从而其适用也就获得了优先性。例如,劳动和社会保障部2001年颁布的《心理咨询师国家职业标准》之《心理咨询工作者职业守则和职业道德》[13]第6条规定:"心理咨询工作者应始终严格遵守保密原则,具体应做到:心理咨询工作者有责任向求助者说明心理咨询工作者的保密原则,以及应用这一原则的限度。……心理咨询工作者对于咨询交往的各种资料,包括会谈记录、来往信件、测验资料、治疗记录、调查材料等负有保密责任,应妥善保管,不得遗失或泄露。心理咨询工作者受卫生、司法、公安机关询问时,不得做虚伪的陈述或报告。"从这一规定的内容来看,心理医生保密的对象是不包括卫生、司法、公安机关在内的。在这一方面,医生执业纪律规范和英美的特免权规范存在着重大差别。我们甚至可以说,至少在心理医生这一领域,是不存在特免权规则的。

对于记者特免权,目前也没有相应的法律规定可资依据。但从法院的相关判决来看,也可以认为我国并不存在英美法意义上的记者特免权。例如,在山东省东营市中级人民法院审理的胜利石油管理局胜利日报社(二审上诉人,一审被告)与山东省东营市百货大楼(二审被上诉人,一审原告)名誉侵权纠纷上诉案中,法院判决就基本上否定了记者特免权的存在。该案源于2000年12月19日,胜利日报社在《新生活》报第一版刊登了署名"百货大楼员工"的来信,并为来信,配发了"百货大楼修表商诈客引义愤"的正标题和"明目张胆欺诈顾

---

[13] http://www.whpsy.com/info/event/01080301.htm

客雇凶报复业内同行"的副标题。上诉人、被上诉人对上诉人刊登来信的事实均没有争议。被上诉人主张,上诉人刊登的文章中失实内容多达13处,并伪造了所谓的被上诉人员工来信,影射被上诉人内部管理混乱,严重侵害了被上诉人的商业信誉,构成名誉侵权,并请求判令上诉人停止侵害,赔礼道歉,赔偿损失5万元。上诉人则主张,收到来信后经过记者的调查核实,内容基本属实,是正常的舆论监督,目的仅是批评黄姓修表商的欺诈行为,没有损害被上诉人名誉的故意。反之,正是基于对被上诉人的爱护才对其内部不法商人的不良行为提出批评,以促使其更好地加强管理,繁荣发展。对于经过记者调查核实的事实不能提供证据予以证实。并以要为信息来源提供者保密及投稿、信件原始稿件没有登记留存为理由,不能提供据以刊登本案文章的"百货大楼员工"来信原稿件。

该案经一审法院审理后判定,被告胜利日报社名誉侵权事实成立,因此应于判决生效后10日内,在《胜利日报》新生活版,原刊载《百货大楼修表商诈客引义愤》一文的版面,公开向原告赔礼道歉、消除影响、恢复名誉;并于判决生效后10日内支付原告百货大楼名誉损失费3000元。

该案上诉后,第二审法院认为:

> 该文是以"百货大楼员工"来信的名义刊登,文章的影响力、轰动效应,以及社会公众对该文的相信程度均与"百货大楼员工"相关。上诉人主张仅是刊登了一份来信稿件,核实后只对文字进行了专业修改,没有诋毁被上诉人名誉的故意。但是上诉人自始不能提供据以刊登的员工来信原始稿件,不能证明确有百货大楼员工的投诉信件,因此不能证明上诉人没有捏造、夸大的事实存在。上诉人解释不能举证的理由是为信息来源提供者保密。但是《中华人民共和国民事诉讼法》为保护国家、社会公共利益及公民合法权益的需要,设立了不公开审理制度。上诉人如果认为可能涉及第三人不愿意为他人知晓的个人隐私、秘密,可能给第三人带来不利益,可以向人民法院申请不公开审理。人民法院将依法为所涉及的第三人保守秘密,保护其合法权益。同时,代理被上诉人参加庭审的律师按照《中华人民共和国律师法》第33条的规定,亦负有不得泄露当事人隐私的义务。但是,上诉人在一、二审中均表示,没有申请不公开审理的法定理由,不提出申请。故上诉人的该种解释不能成为免除其举证责任的正当理

由,应当承担举证不能的法律后果。[133]

从以上判决内容来看,对于记者拒绝披露获得信息的来源这一特免权,在我国司法实践部门并没有获得承认。其理论基础在于,我国诉讼法设置了不公开审理制度,同时《律师法》也有保守当事人隐私的义务,因此不需要设置该类特免权。法院的判决也有一定的道理,但是该案判决没有看到,不公开审理制度和律师的保守隐私义务都不足以保护本案被告所提出的权利要求。因为,不公开审理针对的是公众,而不是案件当事人。本案一审被告如若向法庭披露其信息来源,必然使百货大楼知悉向报社写信之员工的姓名,从而有可能使该员工遭受打击报复甚至除名的后果。同时,虽然律师负有不得泄露当事人隐私的义务,这一义务是否包含了也不得向司法机关泄露当事人隐私,在法律上需要加以论证,而不是武断地认为律师的这一义务仅仅是针对普通公众而不包括司法机关。因此,本案法院判决虽然代表了中国司法实践部门对待特免权的一贯逻辑和基本立场,但是其理由是否充分值得推敲。

(四) 公共特免权

公共特免权与职业秘密特免权类似,虽然法律并无明文规定,但是在功能上类似或大致相当的规则仍然是存在的。

对于国家秘密,《保守国家秘密法》第18条规定:"对绝密级的国家秘密文件、资料和其他物品,必须采取以下保密措施:(一)非经原确定密级的机关、单位或者其上级机关批准,不得复制和摘抄;(二)收发、传递和外出携带,由指定人员担任,并采取必要的安全措施;(三)在设备完善的保险装置中保存。""经批准复制、摘抄的绝密级的国家秘密文件、资料和其他物品,依照前款规定采取保密措施。"但同时,依照《刑事诉讼法》第45条第1、2款的规定,"人民法院、人民检察院和公安机关有权向有关单位和个人收集、调取证据。有关单位和个人应当如实提供证据。对于涉及国家秘密的证据,应当保密。"也就是说,司法机关在办理刑事案件过程中,有权要求有关单位和个人提供证据;即使证据所涉及的事项属于国家秘密,有关单位和个人也不得拒绝提供;但是司法机关在获取涉及国家秘密的证据后,应当按照规定保密。由此来看,我国并不存在国家秘密这一类公共特免权。

---

[133] http://vip.chinalawinfo.com/NewLaw2002/fnl/index.asp.

在线人特免权方面,《刑事诉讼法》第 85 条第 3 款规定:"公安机关、人民检察院或者人民法院应当保障报案人、控告人、举报人及其近亲属的安全。报案人、控告人、举报人如果不愿公开自己的姓名和报案、控告、举报的行为,应当为他保守秘密。"从这一规定来看,似乎可以认为我国实际上已经确立对于线人身份的公共特免权,但是,如果我们将法律对待特免权的基本立场和基本逻辑前后对照,则认为没有确立特免权的观点又似乎更加符合逻辑:既然在对待国家秘密方面,法律的态度是对司法机关给予充分的信任,又有什么理由推论,在保护报案人、控告人、举报人方面,不对人民法院、人民检察院给予信任呢?如果将这种信任司法机关的逻辑贯彻到底,则上述规定中的"应当为他保守秘密",就仅仅是说应当为普通公众保守秘密,而不包括向其他司法机关保守秘密。如果这一解释能够成立,则线人特免权也是尚未获得承认和确立的。

结语

综上所述,在个人特免权方面,我国目前尚未确立反对自我归罪的特免权。无论法律的表述如何解释,我们也无法得出被告人、证人有拒绝向法庭作证的权利。对于犯罪嫌疑人、被告人而言,无论在侦查阶段、审查起诉阶段还是审判阶段,都无权保持沉默,也无权拒绝作证。相反,根据刑事诉讼法的相关规定,犯罪嫌疑人对侦查人员的提问应当如实回答;在审判阶段,即使所有其他证人均不出庭作证,被告人都必须接受法庭的讯问,其中包括接受公诉人的讯问和被害人的询问以及律师的询问。在司法实践中,绝大多数案件的被告人乃是法庭上唯一真正出庭作证的证人。

在婚姻特免权方面,古代获得普遍确认的"亲亲得相首匿"的法律原则已成为历史。在职业特免权方面,记者特免权尚未获得承认,其他职业特免权也还没有法律地位。至于公共特免权中的国家秘密,根据前述规定,实际上也不属于特免权的范畴,任何人不得以国家秘密为由拒绝提供证据,只不过涉及国家秘密的证据,司法官员必须保密。我国也不存在线人特免权,因为线人特免权属于线人所有,但我国法律并未赋予向司法机关提供线索的人员阻止司法人员披露其秘密提供的信息的权利。

因此,唯一与英美法上特免权规则具有类似效果的制度可能就是律师执业纪律规范了。但是如前所述,该规范与英美法上的证人特免权规则还是存在着比较大区别的。其在司法实践中的效果如何,也有待观察。

第五章 特免权规则：美国的制度与实践

笔者认为，特免权规则与其他证据规则的不同之处在于：对于其他证据规则而言，只有对英美证据规则作整体的移植，才能够实现全面确立特免权规则的目的与功效；任何试图以零敲碎打的方式进行法律移植的尝试都有可能事倍功半。但是，特免权规则却可以有选择地确立、有基础地移植。这也是特免权规则为什么在欧洲大陆显示出一定的差异性的原因。但是在具体如何选择的问题上，我们需要考虑的重点是：第一，哪些是属于体现全人类共同精神价值的财富制度？第二，哪些具体的特免权属于需要随着时代更替和社会经济文化条件的变更而随时而动？第三，哪些制度可以暂时起到与特免权在功能上类似的作用，从而可以考虑不必在移植证据规则时同时引入该项特免权？

对于第一个问题，笔者认为，反对自我归罪的特免权、婚姻家庭特免权均属于体现全人类共同精神价值的制度。对于这些特免权，因为其所具有的共同的、永恒不变的人性基础[134]，只要人性不变，强迫一个人提供不利于己、不利于近亲属的证言就是反人性的，从而也是不得人心的。

对于第二个问题，笔者认为，有些特免权在我国尚无现实的生活基础，因此完全可以暂时不予考虑，例如性侵犯案件中的咨询师特免权，我国目前还没有这个行业，即使需要就这个问题进行探讨，也应当在这个行业臻于成熟之时才

---

[134] 鲁迅先生曾经有一篇杂文，其中谈到："上海的教授对人讲文学，以为文学当描写永远不变的人性，否则便不久长。例如英国，莎士比亚和别的一两个人所写的是永久不变的人性，所以至今流传，其余的不这样，就都消灭了云。这真是所谓'你不说我倒还明白，你越说我越糊涂'了。英国有许多先前的文章不流传，我想，这是总会有的，但竟没有想到它们的消灭，乃因为不写永久不变的人性。现在既然知道了这一层，却更不解它们既已消灭，现在的教授何从看见，却居然断定它们所写的都不是永久不变的人性了。只要流传的便是好文学，只要消灭的便是坏文学；抢得天下的便是王，抢不到天下的便是贼。莫非中国式的历史论，也将沟通了中国人的文学论欤？而且，人性是永久不变的吗？类人猿、类猿人、原人、古人、今人、未来的人……如果生物真会进化，人性就不能永久不变。不说类猿人，就是原人的脾气，我们大约就很难猜得着的，则我们的脾气，恐怕未来的人也未必会明白。要写永久不变的人性，实在难哪。譬如出汗罢，我想，似乎古有之，于今也有，将来一定暂时也还有，该可以算得较为永久不变的人性了。然而'弱不禁风'的小姐出的是香汗，'蠢笨如牛'的工人出的是臭汗。不知道倘要做长留世上的文字，要充长留世上的文学家，是描写香汗好呢，还是描写臭汗好？这问题倘不先行解决，则在将来文学史上的位置，委实是岌岌乎殆哉。"参见鲁迅：《文学与出汗》。鲁迅先生认为，文学不必描写永久不变的人性，也可以获得长久的流传；这是文学上的问题，本文不便发表意见。但鲁迅先生在其杂文中认为，凡是永久不变的就都属于人性，却属于偷换概念。"永久不变的人性"是一种强调的说法，它并不意味着除了永久不变的人性之外还有可变的人性，也不意味着只要是永恒不变的就都是人性。因此，以出汗来讽喻"文学应当描写永久不变的人性"的观点其实并不恰当。本文主张法律应当尊重人性，也认为人性是永恒不变的，在很多场合还主张人性是具有普遍性的，因此对于鲁迅先生杂文中提到的观点，有必要在此作一澄清。

能具有现实的针对性和实践的紧迫性。又如威格默著作中专门加以论述的陪审员特免权,它本身应当属于陪审团审判制度中的具体组成部分,即使引入陪审团审判制度,陪审员有权拒绝就其在评议期间发表的意见向法庭作证,也应当属于陪审团审判制度的组成部分而应当随之一起移植。因此探讨确立此类特免权可以说为时尚早,换句话说,对于目前我国还缺乏现实生活基础的那些特免权制度,可以暂时不予考虑。

  对于第三个问题,体现得比较明显的应当是律师—委托人特免权和国家秘密特免权。律师—委托人特免权是一个比较容易引起争议的问题,因为该项特免权有时候会直接影响公众的安全和大众对于律师职业的认可度。与西方国家相比而言,我国律师职业还没有获得高度的认同,以特免权规则来维护所谓的律师职业的崇高性这样的观念尚未获得普遍确立。但是从长远来看,律师行业要摆脱传统上"讼棍"的角色定位,真正成为一个能够主持公道、伸张正义、受人尊重的职业,其在律师执业纪律的规范方面、在律师职业素质的提高方面以及特免权规则的建设方面,都还有很长的路要走。目前来看,律师—委托人特免权在实践中还没有出现足够多的问题,从而也没有引起相当的重视。笔者的意见是维持现状。对于国家秘密特免权,我国采取的是对涉密机关和司法机关采取同等信任的做法,从理论上看,几乎任何国家秘密都无需对司法机关隐瞒,条件是司法机关在工作人员知悉国家秘密后应当保密。这个理论上的推论在实践中也许完全风马牛不相及,我们甚至可以合理地推测,实际上,当一个案件涉及法官不应或不能知晓的秘密时,甚至谁在审理这个案件也许都会成为国家秘密。在这样的前提下,我们若是天真地主张确立任何形式的国家秘密特免权或政府,恐怕也是有些不合时宜的。

  最后但并非最不重要的是,有些论者以为,特免权规则的缺失是我国证人不出庭的重要原因之一,并指出:确立特免权将可很好地解决证人出庭的问题。笔者认为,这种观点完全是颠倒了因果关系,特免权是随着证人作证义务观念的确立同时逐步确立的。只有当证人出庭成为常态而不是例外的时候,特免权规则才是有价值和有意义的。因此,不是因为没有特免权规则才导致证人不出庭,而是因为绝大多数证人都不出庭从而无需设置特免权规则。了解这一事实,对于我们理解中国司法实践中的特免权几乎总是得不到承认,可以说是十分关键的。

第六章　证人作证的一般规则及对证人证言的诘问与弹劾

引言

英美证据法上，绝大多数规则都与证人作证有关。其中最著名的当然要数传闻证据规则、意见证据规则、专家证言规则、品格证据规则和特免权规则。值得注意的是，所有这些规则都是通过对证人的诘问与对证言的弹劾制度获得实现的。美国《联邦证据规则》第6条，主要就是规范对证人诘问和对证言进行弹劾的规则。除此以外，《联邦证据规则》第6条对于证人资格、证人的作证能力和容许作证的范围、证言可信度的加强等事项，均作了比较详细的规范。本章以《联邦证据规则》为基础，同时参照英国普通法上的相关规则，对有关证人作证的一般事项、对证人进行诘问的制度约束、对证言进行弹劾的可容许因素等作一阐释。

一、证人资格

（一）证据规则对证人资格的一般规定

普通法上存在着许多证人被取消作证资格的情形。其中最为著名的，就是当事人自己不能以自己的名义作证。这一规则大约肇始于伊丽莎白时代，当时的理论认为当事人与案件处理结果存在利害关系，因此其证言不足为信。基于这一考虑，在刑事案件中，普通法在很长时间内都禁止被告人以自己的名义宣誓作证。这些规则在19世纪被逐步取消。① 不过，因被定罪而取消作证资格的做法却一直延续到20世纪——田纳西州直到1953年才废除因被定罪而取

---

① 1853年的一份法律文件指出："如今，常识和理性均已昭示，任何一个可能以其证言帮助查清事实的证人都应当被听取其证言……当我们看到在英国的法律制度下由于排除规则而导致的大量司法不公，不仅发生于由于错误地排除证据而导致的法庭审判的案件中，而且存在于当事人由于不能自己作证——该证言在概率上可能是排他性的，而在法律上却是不被容许的——而错误地保持沉默的案件中。" Second Report of Her Majesty's Commissioners for Inquiry into the Process, Practice and System of Pleading in Superior Courts of Common Law 10(1853). 转引自，Jack B. Weinstein, John H. Mansfield, Norman Abrams, Margaret A. Berger, *Evidence: Cases and Materials*, 9th Edition, The Foundation Press, Inc., 1997, p.256.

消作证资格的做法。因曾经作伪证被定罪而取消作证资格的做法则在美国的很多州一直延续至今。

在美国联邦制定法上，所有取消作证资格的做法都被废除。《联邦证据规则》第601条规定：

> 除非本规则另有规定，任何人均有资格作证。但是，在民事诉讼和民事程序中，若州法律对与主张或辩解之构成要素相关的问题作了规定，则对证人资格的决定从其规定。②

根据上述规定，原本在普通法上被取消作证资格的情形在联邦证据法上不再是取消证人资格的情形，而是成为弹劾证人可信度的情形。例如，2001年的一个判例判定，一方当事人曾经向证人支付酬金的做法并不导致该证人无资格作证；这一证据可用来弹劾证人的可信度，但却不能用来证明其无作证资格。③证人曾经被定罪的事实也可用于弹劾证人的可信度。证人的偏见、精神缺陷、年幼等问题没有在证据规则中作特别规定，但根据判例，这些因素均可用于弹劾证人的可信度。④

不过，由于该规则规定，在民事诉讼中，如果州的法律对证人资格问题作了规定，则对证人资格的决定适用州法律的规定。由于许多州并没有完全废除对证人资格的限制，因此，证人被取消作证资格的实践在美国并未完全消失。这方面最著名的例子莫过于所谓"亡人法案"，其内容大致包括，如果一方当事人已经死亡（有的法案还包括丧失行为能力等情形），则反对方当事人对于该已死亡或丧失行为能力之人所陈述事实不利的证言，均应当予以排除。⑤ 其理论基础是：因该人已经死亡，无法对针对他的陈述进行反驳，若允许其他证人就此事项作出陈述，对已经死亡的一方当事人显然是不公正的。因此，"死亡既然已经封住了一方当事人的嘴，法律就应当封住另一方当事人的嘴。"⑥据考证，此规则源于当事人无资格作证的古老原则，其依据则是当事人与诉讼结果存有

---

② Fed. R. Evid., Rule 601.
③ *United States v. Davis*, 261 F. 3d 1, 38-39(1st Cir. 2001).
④ *United States v. Abel*, 469 U.S.
⑤ Paul C. Giannelli, *Understanding Evidence*, LexisNexis, 2003, p.217.
⑥ "Death has sealed the lips of one party, the law seals the lips of the other." 参见 Paul C. Giannelli, *supra* note 5, p.217. 但大多数学者都认为这一理论很成问题。具体论述可参见 Paul C. Giannelli, *supra* note 6, pp.217-218.

利害关系,因此陪审团无法判断其证言的真假。但因当事人无资格作证这一格言早已废止,因此上述规定的范围也仅限于一小部分有关不动产纠纷的案件。

(二) 特殊身份者的证人资格问题

特殊身份者主要是指法官和陪审员。《联邦证据规则》以两个条文分别对法官和陪审员的作证问题作了规定。其第 605 条规定,主持审判的法官不得在其主持审判之案件中作证。⑦ 根据判例,法官既不得自行作证,也不得被传唤作证,甚至也不得将自己的个人知识伪装成"司法认知"而予以容许,因为容许这种个人知识实际上就是容许法官在其自己主持的审判中作证。⑧

判例认为,允许法官在其主持的审判中作证将导致许多混乱,例如,谁来裁决一个针对发问提出的反对、谁来强迫其回答应当回答的问题、交叉询问的范围由谁来界定、律师如何与法庭维持适当的关系,等等。⑨

需要注意的是,在美国《联邦证据规则》中,特免权规则存在于第 5 条的规定当中。上述规定并未赋予法官拒绝作证的特免权。对于一些关键性问题,如有需要,法官不得拒绝作证。在民事诉讼中,如果法官作证,则他可以命令重新组织审判,原先进行的审判无效。在刑事案件中,根据联邦刑事程序规则,如果一名法官因"丧失能力"而无法继续主持审判,则其他法官可以取而代之;但是,法官被传唤作证的情形,是否属于法官"丧失能力"的情形,则是一个仍待探讨的问题。⑩

除了法官以外,陪审员在特定场合下也被取消作证资格。《联邦证据规则》第 606 条(a)规定:"陪审员不得在其参与审判的案件中在陪审团面前作证。如果陪审员被传唤作证,对立的一方应当有机会在陪审团不在场的情况下提出反对。"⑪如果陪审员的证言对于该案而言确属必要,则无论是在民事诉讼还是刑事诉讼中,法官均应当宣布"失审"(mistrial),以重组陪审团重新审判。

不允许陪审员在其审判的案件中作证的原因是比较明显的:如果陪审员同时出庭作证,则律师对该既是陪审员又是证人的证人如何发问就是一个难题;

---

⑦ Fed. R. Ecid., Rule 605.

⑧ *United States v. Lewis*, 833 F.2d 1380, 1385-1386(9th Cir. 1987); *Furtado v. Bishop*, 604 F.2d 80, 90(1st Cir. 1979), cert. denied, 444 U.S. 1035(1980).

⑨ *Brown v. Lynaugh*, 843 F.2d 849, 850-851(5th Cir. 1988).

⑩ Jack B. Weinstein, Margaret A. Berger, *Weinstein's Evidence Manual Student Edition*, 6th Edition, Matthew Bender & Company, Inc., 2003, at 11.03[2].

⑪ Fed. R. Evid., Rule 606(a).

同时,陪审员是否还能够在其为之作证的一方当事人和另一方当事人之间保持中立也就不无疑问。因此,排除陪审员的证人资格将有助于陪审员保持中立。但是,这一措施并不能完全解决问题。因为,有时候,隐蔽的作证比公开作证更加危险:如果陪审员本身是了解案情的人,但是恰好没有被传唤作证,而是被选为陪审员,则他在陪审团评议室的发言将可能构成从当事人背后伸出的"无影神掌",当事人会防不胜防。例如,在1970年的一个案件中,陪审团评议时,其中几名陪审员对剩下的陪审员说他们对被告人了如指掌,并列出了审判中没有提到的有关被告人的一些事件。该案在上诉后被判定如此明显的偏见违反了正当程序。[12]

陪审员不仅在其审判的案件中不得被要求作证,而且在有关陪审团裁决的有效性问题上,也不得就其所作裁决的动机、方法、思考过程等问题被要求提供证言。对此,《联邦证据规则》第606条(b)规定:

> 在对(审判)陪审团裁决或者(起诉)陪审团告书的有效性发生疑问的场合,就陪审团评议过程中发生的事项或所作陈述,或者任何对该陪审员或其他陪审员的思考或情绪有影响的事项,或者影响陪审员同意和反对某裁决或起诉书的思维过程等事项,不得要求陪审员提供证言。但对于下列事项,陪审员可以提供证言:(1)是否存在着外来的偏见性信息引起了陪审团的注意;(2)是否有外部影响被不适当地施加于陪审员;以及(3)在陪审团将其决定形成裁决的过程中是否存在着错误。陪审员的宣誓陈述或者任何与其被排除作证有关的陈述也不得出于此目的而被接纳为证据。[13]

根据上述规定,原则上,陪审员不得被要求就其在担任陪审员过程中发生的事项作证。法律如此规定的最主要理由,一是保证陪审团评议的完全自由,二是维护陪审团裁决的稳定性和终局性,三是防止陪审员在审判后遭受无休止的骚扰。[14] 该规则2007年修订版的表述与1975年颁布时的表述略有不同,主要区别就是将陪审员可以作证的例外情形明确列举。这一修订主要是将判例

---

[12] United States ex rel. *Owen v. McMann*, 435 F. 2d 813, 815 (2d Cir. 1970).
[13] Fed. R. Evid., Rule 606(b). 此处引用版本为2007年最新修订的版本。
[14] *McDonald v. Piess*, 238 U.S. 264, 35 S. Ct. 785, 59 L. Ed. 1300 (1915).

法上确立的例外以制定法的方式加以明确。⑮ 根据修订后的规则,陪审员可以作证的例外情况包括三种情形:一是是否存在着外来的偏见性信息引起了陪审团的注意,例如,陪审员通过广播、电视或报纸而了解到审判法庭之外传递的与案件有关的信息等;二是是否有外部影响被不适当地施加于陪审员,例如威胁、利诱、贿赂等;三是在陪审团作出裁决过程中出现的形式方面的错误,例如裁决数目的比例,有罪裁决是否误为无罪裁决等。根据判例,陪审员对裁决性质的误解也不得作为陪审员可以作证的事项范围。⑯ 另外,陪审团错误地理解了法官指示的事项,也不属于陪审员应当作证的例外事项。因为,如果允许陪审员就此事项作证,实际上将导致对陪审员心证过程的探寻。⑰

二、证人的作证能力及证言范围

从广义上说,证人的感知能力也属于证人资格的范畴。但是仔细辨别,二者之间仍然存在着显著的区别:一个被认定无资格作证的证人,自始即不能向法庭作证。法律的表述是"不得被要求向法庭作证";但是,证人若因生理或精神等原因而不能正确地理解其作证义务或者不具备观察能力等,则其虽可被传唤作证,但其证言却不具有可采性。因此,前者属于证人的作证资格问题,后者则属于证人的作证能力问题;前者属于权利能力范畴,后者属于行为能力范畴。也因此,本章对这两方面的规则分别予以介绍。又因为证人能够提供的证言范围本质上也属于行为能力范畴内的事项,因此将其与作证能力一道,在本部分一并加以阐述。

(一) 证人的作证能力

美国《联邦证据规则》第602条规定:

> 除非有足够的证据证明证人对其拟向法庭作证的事项拥有亲身感知的知识,否则证人将不得向法庭作证。证明证人亲身感知知识的证据可以但不必包含证人自己的证言。该规则受第703条关于专家证人证言规则的约束。⑱

---

⑮ Notes of Advisory Committee on 2006 amendments.
⑯ *Attridge v. Cencorp Div. of Dover Techs. Int'l, Inc.*, 836 F.2d 113, 116(2d Cir. 1987); *Eastridge Development Co., v. Halpert Associates, Inc.*, 853 F.2d 772(10th Cir. 1988).
⑰ *Robles v. Exxon Corp.*, 862 F.2d 1201, 1208(5th Cir. 1989).
⑱ Fed. R. Evid., Rule 602.

根据判例,审判法官在根据第 602 条决定证人是否有资格作证时,应当审查证人是否有足够的机会感知其拟作证的事项。[19] 在就此问题作出决定时,法官并不是就证人的可信度问题作出决定,也不是就证人所陈述事项的精确性或真实性作出决定[20],而只是就证人是否能够真正地观察、感知其拟向法庭作证的事项作出决定。[21] 根据判例,只要达到下述标准,证人就有资格作证:一是对于如实作证义务有能力加以理解;二是在争议事件发生时该证人对于观察该事件不存在生理上和精神上的障碍;三是对于观察到的事件具有足够的记忆能力;四是能够将观察到和记忆中的事实转变为语言加以陈述。[22]

有时候,一个人的年龄会成为一个人是否具有感知能力的争议问题。在密苏里州的一个案件中,被告人被指控过失杀害他的妻子。他的女儿作证说,案件发生时她从睡梦中被惊醒。她看到她的父母的确在厮打。她还看见在案发当晚,她的母亲用筷子袭击他父亲。她的父亲对法庭允许他女儿出庭作证表示反对,理由是他女儿还只有 5 岁 9 个半月。根据密苏里州的证据规则,10 岁以下的儿童被推定为无作证能力,但这是一个可反驳的推定。最终,法庭还是容许了他女儿的证言。[23]

有时候,一个部分丧失语言能力的人是否有资格在法庭作证会成为争议的焦点。在伊利诺伊州的一个案件中,原告和被告的车在一个十字路口相撞。原告在车祸发生后部分丧失了语言能力:他只能以简洁的语言回答一些简单的问题。由于该案原告实际上部分丧失了语言能力,被告方提出动议,要求排除原告的证言。初审法庭容许了原告的证言。被告上诉后,上诉法院经审查,没有发回重审,就宣布原告的证言不具有可采性,作出了有利于被告的判决。原告提出上诉,获得伊利诺伊州最高法院的准许。州最高法院认为,证人作证能力问题和证人的可信度问题是两个联系非常紧密但却不容混淆的问题。最高法院通过对法庭审判记录的审查,认定本案原告完全具备作证能力。其证言的证据价值自然应由陪审团自由判断,但是其证言具有可采性却是毫无疑问的。因

---

[19] *Hallquist v. Local 276*, Plumbers & Pipefitters Union, 843 F. 2d 18, 24(1st Cir. 1988).

[20] 3 J. Weinstein & M. Berger, *supra* note 10, at 602-10-602-11.

[21] *M. B. A. F. B. Federal Credit Union v. Cumis Insurance Society, Inc.*, 681 F. 2d 930, 932(4th Cir. 1982).

[22] *State v. Young*, 477 S. W. 2d 114, 116(Mo. 1972).

[23] *State v. Singh*, Missouri Court of Appeals, 1979. 586 S. W. 2d 410.

此,本案初审法院容许其证言并不违法,上诉法院排除其证言却是一个错误。[24]

有时候,一个精神完全正常的成年人可能会因为环境等原因而不能感知事件发生的真实情况,因此其是否可以就案件发生的情况向法庭作证通常成为争议的焦点。在罗德岛州的一个案件中,被害人在自己的公寓中,突然有人闯入从背后抓住她,并用一根铁棍对她进行殴打。她的邻居闻讯赶来,也被袭击者打伤,之后袭击者逃走。审判前,被害人一直说自己无法辨认是谁伤害了她,因为她并没有看清楚谁是袭击者。但在审判前夕,被害人又说自己能够认出袭击者。她从一堆照片中挑出了本案被告人的照片;在审判程序中,她也能指认出被告人。但是被告人对她的证言提出反对,理由是她的证言不具有可靠性,她的证言属于第702条所禁止的意见证据,应当予以排除。被告人并没有提到第602条。但是,该案上诉后,罗德岛州最高法院认为,尽管被告人并没有明确提到第602条,但是从被告人上诉的理由来看,被告人实际上想提出的根据应当是第602条。该州最高法院认为,根据第602条,本案被害人的证言不具有可采性。[25]

(二) 证人的证言范围

美国《联邦证据规则》第701条规定,如果一名证人不是以专家身份作证,证人证言中的意见或推论就只能限定于该意见或推论理性地依赖于证人的感知以及有助于清晰地理解证人的证言或有助于对该争议事实的决断,以及并非建立在科学技术或者第702条所规定的其他特殊知识基础上的事项。[26] 根据这一规定,普通证人通常只能就其直接感知的事实向法庭作证;如果要发表意见,其意见必须符合三项条件:一是该意见必须合理地建立在证人亲身感知的事实的基础上;二是该意见有助于清晰地理解证人证言或者帮助事实的裁判者认定事实;三是该意见不是建立在特定科学技术知识的基础上。

关于意见证据的基本原理,美国宾州最高法院在1957年的一个案件中给予了较为充分的阐述。1955年12月31日,上午5:15—6:40,史密斯(Cora Smith)被人杀死在家中。被告人侯登(Holden)遭到指控并被审判,随后被定罪,并判处终身监禁。被告人坚称自己是无辜的,并指出,在被害人遭受致命打

---

[24] Schneiderman v. Interstate Transit Lines, Supreme Court of Illinois, 1946, 394 Ill. 569, 69 N.E.2d 193.

[25] State v. Ranieri, Supreme Court of Rhode Island, 1991. 586 A.2d 1094.

[26] Fed. R. Evid., Rule 701.

击的那段时间,他不在现场。而是和一个叫琼斯(Ralph Jones)的人在一起。警察为核实被告人的这一说法,曾在逮捕侯登时,将其带至琼斯面前,并在侯登在场的情况下询问了琼斯。询问的场景在后来的审判中成为一个争议的焦点。轮到琼斯作证时,控方律师向证人发问:"当侦探向你询问时,有什么不平常的事情发生吗?"证人回答说:"当我在这个人(被告人)面前被侦探询问时,我认为其中一名侦探注意到他眨了一下眼。"律师继续问道:"侯登眨眼是什么意思?"证人回答说:"我并不能够确切地知道他是眨了一下眼睛还是有什么东西在他眼睛里。"律师继续问道:"在1月11日,也就是眨眼事件发生几天之后,发生了什么?"证人回答说:"警察局的侦探问我:你认为这个眨眼的动作意味着什么?我的回答是:我认为他试图让我给他提供不在场的证据,证明在案件发生时的那段时间他和我在一起。"

尽管负责该案终审的宾州最高法院仍然维持了原判,大法官穆斯曼诺(Musmanno)在反对意见中却对允许这一证据进入法庭的做法表示强烈的反对。穆斯曼诺说道:

> 一个眨眼的动作传递了多达21个单词的意义,甚至连莫尔斯电码也做不到这一点。……但是侯登并没有请求琼斯伪造一个不在场的证据。他没有请求他用他的证言帮他覆盖掉一部分时间。他做的所有事情,无非是眨了一下眼睛。没有人知道他究竟是在传递一个讯号,还是在试图躲避强烈的光照,还是在闪掉一粒给他制造麻烦的灰尘。然而,法庭却允许陪审团相信,这个眨眼的动作是暗示琼斯向法庭提供伪证。……在谋杀案的审判中还有什么证据比这更加荒谬?……侯登被判处终身监禁。他甚至可能被判处死刑,因为一个眨眼的动作。……如果一名证人可以被允许陈述他认为眨眼意味着什么,为什么不能允许他解释一个咳嗽?或一个喷嚏?或一声咕哝?或一个打嗝?为什么他实际上没有被授权就一个被告人的大脑流过了什么而作证?为什么不允许大脑阅读器阅读一个人的大脑,从而彻底废除陪审团,因为大脑阅读器比行为人自己更加清楚他是否实施了所被指控的犯罪?……法庭拒绝给予被告人重新审判的机会,这一做法如此显著地侵犯了被告人的权利……将意味着此处法律不仅眨了眼睛,而且将双眼都已经闭上了。[27]

---

[27] *Commonwealth v. Holden* Supreme Court of Pennsylvania, 1957, 390 Pa. 221, 134 A. 2d 868.

因此,通常情况下,证人只能就自己直接感知的案件事实向法庭作出陈述,而不能就案件事实发表自己的想象或意见。但根据判例,这一规则受到以下三项例外的限制:一是如果缺乏该证据案件事实就无从得到认定的情况下,一般的名声可以用来作为证明公众关注的证据;二是专家意见可以用于证明特殊领域的事项,如果没有该专家意见法庭就无法正确地得出结论的话;三是非专家的意见如果在外行人通常能够经验到的范围内的话,也可以得到容许。[28]

三、证人可信度的加强

(一) 庭前准备证言

在英美法系,证人出庭作证之前,当事人及其律师可以通过各种方式对证人作证进行精心的准备,包括访问证人、了解证人的一般情况、向证人提问等。有时候,有的律师为确保万无一失,往往还进行模拟法庭式的演练,即既站在传唤该证人的当事人立场模拟对证人进行直接询问,也站在对方当事人立场模拟对证人进行交叉询问。在1969年的一个强奸案中,法庭判定,检察官在审判前教刚满9岁的未成年被害人如何作证的做法并无不当。[29] 美国哥伦比亚州律师协会甚至认为,不仅律师在审判前就其证人应当如何作证进行准备不违反职业纪律,相反,如果律师没有精心准备其证人证言,才真正是违反职业纪律的表现;律师协会还认为,真正重要的不是律师是否在审判前实习了交叉询问,而是律师是否实施了压制、歪曲、伪造证人证言的行为。[30]

(二) 宣誓或具结

《联邦证据规则》第603条规定:

> 在作证之前,法庭对任何证人都应当要求其宣布如实地作证。这种保证可以以法庭认为可以唤醒证人的良心并在证人心中留下其应当履行如实作证义务之印象的方式,通过宣誓或具结来进行。[31]

---

[28] Peter Murphy, *Murphy on Evidence*, 7th edition, p.328.

[29] *People v. McGuirk*, Appellate Court of Illinois, 106 Ill. App. 2d 266, 245 N. E. 2d 917, cert. denied, 396 U. S. 972(1969).

[30] Opinion No. 79, Legal Ethics Committee of the District of Columbia Bar, Code of Professional Responsibility and Opinions of the District of Columbia, Legal Ethics Committee, District of Columbia Bar 169 (1980).

[31] Fed. R. Evid., Rule 603.

宣誓的目的是通过宣誓使证人明了其证言的严肃性,因此它不需要明确宣誓者的宗教信仰。或者说,宣誓者信仰何种宗教与宣誓无关。法官应当询问证人选择宣誓还是具结。在进行这项工作时,法官应当小心翼翼,并且应当在陪审团不在场的情况下进行,以免证人对某些有关上帝的问题不敬的回答导致陪审团对证人有偏见。[32] 宣誓或具结的功能是促使证人在良心上感觉到其应当如实作证的义务。因此,主持宣誓或具结的书记官应当严肃地主持这项仪式。同时,在宣誓或具结时,法官应当停下其正在进行的所有其他工作,面对证人,以法官认为合适的方式,向证人显示法庭是多么地希望证人说出真相。[33]

正是由于宣誓或具结的功能无非是促使证人说出真相,因此证人以何种形式向法庭保证其说出真相并不特别重要。证人宣誓的内容通常都是保证"说出真相、全部真相、别无其他,只有真相"。但是证据规则本身并未规定证人宣誓的内容。在1992年的一个案件中,联邦上诉法院清晰地阐明了这一立场。该案被告人伍德被指控偷税等几项罪名。伍德没有聘请律师,而是选择自己为自己代理,并且以自己的名义出庭作证。审判前,伍德向法庭提出一个动议,改变宣誓的誓词。他向法庭提出,"真相"一词并不符合他的人生哲学,"诚实"一词比"真相"更为高级——宣誓"诚实地作证"比宣誓"说出真相"要求更高。因此他建议,将"说出真相"改为"完全纯正诚实地作证"(fully integrated honesty)。法庭拒绝了这一动议。理由是,法庭执行的这一誓词已经沿用了好几百年,并且在全美国成千上万的证人都适用这一誓词,法庭不能因为本案被告人的特立独行而改变这一誓词。在法庭审判过程中,伍德熟练而成功地对控诉方提供的证人进行了交叉询问。当轮到他自己作证时,伍德作出了让步,请求法庭允许其既按照法庭规定的内容宣读誓词,也允许他按照自己的方式宣读誓词。控诉方对被告人的这一妥协表示欣慰,但是法官仍然拒绝了这一请求。理由仍然是,法庭准备的誓词已经长期使用,并且他不准备创造一个证人可以要求法庭以另一方式进行宣誓的先例。在此情况下,伍德没有宣誓,也没有向法庭提供证言。陪审团在经过一个小时的讨论后,裁决被告人的罪名全部

---

[32] *United States v. Rabb*, 394 F. 2d 230, 231(3d Cir. 1968). 该案判定,对于一个信仰不受欢迎的宗教的证人,对有关其宗教信仰的询问应当在陪审团不在场的前提下进行。*United States v. Zizzo*, 120 F. 3d 1338, 1347-1348(7th Cir. 1997). 该案判定,对于政府方提供的一名80岁的老人进行交叉询问时,证人回答说宣誓诚实地作证对他而言毫无意义,这一回答并不能认定该证人没有宣誓从而排除其在审判中提供的全部证言。

[33] Jack B. Weinstein, Margaret A. Berger, *supra* note 10, at 10.04.

成立。

被告人提出了上诉。理由是法庭的裁决侵犯了宪法第一修正案所保护的信仰自由和宪法第五修正案所保护的被告人以自己名义作证的权利。上诉法院在审理后推翻了原审判决，将该案发回重审。上诉法院认为：

> 尽管被告人并没有在神学和宇宙论的意义上使用信仰自由这一概念，但是从他的行为可以看出，他之所以坚持以自己的方式宣誓，甚至不惜冒被定罪的风险，而不愿意放弃自己的誓词，足以表明他对誓词的理解体现了他的信仰。强迫他宣誓"说出真相"而不是让他以自己认为合适的方式宣誓，已经侵犯了他的信仰自由。因此，伍德所说的信仰自由属于第一修正案所保护的范围。法庭在主持宣誓时应当服从第一修正案的规定。因为，首先，并没有哪一条宪法修正案规定了誓词的内容；其次，联邦证据规则第603条也仅仅是要求证人宣誓或确认，并没有要求誓词应当如何；最后，尽管"说出真相、全部真相、别无其他、只有真相"的誓词已经沿用了几百年，甚至可以追溯到17世纪，誓词的内容可以应证人的信仰而作出调整的原则，却远远先于我们的宪法而存在。在1744年的 Omichund v. Barker 一案中，首席大法官就已经指出：要求一个非基督徒按照基督徒的方式宣誓毫无疑问是十分荒谬的，因此证人应当被允许以他自己的观念来宣誓。就本案而言，伍德的誓词取代传统的誓词对于其证言内容的可信度没有任何影响。不仅如此，根据被告人的看法，他以自己的方式宣誓实际上给自己施加了更多的义务。[34]

考虑到这些因素，上诉法院认为，法庭拒绝伍德先生以自己认可的方式宣誓的做法是滥用了法庭的自由裁量权。因此，本案应当发回重审。

（三）排除证人在其他证人作证时在场：证人隔离

"隔离证人的做法与圣经一样古老。"[35]从有审判记录以来，法庭就在行使安排证人作证顺序、排除特定证人在其他证人作证时在场这一权力。其目的和效果则主要为两方面：一方面是防止证人在其他证人作证时无意识地受其影响，从而根据其他证人的证言形成自己的证言；另一方面就是通过不同证人之

---

[34] *United States v. Ward*, United States Court of Appeals, Ninth Circuit, 1992, 989 F.2d 1015.
[35] Jack B. Weinstein & Margaret A. Berger, *supra* note 10, at 10.06[2].

间证言的不一致之处,发现已经经过伪造的证言。

正是基于上述考虑,《联邦证据规则》第615条规定:

> 法庭可以应当事人的要求,决定让证人离场以使其听不到其他证人的证言;法庭也可以依职权要求证人在其他证人作证时离场。该规则并不授权排除:(1)作为自然人的当事人;(2)非自然人当事人之律师任命来作为其代理人的官员或雇员;(3)一方当事人表明其在场对于代理该方当事人的案件至关重要的人;(4)经制定法授权准予在场的人。[36]

据此规定,法庭既可以根据当事人的申请,也可依职权决定在一证人作证时让其他证人离开法庭以使其不能听到正在作证之证人的证言。但是,该规则不适用于下列人员:

一是作为自然人的当事人。此处限定于作为自然人的当事人,是因为只有自然人才存在听到其他证人证言内容的可能性。法律拟制人格但并非自然人的主体,如中国法上的法人、单位等,不存在听取其他证人证言后形成自己证言的问题。作为自然人的当事人为何不得被排除,主要是为了避免侵犯到当事人与证人对质的权利,以及可能引发的正当程序等问题。例如,1978年的一个案例判定,审判法庭命令被告人在休庭的当天晚上不得向其律师询问直接询问和交叉询问中的情况的做法侵犯了被告人依据宪法第六修正案享有的获得律师帮助的权利,其理由则是被告人不是单纯的证人。[37]

二是作为非自然人的当事人律师任命的作为其代理人的官员或雇员。该规则获得正当性的理由通常是政府的代理人有权在案件审理时一直在场。由于该规则的表述中关于"代理人"一词使用的是单数,因此,法庭在就此事项作出决定时,通常不允许政府的代理人有多于两人在场。不过,法庭也可以通过行使自由裁量权的方式,允许更多的代理人在场。

三是一方当事人表明其在场对于该当事人的案件而言十分关键的人。在这种情况下,当事人有责任说服法庭相信某特定证人的在场对于其诉讼案件至关重要。例如,在2002年的一个案件中,联邦第五上诉法院判定,审判法院容许三名证人在场的做法并未超出其自由裁量权范围,因为这三名证人均隶属于不同的调查机构,且由于案件本身的复杂性,三名证人虽然参与案件的调查,但

---

[36] Fed. R. Evid., Rule 615.
[37] *Geders v. United States*, 425 U.S. 80, 87-88, 96 S. Ct. 1330, 47 L. Ed. 2d 592(1976).

却都没有参与案件所有部分的调查。[38] 上诉法院的意思实际上是,由于三人参与的调查内容并不相同,因此拟向法庭作证的内容也不相同,从而实际上不存在相互影响证言的问题。

四是经制定法授权允许其在场的人。议会于 1990 年通过了《被害人权利及赔偿法案》,法案规定,除非被害人听到证人证言后其自身的证言会受到实质性影响,否则被害人有权在任何与其被害的刑事案件有关的法庭程序中在场。[39] 1998 年修订的证据规则乘机明确了此类制定法的适用优于联邦证据规则的适用。因此,法庭在决定被害人在其他证人作证时是否允许在场时,应当首先判断该证人的证言是否可能实质性地影响被害人的证人,然后再决定是否容许被害人在场。

《联邦证据规则》第 615 条本身并未规定有关排除证人在场的决定应当在何时作出。实践中,法官通常在控诉方作开庭陈述或者对证人证言内容作概括时会要求相关人员离开法庭。[40] 法庭还应当命令证人相互之间不要讨论与案件有关的情况,但是如果法庭未能作出这类指示并不构成可导致其裁判被推翻的错误。[41] 如果被判令应当离开法庭的证人没有遵守命令,则根据判例,法庭可能对证人施加的惩罚措施有三种情况:其一是判定证人藐视法庭;其二是允许对方当事人就证人不遵守相关规定而对其可信度提出弹劾;其三是拒绝该证人作证或者排除其证人证言。[42]

四、用于唤醒记忆的记录

美国《联邦证据规则》第 612 条规定:

除非根据美国法典第 3500 条第 18 项关于刑事诉讼程序的规定,如果证人以书面记录来提醒其证言,无论是在作证前还是作证中,如果法庭通过自由裁量认为正义要求必须容许且反对方当事人能够获得该书面记录的副本并对其进行审查,从而在听证时对证人进行交叉询问,并且可以出示与该证言有关的部分作为证据,则该书面记录应当得到容许。如果该书

---

[38] *United States v. Green*, 293 F. 3d 886, 892(5th Cir. 2002).
[39] 42 U.S.C. 10606(B)(4)
[40] Jack B. Weinstein & Margaret A. Berger, *supra* note 10, at 10.06[4].
[41] *United States v. Smith*, 578 F. 2d 1227, 1235(8th Cir. 1978).
[42] Jack B. Weinstein & Margaret A. Berger, *supra* note 10, at 10.06[4].

面记录被认为记载了与证言无关的事项,法庭应当以秘密的方式审查该记录,删除无关的部分,并将剩余的部分送达有关当事人。遭到反对而得到容许的记录的任何部分均应当予以保存以备上诉法院审查。如果某一记录没有根据本规则复制或送达,法庭均应当根据正义的要求作出决定;但在刑事案件中如果控诉没有遵守这一规则,则法庭应当根据正义的要求,命令排除该证言或者按照正义的要求经过自由裁量决定宣布失审。㊸

根据上述规定,证人以书面记录提醒其记忆的做法通常得到容许,只不过有一些附加的条件。具体而言,该规则包括的内容主要有三项:

第一,该书面记录的容许必须是正义的要求,至于何谓正义的要求则由法庭自由判断。需要注意的是,首先,法庭对于是否容许一项记录用于恢复证人的记忆拥有广泛的自由裁量权。法庭应当审查证人对于相关事项是否确实缺乏记忆——根据判例,除非证人已经使法庭相信其已经不记得相应事项,否则法庭不应当容许此类记录。㊹ 如果法庭认为该记录不足以恢复证人的记忆,法庭也可以将该记录予以排除。㊺ 其次,规则并没有对什么是"记录"作出明确界定。根据判例,任何东西——例如一首歌、一种气味、一张照片、一个幻觉、甚至明知错误的一个过去的陈述——均可用来恢复证人的记忆。㊻ 因此,有论者指出,第 612 条所规定的"记录"(writing)一词,实际上包括了有关声音的记录和所有种类的图片。㊼

第二,反对方当事人能够获得该书面记录的副本以便进行审查,或者该书面记录可在该证人作证时用于对该证人进行弹劾。这一规定的目的是提高事实的裁判者判断证人可信度的能力。如果反对方当事人行使其这项权利,该用于使证人恢复记忆的记录实际上被反对方用于弹劾证人:它的内容可能与证人

㊸ 该规定的特别之处在于其开始于一个引述性规定:美国法典第 3500 条第 18 项。这一规定通常被称为金克斯法案。根据《联邦证据规则》第 612 条的规定,金克斯法案的适用优于该规则的适用。根据金克斯法案,在刑事诉讼中,政府一方的证人作证之后,被告人有权获得政府掌握的与证人在法庭上陈述有关的任何证言副本。证据规则第 612 条的规定表明,在刑事案件中,辩护方无权要求获得金克斯法案之外的文件,除非该法案对此事项作了特别规定。因此,在刑事案件中,即使控诉方运用了书面记录以提醒证人,被告人也不得要求获得该记录的副本以准备交叉询问。

㊹ Hall v. Amercian Bakeries Co., 873 F.2d 1133, 1136-1137(8th Cir. 1989).

㊺ Jack B. Weinstein & Margaret A. Berger, supra note 10, at 10.05[1].

㊻ United States v. Rappy, 157 F.2d 964, 967(2d Cir. 1947); United States v. Muhammad, 120 F.3d 688, 699(7th Cir. 1997).

㊼ Jack B. Weinstein & Margaret A. Berger, supra note 10, at 10.05[1].

当前在法庭上的陈述不一致而被用作证人先前的不一致陈述。

第三,如果法庭命令当事人提供记录副本而当事人未能遵守,则法庭拥有广泛的自由裁量权以决定对未能履行义务的当事人施加何种惩罚。在除刑事案件以外的其他案件中,法庭的自由裁量权是十分广泛的。具体包括就相关问题对当事人作不利的解释、对当事人判处藐视法庭、或者撤销案件等。在刑事案件中,第612条规定的惩罚措施是要么宣布失审,要么排除该证人的证言。

第612条并未穷尽所有用于使证人恢复记忆的方法。与提醒证人的记录密切相关的一个问题是,通过催眠获得的记录是否也容许被用来提醒证人已经遗忘的事项?对此问题,阿肯色州的一个案件作了讨论。该案中,被告人罗克(Frank Rock)被指控过失杀害她的丈夫弗兰克。她和她的丈夫在1983年7月2日大吵一架。她丈夫不允许她去吃匹萨,并且不允许她离开公寓去吃任何东西。当警察赶到现场时发现弗兰克躺在地上,胸膛上中了一枪。据负责侦查的官员叙述,上诉人告诉他们:"她站起来想要离开公寓去吃东西时,她丈夫上来抓住她的喉咙并使她几乎窒息,然后又一把将她摔到墙上……她蹒跚着爬起来捡起一把枪并用枪指着地板,他仍然对她实施殴打,她朝他开了一枪。"

但是,此后罗克一直无法回忆起开枪的具体细节。于是,她的律师建议她接受催眠治疗,以便帮助她回忆起这些细节。催眠师贝蒂百克(Betty Back)博士为她实施了两次催眠,每次都作了录音。经过催眠后,上诉人罗克终于回想起来,在事件发生时,她的拇指放在手枪的击铁位置,但是手指并没有放在扳机上。她还记起来,当她丈夫在混战中抓住她的胳膊时,枪响了。由于罗克已经能够回忆起开枪的细节,她律师又安排了一名枪支方面的专家检查了本案中的枪支,检查结果显示该枪属于有缺陷枪支,在遭到撞击或掉落时,即使没有触动扳机,也容易走火。

检察官在得知催眠过程后,向法庭签发了一份动议,申请排除被告人的证言。法官为此举行了一次审前听证,并裁决被告人只能提供其在催眠以前仍然记得的那部分证言。法庭审判时,被告人出示了枪支专家的证言,被告人自己关于案发时情景描述的证言则被排除。被告人被陪审团裁决罪名成立,并被判处10年监禁和1万美元罚金。被告人以其以自己名义作证的宪法权利受到侵犯为由提出上诉,但是,上诉法院支持了初审法院的裁决。

联邦最高法院受理了此案。在对被告人以自己名义作证的权利进行了历史的回顾之后,最高法院指出:被告人在刑事审判中以自己的名义提供宣誓证言存在着丰富的宪法渊源。该权利是"公平的对抗式程序中正当程序的内在组成部分"。无论是第五修正案还是第六修正案均保护被告人的这项权利。最高法院承认,经过催眠后唤醒的记忆存在着一定的不可靠性。这种不可靠性存在于几个方面:一是证人可能会在催眠过程中被暗示从而迎合催眠师而作出回答;二是为了使回答更加内部一致而通过想象来填充一些细节;三是被催眠者可能经历一种"记忆加强"的效果,这会使证人无论是正确的还是错误的记忆都得到强化,从而使交叉询问的效果难以得到真正的发挥。但是,最高法院话锋一转,指出:

> 催眠所导致的证言的不精确性完全可以通过程序的控制得到降低。其中一项程序性措施就是只允许受过专业训练的、有执照且中立的心理医师或催眠师实施催眠。更为传统的方法就是通过其他证据来对催眠后的证言进行检验。交叉询问即使在面对自信的证人时也仍然是发现前后不一致证言行之有效的工具。因此,尽管催眠术在科学的发展史上仍然处于婴儿阶段,最高法院也没有试图引入催眠术作为探查过去的工具,但是,阿肯色州由于被告人接受过催眠就将其证言全部予以排除的做法,却是没有道理的。本案中,枪支专家的证言对于上诉人描述的细节是一个有力的佐证;催眠师的录音带对于审判法官衡量其催眠的中立性也提供了有效的工具。在这样的情形下,阿肯色州排除所有催眠后证言的规则侵犯了被告人以其自己名义作证的权利。[48]

基于上述理由,最高法院判定,该案判决应当予以撤销,案件应当发回重审。

五、诘问证人的形式

《联邦证据规则》第611条以三款分别规定了法庭对询问证人和出示证据方式的控制、交叉询问的范围和诱导性询问的规则。本部分拟对相关规定予以阐述。

(一) 法庭对询问的控制

《联邦证据规则》第611条(a)规定:

---

[48] *Rock v. Arkansas*, Supreme Court of the United States, 1987, 483 U. S. 44, 107 S. Ct. 2704, 97 L. Ed. 2d 37.

第六章　证人作证的一般规则及对证人证言的诘问与弹劾　181

　　　　法庭应当对询问证人和出示证据的方式和顺序进行控制,以便对证人的询问和证据的出示能够有效地证明案件的事实真相,避免不必要的时间消耗,并保护证人不受骚扰或免遭不适当的尴尬。[49]

　　该规定第一项实际上是对普通法上赋予法官的广泛的权力所作的规定。这些权力要解决的事项通常都是属于法官凭借其常识和经验决断的事项,例如对于证人作证是容许其以叙述性方式陈述还是只允许其回答特定问题等。[50]第二项是出于诉讼效率而设置的规定。第三项是对于询问证人方式的规定,它要求法官对律师向证人的发问方式进行约束,避免对证人提出挑衅式的或者侮辱式的问题。

（二）交叉询问的范围

　　有学者指出:交叉询问是刑事司法程序的心脏和灵魂。[51] 也有学者形容交叉询问是法庭寻求事实真相真正的车轮。[52] 在普通法上,多数法院均认为,交叉询问的范围应当以直接询问中涉及的事项为限。专家咨询委员会在建议立法时试图突破普通法上的这一界限,容许在交叉询问中询问证人知晓的所有事项。议会否决了这一企图。《联邦证据规则》第611条(b)规定:

　　　　交叉询问的范围应当限定于直接询问中涉及的事项以及影响证人可信度的因素。但法庭可以行使其自由裁量权以容许在交叉询问时涉及直接询问中未曾涉及的事项。[53]

　　立法如此规定的理由是,传唤证人的一方对如何安排自己的举证顺序应当拥有控制权;如果容许在交叉询问中问及直接询问中尚未涉及的事项,实际上就破坏了传唤证人的一方对作证顺序及内容的安排。当然,这并不是说另一方当事人永远没有机会询问直接询问中没有涉及的事项,只不过,制度上的安排不是容许在交叉询问中涉及此类事项,而是由当事人自己传唤该证人,从而询问其想要探寻的事项。当然,法庭也可以通过自由裁量,容许在交叉询问中涉

---

[49]　Fed. R. Evid., Rule 611.
[50]　*United States v. Young*, 745 F.2d 733, 761(2d Cir. 1984). 该案判定,法庭有权决定是否容许证人以叙述的方式向法庭陈述事实。
[51]　Jack B. Swerling, "Trial Advocacy: 'I Can't Believe I Asked that Question': A Look at Cross-examination Techniques", 50 *S. C. L. Rev.* 753(1999), p.753.
[52]　Francis L. Wellman, The Art of Cross-Examination 7(4th ed. 1948).
[53]　Fed. R. Evid., Rule 611.

及直接询问中未曾涉及的事项;但是如果交叉询问中涉及的是直接询问未曾涉及的事项,则该交叉询问不能提诱导性问题。另外,该规定也不可以理解为在交叉询问中不容许涉及证人可信度的事项。因为传唤证人的一方当事人通常不会在直接询问中涉及证人证言的可信度问题,如果不容许在交叉询问中涉及这一问题,则证人证言的可信度就无从弹劾。也有观点认为,证人的可信度问题一直都是一个根本性的问题,因此是独立于直接询问中所涉事项的。(54)

在刑事案件中,被告人根据宪法第五修正案享有反对自我归罪的特免权。不过,如果被告人选择作证,则其在直接询问中放弃了在所有与本案有关的问题援引该项特免权的权利,且控诉方对其进行交叉询问并不构成对其宪法权利的侵犯。(55) 虽然控诉方对被告人的交叉询问应当仅限于第611条(b)所容许的范围,但是,控诉方完全可以通过交叉询问质疑被告人证言的可信度。并且,有些证据本来可能不具有可采性,由于被告人选择作证而使得控诉方可以使用这些本不具有可采性的证据证明被告人撒谎。(56)

(三)诱导性询问的可容许性

无论是直接询问还是交叉询问都可能涉及诱导性问题。对于诱导性问题,联邦证据规则第611条(c)规定:

> 除非对于引导证人的证言来说确属必要,否则在直接询问中不得提诱导性问题。但在交叉询问中,一般性的诱导性问题可以容许。在一方当事人传唤敌意证人或者对方当事人或者与对方当事人属同一身份的证人作证时,允许以诱导性问题进行询问。(57)

该规定没有对“诱导性问题”作出界定。1891年,得克萨斯州最高法院曾经煞费苦心地将“诱导性问题”界定为“以肯定或否定方式呈现,或者包含了实质性内容从而暗示着想要得到的答案的问题”。(58) 然而,诱导性问题的界定远非如此简单。从某种意义上说,任何问题只要其将证人的注意力限定于某一事

---

(54) *United States v. Arnott*, 704 F. 2d 322, 324(6th Cir. 1983)

(55) *Jenkins v. Anderson*(1980)447 US 231, 65 L Ed 2d 86, 100 S Ct 2124.

(56) *United States v. Crockett*(2006, CA10 Utah)435 F3d 1305.

(57) Fed. R. Evid., Rule 611.

(58) "admits of an answer simply in the affirmative or negative, or which, embodying a material fact, suggests the desired answer." *San Antonio & A. P. Ry. Co. v. Hammon*, 50 S. W. 123, 124, 92 Tex. 509 (1899)

件或论题，都具有一定的诱导性。(59) 不仅如此，一个问题是否诱导性问题并不能单从问题的形式来判断，因为有时候提问者音调的高低、强调的重点、非语言性动作等，均可构成对证人的诱导。(60) 许多判例认为，判断一个问题是否诱导性问题的关键在于该问题是否已经暗示了提问者希望证人如何回答的要旨，从而使得对该问题的回答很可能实际上与证人的记忆无关。(61)

根据上述规定，交叉询问中容许提诱导性问题，但是直接询问中不允许提诱导性问题。理论上通常认为，直接询问时被询问的证人被假定为会提供有利于提问一方的证言，因此，提问的律师不能以自己的提问左右证人的证言，而是应当尽量地让证人按其所知自己去陈述其了解的案件事实。(62) 而诱导性问题的实际效果，就是提问者以自己的问题左右证人作证的内容，从而降低证人作证的可信度和准确度。因为，诱导性问题通常可能导致下列问题：一是促成证人对有关事件的错误记忆；二是可能引导出律师对事件的看法；三是将证人从事件本身的细节转移到问题中包含的细节。(63)

不过，在直接询问中，诱导性问题的排除法则存在两项例外：第一项例外是，如果诱导性问题确属必要，则经法庭容许，也可以向证人提出。通常，如果一个诱导性问题的目的是使证人恢复记忆，或者促使法庭审判加快步伐，都会得到容许(64)；如果证人是小孩(65)，或者因受惊吓或者不善交流(66)，诱导性问题也会得到容许。第二项例外是，在对敌意证人、对方当事人或者与对方当事人属同一阵营的证人进行直接询问时，也可以提诱导性问题。如果在直接询问中证人对问题的回答让询问的一方感到吃惊，也容许对证人提诱导性问题。

需要注意的是，即使违反了有关诱导性问题的规定，通常也不会导致裁决

(59) *State v. Weese*, 424 A.2d 705, 709(Me. 1981).

(60) Ibid.

(61) *United States v. Durham*(1963, CA4 NC)319 F2d 590; *United States v. Johnson*(1974, CA5 Tex) 495 F2d 1097, 74-82 USTC P 9504, 34 AFTR 2d 5183; *United States v. McGovern*(1974, CA1 Mass)499 F2d 1140.

(62) *United States v. Bryant*, 461 F. 2d 912, 918(6th Cir. 1972).

(63) Michael H. Graham, *Handbook Of Federal Evidence* 827, n.4(1996).

(64) *Saurini v. Adams County Sch. Dist.* No.12(2006, CA10)2006 US App LEXIS 18350.

(65) *United States v. Littlewind*(1977, CA8 ND)551 F2d 244, 1 Fed Rules Evid Serv 837. *United States v. Nabors*(1985, CA8 Ark)762 F2d 642, 18 Fed Rules Evid Serv 72.

(66) *United States v. McGovern*(1974, CA1 Mass)499 F2d 1140. *United States v. Rossbach*, 701 F.2d 713(8th Cir. 1983).

被推翻。因为,这类错误通常被认为是"无害错误",从而即使法官在这方面作出错误裁决,也不会导致推翻其裁决。因此,证据规则有关诱导性问题的规定在实践操作中实际上相当灵活。

六、对证人可信度的弹劾

在普通法上,证人的可信度可以通过以下六种方式进行弹劾:一是有关证人有偏见的证明;二是精神缺陷;三是证人证言中的矛盾之处;四是证人先前所作的不一致陈述;五是证人有不良的品格(包括定罪记录);六是证人的宗教信仰。[67] 这些事项原本都是决定证人是否有作证资格的事项,但随着时间的推移和法律的发展,它们都不再决定证人的资格,而是成为弹劾其证言可信度的因素。不过,根据联邦证据规则第610条的规定,无论是出于提高证人可信度的目的还是出于降低证人可信度的目的,有关证人信仰的证据均不被容许。[68] 根据判例,在交叉询问中,对控诉方证人提出"为什么你选择的是确认而不是宣誓"这样的问题被认为是第610条所禁止的。[69] 因此,有关信仰的证据用于弹劾证人可信度时不再具有可采性。结合联邦最高法院的判例和普通法规则,弹劾证人可信度的证据可采性规则可分述如下。

(一) 关于证人品格的名声、意见和特定事例

根据《联邦证据规则》第608条(a)的规定,有关证人品格的名声和意见,均具有可采性。但是,这些名声和意见必须满足两个条件:一是与证人的诚实或不诚实有关;二是用于证明证人具有诚实品格的证据只有在证人的诚实性受到名声或意见的攻击时才具有可采性。[70] 换句话说,用于证明证人具有不诚实品格的证据,只要具备该证据与不诚实这一事实有关这一个条件就可以了;但如果名声或意见是用于证明证人具有诚实的品格,则还必须具备第二个条件:证人的诚实性已经受到攻击。在英美证据法学理论上,证人的诚实性在受到攻击时,提出证人的一方通过名声或意见证据来反驳攻击的一方,这被称为"恢

---

[67] Jack B. Weinstein & Margaret A. Berger, *supra* note 10, at 12.01[1].
[68] Fed. R. Evid., Rule 610.
[69] *United States v. Kalaydjian*, 784 F. 2d 53(2d Cir. 1986).
[70] Fed. R. Evid., Rule 608.

复名誉"。这不仅是联邦证据规则的规则,而且也是一项古老的传统。[71]

需要注意的是,该规则中规定的"意见"受第 701 条关于外行意见规则的约束。根据第 701 条,外行意见必须建立在合理地感知的基础上,否则将不具有可采性。另外,根据第 608 条(b)的规定,用于攻击或支持证人可信度的特定事例,不得以外部证据来证明。但是,在对证人进行交叉询问的过程中,对于有关证人诚实或不诚实的品格问题,或者对于正在被交叉询问的证人证实的其他证人的品格问题,可以就特定的事例向该证人提问。无论是被告人还是其他证人在对其证言进行弹劾过程中提供的证言,均不得被认为其已经放弃了反对自我归罪的权利。[72]

(二)证人先前曾经被定罪的记录

证人曾经被定罪的记录用于弹劾证人的可信度原则上具有可采性。对此美国联邦证据规则作了详尽的规定,具体包括以下几项内容:第一,出于弹劾证人可信度的目的,如果是除被告人以外的证人以前曾被定罪且其罪名是可判处1年以上监禁或者死刑的罪名,则其被定罪的事实,具有可采性;第二,如果证人所被定的罪要求其行为中具有不诚实的因素或者作出过不真实的陈述,则无论其所受惩罚为何,该定罪事实均具有可采性。第三,如果证人被定罪日期或者被释放日期已经过去10年,则该证据不再具有可采性;除非法官出于正义的考虑并且有特定事实证明该证据的证据价值高于其所带来的偏见的危险。第四,如果该证人的定罪已经被赦免,或者对其定罪的裁判被依法撤销,或者经证明已经改过自新,或者经上述程序被宣告无罪,则该被定罪的事实不具有可采

---

[71] 在得克萨斯州的一个案件中,一名 66 岁的老头被指控加重性侵犯,他因此被判处 9 个月监禁并处罚金 750 美元。被告人于一个星期天造访葛维尔(Gavia),由于葛维尔并不在家,他女儿凯瑟琳娜(Cathalina)请他到家中等候葛维尔回家。在此期间,凯瑟琳娜出去了一会儿,等她回家时发现被告人正用一只手捂着她只有 7 岁的女儿的嘴巴,另一只手则在脱她女儿的裤子。她赶紧把孩子抱起来并呼叫她的朋友们,他们替她叫来了警察。被告人否认自己对孩子实施了侵犯。他说这孩子从浴室出来后裤子掉了,他不过是帮她把裤子往上提;正在此时被凯瑟琳娜撞见。被告人还作证说,他在到葛维尔家去之前一天,也就是星期六,看到凯瑟琳娜在一个乡下的路上,一名男子躺在她的大腿上;当她去找她父亲的那一天,他曾经向她提到过这件事情,但是她对此予以否认并非常地愤怒,此后不久就把他告上了法庭。凯瑟琳娜在作证时对此完全予以否认。控诉方传唤了几名证人证明凯瑟琳娜在该社区中其诚实性有着良好的口碑。该证据遭到被告方的反对,但是法庭支持了控诉方的意见,容许了这一证据。上诉法院对该案也予以维持。参见 *Rodriguez v. State*, Court of Criminal Appeals of Texas, 1957, 165 Tex. Crim. 179, 305 S. W. 2d 350.

[72] Fed. R. Evid., Rule 608(b).

性。第五,在少年法庭被定罪的记录也通常不具有可采性;但是在刑事案件中,如果被少年法庭定罪的是证人而不是该案被告人,该证人在作证时已经成年且法庭认为容许该证据对于公平地决定该案被告人有罪还是无辜实属必要时,该定罪证据具有可采性。第六,如果对证人定罪的判决已经提起了上诉,该上诉不影响该定罪的可采性。[73]

(三) 证人先前的不一致陈述

质疑证人可信度的方法之一,就是举出证人先前曾经有不一致的陈述。因此,尽管证人先前的不一致陈述根据传闻规则应当予以排除,但只要不是用于证明案件事实,而是用于证明证人的可信度,则该证据具有可采性。

在刑事案件中,对于政府一方出示这种证据以质疑己方提出的证人的可信度却受到一定的限制。根据判例,在刑事案件中,控诉方不得以弹劾己方证人为名出示原本不具有可采性的证据。[74]

(四) 证人证言中的矛盾

证人先前的不一致陈述固然体现了证人证言中的矛盾,但是,前者仅包括证人先前的陈述与当下陈述之间的不一致情况,而证人证言中的矛盾则既包括其先前陈述中的矛盾,也包括当下陈述中的矛盾,甚至也包括先前陈述与当下陈述中不一致的地方,但是主要还是指证人当前陈述中的矛盾和漏洞,即证言的前后矛盾,以及证言与已经查明的事实相矛盾等情况。判例认为,证人证言中的矛盾虽然没有在联邦证据规则中明确规定,但是隐含在第607条的规定当中。[75] 其原理在于,通过指出证人在某个特定陈述中的错误,指出其对于另外一些事项的陈述可能也是错误的。

但是,这一推论的正确性实际上是随着具体情况的变化而变化的。例如,在破产案件中,证人关于其签署申请破产文书那天天气的错误陈述并不必然导致其关于在破产案件中存在欺诈行为的陈述虚假,但是一名被告人关于杀人案件发生时华盛顿在下雪的错误陈述,却有可能被用来证明被告人在案发时不在华盛顿,而是恰好在案件发生地缅因州。[76]

---

[73] Fed. R. Evid., Rule 609.

[74] United States v. Morlang, 531 F. 2d 183(4th Cir. 1975); United States v. Ince, United States Court of Appeals, Fourth Circuit, 1994. 21 F. 3d 576.

[75] United States v. Castillo, 181 F. 3d 1129, 1133(9th Cir. 1999).

[76] United States v. Robinson, 544 F. 2d 110, 114(2d Cir. 1976).

由于证人证言中的矛盾很可能会引起陪审团的混淆或构成对证人的偏见等问题，法官在决定这类证据可采性时通常要着重考虑第403条的规定。(77) 历史上，对证人证言中的矛盾受到"平行事项"原则的约束。即：证人提到的与案件事实平行的事件中与事实不相符合的陈述，不得被用于弹劾证人的可信度。(78) 由于何为"平行事项"实际上难以界定，如今，所谓的"平行事项"原则已经为第403条的规定所取代。

（五）精神缺陷

证人的观察能力、记忆能力和陈述能力等均可作为弹劾证人可信度的证据。尽管法官可对交叉询问的范围进行控制，但是证人的观察能力、记忆能力、陈述能力等实际上也可通过交叉询问予以展现。上述事项本质上属于证人的生理特征，在英美证据法上也被当作精神问题予以处理，因为它实际上影响的仍然是证人的精神有缺陷的问题。根据判例，酗酒、吸毒等，均可用作弹劾证人可信度的证据。

对于这一类证据，即使没有经过专家鉴定，律师也可以通过交叉询问对证人的精神状态进行检验，并向陪审团发表意见。不过，律师发问的范围要受到法庭的控制和《联邦证据规则》第403条的约束。实际上，法庭通常既不会允许心理医生就证人的精神状态进行检验(79)，也不会允许精神病专家通过在法庭上对证人的观察发表专家意见。(80) 另外，法庭也不允许对证人使用测谎仪以判断证人证言的真假。(81)

（六）偏见

法庭可以自由地容许有关证人存有偏见的证据。例如，被告人和证人均属

---

(77) 第403条规定的是一个具有相关性的证据也可以因为可能导致不公正的偏见、混淆争点、误导陪审团、引起诉讼拖延等原因而不具有可采性。Fed. R. Evid., Rule 403.

(78) 例如，在1963年的一个案件中，被告人被指控于1961年7月14日在西雅图实施抢劫。被告人一方的证人证明，在抢劫案发生的当天，被告人一直在他位于Poirtland的饭馆里。不仅如此，在案件发生前长达两个月的时间，被告人天天都在他的饭馆。但是，一名警察作证说，1961年6月12日，被告人曾经告诉他，他来西雅图已经两天了。该证据的容许被认为是一个错误。因为，控诉方举出此证据并不是为了否定证人证言中关于被告人7月14日不在西雅图的陈述，而是为了证明证人的陈述中有不真实的成分。但根据法院一贯奉行的司法原则，证人不得因其与本案无关事实的陈述而受到弹劾。State v. Oswalt, 381 P.2d 617, 618-619(Wash. 1963).

(79) *United States v. Ramirez*, 871 F. 2d 582(6th Cir. 1989).

(80) *United States v. Riley*, 657 F. 2d 1377, 1387(8th Cir. 1981).

(81) *United States v. Masri*, 547 F. 2d 932, 936(5th Cir. 1977).

于一个犯罪集团,如果该证人作证反对被告人,该证人就可能被殴打甚至被杀害;这一证据可被容许用来证明证人对被告人怀有偏见且存在着出于保护自己而撒谎的动机。[82]

不过,限制此类证据的规则也的确存在。首先,这类证据必须满足第401条关于相关性的要求;其次,法庭对于有关偏见的交叉询问存在着施加合理限制的广泛权力;再次,证明偏见的方法主要是间接证据,可能影响当事人情感的证据通常是不容许的。因此,证明偏见通常可以通过证人与当事人的关系、证人的行为或言语等来证明。例如,证人与当事人均为同性恋、存在友谊关系、同属于一个组织、存在过性关系、有金钱往来、存有敌意或者害怕等事实,均可用来证明证人的偏见。在刑事案件中,证人是领薪的线人、是受监视保护并得到补偿的关键证人、是同案被告人、曾被赦免、希望减轻其刑罚、或者接受过其他特殊待遇等事实,也可用于证明证人的偏见。[83]

结语

通过以上论述,读者当不难发现,美国联邦证据规则对于证人作证问题的规定可谓淋漓尽致。除了有关专家意见的可采性规则、传闻证据的可采性规则、品格证据的可采性规则以及特免权规则以外,《联邦证据规则》从第601—615条的规定可谓将有关证人作证的问题一网打尽。美国联邦证据规则无非是对早已存在于普通法中的规则的归纳、概括和精炼。如今,该规则已经实施五十余年,美国联邦各级法院通过大量的判例对规则作出了详尽的解释,从而使得这些规则更加具体、愈发生动。通过对规则的梳理和对典型案例的剖析,笔者认为以下几个方面似乎值得特别留意。

首先,在证人资格方面,英美的规则经历了一个从限制证人资格到将绝大多数有关取消证人资格的规则转变为对证人可信度进行弹劾的规则。这里边既有认识能力提高方面的原因,也有对抗式诉讼的因素。从认识能力的角度来看,取消特定证人作证资格的做法,其理论基础无非是认为陪审团无法对此类证人的证言作出公允的评价。此类规则中最显著的莫过于当事人被取消作证资格的规则。当事人与案件存在着利害关系,这固然会影响到当事人对案件事

---

[82] *United States v. Hankey*, 203 F. 3d 1160, 1171-1173(9th Cir. 2000), cert. denied, U.S., 120 S. Ct. 2733(2000).

[83] Jack B. Weinstein & Margaret A. Berger, *supra* note 10, at 12.01[2].

实的陈述。但是由此即完全取消当事人作证的资格,却无疑是轻视陪审团对此类证言进行审查判断的能力。因此,联邦证据规则将此类事实当作可用于弹劾证人可信度的事实,应当说更加符合乐观理性主义的认识论原理。从诉讼模式的角度而言,对抗式诉讼将进行诉讼的主动权完全赋予双方当事人。尽管支付酬金很可能导致证人证言失真,但是也没有任何经验证据表明接受酬金的证人一定会作伪证。何况,专家证人的报酬,也是由当事人自行给付。因此,当事人向证人支付酬金的做法,也在联邦证据规则中得到更多的宽容。支付酬金的做法不再被视为可取消证人资格的事由,而是成为用于弹劾证人可信度的事实由陪审团自由判断。这种当事人主义的因素不仅体现在向证人支付酬金的态度方面,也体现在传唤证人作证方面。申请法庭传唤证人,也应当由当事人来进行。法庭虽然也有主动传唤证人的权力,但在实践中法官却很少行使这一权力。

其次,对于询问证人的问题,联邦证据规则仅从三个方面作了规定:一是法庭对出示证据和询问证人的顺序及方式进行控制的权力,二是交叉询问的范围,三是诱导性问题的可容许性。交叉询问是一个广为中国读者所熟悉的名词。但是,在相关的论述中,却存在着将该名词神秘化的倾向。实际上,法律对于如何进行交叉询问作了规范,但是,"交叉询问"本身却并非一种制度,而是一种询问证人的种类。它特指一方当事人及其律师对另一方当事人传唤的证人的询问。与之相对应的概念是直接询问,指的是传唤证人的一方对该证人的询问。法律之所以对不同主体进行的询问作如此分类,是因为不同的询问对应着不同的询问规则。直接询问中通常不允许提诱导性问题,交叉询问则无此限制。但是,交叉询问的范围却不能超越直接询问的范围,直接询问却不受交叉询问范围的限制。简单地说,直接针对交叉询问和直接询问的规则,也就是这一条。但是这并不是说,直接询问和交叉询问只有这一条规则。无论是直接询问还是交叉询问,都要受到证据规则的约束。证据规则对询问的约束才是刚性的,诱导性问题对于询问的约束则是软性的。因为上诉法院通常不会因为诱导性问题的容许而推翻下级法院的判决。因此,英美的法庭上"反对"之声不绝于耳,主要并不是因为诱导性问题,而是因为提问导出的回答可能会引出不具有可采性的证据。弄清楚这个意思,我们自然也就可以明白,在中国,缺乏的其实不是"交叉询问",而是用于约束交叉询问的证据规则。交叉询问不存在是否需要移植以及能否移植的问题,而证据规则却存在着这样的问题。

最后但并非最不重要的是,找遍美国《联邦证据规则》,也找不到关于证人出庭义务以及法庭如何强制传唤证人出庭的规定。这一事实看似平常,实际上却关乎人们对于证据法为何物的理解。《联邦证据规则》将其注意力集中于证据的可采性问题,但是证据的可采性并不保证有可采性的证据能够自动地呈现于法官面前。同样,一个能够提供具有可采性的证人证言的证人也不会自动地出现在陪审团面前。证据法要不要规定谁有权申请传唤证人、谁来审查这一申请、如何签发传唤证人的命令?这个问题在美国联邦证据规则中有着明确的答案,那就是,证据规则不规定这些内容。不规定这些内容,并不是说这些内容不重要,而是说这些内容不属于证据法要解决的问题。相反,这些问题虽然在证据法中没有明确规定,但是在诉讼程序法中、在最高法院对联邦宪法修正案的判例当中却有明确的规定和相关的例释。很明显,在联邦证据规则的起草者们看来,传唤证人等事项,要么属于刑事诉讼法解决的事项,要么属于宪法修正案解释的事项(例如被告人依据宪法第六修正案享有的与提供不利于己的证人对质的权利等)。证据法对这些问题是不予理会的。可以说,程序的归程序,证据的归证据,这是联邦证据规则起草者的一个基本思路。也正是有了这个思路,联邦证据规则才能够作为刑事诉讼和民事诉讼(美国行政诉讼也是以民事案件来对待)通行的规则,联邦证据规则也才显得如此的清晰和富于魅力。

第七章　英美专家证言制度及其面临的挑战

引言

专家证言制度已经成为英美证据法上一项日益重要的制度。专家意见的可采性既是英美证据法上意见法则的一项例外，同时也体现着英美诉讼程序的对抗性特征。但是，我们对这项制度的系统性了解则仍然刚刚开始。本章是对该制度一个初步的探索，希望借此更为全面深刻地认识英美法系的该项证据制度，从而推动我国法学界对该领域的进一步研究。本章第一部分介绍英美证据法上属于专家发表意见的领域范围，冀使读者明了专家领域和常识领域之间的界限标准；第二部分介绍专家证言在知识上的要求，冀使读者明了专家证言本身需要具备的知识的确定性程度；第三部分介绍专家的资格要求；第四部分介绍法律对专家意见的形成依赖的基础所作的规范；第五部分对专家是否可以在最终事实问题上发表意见进行介绍；第六部分介绍法庭任命专家证人的规则和实践；第七部分介绍英美学者对专家证言制度的批评和讨论；结语部分提出作者对英美专家证言制度的浅见。

一、专家领域与常识领域的界线

显而易见，法庭审判中，并非所有问题都需要专家作出鉴定才能得到正确的认定。我们不能简单地认为："专家就是知道事实的裁判者所不知道的事实的人。"[①]因此，专家证言制度需要解决的第一个问题，就是专家领域与外行领域的界线在哪里的问题（本章将其概括为"专业领域"和"常识领域"）。换句话说，哪些问题需要专家，哪些问题不需要专家，这应当是专家证言制度首先必须予以明确的问题。

普通法上，专业领域和常识领域的区分标准通常被表述为"争议的事项是否超出了外行的领悟范围"。[②] 威格默认为，专业领域和常识领域的界线在于，

[①] Jack B. Weinstein, John H. Mansfield, Norman Abrams, Margaret A. Berger, *Evidence: Cases and Materials*, Ninth Edition, The Foundation Press Inc., Westebury, New York, 1997, p.954.

[②] 具体的表述有"beyond the knowledge of average layman", *Fineberg v. United Statesm*, 393 F. 2d 417, 421(9th Cir. 1968); "beyond the ken of the average layman", *Jenkins v. United States*, 307 F. 2d 637, 643(D.C. Cir. 1962).

专家的意见是否会有助于陪审员从该专家那里获得有价值的帮助。③ 美国联邦证据规则颁布之前,一位美国教授曾经指出:在决定是否应当容纳专家证言这个问题上,从常识上判断一个未受过专门训练的外行人在没有具有特殊知识之人的帮助下是否有资格明智地决断争议事项,这就是最好的标准了。④

1972年,美国联邦证据规则最终采用了威格默的表述。该规则第702条规定:

> 如果科学、技术或者其他特殊知识有助于事实的裁判者理解证据或者决断争议事实,在下列条件下,一个因其知识、技能、经验、培训经历或者教育经历而有资格作证的专家,可以以意见的形式提供证据:(1)该证言建立在足够的资料或事实的基础上;(2)该证言是可靠的原理或方法的产物;并且(3)该证人将原理或方法可靠地运用于案件事实。⑤

根据上述规定,判断一个问题究竟属于专业领域还是常识领域的分水岭,就是看该证言是否"有助于"陪审团决断案件。因此,有学者将该标准称为"襄助陪审团"标准。⑥ 根据这一标准,不相关的专家证言,显然"无助于"陪审团认定事实,因此当然不具有可采性。至于一个专家证言是否与案件有关,则通过《联邦证据规则》第403条予以判断。有些学者认为,联邦证据规则的标准放宽了普通法上的标准,因此,当一个事项是否属于专业领域发生疑问时,应当对该事项作出属于专业领域的解释。⑦

然而,这一标准仍然不够清晰,从而存在着操作上的困难。例如,在目击证人的指认是否可靠的问题上是否允许专家出庭作证,美国就存在着不同的判

---

③ John H. Wigmore, *Evidence in Trials at Common Law*, §1923, at 29 (Peter Tillers rev. 1983).

④ "There is no more certain test for determining when experts may be used than the common sense inquiry whether the untrained layman would be qualified to determine intelligently and to the best possible degree the particular issue without enlightenment from those having a specialized understanding of the subject involved in the dispute" Ladd, "Expert Testimony", 5 *Vand. L. Rev.* 414, 418(1952).

⑤ Fed. R. E., Rule 702, testimony by experts: "If scientific, technical, or other specialized knowledge will assist the trier of fact to understand the evidence or to determine a fact in issue, a witness qualified as an expert by knowledge, skill, experience, training, or the testimony is based on sufficient facts or data, (2) the testimony is the product of reliable principles and methods, and (3) the witness has applied the principles and methods reliably to the facts of the case."

⑥ Paul C. Giannelli, *Understanding Evidence*, LexisNexis, 2003, p.296.

⑦ Jack B. Weinstein, Margaret A. Berger, *Weinstein's Evidence Manual Student Edition*, 6th Edition, LexisNexis, 2003, at 13-18.

例。美国大多数司法辖区的法院认为,目击证人的指认是否可靠的问题不应当允许专家作证,因为这个问题完全处于陪审员自己的理解能力范围之内。⑧ 但是,在亚利桑那最高法院的一个判决中,却又认为,即使假定受过通常教育的陪审员在目击证人的指认问题上无需获得专家的帮助,专家证言也将有助于陪审团认识到一些特定的因素将会对目击证人指认的精确性产生影响,从而应当允许这类案件中的专家证人出庭作证。⑨

不过,在该领域的有些方面,美国的法律规则又是确定的。例如,法院曾经明确规定了一些纯粹属于专业领域的场合,在这些场合,如果没有专家证言,将会直接导致负举证责任的一方败诉。医疗过失诉讼通常属于这一范畴。⑩ 此外,根据美国的判例,下列问题均不允许专家发表意见:证人的可信度问题⑪;侵权案件中一方当事人的过失问题⑫;一方当事人的精神状态问题⑬;意图问题⑭;以及一个有理性的人在当时的案件环境中能够预见的问题⑮等。

20世纪60年代一个针对刑事审判中专家证人所属领域展开的实证调查表明,在控诉方传唤的专家证人当中,有43%的专家是内科医师,22%的专家是化学分析师,10%的专家是笔迹鉴定师,5%属于醉酒测试专家;另外还有11%属于会计和评估方面的技术专家,6%属于警察和FBI的情报人员,这些人就特定犯罪领域中的"惯伎"向法庭作证。⑯

值得注意的是,对于有些问题,既允许外行发表意见,也允许专家发表意见。这方面最典型的例子是关于笔迹的同一性问题。美国《联邦证据规则》第

---

⑧ *State v. Porraro*, 404 A. 2d. 465, 471(R. I. 1979). 美国多数法院认可这一判决中阐述的观点。

⑨ *State v. Chapple*, 660, P. 2d 1208(Ariz. 1983).

⑩ *Cooper v. Smith & Nephew, Inc.*, 259 F. 3d 194, 203(4th Cir. 2001). 该案中,原告提出的专家证人因其证言的不可靠而被法庭排除;此后原告无法再提出专家作证,法庭便直接判决原告败诉。

⑪ *Goodwin v. MTD Prods., Inc.*, 232 F. 3d 600, 609(7th Cir. 2000). 该案中,巡回法院判定,可信度问题完全属于陪审团的领域,不受专家证言的左右。

⑫ *Anderews v. Metro North Commuter R. R.*, 882 F. 2d 705, 708-709(2d Cir. 1989).该案中,巡回法院判定,审判法院允许专家就铁路事故的发生是否源于铁路管理部门的疏忽发表意见属于裁量权的滥用。

⑬ *Salas v. Carpenter*, 980 F. 2d 299, 305(5th Cir. 1992).

⑭ *CMI-Trading, Inc. v. Quantum Air, Inc.*, 98 F. 3d 887, 890(6th Cir. 1996). 该案中,巡回法院判定,一方当事人的意图属于陪审团认定的事项,专家证言无助于陪审团决断意图问题。

⑮ *United States v. Hanna*, 293 F. 3d 1080, 1085-1086(9th Cir. 2002).

⑯ Harry Kalven, Jr. & Hans Ziesel, *The American Jury*, The University of Chicago Press, Chicago and London, 1966, p.140.

901条(b)(2)项规定,一个外行证人若非出于诉讼目的而对一个笔迹十分熟悉,则他可以就该笔迹的真实性作出认定。⑰ 同时,根据第702条的规定,若专家证言对于陪审团认定笔迹的同一性有帮助,则专家也可以就该问题阐述意见。

这一现象在2001年的美国诉萨莉⑱一案中得到全面的体现。该案被告人萨莉(Chan Ian Saelee)被起诉三项罪名,均因其违反了联邦毒品管制法。其中第三项指控说被告人从泰国非法进口鸦片。这些鸦片藏在一个酒吧中,外面是邮局的包装,显示这些鸦片从美国通过速递发往其他地方,但是由于投递失败被送回。审判中,控诉方提出一名法庭文书分析师考利(John W. Cawley)来比较被告人提供的笔迹样本和包裹上笔迹之间的异同。考利得出的结论是,其中一个包裹上的笔迹肯定是被告人的笔迹,另一个包裹上的笔迹可能是被告人的笔迹。被告人提出动议说,联邦最高法院在多波特一案判决中确立的标准⑲适用于本案,因此考利的意见是否具有可采性首先必须满足一定的要求。被告人要求法院就该意见是否满足要求举行听证。法院决定在2001年8月10日举行听证,并要求被告人提供一份更为详细的动议摘要。

在准备听证期间,控诉方改变立场,建议考利只就被告人的笔迹和包裹上的笔迹是否具有相似性作证,而不再就被告人是否就是包裹上的笔迹的作者作出结论。控诉方争辩说根据第701条这种比较是允许的。⑳ 一开始被告方同意检察官的建议,但是后来又提出,考利的证言如果要具有可采性,就只能根据第702条,第701条不会使考利的证言具有可采性。检察官对此没有反对。因此,法庭就该证据是否应当根据第702条具有可采性举行听证。在听证过程中,检察官又提出,考利的证言应当根据第901条关于同一性认定的条款具有可采性。听证结束时,法庭终于同意被告人的看法,将该证据予以排除。

法院认为,考利如果作证,其提供的证言不是外行意见,而是专家证言。这

---

⑰ Fed. R. E., Rule 901(b)(2). Nonexpert opinion on handwriting: "Nonexpert opinion as to the genuineness of handwriting, based upon familiarity not acquired for purposes of the litigation."

⑱ *United States v. Saelee*, United States District Court for the District of Alaska, 2001, 162 F. Supp. 2d 1097.

⑲ 参见本章第二部分的论述。

⑳ 《联邦证据规则》第701条规定的是外行证人意见的可采性问题,其中规定,外行证人的意见如果是理性地建立在证人感知的基础上,有助于陪审团更清晰地理解证人证言或者决断案件争议事实,并且不是建立在科学、技术或其他特殊知识的基础之上,则应当具有可采性。Fed. R. E., Rule 701.

从他作证的方式可以看出,因为考利提交给法院的书面报告使用了有关书写特征的原理,这些原理并不为一般人所知。因此,他提供的证言只能放在第702条下考虑。所以,控诉方有义务证明,该专家的证言具有可靠的基础。但是,无论是考利提交给法庭的书面报告,还是在8月10日的听证过程中,控诉方都没有解释该报告如何认定两者的同一性,以及多少样本可以得出这样的结论,等等。因此,法院唯一能够得出的结论是,控诉方没有完成该专家证言具有可靠性的举证责任。[21]

二、专家所持理论的可靠性要求[22]

根据前述美国《联邦证据规则》第702条的规定,专家向法庭发表意见的条件,一是该意见必须有充足的资料和事实基础,二是必须运用可靠的原理或方法,三是原理或方法必须可靠地运用于该案件事实。只有在上述条件都得到满足的情况下,专家证言才可能具有可采性。其中最难以判断的问题,当属第二个条件:什么是可靠的原理或方法?法律上有没有关于科学上什么是可靠的原理或方法的判断标准?对此问题,普通法上通过弗赖伊(Frye)一案奉行"一般接受"标准,但美国联邦最高法院在1993年的多波特(Daubert)一案中确立了新的标准,并于1999年通过快活轮胎公司(Kumho Tire Company)一案将该标准适用于所有有关专家证言的案件。以下对这三个案件分别予以介绍。

(一)"一般接受"标准:弗赖伊诉美国案[23]

该案中,被告人被指控谋杀罪。审判中,被告人的辩护律师试图传唤一名专家出庭,该专家将就被告人接受测谎的结果向法庭作证。该测试被描述为心脏收缩血压欺骗测试(systolic blood pressure deception test),据称证人的血压会随着其情感的变化而变化,当一个人感到紧张时其紧张感会通过神经系统传递给心脏从而引起血压上升。科学实验还声称,恐惧、愤怒、痛苦通常都会引起心

---

[21] *United States v. Saelee*, United States District Court for the District of Alaska, 2001, 162 F. Supp. 2d 1097.

[22] 这一问题在英国并非不存在,但是本部分介绍的案例及其确立的标准均只适用于美国,而不适用于英国。在英国,关于专家证言可采性的标准远低于美国,因为英国的司法系统对专家证言采取了比美国更为宽松的政策,不像美国对待专家证言总是持怀疑的态度。相关论述参看 M. Neil Browne, Carrie L. Williamson, Linda L. Barkacs, "The Perspectival Nature of Expert Testimony in the United States, England, Korea, and France", 18 *Conn. J. Int'l L.* 55(2002), p.90.

[23] *Frye v. United States*, 293 F. 1013(D. C. Cir. 1923).

脏血压的上升,从而当一个人知道自己在接受测试时,其对事实真相的隐瞒、对罪行的负罪感等都会伴随着受试者并引起其血压的上升。换句话说,该测谎理论认为,对任何人而言,说出真相乃是顺乎自然的反应,从而不需要意识的主动努力,而撒谎则需要经过意识的努力,从而会在血压中得到反映。而且,这种经过意识努力抑制自然的冲动导致的血压上升的程度将超过仅仅因为面对测谎感到紧张而导致的血压上升程度,这两种反应是很容易得到辨识的。因为,如果受试者是在撒谎,则血压升高在开始阶段比较小,而在受试过程中血压会一路走高;相反,如果受试者是在讲真话,则血压在受试的开始阶段升到最高,此后则一路走低。

审判前,本案被告人曾经接受过这一测试,测试结果对被告人有利,因此其辩护律师试图在法庭上引入主持该测试的专家证言。检察官及时地提出了反对,法庭支持了检察官的意见。辩护律师于是提出由该专家在陪审团面前对被告人现场作一次测谎,这一动议也被拒绝。该案上诉后,巡回法院(哥伦比亚地区上诉法院)指出:

> 科学原理或发现是否已经越过了实验性或展示性阶段是一个难以界定的问题;但是作为证据而言,其证据价值得到认可的前提是该科学原理已经得到承认。尽管从科学原理被承认到其所推导的结论具有可采性之间,法院或许会走上一段很长的路程,但是该推论具有可采性的前提应当是其所附属的科学原理已经得到普遍的接受。[24]

基于上述标准,法院判定,心脏血压测谎标准无论在生理学权威还是心理学权威方面均尚未获得科学的认可,因此不能获得法庭的允许。自此,"一般接受"标准成为专家所持理论具有可采性的普遍标准。

(二)"可靠性"标准:多波特诉马里多医药有限公司案[25]

"一般接受"标准统治了专家证人制度大约70年,终于在1993年被多波特(Daubert)一案确立的新标准所取代。该案中,多波特和休勒(Eric Schuller)都

---

[24] "while courts will go a long way in admitting expert testimony deduced from a well-recognized scientific principle or discovery, the thing from which the deduction is made must be sufficiently established to have gained general acceptance in the particular field in which it belongs." Id.

[25] Daubert v. Merrell Dow Pharmaceuticals, Inc, Supreme Court of the United States, 1993, 509 U. S. 578.

是先天性残疾儿童。他们和他们的父亲均起诉加州的一个医院,声称他们的残疾是由于他们的母亲在怀孕期间服用了被告销售的苯迪克酊(Bendectin,一种抗恶心的药物)所致。

被告认为,原告根本没有任何具有可采性的证据证明苯迪克酊对人体会产生如此的损害。原告提出内科医生和流行病学家莱姆(Steven H. Lamm)作证。莱姆是该领域十分著名的专家,他作证说他阅读了 30 多篇论文,其中包括 130000 病人的病例,没有哪一个研究显示苯迪克酊会导致胎儿畸形。在这一基础上,莱姆医生得出结论,母体服用苯迪克酊不会导致产出有缺陷婴儿的危险。

原告方对莱姆医生所依据的这些公开发表的论文并无异议。但是,原告方自己提出了 8 名专家,其中每一名专家都十分著名,他们证明苯迪克酊实际上是可以导致胎儿畸形的。他们的意见形成的基础是试管测验和活体生物研究。这些研究表明苯迪克酊和胎儿畸形之间具有一定的联系。他们同时还参考了以前的流行病学研究中的统计资料,不过进行了全新的分析。

审判法院同意给予被告一个简易判决,认定原告提交的证据不符合普通法上关于科学证据具有可采性必须满足的条件。该条件就是:专家证人的意见必须建立在在相关领域中足以达到一般接受程度的基础上。法庭认为,原告方提出的证据没有达到这个要求,因为这些专家没有使用有效的流行病学统计数据,而是使用了动物测试的数据;尽管这些专家也在前人研究的基础上进行了重新分析,从而也使用了关于流行病学的数据,但是分析的结果没有公开发表,因此不能经受同行的评议,因而不具有可采性。

案件上诉后,联邦上诉法院对此判决予以维持。该法院强调,一个对过去的研究数据进行重新分析得出的结论要具有可采性必须要满足这样的条件:该研究结论可以接受同行评议。

联邦最高法院对该案进行了重审。最高法院认为,自从弗赖伊案件以来,"一般接受"就成为判断一个科学证据是否具有可采性的压倒性标准。但是,原告的主张并不是"一般接受"是否弗赖伊案件确立的标准,而是该标准是否还应当继续有效。原告指出,随着联邦证据规则的通过,该标准已经失效。最高法院认为,原告的这一看法是正确的。因为:第一,根据第 402 条,相关的证据具有可采性,不相关的证据不具有可采性;从本案证据来看,显然满足相关性这一条件;第二,根据第 702 条,如果科学技术或其他特别的知识有助于事实的审判者理解证据或者决定争议事实,一个因其知识、技能、经验、训练或者教育而使其具有专家资格的证人,当可以在法庭上提供其意见;第702条没有哪句话规定,"一般接受"是科学证据具有可采性的绝对前提条件;被告人一方也没有就第702条包含了一般接受概念作出任何暗示或说明。

最高法院还指出,弗赖伊案确立的标准被联邦证据规则所取代,并不意味着联邦证据规则没有对科学证据施加任何限制。相反,根据这些规则,法官必须确保任何科学证据都既是相关的,又是可靠的。不过,在决定一个科学意见是否可靠时,公开发表并不是可采性的必要条件。相反,最高法院指出,法庭在决定一个专家证言是否可靠时,应当但不必然考虑以下因素:一是该理论或科技的可证伪性;二是该技术已知的或潜在的错误率;三是该理论或技术已经经受同行评议或者公开发表的程度;四是该理论或技术在相关科学团体中达到"一般接受"的程度。

该案判决后引起了大量的讨论。[26]

(三) 多波特标准的延伸适用:快活轮胎公司诉卡迈克尔案[27]

多波特一案集中于"科学"问题上的专家意见。它判定:对于这样的证言,只有在它满足相关性和可靠性两个条件时,才是可采的。在快活轮胎公司(Kumho Tire Company)诉卡迈克尔一案中,则问题转变为,多波特一案确立的原则是否适用于工程师或其他非科学家提供的证言。

---

[26] 具体如:Robert F. Blomquist, *The Dangers of "General Observations" on Expert Scientific Testimony: A Comment on Daubert v. Merrell Dow Pharmaceuticals , Inc.*, 82 Ky. L. J. 703(1994), pp.703-728. 该文认为,将专家证言所持理论的可采性由普通法上的"一般接受"(General acceptance)标准改为杜波特判例确定的"一般观察"(Geeral observation)标准是一个危险的错误;Geoffrey D. Marshall, *Daubert V. Merrell Dow Pharmaceuticals, Inc.: The Standard For Admitting Expert Scientific Testimony In A Federal Trial*, 1994 Det. C.L. Rev. 927;该文指出,新的标准需要作进一步界定方能具有可操作性;Edward J. Imwinkelried, *The Daubert Decision On The Admissibility Of Scientific Evidence: The Supreme Court Chooses The Right Piece For All The Evidentiary Puzzles*, 9 St. John's J. L. Comm. 5(1994), pp.5-33;该文试图为多波特判决辩解,但指出该判决仅仅是在联邦法院的层面解决问题,其对于各州的效力仅仅是劝说性质的;Richard C. Reuben, *Brave New World: A New Supreme Court Ruling on Scientific Evidence May Cause More Problems than it Solves*, Cal. Law., Sept. 1993, at 31;该文指出,新标准制造的问题比它解决的问题还要多;Joseph B. Spero, *Much Ado About Nothing—The Supreme Court Still Fails To Solve The General Acceptance Problem Regarding Expert Testimony And Scientific Evidence*, 8 J. L. & Health 245(1993-1994), pp.245-268. 该文指出,最高法院煞费苦心确立的杜波特标准实际上仅仅是强化了弗赖伊一案中已经确立的标准而已。更多讨论,参见本文第七部分的论述。

[27] *Kumho Tire Company, Ltd. V. Carmichael*, Supreme court of the United States, 1999, 526 U. S. 137, 119 S. Ct. 1167, 143 L. E. 2d 238.

该案起因于一场车祸。1993年7月6日,卡迈克尔(Patrick Carmichael)驾驶的一辆小型货车(minivan)的右后轮胎爆炸。车祸导致一名乘客死亡,多名乘客受重伤。1993年10月,卡迈克尔对轮胎公司及其销售公司(两者合称Kumho Tire)提出诉讼,声称轮胎存在着设计上的缺陷。

审判中,原告提出卡尔森(Dennis Carlson)出庭作证。卡尔森作证说,该车轮胎生产于1988年,安装在事故车的时间是1993年;事发前,卡迈克尔已经在2个月内驾驶安装着该轮胎的车行驶了7000多英里;轮胎面的深度从原来的11/32英寸被磨平为3/32英寸;轮胎在车祸前已有两处穿孔,没有得到充分的修补。尽管如此,卡尔森还是得出结论说,轮胎的爆炸是由于设计的问题。其结论得出的基础是:轮胎的胎体在轮胎面的深度已经逐渐磨损之后应当是紧紧地贴在轮胎面的内侧;然而,车祸发生前,争议轮胎的轮胎面和胎体实际上已经分离;正是这一分离,导致了爆胎的发生。对于引起轮胎面和胎体分离的原因,卡尔森的分析则是建立在一系列假设的基础上。这些假设包括:第一,如果分离不是由于过度使用比如超载等造成的,那么它就一定是由于轮胎的设计缺陷所引起的;第二,如果一辆车被过度使用,发生超载等现象,并导致轮胎的上述分离,它将会表现出四个物理性状;第三,除非这些性状中的两个以上出现在轮胎上,否则就只能说分离是由于设计缺陷所引起,而他在本案轮胎上没有发现两个以上的上述性状。

被告请求法院排除卡尔森的证言,因其不满足第702条所要求的可靠性条件。被告认为,多波特一案中确立的可靠性要求不仅是对科学领域的要求,而且也是对技术领域的专家证言的要求。审判法院采纳了被告的意见。联邦第十一巡回法院推翻了该法院的裁决。巡回法院认为,最高法院在多波特一案中确立的规则很显然只适用于科学领域中的专家证人,不适用于本案。案件上诉到最高法院。最高法院判定,多波特一案确立的标准适用于本案。理由是:第一,最高法院在多波特一案中所限定的是"知识",而不是"科学知识";第二,科学、技术等领域的界线本身并不是非常清楚的。基于上述原因,联邦最高法院支持了被告的意见。

从此,多波特一案确立的标准也适用于非"科学"领域。

三、专家证人的资格要求

前引美国《联邦证据规则》第702条规定,特殊的知识、技能、经验、培训经历、教育背景均可作为专家的资格。该规则第 104 条规定,关于证人的资格问题应当由法庭确认。[28] 通常而言,提出专家证人的一方当事人有责任证明其提出的专家是有资格的。但是,根据判例,当事人没有责任一定要提出最好的专家。专家资格通常也不需要相关领域颁发的证书,尽管该问题与专家资格并非全然无关。一方当事人提出的专家也不必与另一方当事人提出的专家水平相当[29]——例如,如果一方当事人提出一名具有博士学位的专家出庭作证,另一方当事人提出一名只有大专学历的专家出庭作证也未尝不可。另外,专家的资格通常是建立在其知识范围的基础之上,而非其头衔的基础之上。[30] 换句话说,拥有特殊知识而无头衔,可以成为专家;只拥有头衔而无相关知识,也不能成为专家。

根据判例,单纯的经验也可以作为专家的资格。吸食毒品的瘾君子,自然可以就一个物品是否毒品发表专家证言。[31] 在 1978 年的一个判例中,法院判定,关于吸食大麻的经验,也可以成为专家资格的基础。[32] 在 1988 年的一个判例中,法院指出:《联邦证据规则》第 702 条并没有说学院的教育优于实际的经验。[33] 在 1995 年的一个判例中,法院判定,单凭经验本身就足以构成专家的资格。[34] 在 1998 年的一个判例中,法院指出,木工也可以凭借其经验就相关领域的问题发表专家意见。[35]

一个人在某一领域中的专家资格不能成为他在另一领域中作为专家的理由。例如,在 2000 年的一个判例中,美国第九巡回上诉法院判定,一个国际金融方面的专家,对于一个伪造的证券的同一性认定问题提供的证言是无效的。[36] 但是,如果一名专家在某一领域内具有知识,只是在该领域的特定方面缺乏特别研究,则该专家对于该特殊领域仍然有资格作证。[37]

---

[28] Fed. R. E., 104.(a).
[29] *United State v. Madoch*, 935 F. Supp.965, 972(N. D. Ill. 1996).
[30] *Jenkins v. United States*, 307 F. 2d 637, 643-644(D. C. Cir. 1962).
[31] *United States v. Atkins*, 473 F. 2d 308(8th Cir. 1973).
[32] *United States v. Johnson*, 575 F. 2d 1347, 1360(5th Cir. 1979).
[33] *Davis v. United States*, 865 F. 2d 164, 168(8th Cir. 1988).
[34] *United States v. Kunzman*, 54 F. 3d 1522, 1530(10th Cir. 1995).
[35] *McConnell v. Budget Inns*, 718 N. E. 2d 948, 955(Ohio App.1998).
[36] *United States v. Chang*, 207 F. 3d 1169, 1172-1173(9th Cir. 2000).
[37] *Gardner v. General Motors Corp.*, 507 F. 2d 525, 528(10th Cir. 1974); In re Paoli R. R. Yard PCB Litig., 35 F. 3d 717, 753-754(3d Cir. 1994).

有些案件要求专家证言建立在地方性知识的基础之上,因为案件争点的性质与该地方性知识有关。例如,在1981年的一个关于种族隔离的案件中,法院判定,政府一方提出的专家证人因不具备该地的地方性知识而不具有可采性。[38] 但是,这样的要求只适用于争议事实在不同的地方会导致不同结果的案件。例如,在1980年的一个案件中,法院判定,有关电影发行实践的问题不需要专家具备地方性知识,因为电影的发行在不同的地方并无区别。[39] 另一些案件则要求专家必须具备某一特定时间段方面的知识。例如,在医疗纠纷案件中,法院通常会要求医疗方面的专家知晓事故发生时该领域适用的一般标准,因为,这类案件的原告通常都必须证明被告医生的操作低于当时行业公认的医疗水准。[40]

无论是英国还是美国,专家证言的可信度问题均通过法庭上的交叉询问程序来解决,法律本身并不预先对专家证言的证明力作出预断。

四、专家意见的形成基础

无论是根据普通法还是制定法,专家均必须在法庭上向法庭陈述自己的意见形成的基础。[41] 但是,普通法上对专家证言形成的基础比制定法上作了更多的限制。

(一) 普通法规则

在普通法上,专家证人可将其证言建立在三项基础之上。其一为科学、技术或其他特殊知识,其二为专家在审判前对事实、资料等进行的第一手观察,或者他在审判前获得的意见,其三为法庭上经允许作为证据出示的事实、资料和意见。[42]

对于第一项基础,其中的"特殊知识"不仅包括该专家接受的培训和教育,

---

[38] *Taylor v. Ouchita Parish Sch. Bd.*, 648 F. 2d 959, 970-971(5th Cir. 1981).
[39] *Wilder Enters., Inc. v. Allied Artists Pictures Corp.*, 632 F. 2d 1135, 1143(4th Cir. 1980).
[40] 相关论述可参见 Jack B. Weinstein, Margaret A. Berger, *supra* note 7, at 13.02.
[41] Fed. R. E., Rule 705. disclosure of facts or data underlying expert opinion: "The expert may testify in terms of opinion or inference and give reasons therefore without first testifying to the underlying facts or data, unless the court requires otherwise. The expert may in any event be required to disclose the underlying facts or data on cross-examination."
[42] Michael H. Graham, *Evidence: Text, Rules, Illustrations and Problems*, National Institute for Trial Advocacy, INC., 1983, p.314.

而且还包括专家自己的经验。但是，对不属于特殊知识的事实、资料或意见，只有在这些事实、资料或意见根据证据法具有可采性的前提下，专家才可以依据其形成自己的意见。对于专家证言可以依赖的第二个基础，即专家在法庭上了解的事实或资料，由于专家并非总是在法庭上参加审判来获得这些资料，因此，专家如果需要以法庭上呈现的事实或资料为基础形成自己的意见，通常需要通过对专家提出假设性问题来获得其意见。[43] 当然，很多专家为了保证自己的意见具有说服力并防止对方反驳，通常会花时间参加法庭的审判。对于其中第三项基础，普通法要求这些事实、资料和意见根据证据规则应当具有可采性。不具有可采性的事实、资料和意见不得作为专家意见形成的基础。

　　普通法上要求专家意见建立的基础必须在证据法上具有可采性的理由是：首先，如允许专家将其意见建立在不可采的事实或资料的基础上，当事人就可以有意识地将一些证据通过乔装打扮，从而以专家证言的形式将那些本不具有可采性的证据呈现给陪审团，如此一来，则证据法上关于可采性规则的设置就将被架空；其次，法律排除一些证据的原理，就是这些证据不可靠；如果专家将其意见建立在不可靠的资料基础上，则专家证言本身的可靠性也就会产生致命的缺陷。[44]

（二）美国联邦证据规则

　　根据美国《联邦证据规则》第703条的规定，专家证言的形成可以有三个基础：一是专家个人的知识，二是专家在法庭上了解到的事实或资料，三是专家合理地依赖的法庭外的资料。[45]

---

　　[43] 假设性问题是针对未旁听庭审的专家证人提出的问题。因专家没有参加庭审，其对于一个事项的判断若通过律师提供的第二手资料来进行，这样的第二手资料在法庭上就只能以假设性问题的形式出现。例如，在判断被告人是否有精神病问题上，律师会通过诸如"假设陪审团认定本案被告人有这样一些行为……再进一步假设陪审团还认定……，那么……"等问题来引导其专家发表意见。

　　[44] Edward B. Arnolds, *Federal Rule of Evidence 703: The Back Door Is Wide Open*, 20 Forum 1, Lexis (Fall 1984), p.4. 转引自：Roberta N. Buratti, "What Is The Status of 'Inadmissible' Bases of Expert Testimony?" 77 *Marq. L. Rev.* 531(1994), p.532.

　　[45] Fed. R. E., Rule 703. Bases of opinion testimony by experts: "The facts or data in the particular case upon which an expert bases an opinion or inference may be those perceived by or made known to the expert at or before the hearing. If of a type reasonably relied upon by experts in the particular field in forming opinions or inferences upon the subject, the facts or data need not be admissible in evidence in order for the opinion or inference to be admitted. Facts or data that are otherwise inadmissible shall not be disclosed to the jury by the proponent of the opinion of inference unless the court determines that their probative value in assisting the jury to evaluate the expert's opinion substantially outweighs their prejudicial effect."

第七章 英美专家证言制度及其面临的挑战 203

联邦证据规则与普通法证据规则的区别在于，联邦证据规则扩大了专家可依赖的资料的范围。根据普通法规则，专家意见形成的基础如果不是专家自身的知识，而是其他事实、资料或意见，则该事实、资料或意见必须具有可采性；不具有可采性的事实、资料和意见不得作为专家意见形成的基础。但根据联邦证据规则，一项事实、资料或意见即使不具有可采性，也可以作为专家意见形成的基础。这一扩大的效果不仅使专家能够依赖于以前不具有可采性的证据得出自己的结论，而且也使得通过假设性问题的途径使专家获得其证言依赖的第二个基础的使用大大减少。不过，这项扩大也不是没有限制的扩大，因为规则要求对于这些材料的依赖必须是"合理地"依赖，因此，一旦争议双方就此问题发生冲突，则必须由法庭来决定专家对这些材料的依赖是否"合理依赖"。[46]

关于一名专家对于其他资料的依赖是否合理依赖，联邦最高法院在库昂[47]一案中作了比较清晰的阐述。该案被告人库昂（Tran Trong Cuong）是一个在法国巴黎受过高等教育的内科医生，自1973年起被允许在弗吉尼亚做执业医生。库昂被指控在1989年4月至1992年1月间非法地给30个病人开具受管制药品的处方。大陪审团起诉书指控他在这个期间给这30名病人一共开了1711个处方，处方中的药品包括安定（valium）、羟苯基乙酰胺（tylenol）等。法庭上，控诉方除了让该医生的病人和装扮成病人的侦探出庭作证[48]以外，还请经医学会认证并执业32年的家庭医生麦金托什（Alan MacIntosh）出庭作证。麦金托什走访了起诉书中列举的33个名单中的病人，并为每一份名单的访问准备了

---

[46] *United States v. Corey*, 207 F. 3d 84, 88(1st Cir. 2000).

[47] *United States v. Tran Trong Cuong*, United States Court of Appeals, Fourth Circuit, 1994, 18 F. 3rd 1132.

[48] 控方证人，即库昂医生的病人，作证说，库昂对他们的诊断是漫不经心的，他们假装出来一些疼痛、病恹恹的症状以便从他那里获得毒品处方并满足他们的毒瘾，而库昂则经常性地提醒他们，除非他们说自己感到疼痛，否则将不会给他们治疗。他还建议他们到不同的药店去买药。有一个证人作证说他直接向医生点名要某种药品，还有一个证人作证说因为他在库昂医生的办公室完成了修理任务，库昂医生作为回报给他开了处方。还有一些证人作证说医生让他们在一个书面的文件上签字，文件上说医生已经告知他们这些药品是可能上瘾的。侦探从法院获得搜查证后对库昂医生的办公室进行了搜查，发现库昂医生每开一个药方收取病人35美金。搜查结果还显示，库昂医生让很多病人服用镇静药等毒品，这些病人通常向医生报告说自己头痛、背痛，以及其他病痛。所有这些处方都属于不可重复购药的处方，因此一旦患者用完，就必须重到医生那里开处方，从而必须支付给医生35美金。这些证人作证说，医生建议他们，不同的时候必须报告不同的病情，因为同样的病情服用相同的药物太长时间不是一件好事情。两名便衣侦探也作证说，他们曾经去库昂医生的办公室索取药品，每一次时间都不超过5分钟。医生根本没有作任何的检查就给他们开处方。

一份书面的报告摘要。麦金托什还走访了大陪审团听证期间作证的一些证人，包括两名便衣侦探。他在法庭上发表意见说，这些病人在服用库昂医生处方的药物后不仅没有任何好处，反而对他们有害，因为这些药物是可能上瘾的，从而这些处方对于一个家庭心理医生来说都是不合适的。麦金托什博士还作证说：他的好友、一名曾经担任过美国医学会会长、在北弗吉尼亚有着很好口碑的外科医生兼律师斯蒂文森（Stevenson）也就库昂医生的病人准备了一份报告，他的报告就是在斯蒂文森医生报告的基础上得出的结论。当问到他的结论是否和斯蒂文森的结论有何冲突时，麦金托什说："没有。我的结论与他的结论本质上是一样的。"

被告人对这一证据及时地提出了反对。针对这一问题，上诉法院认为，麦金托什的证言是不恰当的。因为：首先，斯蒂文森并没有在法庭上作证，因此没有在法庭上接受交叉询问，从而他的一切陈述都只是传闻，允许将他的陈述在法庭上出示明显使陪审团对被告人产生不公正的偏见；其次，麦金托什夸耀他和斯蒂文森之间的关系，吹嘘斯蒂文森是美国医学会的会长，并且声称他的结论和他的结论本质上是一样的；再次，尽管《联邦证据规则》第703条规定，专家意见可以根据法庭外的资料形成，但是，本案中斯蒂文森的报告并不是本案中专家证人的意见或推论所倚赖的基础，甚至，即使它是麦金托什意见形成必须依赖的基础，声称两者在实质上是一样的也是不合适的，因为斯蒂文森的报告是应检察官的要求用于刑事法庭的审判，因此其报告属于法庭科学技术报告，而麦金托什的证言则属于家庭医疗范畴，故，即使麦金托什的结论是在斯蒂文森报告的基础上作出的，斯蒂文森报告这个不具可采性的证据也不会因为麦金托什在作出其结论时曾经用作基础而具有可采性；最后，斯蒂文森的证人资格问题并没有解决，因此他的证言实际上是不具有可采性的，斯蒂文森是否是一个专家，不能仅因麦金托什说他是他的好朋友，是美国医学会的会长，是一名律师而能够决定。基于上述原因，上诉法院判定，本案中专家证言对其所依赖的资料并非"合理依赖"，因此所有对被告人的定罪都予以推翻，没收财产的命令也暂时搁置。

五、关于最终事实的意见

与专家证言可采性相关的最后一个问题是专家证言是否涉及案件的"最终事实"。在普通法上，无论是专家证人还是外行证人都不允许就案件的最终事实——例如刑事案件中关于被告人是否构成犯罪的事实——发表意见，因为这些事实在传统上被认为纯粹属于陪审团自主判断的问题。从理论上说，凡是应当由陪审团作出决断的事情都应当由陪审团作出决断——无论是专家证人还是外行证人都不得发表意见。但是，许多学者对这样的规则提出了批评。法官们亦认为，允许证人就最终事实发表意见不会侵犯陪审团决断事实的权力，因为陪审团完全可以不理睬相关的证人证言。因此，这一规则在实践中并没有得到很好的遵守。威格默曾经批评说陪审团决断最终事实的规则实际上不过是一句空话。㊾

在英国，普通法上的这一规则随着1968年《民事证据法》的颁布而终结。㊿在美国，这一规则也随着联邦证据规则的颁布而改变。美国联邦证据规则规定，无论是专家还是外行，均可以就案件的最终事实发表意见。(51) 不仅如此，根据专家咨询委员会的解释，当一项专家证言的可采性有疑问时，除非不可采的事实分量是如此之重，否则都应当朝着该专家证言具有可采性的方向作出决定。(52) 联邦证据规则一劳永逸地解决了关于这个问题的争议，并使得普通法上证人不得就最终事实发表意见这一规则寿终正寝。根据联邦最高法院专家咨询委员会的说法，之所以废除这一规则主要是基于以下四个理由：一是对于什么是最终事实什么不是最终事实的问题并没有一个清晰的界限，而这个界限也是难以获得的；二是有时候证人的意见只能依附于案件的最终事实而无法附着于其他事实；三是关于最终事实规则的原理其实是没有意义的，因为陪审团可以自由地排除这样的证言，从而该证言不会侵犯属于陪审团决断的领域；四是很多关于最终事实的意见对于陪审团决断案件而言十分关键而且这样的证言

㊾ John H. Wigmore, *supra* note 3, § 1920, at 18.

㊿ "(1) Subject to any rules of the court... where a person is called as a witness in any civil proceedings, his opinion on any relevant matter on which he is qualified to give expert evidence, shall be admissible in evidence.... (3) In this section 'relevant matter' includes an issue in the proceedings in question." Civil Evidence Act 1968, s. 3.

(51) Fed. R. E., Rule 704. Opinion on ultimate issue: "(a) except as provided in subdivision (b), testimony in the form of an opinion or inference otherwise admissible is not objectionable because it embraces an ultimate issue to be decided by the trier of fact. (b) no expert witness testifying with respect to the mental state or condition of a defendant in a criminal case may state an opinion or inference as to whether the defendant did or did not have the mental state or condition constituting an element of the crime charged or of a defense thereto. Such ultimate issues are matters for the trier of fact alone."

(52) See from, Deon J. Nossel, "The Admissibility of Ultimate Issue Expert Testimony by Law Enforcement Officers in Criminal Trials", 93 *Colum. L. Rev.* 231, p. 239.

并非内在地具有偏见。㊝

不过,上述规定并不表明专家关于案件最终事实的证言就必然具有可采性。因为根据美国《联邦证据规则》第403条,如果一项证据可能带来的偏见超过其证明价值,即使根据其他规则具有可采性的证据也可能被排除。㊞ 事实上,由于法官对于排除或是容许证据方面享有比较大的自由裁量权,因此其关于一项证据是否可采的决定通常很少被上诉法院推翻。㊟ 在一些特定的案件中,尤其是在被殴妇女综合症、被强奸妇女外伤综合症、被虐待儿童综合症等问题上,法庭尽管允许专家作证,但通常会禁止专家就特定个人是否在说谎或者是否患有上述疾病等问题发表结论性意见。㊡

六、法庭任命的专家证人

无论是民事诉讼还是刑事诉讼,法庭都可以任命专家证人出庭作证。美国《联邦证据规则》第706条(a)项规定:

> 法庭可以依职权或者当事人的动议命令(当事人)解释专家证人不得被任命的原因,或者要求当事人提名专家证人。法庭可以基于当事人的同意任命专家证人,也可以基于自己的挑选任命专家证人。除非该专家证人同意,否则法庭不得任命其为专家证人。一名专家经同意而被任命后,法庭应当以书面形式告知其证人义务,该告知文书的副本应当由法庭书记官联合签署。这种告知也可以在当事人有机会参与的(庭前)会议上实施。经如此程序任命的专家证人如果得出任何结论,都应当告知当事人;其书

㊝ Legislative History and Advisory Committee Notes to the Federal Rules of Evidence for United States Courts and Magistrates, in Jon R. Waltz & Roger C. Park, *Evidence: Cases and Materials*, tenth edition, 2004, p.1123.

㊞ Fed. R. Evid. Rule 403: "Although relevant, evidence may be excluded if its probative value is substantially outweighed by the danger of unfair prejudice, confusion of the issues, or misleading the jury, or by considerations of undue delay, waste of time, or needless presentation of cumulative evidence."

㊟ Deon J. Nossel, *supra* note 52, p.239.

㊡ 相关案例可参见 *United States v. Azure*, 801 F. 2d 336, 340-341 (8th Cir. 1986) (child sexual abuse); *Spencer v. General Elec. Co.*, 688 F. Supp. 1072, 1076-1077 (E. D. Va. 1988) (rape trauma syndrome); *People v. Bledsoe*, 681 P.2d 291, 301 (Cal. 1984) (rape trauma syndrome); *State v. Batangan*, 799 P.2d 48, 52 (Haw. 1990) (child abuse syndrome); *State v. Hennum*, 441 N. W. 2d 793, 799 (Minn. 1989) (battered woman syndrome); *State v. Saldana*, 324 N. W. 2d 227, 229-230 (Minn. 1982) (rape trauma syndrome).

面结论应当可由当事人获得;且该专家可由法庭或任何一方当事人传唤至法庭作证。该专家证人应当接受任何一方当事人包括传唤他的一方当事人的交叉询问。

经任命的专家证人有权在法庭允许的额度范围内获得补偿。该补偿可以从法律根据第五修正案而在刑事案件、民事诉讼或其他赔偿程序中设置的基金中支付。在其他民事诉讼或程序中,该补偿应当由当事人根据法院参照其他类似案件的成本指令的时间和比例给付。

法庭在行使其自由裁量权时,应当向陪审团揭示其任命专家证人这一事实。

该规则不得被认为是对当事人传唤其自行挑选的专家证人(这一权利)的限制。[57]

根据上述规定,法庭在任命专家之前首先应当举行听证,解释为什么一个专家不应当被任命的原因;并取得拟任命之专家的同意;并告知专家作证的义务。如果当事人提出任命专家的请求,法庭通常会让当事人自己提名,并给予当事人一定的时间考虑提名的人选。这一程序通常会在审判前的预备听证会(pretrial conference)上予以解决。[58]

美国学者认为,在有些案件中,由于当事人自己控制的专家证人从自己的

---

[57] Fed. R. E., Rule 706. Court appointed experts: "(a) appointment. The court may on its own motion or on the motion of any party enter an order to show cause why expert witness should not be appointed, and may request the parties to submit nominations. The court may appoint any expert witnesses agreed upon by the parties, and may appoint expert witnesses of its own selection. An expert witness shall not be appointed by the court unless the witness consents to act. A witness so appointed shall be informed of the witness' duties by the court in writing, a copy of which shall be filed with the clerk, or at a conference in which the parties shall have opportunity to participate. A witness so appointed shall advise the parties of the witness' findings, if any; the witness' deposition may be taken by any party; and the witness may be called to testify by the court or any party. The witness shall be subject to cross-examination by each party, including a party calling the witness. (b) compensation. Expert witnesses so appointed are entitled to reasonable compensation in whatever sum the court may allow. The compensation thus fixed is payable from funds which may be provided by law in criminal cases and civil actions and proceedings involving just compensation under the fifth amendment. In other civil actions and proceedings the compensation shall be paid by the parties in such proportion and at such time as the court directs, and therafter charged in like manner as other costs. (c) disclosure of appointment. In the exercise of its discretion, the court may authorize disclosure to the jury of the fact that the court appointed the expert witness. (d) parties' experts of own selection. Nothing in this rule limits the parties in calling expert witnesses of their own selection."

[58] Fed. R. Civ. P.16; Fed. R. Crim. p.17.

立场出发就专业性问题提供相互矛盾的证言,从而使得陪审团不得不面对一堆杂乱的技术性细节而又相互矛盾的专家证言而无所适从;因此,法庭通过自己任命专家,可以提高专家的档次,减少专家被腐化的可能性,从而帮助法庭和当事人达成和解,或者帮助陪审团作出一个正确的裁决。[59] 但是在实践中,法庭任命专家的现象并不经常发生。之所以如此,主要是因为:首先,法庭担心自己任命的专家会篡夺陪审团最终认定事实的权力;其次,要寻求立场中立的专家存在着诸多困难;再次,任命专家会产生较高的成本;最后,法官对于当事人主义诉讼模式的钟爱通常阻碍其任命专家而不是让当事人自行选定专家。[60]

七、对专家证言制度的批评与反思

如同世界上所有的制度一样,英美法系的专家证言制度也面临着众多的讨论与批评。这些讨论与批评主要集中于三个方面:一是专家领域与常识领域之间的划分,这牵涉到某一特定领域是否应当允许专家作证的问题;二是在允许专家作证的领域中,专家所依赖的理论必须达到何种程度其证言方能具有可采性;三是该制度与当事人主义诉讼模式紧密结合所导致的该制度在实践中造成的问题。兹分述如下。

(一)目击证人指认中的专家证言可采性

对于大多数问题而言,究竟属于专家领域还是属于常识领域,完全是一个凭经验判断的问题。也正因为如此,这一问题在英美法系的证据规则上通常属于法官自由裁量的问题,上诉法院则仅对法官是否滥用其自由裁量权进行审查。这一规则本来无可厚非。但是,上诉法院并没有对何为"滥用自由裁量权"作出过明确界定。这就导致实践中对这一问题的理解莫衷一是。尤其是对于证人的指认是否应当允许专家作证这一问题上,通常的做法就是完全由法官自由决断。而法院通常认为,对于证人是否会因感知、记忆等错误而指认错误,陪审团自会以其常识作出判断[61];同时,就此问题而言,专家们的意见往往

---

[59] Jack B. Weinstein, Margaret A. Berger, *supra* note 7, at 13.06.
[60] Ibid.
[61] *United States v. Amaral*, 488 F.2d 1148(9th Cir. 1973). 该案中,上诉法院判定,对于证人是否因压力而产生误认这一问题,陪审团有能力自行判断,因此无需专家证人发表意见; *United States v. Hudson*, 884 F.2d 1016(7th Cir. 1989). 该案中,法院判定,证人指认的可靠性问题,陪审团完全有能力凭其自身的理解能力进行判断,因此专家证言对陪审团决断事实而言并无帮助。

过于一般化,因而不仅不会帮助陪审团认定事实,反而会把水搅浑,不利于案件真实的发现[62];另外,有些专家证言导致偏见的可能性大于其可能的证明价值。[63] 总而言之,无需专家就此问题发表意见。当然,也有少数法院赞成在此类案件中允许专家出庭作证,但是将案件限定在极小的范围内,通常是在证人的指认是证明被告人有罪的唯一证据的场合。[64]

对于法院的这种实践,有论者给予了针锋相对的批评。批评者指出:第一,研究表明,很少有陪审员了解哪些因素会影响目击证人指认的正确性,因此说证人指认问题完全属于陪审团凭常识决断的问题根本没有任何根据;第二,证据规则既然允许专家作证,自然就允许专家就其专业领域中的问题阐述一般性原理,而让陪审团将该原理运用于具体案件,因此以专家证言过于一般化而否认其可采性违背证据规则的一般原理;第三,说专家证言可能带来的偏见大于其可能提供的证据价值,这一说法和法院提供的第二条理由实际上自相矛盾,如果专家证言无助于陪审团决断事实,就说明专家证言对陪审团没有影响力,如果说专家证言产生的偏见大于其证据价值,则说明其影响力过大,无论如何,这两个判断不可能同时为真。同时,主张专家证言可带来偏见从而拒绝其可采性的看法也是对《联邦证据规则》第403条的误解,因为第403条只是排除"不公正的""偏见",而不排除"公正的""偏见"。几乎每一个证据都是有"偏见"的。若是因为有"偏见"就予以排除,岂不是过于荒谬![65] 基于此,该论者指出,最符合逻辑的解决方案就是允许此类案件中的专家出庭作证,并发展出鼓励这类案件中的专家证言具有可采性的具体指导规则。[66]

社会科学领域的一系列经验性研究进一步加强了对这一观点的论证。美国的无辜者支持计划网站将目击证人的指认错误作为冤案发生的罪魁祸首,排列在所有造成冤狱发生原因的第一位。[67] 该网站最近发表的一份报告指出,在

---

[62] *United States v. Serna*, 799 F.2d 842(2d Cir. 1986). 该案中,法院判定,由于专家并未参与辨认的过程,因此专家证言只会把水搅浑(the expert testimony would only "muddy the waters" because the expert was not present during the identification); *United States v. Poole*, 794 F.2d 462(9th Cir. 1986). 该案中,法院判定,由于专家证言没有与案件中任何特定的证据结合在一起从而过于一般化因此不具有可采性。

[63] *United States v. Fosher*, 590 F.2d 381(1st Cir. 1979).

[64] *United States v. Moore*, 786 F.2d 1308; *United States v. Smith*, 736 F.2d 1103(6th Cir. 1984).

[65] Cindy J. O'hagan, "When Seeing is Not Believing: The Case for Eyewitness Expert Testimony", 81 *GEO. L. J.* 741(1993), pp.757-764.

[66] Cindy J. O'hagan, *supra* note 65, p.771.

[67] http://www.innocenceproject.org/causes/mistakenid.php, 最后访问时间,2007-1-25.

经过 DNA 检测后推翻原定罪决定的案件当中,大约有 75%—85% 的错误定罪是由于目击证人的错误所引起。[68] 由此,学者们更加坚定地确信:在目击证人指认的案件中,应当允许专家证人出庭作证。[69]

(二) 专家证言可靠性的判断标准

专家证言可靠性标准这个问题探讨的是法院有没有能力、应不应该、应该怎样判断一个专业领域中的证言是否达到法律规定的可靠性要求的问题。该问题的讨论主要集中在对多波特案件的分析与评论当中。

在多波特一案判决之后,立即有论者试图指出美国联邦证据规则理论基础的变化。美国权威学者埃姆温克雷德(Edward J. Imwinkelried)在其论文中指出,英美证据法上的意见证据法则实际上体现了洛克和休谟的认识论理论,因为该理论对人类知识的来源作出了区分,认为感觉给人的知识在品质上是第一位的,因为它直接来源于第一手的事实资料,而反思则包含从第一手资料中进行的抽象、推论等内容,因此在品质上是有一定瑕疵的。证人只能就其直接感知的事实作证而不能对事实发表意见就是这种洛克式认识论的直接体现。[70] 但是,多波特标准的确立,则结合了牛顿的科学理论。牛顿的科学理论认为,科学就是一个形成假设、然后通过观察和试验来验证假设的过程。牛顿科学成为近代以来科学哲学的主流理论。多波特判决本身就援引了诺贝尔奖得主的名言:科学与其说是其结论本身,不如说是得出结论的过程。并以此来作为该判决确立的新标准的理论基础。[71] 作者在分析了联邦证据规则及多波特案件的理论基础之后,指出,尽管多波特案件已经为"科学"原理的可靠性设立了标准,但是,联邦证据规则中的"技术"领域,以及"特殊知识"领域的可靠性标准仍然没有得到确立。作者认为,这两个领域中的可靠性标准比科学领域中的可

---

[68] 同注[67]。

[69] Henry F. Fradella, "Why Judges should Admit Expert Testimony on the Unreliability of Eyewitness Testimony", *Fed. Cts. L. Rev.* 3(2006), pp.27-29. 类似观点还可参见 Robert J. Hallisey, "Experts on Eyewitness Testimony in Court—A Short Historical Perspective", 39 *How. L. J.* 237(1995); Hon. Robert P. Murrian, "The Admissibility of Expert Eyewitness Testimony under the Federal Rules", 29 *Cumb. L. Rev.* 379 (1999).

[70] Edward J. Imwinkelried, "The Next Step After Daubert: Developing a Similarly Epistemological Approach to Ensuring the Reliability of Nonscientific Expert Testimony", 15 *Cardozo L. Rev.* 2271(1994), pp. 2275-2276.

[71] Ibid., p.2278.

靠性标准将更加难以获得。⑫

有一些论者指出,多波特标准并不像它想象的那样简单。在1999年的一篇论文中,一位论者分析了多波特标准的适用存在的困难:一是法律人和科学家都低估了二者之间交流的难度;二是专家们总是局限于自己的领域,而案件则可能会跨越专业的界限;三是法律、科学和医学分属于不同的文化领域;四是科学事实的可靠性有时存在于不可言说的状态;五是法律和科学思维均不能称之为严格意义上的理性思维;六是严格的理性方法并不总是解决问题的最佳方案;七是科学证据与经验性证据之间的界线是流动的而不是静止的;八是法官是否比对立的专家更有资格判断专家证言的有效性本身就是很成问题的。⑬针对这些困难,该文也提出了自己的解决方案,具体包括对程序性规则作一些改变以帮助陪审团作出理性的裁决、运用法律标准评价科学证据、聘用中立的专家到法庭作证、将争议问题提交给科学团体或专业团体裁决等,甚至还提出了对《联邦证据规则》第702条作系统修改的详细方案。⑭

多波特案件几乎总是伴随着批评的声音。不断地有论者指出:一方面,多波特标准在民事案件中显得太低⑮,在刑事案件中对控诉方而言也太低⑯,从而导致了法庭上过多的专家证人⑰;另一方面,该标准对于刑事案件中的被告人而言又显得太高。⑱ 还有论者甚至指出,"可靠性"这一概念本身就是一个短命

---

⑫ Edward J. Imwinkelried, *supra note* ⑩, pp. 2279-2294. 该文发表于1994年,Kumho案件尚未判决之时。1999年,Kumho案件判决,最高法院将杜波特一案确立的标准一体适用于技术和特殊知识领域。但是,本章对于我们了解英美意见法则、杜波特确立的标准所依赖的理论基础,以及理解"科学"领域和"非科学"领域之间的区别,仍然是有意义的。

⑬ Marilee M. Kapsa & Carl B. Meyer, "Scientific Experts: Making Their Testimony More Reliable", 35 *Cal. W. L. Rev.* 313(1999), pp. 319-325.

⑭ Ibid., pp. 326-330.

⑮ Neil B. Cohen, "The Gatekeeping Role in Civil Litigation and the Abdication of Legal Values in Favor of Scientific Values", 33 *Seton Hall L. Rev.* 943(2003), p. 960.

⑯ See Paul C. Giannelli, "The Supreme Court's 'Criminal' Daubert Cases", 33 *Seton Hall L. Rev.* 1071(2003), p. 1074.

⑰ See Michael J. Saks, "The Legal and Scientific Evaluation of Forensic Science(Especially Fingerprint Expert Testimony)", 33 *Seton Hall L. Rev.* 1167(2003).

⑱ See Christopher Slobogin, "The Structure of Expertise in Criminal Cases", 34 *Seton Hall L. Rev.* 105 (2003).

的概念。⑦ 从而试图取消对这一问题的讨论。不过,也有学者指出,无论是希望抬高专家证言可靠性的门槛从而限制专家证言可采性的建议,还是希望降低专家证言可靠性的门槛从而增加专家证言可采性的建议,都要么是对科学寄予了过多的信任,要么是对陪审团评价证据的能力寄予了过多的信任;二者都是不可取的。因此,必须对科学和法律均采取一种实用的、谦虚的态度。从这个意义上讲,多波特标准对于法官作为科学证据的守门人和陪审员作为该制度的受益人而言,还是能够有效地发挥其应有的作用的。⑧

无论如何,只要美国联邦最高法院不出台新的规定,多波特案件引起的讨论就会无休止地进行下去,这一领域的深入讨论将把我们带入到广袤无垠的科学哲学领域。

(三) 当事人主义的举证模式导致的专家证言的商业化

由于举证模式的当事人主义,英美的专家证人几乎均由双方当事人自行聘请。它所导致的消极后果就是专家证人的职业化,乃至专家证人团体的商业化,以及专家证言的非中立性,及其导致的非科学性。

事实上,在起诉一个人已经成为一项日益繁荣的商业的今天,专家证人正在迅速增长并成为争议的领域。几乎没有哪个责任案件没有专家证人的身影。通常都是一名工程师或者一名医生宣誓证明说产品的设计有缺陷,或者医院有过错。另一方当事人也聘请自己的专家证明相反的观点。双方的专家都惬意地领取作证的报酬。有媒体报道说:巴林茨威格(Howard Balensweig),曼哈顿的一个半退休的外科医生将他的很多时间都花在法庭上——作为一名伤害案件中的证人出庭作证;他说他的价码是每天 3500 美金,或者每半天 2500 美金。⑧

专家证人的商业化运作的结果,就是专家证言的非中立性和非科学性。一方面,专家们为了获得聘用,不得不调整姿态。因为,一个专家越是严谨和中立无偏,他被诉讼的当事人延聘的可能性就越低。一名专家出现在法庭上的频率

---

⑦ Joe S. Cecil, "Construing Science in the Quest for 'Ipse Dixit': A Comment on Sanders and Cohen", 33 Seton Hall L. Rev. 967, 985, 986(2003); Dale A. Nance, "Reliability and the Admissibility of Experts", 34 Seton Hall L. Rev. 191, 199-201(2003).

⑧ Lewis H. LaRue and David S. Caudill, "A Non-Romantic View of Expert Testimony", 35 Seton Hall L. Rev. 1(2004), p.45.

⑧ Walter Olson, The case against expert witnesses, Fortune, September 25, 1989, 135-136, 138;转引自:Jon R. Waltz & Roger C. Park, Evidence: Cases and Materials, tenth edition, 2004, p.863.

越高,则他再次出现的可能性也就越高。因此,你可能会在同一个法庭上一次又一次地见到同一名专家。另一方面,尽管专家们也许考虑到名声等因素而尽量地以中立的姿态在法庭作证,但是,"拿人钱财、与人消灾"的中国古训仍然不可避免地作为当事人主义举证模式的消极后果之一出现在美国的诉讼程序当中。因此,尽管有行业纪律、职业道德、学术规范等约束机制的存在,专家们仍然会为了金钱而尽量地使自己的证言与当事人的需要紧密地靠近。马里兰的一个医疗—法律咨询服务公司,美国最大的咨询公司之一,宣称他们拥有600个专家同时在线;如果他们提供的第一个专家和律师的口味不对,他们将免费提供第二个专家。㊷ 因此,曾有学者尖锐地讽刺说:"美国的专家证人就像律师手中的萨克斯管,律师想吹出什么调就能吹出什么调。"㊸

在经济利益的驱动下,专家们几乎无孔不入,简直没有哪个领域的诉讼见不到专家。在一个案件中,一个叫扎尔斯基(Arthur C. Zahalsky)的微生物学博士、小南伊利诺伊大学免疫学教授,在法庭上作证说有些人因为污染而患上艾滋病。这一理论在主流医学上绝无任何地位,但是陪审团根据他的证词判令被告赔偿490万美金。法官最终还是搁置了这一判决。根据法庭记录,扎尔斯基在免疫学上没有获得过任何学分,但是他说,在他上学的时候,大学里还不提供这类课程,不过他后来在华盛顿大学旁听了免疫学课程。㊹ 在1986年的一个案件中,一架飞机失事,一名经济学家在法庭作证说,一个年轻人的死亡使他及他的家人在经济上遭受巨大损失,因为,如果这个人不死,他的年收入将不断增加,至少持续40年;同时,他还会想办法合法地减少自己的应纳税额,因此,航空公司应当赔偿这个年轻人的家属1 778 873美金。㊺

专家证人不仅无孔不入,而且无所不能。在最容易引起陪审团同情的案件中,因环境污染而获得赔偿是最为著名的。典型的情况是,一个工厂周围的环境受到污染,居民的生活和健康受到影响,植物和水引起了诸多疾病。不过,要在较低的污染程度和各种特定的疾病之间建立起因果联系是非常困难的,如果不是不可能的话。所以,诉讼当事人在其律师的支持下,聘请了一大批专家,这些专家自称临床生态学家、环境医疗执业医师或者免疫系统学家,声称即使是

㊷ *Supra* note 81, p. 862.
㊸ Langbein, "The German Advantage in Civil Procedure", in 52 *U. Chi. L. Rev.* 823(1985), p. 835.
㊹ Walter Olson, *supra* note 81, p. 864.
㊺ Ibid., p. 865.

轻微地接触人造化学物品或放射性物质都将改变人体的免疫系统。这些专家创造出一种弹性惊人的理论:污染可压迫人的免疫系统。从而,排污的工厂很容易就受到质疑,很容易就会被认定其排污行为导致了广泛的损害,包括疾病、听觉丧失、情绪压抑等。美国神经学和免疫学协会已经批驳了这一理论。但是,专家们仍然在陪审团面前如此作证。耶鲁大学法学教授断言说:这一趋势已经大大地改变了有毒物质侵权案件中的战略上的平衡关系。⑧ 这也从一个侧面印证了证据法大师威格默对专家证言制度的批评:专家证人的介入"使得我们的诉讼降格为一个博弈的王国"。⑧

上述现象使专家证人变得有些声名狼藉。在许多专业领域,在法庭发表专家证言都被视为一件不正直的事情。一位医生解释说:在医学职业团体中,医生们是不愿意在法庭上提供专家证言的,那些提供专家证言的人名声会因作证而受损,他们可能会被认为迫于生计而不得不选择履行该项义务。⑧ 对此,有的学者不无讽刺地说,阅读有关法律的书籍,人们或许会感觉到专家大概是打断法庭追求真实目标的入侵者,这当然是不正确的,因为,专家们并非不请自来的,因此他们不是入侵者;他们被传唤(才来到法庭),之后他们(在法庭上)受询问,受批评,受争议,被攻击,被怀疑,被抛弃,还要被奚落。因此,被法律人贬低的专家证人正是法律人自己创造的傀儡。⑧

基于上述思考,有的学者提出:应当学习欧洲大陆的经验——在欧洲大陆国家,专家在传统上都是由法庭来选任,虽然其目的仍然在保护当事人的利益,但是专家的中立性仍然得到强调。⑩ 其他论者亦指出,应当扩大法庭任命专家的范围。⑪ 还有的干脆建议说,应当加强对法官的培训,使法官掌握更多的专业知识,从而降低对专家证言的依赖程度。⑫ 但截至今日,英美主流的法学理

---

⑧ 转引自:Walter Olson, *supra* note 81, p. 864.
⑧ Wigmore, *supra* note 3, § 1929, at 38-39.
⑧ Samuel R. Gross, "Expert Evidence", 1991 *Wis. L. Rev.* 1113(1991), p. 1115.
⑧ Ibid., pp. 1114-1115.
⑩ Langbein, *supra* note 83, pp. 836-837.
⑪ Franklin Strier, "Making Jury Trials More Truthful", 30 *U. C. Davis L. Rev.* 95 (1996). p. 115. Ellen E. Deason, "Court-Appointed Expert Witness: Scientific Positivism Meets Bias and Deference", 77 *Or. L. Rev.* 59 (1998).
⑫ 相关讨论可参见 M. Neil Browne, Carrie L. Williamson, Linda L. Barkacs, *The Perspectival Nature of Expert Testimony in the United States, England, Korea, and France*, 18 Conn. J. Int'l L. 55 (2002), pp. 71-72.

论和立法机构仍然没有显示出从当事人主义走向职权主义的任何迹象,让法官掌握除法律以外的专业知识虽然不是没有可能,但作为一种制度来推广恐怕也不太现实。

结语

英美的专家证言制度如同世界上所有的制度一样,面临着反思与挑战。但是总体上看,其专家证言制度存在着诸多合理之处。例如,在专家领域和非专家领域之间作出区分,从而设置了专家证言可采性的第一道门槛;在专家理论的可靠性方面设置了标准,从而为专家证言的可采性设置了第二道门槛;对专家资格提出了明确的要求,从而为专家证言的可采性设置了第三道门槛。对于第一个问题,英美证据法基本上让位于常识和经验来解决;对于第二个问题,实际上属于事实的范畴,传统上属于陪审团决断的事项,但是美国联邦证据规则和多波特案件为此设定了明晰的标准;对于第三个问题,历来属于法律范畴,因此其标准也自然由法律来设定。总体上看,美国的专家证言制度朝着更加自由主义的方向前进,其意义便在于为专家证言的可采性作了比普通法更为宽松的规定,从而使更多的专家证言能够具有可采性。对于专家证言形成的基础事实和资料的披露、专家对最终事实的意见等问题,均体现了联邦证据立法者的这一良苦用心。

专家证言的商业化运作及其带来的负面影响当然是客观存在,然而其解决却似乎遥遥无期,因为这是与其以当事人主义为核心特征的对抗式诉讼与生俱来的。好在,英美的学者们似乎也不在乎这些负面影响,反而热衷于在现行的制度上予以修补。就是在十几年前,英国的一份报告还指出:法庭任命专家固然有其优势,但是也不可避免地会带给陪审团这样的印象:他们比当事人自己聘请的专家应当更加可信;因此,该报告最后得出结论说,在所有关于专家证人制度改革的建议中,最糟糕的莫过于让专家与法官并列从而充当陪审员的角色了。[93] 这或许也在一定程度上体现了英美的"民族特性"?

---

[93] The Royal Commission on Criminal Justice (Chairman: Viscount Runciman of Doxford CBE FBA), Report, Cm. 2263 (HMSO, 1993), at 160, p.74.

第八章 传闻法则:历史、规则、原理与发展趋势

——兼对我国"传闻法则移植论"之探讨

引言

传闻法则是英美法系证据法中最为著名的规则,也是其中最为复杂的规则。威格默曾盛赞其为英美法中除陪审团之外对审判程序作出了最伟大且最独特贡献的法律制度。① 威尔本教授曾经笑侃:"证据法学领域几乎所有重要的学者均对传闻法则的范围作出过论述。"②似乎没有对传闻法则作出过论述的学者就不是该领域重要的学者。虽然这并不意味着对传闻法则作出论述的学者就一定是重要的学者,本章还是要抱着这一目标努力一试。

本章分五个部分。第一部分介绍传闻排除法则的历史起源;第二部分介绍传闻法则的基本内容及其基本原理;第三部分介绍传闻的豁免及传闻排除的例外;第四部分介绍英美学者对传闻法则及其理论基础提出的批评与反思,并分析其最可能的发展趋势;第五部分对我国目前关于传闻法则移植的讨论略陈己见。

一、传闻法则之历史溯源

(一)传闻法则确立之前的陪审团审判

在 1200 至 1500 年期间,英国的陪审团审判处于萌芽、确立和发展的阶段,其中许多制度仍然没有得到全面的确立,有一些制度则处于变动之中。刚开始的时候,陪审员本身就是了解案件情况或者被告人的人,因为他们都是从案件发生地征召而来临时担任事实的裁判者。他们既是裁判者,同时又是证人。因此,法庭审判并不是依赖于证人的到庭作证,而是依赖于陪审员了解到的案件

---

① John H. Wigmore, *Evidence in Trials at Common Law*, revised by Peter Tillers, Little, Brown and Company, 1983, 8, at 277.

② Olin Guy Wellborn III, "The Definition of Hearsay in the Federal Rules of Evidence", 61 *Tex. L. Rev.* 49(1982).

情况。③ 在这样的情况下,传闻法则是没有任何地位的。相反,传闻证据却大行其道。有资料记载,陪审员们不仅依据自己掌握的材料作出裁决,而且从其父兄、邻居以及他们认为值得信赖的人那里获得信息;也正是由于其信息来源的广泛性,陪审员才不必担心自己的裁决错误以至其审判无效而遭致惩罚。④不仅如此,陪审员们还有义务在受到征召之后来到法庭之前迅速收集有关的信息,以便在轮到他们作出裁决之前形成自己对案件的心证。⑤

这种情况一直延续到15世纪末。大概从1600年开始,陪审团开始将其裁决建立在法庭上出示的证据的基础上。但是,一方面,英国的证据规则并未发展起来;另一方面,教会法已经发展起来的证据规则在英国也并未得到全盘的接受。不过偶尔有被告人依据教会法中有关证据的充足性规则,主张"对于实质性事实而言只有一名证人是不够的"。例如,在1640年的一个案件中,反对方当事人针对原告只有一名证人的事实抗辩说:"他仅仅是一个证人,根据法律他什么也证明不了……因此他根本不能证明债务存在,更不用说证明生命或死亡了。"⑥此时,反对传闻的声音也只是间或出现,并且很难获得实质性的支持。在1603年的一个案件中,主审法官拒绝了被告人要求指控者出庭作证的要求,因为诸多情况证据已经证明了对被告人的指控,因此指控者已经没有必要出庭。⑦

(二) 传闻法则的确立

但是,随着陪审团裁决更多地依赖于法庭上获得的信息,对于传闻的担心也在逐步增加。尽管传闻排除法则确立的确切时间已经不可考,但可以确定的是,在17世纪下半叶,传闻排除法则已经逐渐得到承认。这一点可以从当时一些案件的审判情况得到证实。

---

③ J. Thayer, *A Preliminary Treatise On Evidence At The Common Law* 137-182 (reprint 1969); Roger D. Groot, "The Early-Thirteenth-Century Criminal Jury", in J. S. Cockburn and Thomas Green, *Twelve Good Men and True: The Criminal Trial Jury in England, 1200-1800*, Princeton University Press, 1988; Leonard W. Levy, *The Palladium of Justice: Origins of Trial by Jury*, Ivan R. Dee, Chicago, 1999, 1-31; 易延友:《陪审团审判与对抗式诉讼》,台北三民书局2004年11月第1版,第一、二章。

④ Heinrich Brunner, *The Origin of Jury Courts*, 427, 452 (1872); see from Wigmore, supra note 1, p.14.

⑤ Sir F. Pollock and F. W. Maitland, *History of the English Law*, Vol. 1, 622, 625 (1895).

⑥ Lord Strafford's Trial, 3 How. St. Tr. 1427, 1445 (1640). See from, Wigmore, supra note 1, 1364 (c), p.16.

⑦ 1 Jardine's Criminal Trials 427 (1832). See from Wigmore, supra note 1, p.17.

在1678年的一个案件中,被告人为了证明自己不在现场,而是在法国巴黎的圣·奥玛斯大学,出示了一份盖有该大学图章的文书,该文书证明其一直在该大学。对此证据,法官阿特金斯说:"你所出示的这类证据如果是用于反对你的,我们将不会容许;同样地,对于有利于你的此类证据我们也不容许。"之后,为了证明在案发期间该被告人一直待在巴黎,奥玛斯大学委员会的委员亲自出庭为其作证。[8] 这个案子表明,传闻的排除在当时已经处于萌芽阶段。

在1680年的一个案件中,证人巴罗(Barlow)被传唤作证,但其因害怕而不敢上法庭。于是,另一人拉文思科罗夫特(Ravenscroft)应允代替其出庭作证。但是,法官彭博通(Pemberton)告诉证人:"你不能来向法庭讲述一个出自别人之口的故事。"但是,该案中,法庭最终还是容许了拉文思科罗夫特的全部证言。[9] 这个案例说明,传闻排除法则在当时尚未获得普遍的认可。

在1681年的一个案件中,证人出示了一份附宣誓书的有关出生日期的证明。法官说:"你应当将证人一并带到法庭。"证人说:"这个人已经60多岁了,来不了。"法官说:"60多岁不说明任何问题。"[10] 这个案例说明,传闻的排除不会因为证人的行动不便而网开一面。

在传闻排除法则逐步得到确立的同时,传闻的例外也得到承认和发展。最初的原则是,当传闻被用于证实或补强其他证言时,具有可采性。例如,在1683年的一个案件中,法官彭博通(Pemberton)警告检察官说,你所出示的证据若属于传闻则不算证据。检察官答辩说:如果我之前没有出示明明白白的证据,则的确没有证据证明被告人有罪;但是,现在出示的这个证据恰好印证了其他经过宣誓的证言(所以应当得到容许)。[11] 这个案件说明,当时的观点认为,尽管传闻通常应当予以排除,但是传闻如果是用于加强其他证据的可靠性,则应当予以容许。对于传闻规则的这一例外,后世的证据规则都予以确认并给予了大力的发展。例如,根据美国《联邦证据规则》,如果一名证人的陈述遭到质疑,则其先前曾经做过的与法庭上一致的陈述,作为传闻的例外具有可

---

[8] Ireland'sTrial, 7 How. St. Tr. 79, 105(1678). See Wigmore, *supra* note 1, p.18.
[9] Gascoigne's Trial, 7 How. St. Tr. 959, 1019(1680). Wigmore, *supra* note 1, p.19.
[10] Busby's Trial, 8 How. St. Tr. 525, 545(1681). Wigmore, *supra* note 1, p.19.
[11] Lord Russell's Trial, 9 How. St. Tr. 577, 613(1683). Wigmore, *supra* note 1, p.19.

采性。⑫

二、传闻的排除及其基本原理

如今,传闻通常应当排除已经是英美证据法的一个基本原则。但是,对于什么样的陈述构成传闻,并不是一个简单的问题。因此,本部分拟以美国《联邦证据规则》为线索⑬,首先对传闻的定义进行界定,然后根据传闻的定义,筛选出司法实践中常见的类似传闻但不属于传闻的审判外陈述,最后阐述传闻排除的基本原理。

(一) 传闻的定义

美国《联邦证据规则》第801条规定,所谓传闻证据,是指在审判外所作的用于在法庭上证明所断定事项之真实性的陈述或叙述性动作。⑭ 根据这一规定,一个陈述是否属于传闻,应当从以下三个方面判断:一是该陈述是否包含断定的内容;二是该陈述是否在法庭外作出;三是该陈述是否用于证明陈述中断定的内容。兹分述如下。

1. 陈述应当包含断定的内容

通常来说,一个完整的陈述总是包含有断定的内容。比如:"昨天山上下雪","马克思出生于1818年"等。但是,一方面,并非所有从人类口中发出的声音都构成一个陈述。因为,例如"嗯"、"啊"等含义不清的语词,并不包含断定的内容。因此,只有那些包含断定内容的陈述,才可能会构成传闻。另一方面,人们除了用口头语言进行交流以外,也可以用肢体语言如动作等进行交流。如果一个动作本质上构成一个包含断定内容的陈述,则同样可构成传闻。因

---

⑫ Fed. R. Evid., Rule 803.

⑬ 美国《联邦证据规则》第801-807条规定了有关传闻可采性的法则。具体包括三项内容:一是传闻的定义和一般规则;其中第801条规定了传闻的定义与传闻的豁免;第802条装了传闻的一般规则;第806条规定了弹劾传闻的陈述者也是证人,因此受到证人可受弹劾这一规则的约束。二是传闻的例外。第803条规定了无论在陈述者能够找到还是无法找到的情形下23种传闻的例外。第804条规定了五种例外,只有在陈述者已经找不到的情况下才适用。第807条是一个一网打尽条款。三是多重传闻,即传闻中的传闻。如果传闻中的传闻的每一部分都满足传闻的例外的要求,则该传闻具有可采性。

本章对于规则的介绍主要以美国《联邦证据规则》为线索,是因为美国证据法由于《联邦证据规则》的存在而达到高度形式理性化的程度,以此为线索既便于研究者了解其脉络和结构,也有助于读者较为方便地掌握其规则内容。

⑭ Fed. R. Evid., Rule 801(a)(3).

此,可能构成传闻的除了人们通常理解的陈述之外,还包括具有陈述性质的动作。例如,当一个刑事案件被害人在医院接受治疗之际,法警从一堆照片中让该被害人指认谁是伤害她的犯罪分子,被害人从中挑出一个。这种行为虽非语言,但是其效果和语言是一样的,都是用于交流,具有叙述的性质,并且其中包含了断定的内容,因此也可构成传闻。

值得注意的是,具有明示意义的动作可构成传闻,具有暗示意义的动作是否可以构成传闻,在英美证据法上曾经成为激辩的话题。在普通法上,1837年英国的一个判例判定,具有暗示意义的动作也可构成传闻。该案起因于遗嘱纠纷,死者约翰·马斯登(John Marsden)为立遗嘱人,莱特(Wright)为遗嘱继承人。为证明马斯登所立遗嘱有效,莱特提出几封信件作为证据。其中第一封信来自死者的堂兄,信中谈到他到美国旅行,以及旅行的一些见闻。除这封信外,其堂兄之后还给他写了第二封信。第三封信是教区牧师写给他的信。第四封信是教区牧师的助理写给他的感谢信。原告举出这些证据的目的在于证明,这些写信的人在写信时相信:写信时收信人还正常,因此有立遗嘱的能力。英国上院认为,这些信件都应当作为传闻对待,不具有可采性。[15] 但在美国,无论是在理论方面还是实践方面,都倾向于将这类经过了两道推理程序的动作不作为传闻对待。[16] 在立法上,《联邦证据规则》规定:"陈述是指:一、口头或书面的断定;或者二、意图在于表达一个断定的非口头行为。"[17]理论界认为,《联邦证据规则》的起草者们通过"意图在于表达一个断定"这样的要求,态度暧昧地将仅具有暗示意义的动作排除在传闻之外,从而使其具有可采性。[18] 专家咨询委员会则在对传闻定义所作的注释中,明确地将仅具暗示意义的动作当作非传闻处理。[19] 这一姿态引起了很多争议,但是也获得大多数学

---

[15] *Wright v. Doe D' Tatham*, 112 Eng. Rep. 488(1837).

[16] 理论论述可参见 Edmund M. Morgan, "Hearsay and Non-Hearsay", 48 *Harv. L. Rev.* 1138, 1139-1140(1935). 具体案例可参见 *People v. Reifenstuhl*, 99 P.2d 564, 566(Cal. Dist. Ct. App. 1940); *State v. Tolisano*, 70 A.2d 118(Conn. 1949); *Friedman v. State*, 13 S.E.2d 467(Ga. 1941).

[17] Fed. R. Evid., Rule 801(a)(1).

[18] Paul F. Kirgis, "Meaning, Intention, and the Hearsay Rule", 43 *Wm and Mary L. Rev.* 275(2001), p.282.

[19] Fed. R. Evid. 801(a) advisory committee's note.

者的支持。[20]

2. 并非陈述人在本庭作证时作出

传闻的最基本特征,就是它是陈述人并非在当下的法庭上作证时作出的陈述。美国《联邦证据规则》对"传闻的作出者"和"证人"这两个概念进行了区分。"传闻的作出者"就是作出陈述的人;"证人"则是指在法庭上出庭作证的人。[21] 大多数情况下,传闻的作出者是不在法庭上作证的,因此传闻证据通常会涉及两个主体:一是传闻的作出者;二是在法庭上转述传闻的证人。但由于审判期日到庭的证人本人先前所作的陈述或叙述性动作也可构成传闻,因此,如果是到庭证人复述其在法庭外所作的陈述,则该人既属于"证人",也属于"传闻的作出者"。对于此类传闻,法律对其可采性作了特别的规定(具体参见下文论述)。

3. 用于证明所述断定事项的真实性

构成传闻的第三个要素,是该审判外的陈述被用于证明该陈述中所包含的断定。摩根教授指出,《联邦证据规则》中关于传闻的定义典型地体现了威格默教授的观点,而且这一界定早在《模范证据法典》中就已有体现;《联邦证据规则》不过是在传闻的定义问题上采取了与模范证据法典相同的立场而已。这一立场就是威格默教授所曾经指出的:传闻所禁止的就是"用一个审判外的陈述来证明该陈述中包含的断定"。[22] 如今,传闻的这种定义方法在理论上被称为"事项真实"定义法。[23]

---

[20] 有关讨论可参见 Eileen A. Scallen, "Interpreting the Federal Rules of Evidence: The Use and Abuse of the Advisory Committee Notes", 28 *Loy. L. A. L. Rev.* 1283, 1293-1301 (1995); Ronald J. Bacigal, "Implied Hearsay: Defusing the Battle Line Between Pragmatism and Theory", 11 *S. Ill. U. L. J.* 1127, 1144-1145 (1987); Michael H. Graham, "'Stickperson Hearsay': A Simplified Approach to Understanding the Rule Against Hearsay", 1982 *U. Ill. L. Rev.* 887, 920 (1982); Olin Guy Wellborn III, "The Definition of Hearsay in the Federal Rules of Evidence", 61 *Tex. L. Rev.* 49, 92-93 (1982); David E. Seidelson, "Implied Assertions and Federal Rule of Evidence 801: A Continuing Quandary for Federal Courts", 16 *Miss. C. L. Rev.* 33, 51 (1995). Roger C. Park, "'I Didn't Tell Them Anything About You': Implied Assertions as Hearsay Under the Federal Rules of Evidence", 74 *Minn. L. Rev.* 783, 783 (1990).

[21] Fed. R. Evid., Rule 801(a)(1).

[22] Edmund M. Morgan, "Hearsay Dangers and the Application of the Hearsay Concept", 62 *Harv. L. Rev.* 177, 185-188 (1948).

[23] Marilyn J. Ireland, "Deconstructing Hearsay's Structure: Toward a Witness Recollection Definition of hearsay", 43 *Vill. L. Rev.* 529 (1998). 另一些学者将《联邦证据规则》中的"The truth of the matter asserted"称为"事项真实中心";同时将上文中提出的"Declarant"称为"陈述者中心"。参见 Paul C. Giannelli, *Understanding Evidence*, LexisNexis, p. 407.

(二) 不属于传闻的审判外陈述

根据以上定义,对于传闻的判定,有两个因素需要引起高度的注意:一是并非所有的传闻都是口头言语,非口头言语也可构成传闻;二是并非所有的审判外陈述都属于传闻,审判外陈述只有在同时具备"为了证明所断定事项的真实性"这一要件时才是传闻。由于许多审判外陈述并不符合传闻的第三个要件,因此它们并非传闻。例如,B 的儿子 A 从洛杉矶打电话,告诉他说:"I am broke, send more money."如果这一陈述被用于证明"I am broke"这一命题,则属于传闻。如果该陈述被用于证明其他事项,例如 A 会说英语,电话系统运转正常,A 在打电话那天还活着,等等,则均不属于传闻。这就是说,除非我们知道法庭外的陈述用于证明的事项是什么,否则我们无法判断该陈述是否传闻。在法律上,比较常见的不属于传闻的审判外陈述通常包括下列情况。

1. 为证明其对听者的效果

在很多案件中,人的意识状态处于争议状态。一个法庭外的陈述,如果是用于证明听这个陈述的人的主观状态,则该陈述就不是传闻。这种陈述通常又包括三种情形:

第一种情形是证明行为的合理性或对行为的合理性作出解释。例如,在被告人主张其行为系正当防卫的案件中,被告人的答辩通常是其行为是出于防卫的目的。从而,一个关于被害人的危险性格或危险信息的陈述在用于证明防卫人的主观状态以及他产生防卫心理的合理性时,不属于传闻。[24] 又如,警官作证说,他接到线报,因此在路上寻找一辆黄色卡迪拉克,所以在看到这辆车时就对它进行了搜查。该案中的线报不是传闻,因为它不是用于证明线人所述事项的真实性,而是用于证明警察采取行动的合理性。[25]

第二种情形是证明通知的存在,这种证据通常用于证明当事人知道某个事实的存在。例如,在一个医疗过失损害赔偿案件中,原告起诉一个儿科医生给他开了过量的药品。药瓶中写着:"非儿科用药"(not for pediatric use),该证据不属于传闻。[26] 另外,一名司机告诉他上司说汽车的刹车不够灵敏,这一证据

---

[24] 例如,A 告诉 B,C 最近连杀了 3 个人。这个陈述如果用于证明 B 对 C 产生了恐惧心理,则不是传闻。因为,A 的陈述不是用于证明 C 连杀了 3 人,而是用于证明 A 曾经听说过这个事情,从而对 C 产生了恐惧,从而在面对 C 时采取了过激行为(也许是假想防卫)。

[25] United States v. Levy, 904 F.2d 1026, 1030(6th Cir. 1990).

[26] Koury v. Follo, 158 S.E.2d 548(N.C. 1968).

若被用于证明该司机的上司知道其汽车刹车不灵这个事实,也不属于传闻。㉗

第三种情形是证明主观上的善意或恶意。例如,在一个逃税案件中,被告人提出一个证据。该证据是一封信,该信是被告人的朋友写给她的,写信的人已经去世,因此无法出庭作证。这封信的内容是说写信人有多么爱她。被告人用它来证明写信人给她的一切都是礼物,而非收入。法院判定:该案中的书信不是传闻。㉘

2. 陈述式行为

如前所述,当一个行为用于表达某种交流的意义时,它实际上相当于一个陈述;在这个时候,该行为等同于陈述,可称为"行为式陈述",可以构成传闻。反过来说,有些时候,言语或陈述在本质上仅相当于"行为",或者在本质上属于法律所规定或禁止的行为,其意图并不在于作出某种断定。在此情况下,该陈述本质上属于行为,本章称其为"陈述式行为"。对于这种行为,不应当认定为传闻。

陈述式行为包括两种情况:一是口头言语行为。有一些语词在实体法律中具有特殊的意义,对于具有这些意义的词语,人们只关心陈述者是否说出这些语句,而不关心其真实性。例如:A 告诉 B,C 是个骗子。如果 C 起诉 A 诽谤,B 在法庭上作证说 A 曾经对其说过的话,则 A 的陈述不是传闻。因为,B 转述 A 的陈述不是用于证明 C 是骗子这一命题。很显然,C 提出这一证据的目的也不是要证明自己是骗子。相反,C 的目的是要证明 A 对 B 说过这个话。

二是行为中的言语部分。行为中的言语部分和言语行为是紧密相关的,这样的陈述通常是用于证明该陈述已经作出并且其目的是澄清一个模棱两可的行为的意义。例如,一名男子在将一个金戒指递给一个女子时说:"喏,这是送给你的";又如,行贿者在将一袋现金交给受贿者时说"这是送给你的"。在这

㉗ 又如,一个雨天的晚上,原告在从一个粗糙的路面进入被告的阴暗的灯光照耀下的光滑路面时摔倒。原告为此获得了 13 000 美元的赔偿。被告不服上诉,其一个主要理由是,原告提供的证据属于传闻。原告提供的证据是:曾经有人向被告公司的官员投诉说,他们的停车场的路面太滑。这一证据被用来证明原告知道其停车场的路面太滑这一事实。在原告方证人作证时原告方问:"在你们验收这一停车场之后是否收到过任何人的投诉?"被告反对。法官裁决反对无效。证人回答说:"是的,曾经有人投诉说路面太滑。"该案上诉后,法院认为:如果这一证据用于证明"路太滑"这一事实,那么,它毫无疑问是不恰当的,属于传闻。但是,在"路太滑"这一问题之外,还有"被告人知道路太滑"这一问题。因此,该案应当维持原判。*Vinyard v. Vinyard Funeral Home, Inc*, St. Louis Court of Appeals, Missouri, 1968. 435 S. W. 2d 392.

㉘ *United States v. Harris* 942 F. 2d 1125, 1130(7th Cir. 1991).

两种情形下,"这是送给你的"均属于行为的一部分:前者属于赠与行为的一部分,后者属于行贿行为的一部分。他们均不属于传闻。㉙

3. 作为弹劾证据使用的先前不一致陈述

先前的不一致陈述如用于弹劾证人可信度的目的,则不是传闻。其理论基础是:证人先前的陈述是用于证明其在法庭外的陈述与其在法庭上的陈述不一致,而不是证明该法庭外的陈述所包含的内容的真实性。例如,证人在现场对警察说抢劫犯穿着蓝色上衣;在法庭上对法官说证人穿着红色上衣。通常,这样的不一致陈述可能会使陪审团对证人的诚实产生疑问。也可能证人什么也没看到,为了吹牛皮,说自己什么都看得很清楚。但需要注意的是,证人先前的不一致陈述只有在用于弹劾目的时才不属于传闻。因此,在当事人出示此类证据时,法官通常会指示陪审团,仅仅在考虑证人可信度的问题上,才容许考虑证人先前的不一致陈述。㉚

4. 以其证明陈述者的意识状态的

很多时候,陈述者的意识状态也属于争议事实。例如,在一个车祸案件中,原告请求被告赔偿精神损失,因为被告的过失使他失去了老伴。被告举证说,在车祸发生前的一个星期,老太太曾经说过:"My husband is the cruelest man in the world."这个证据就不是传闻。因为,该证据不是用于证明这个老头是世界上最残忍的老头,而是用于证明老太太对老头的感觉。再如,一个陈述用于证

㉙ Paul C. Giannelli, *Understanding Evidence*, LexisNexis, p.413. 在以上两个例子中,法庭外的陈述不被视为传闻是因为,虽然这些陈述本身看上去似乎和当事人意图证明的事项是一致的,因此表面上看,它们符合"用于证明所述事项的真实性"这一要件。但是,由于该陈述属于行为的一部分,所以它们本质上不属于陈述,而属于行为。因此,上述证据不被作为传闻来对待,不是因为它们不符合传闻定义中的第三个要件,而是因为它们不符合传闻定义中的第一个要件。试分析下列案例:在默多克遗嘱案件 [Estate of Murdock, 32 Muc. 352 (1983). M] 中,默多克和萨拉是夫妻,且均曾与前婚的配偶生有子女。默多克立的遗嘱是:如果妻子比他活得长,则遗产全部留给妻子;如果不是这样,则遗产全部给他第一次婚姻诞生的儿子。萨拉的遗嘱是:如果丈夫比她活得长,则遗产全部留给丈夫;如果不是这样,则遗产全部给她第一次婚姻诞生的儿女。之后夫妻二人在一次飞机失事中去世。默多克的子女起诉萨拉的子女,主张默多克和萨拉的财产均应当由默多克的子女继承。原告举出的证据是,事故发生后,一名医生在第一时间赶到现场,发现萨拉已经没有气息,而默多克还说了一句:"我还活着。"说完之后断气。原告试图以此证据证明默多克后于萨拉而死亡,因此萨拉的遗产应当由默多克继承,之后默多克的全部遗产应当由其与前妻所生的子女继承。萨拉的子女反对将默多克临死前所做的陈述"我还活着"作为证据出示,理由是该陈述构成传闻。但是,该陈述最终获得容许。因为,尽管表面上看,该陈述实际上起到证明陈述中所包含的断定的效果,但是,真正起证明作用的并不是默多克说了什么,而是默多克还在说话这一事实。具体讨论,参见 Jon R. Waltz, Roger C. Park, *Evidence*, 10th Edition, pp.103-105.

㉚ 不过,先前的不一致陈述还可以作为传闻的例外而具有可采性。对此将在下文论述。

明一个人的精神状态时,也不是传闻。例如,被告人说,我是狐狸精,我要吃人肉。这样的陈述不可能是传闻,因为其目的并不在于证明被告人真是个狐狸精,而在于证明被告人在说话时其精神状态是不正常的。[31]

(三) 传闻排除的基本原理

排除传闻的理由一是法庭外未经宣誓的陈述通常不可靠[32];二是陈述者未在法庭上经受交叉询问,因此其陈述中的漏洞未能被发现[33];三是陪审团可能对传闻给予过高的评价。[34] 因此,传闻排除法则的根本目标在于保证证言的真实性和完整性。其功能首先在于保证证人所述的确是其亲身感知的事实;其次在于保证证人对于其感知到的事实保持了准确的印象;第三就是保证证人准确地表达了他记忆中的印象。[35]

根据美国联邦法院判例,一名证人向法庭作证必须同时具备四个条件:一是具有观察和感知外部事件的感知能力,二是具备将观察到的事件储存于大脑的记忆能力,三是将记忆中的事件向法庭清晰地陈述的交流能力,四是对于如实作证义务的理解能力。[36] 证人从观察或感知案件事实到向法庭作证,其流程大致如图8.1所示。

在日常生活中,如果某人告诉另一人他曾经亲身经历过某事,他所说的话通常更容易为听者接受。但是,亲身经历的事情并不表明亲历者不会发生认识上的错误。由于各种原因,例如观察者当时的健康状态、环境的影响等,即使是亲身观察到的现象或事情,也并不一定与真实相符。另外,即使观察者观察到的事件与真实相符,观察者也不见得总是能够将观察到的事情完整且准确地加

---

[31] 有时候,陈述者说"我是拿破仑"和"我相信我是拿破仑",这两种陈述在效果上是不一致的。前者通常不构成传闻。但是后者如用于证明陈述者真的相信自己是拿破仑,则属于传闻。详细讨论,参见 Hinton, "State of Mind and the Hearsay Rule", 1 *U. Chi. L. Rev.* 394, 398 (1934).

[32] J. Thayer, *A Preliminary Treatise on Evidence at the Common Law* 137-182 (reprint 1969); Wigmore, "History of the Hearsay Rule", 17 *Harv. L. Rev.* 437 (1904).

[33] Morgan, "Hearsay Dangers and the Application of the Hearsay Concept", 62 *Harv. L. Rev.* 177, 181-183 (1948); Strahorn, "A Reconsideration of the Hearsay Rule and Admissions", 85 *U. PA. L. Rev.* 484, 484-485 (1937); Park, "The Hearsay Rule and the Stability of Verdicts: A Response to Professor Nesson", 70 *Minn. L. Rev.* 1057, 1057-1062 (1986).

[34] Michael L. Seigel, "Rationalizing Hearsay: A Proposal for a Best Evidence Hearsay Rule", 72 *B. U. L. Rev.* 893 (1992)

[35] Wm. Garth Snider, "The Linguistic Hearsay Rule: A Jurisprudential Tool", 32 *Gonz. L. Rev.* 331 (1997), p.334.

[36] Fed. R. Evid., Rule 602; *State v. Young*, 477 S.W.2d 114, 116, Mo. 1972.

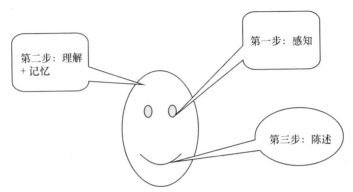

图 8.1 证人从感知事实到法庭作证流程图

以记忆。还有,即便观察者完整且准确地记忆了所观察到的事情,也不一定能够将其准确地向他人进行表述。最后,即使观察者有能力作出准确的描述,也可能会由于各种因素的影响而不愿意或者不敢作出真实的描述。因此,人们在观察、记忆和陈述的过程中,均有可能发生错误。

对此,英美法系的诉讼制度采取了各种办法,以保证证人向法庭陈述的真实性。其中第一种办法,是要求证人宣誓或具结,以庄严肃穆的方式,唤醒证人良心深处对法庭如实作证的良心意识;第二种方法,是要求证人必须亲自出现在法庭上,通过对证人的察言观色,发现其证言中不实的成分;第三种是通过交叉询问,以检验证人证言的可信度。㊳ 证人如亲自出庭作证,则其证言中虚假的成分,通常可以通过交叉询问的方式获得检验。在中国古代,法庭通常会传唤证人至庭上作证,并强调"五听"的方式审理案件,与英美的交叉询问制度有异曲同工之妙。当然,无论是交叉询问还是"五听"的审理方式,都不可能完全彻底地避免伪证或者证人向法庭提供错误的证言,这主要是因为:第一,有些证人心理素质比较好,即使作伪证亦能大言不惭、镇定自若;其次,很多不正确或者不准确的证言并非因为证人有意作伪证,而是因为证人自己就相信其陈述为真,也就不存在因存心撒谎而面红耳赤等问题。但是,如果证人所述为虚,即便是存心撒谎而心理素质较强之人,其证言亦不可能天衣无缝,精明的律师通过仔细分析其证言,总是能够洞幽入微,发现证人证言中的破绽,穷追猛打,终于揭露事实真相。同时,如果证人不是存心撒谎,则律师亦可通过对证人的询问

㊳ Fed. R. Evid., Rule 801, advisory committee's note.

检验其观察能力、记忆能力,乃至通过品格证据的引入,考验证人理解并履行其如实作证义务的能力。故,交叉询问制度对于发现事实真相而言虽非万能,但其对于促进真相发现之功能,却亦完全不能小觑。

但是,传闻证据却在可靠性方面存在着双重的危险:一是传闻在传递过程中增加了失真的可能性,二是传闻的陈述者因不能出庭而无法对其进行交叉询问,从而无法检验其陈述的真伪。有关传闻危险的增加,可以如图8.2所示。

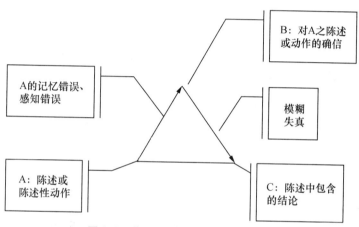

图8.2 传闻证据可靠性存在的危险

在上图中,A代表传闻的陈述者感知或观察到的事件,A对于该事件的陈述可能存在着感知错误或记忆错误,但是B对其信以为真,并且在A的陈述传递到B的记忆仓库的过程中,又存在着A的陈述被遗漏、夸大、歪曲、完全失真甚至恰恰与A所述意思相反等情形。因此,经B转述的A陈述中所包含内容的真实性将大打折扣。又由于A未在法庭作证,既不必经过宣誓,又不必经受交叉询问,则无论是有意作伪证还是无意作错误陈述,其陈述中的谬误均将无从展现。因此之故,英美的法庭对此总是保持高度的警惕。

三、传闻的豁免与例外

尽管传闻通常必须予以排除,但是,有些传闻或者由于不具备一般传闻所具有的不可靠的危险,或者是由于发现真实所必须,从而在法律上设置了例外,使其具有可采性。美国《联邦证据规则》第803条和第804条将传闻区分为陈述者尚可获得和陈述者不可获得两大类,又以第807条概括的形式规定了传闻法则的"其他例外"。同时,《联邦证据规则》对于普通法上视为传闻例外的传闻,又当作传闻的豁免来对待。传闻的豁免就是本来是传闻,但是法律不将其视作传闻。它在效果上和传闻的例外是一样的,即都具有可采性,只不过他们具有可采性的路径和理论基础不一样。如果将传闻的豁免也视为传闻的例外,则实际上存在着四类传闻的例外。本部分仍然以《联邦证据规则》为线索,首先介绍第801条规定的传闻的豁免,其次介绍第803条规定的例外,然后介绍第804条规定的例外,最后阐述第807条规定的例外。

(一) 传闻的豁免

如前所述,传闻的豁免就是对于普通法上视为传闻之例外的传闻,联邦制定法上将其作为非传闻来对待,从而使其具有可采性。根据美国《联邦证据规则》的规定,传闻的豁免主要包括两大种类:一是特定种类的先前陈述,二是反对方当事人的自认。在这两个种类中,又各自包含了几种不同的情况,兹分述如下。

1. 特定种类的先前陈述

(1) 先前的不一致陈述。如前所述,根据传闻的定义,先前的不一致陈述在用于弹劾时不是传闻。如果先前的不一致陈述不是用于弹劾证人的可信度,则属于传闻。但是,联邦证据规则的起草者们认为,先前的不一致陈述唯一的缺陷就是交叉询问被延迟——延迟至审判阶段;因为证人在法庭上是出庭的,所以,先前的不一致陈述都不应当作为传闻对待。[38] 但是,议会否决了这一立法草案,而是将先前的不一致陈述仍然作为传闻对待,只有在特定情况下这样的陈述才不作为传闻对待,从而具有可采性。具体来说,先前的特定陈述必须同时满足四个条件,才能作为传闻的豁免。首先,证人必须在当下的法庭上出庭作证并接受交叉询问;其次,证人之前在法庭外的陈述与当下在法庭上的陈述应当是不一致的;再次,先前的陈述应当是在法庭上、听证会上或者其他程序中作出的,或者是经固定的(经记录下来的);最后,证人先前的陈述应当是在宣誓的情况下作出的从而可能承担伪证的责任;不会遭致伪证处罚的陈述不属

---

[38] Paul C. Giannelli, *supra* note 29, p.429.

于非传闻。㊴ 根据上述规则,如证人主张反对自我归罪的特免权,则该证人因拒绝作证而无法接受交叉询问,其先前的不一致陈述不得作为非传闻对待。另外,证人在警察局作出的陈述不属于非传闻;但是大陪审团调查程序中的陈述列数其中。

(2) 先前的一致陈述。普通法将先前的不一致陈述通常予以排除是因为担心证人证言存在被伪造的危险。然而,先前的一致陈述如果是用于反驳最近的伪证指控的话,则该先前的陈述是具有可采性的。对此,《联邦证据规则》采取了大致相同的立场。根据《规则》的规定,如果证人先前的一致陈述同时满足以下三个条件,则该陈述具有可采性:一是该传闻的作出者在法庭或听证会上作证并接受交叉询问;二是该传闻证言与证人在法庭上所作陈述一致;三是提出该传闻证言的目的是反驳证人曾受不适当因素之影响,或存在不恰当的动机,或者最近曾作伪证的指控。㊵ 与先前的不一致陈述不一样,先前的一致陈述不需要具备经过宣誓、可受伪证处罚等条件。另外,多数法院认为,只有在证人可信度受到攻击时,证人先前的一致陈述才具有可采性。但是,法律并没有规定该证据只有在用于恢复证人可信度时才具有可采性。在英美证据法上,用于恢复证人可信度的证据,被称为"恢复性证据"(rehabilitative evidence);而直接用于证明案件事实的证据,被称为"实质性证据"(substantive evidence)。联邦证据规则的规定,只是说证人先前的一致陈述只有在其陈述遭到特定质疑时才具有可采性,并没有说只有在反驳质疑时才具有可采性。因此,该陈述既可以用于"恢复性"目的,也可以用于"实质性"目的。㊶

此外,根据美国联邦最高法院在1995年的一个判例,先前的一致陈述具有可采性还要求该陈述的作出时间必须先于对该陈述提出质疑的时间。该案被告人汤姆被指控对其年仅四岁的女儿 A.T. 实施性虐待。在法庭上,被告人指出,A.T. 之所以作出对其不利的指控是因为她希望与她母亲生活在一起,而不愿意回到父亲身边。换句话说,被告人认为被害人提供的证言是受不良动机的

㊴ Fed. R. Evid., Rule 801(d)(1)(A). 关于在警察局所作的不一致陈述不能作非传闻对待的判例,可参见 *United States v. Williams*, 272 F. 3d 845, 859(th Cir. 2001);关于证人应当在当下的法庭上作证其先前的不一致陈述才当作非传闻对待的要求,参见 *United States v. Torrez-Ortega*, 184 F. 3d 1128, 1132(10th Cir. 1999)。

㊵ Fed. R. Evid., Rule 801(d)(1)(B). 注意这里的"指控"并不必然是指刑事指控,其意义大致相当于"质疑"。

㊶ Fed. R. Evid., Rule 801(d)(1)(B) advisory committee's note.

影响。控诉方为了反驳被告人的这一指控,试图引入 A. T. 在法庭外所作的与其在法庭上提供的证言一致的陈述。尽管这些陈述都是在被告人提出其质疑之后 A. T. 在法庭外对其他证人所作的陈述,法庭对此仍然予以准许。被告人被定罪并被判处 12 年监禁。该案上诉后,上诉法院采取了与审判法院一致的立场,即认为该案中 A. T. 在法庭外所作的陈述符合联邦证据规则的规定,不应当作为传闻对待,具有可采性。但是,联邦最高法院认为,A. T. 在法庭外的陈述只有在用于反驳其不良愿望和伪证证言之间的因果链条时,才和案件事实具有关联性,从而也才具有可采性;但是,如果其庭外陈述是在遭到质疑之后所作出,则其对反驳该因果链条并没有任何的说服力,从而也就没有证明力,从而也就不具有关联性,因此不符合联邦证据规则第 801(d)(1)(A)的规定,不应当被当作非传闻来对待。㊷ 根据这一判例,证人先前的一致陈述在用于反驳对证言的质疑时,必须符合"该陈述的作出先于对该陈述的质疑"这一要件,方才具有可采性。

(3) 对身份辨认的陈述。如果证人在当下的法庭上作证并接受交叉询问,则其先前对身份的辨认,应当作为非传闻对待而具有可采性。㊸ 其理论基础在于,先前的指认比法庭上的指认通常会更加可靠。

《联邦证据规则》通过之前,证人对身份辨认的先前陈述在很多司法区都只能用作补强证据(即用于恢复证人可信度的目的)。换句话说,只有先前的一致指认才未被当作传闻对待;若先前的指认与当前的指认不一致,则先前的指认不具有可采性。但在另一些司法区则无此限制。根据《联邦证据规则》的规定,无论证人是否在法庭上进行过辨认,证人先前的指认均具有可采性。也就是说,证人先前的指认可以作为实质性证据使用。因此,即使证人先前的指认与当前在法庭上的指认不一致,其先前的指认也具有可采性。例如,在一个抢劫案件中,证人在审判前指认被告人,因被告人存在明显的体貌特征:留着小胡须。但在审判中,该被告人已经刮掉胡子,导致证人无法辨认。控诉方出示证人之前在警局的辨认,该证据获得容许。㊹ 另外,有关身份认定的陈述并不限于正式的指认。例如,2001 年的一个案件中,证人在案发后告诉警察说案发时他看见 3 名被告人在案发地出现,之后控诉方传唤其作证,但法庭审理时证

㊷ *Tome v. United States*, 513 U. S. 150(1995).
㊸ Fed. R. Evid., Rule 801(d)(1)(B) advisory committee's note.
㊹ *United State v. Lewis*, 565 F. 3d 1248, 1250(2d Cir. 1977).

人并未到庭。警察在其他地方将其逮捕后强制其出庭作证,证人对先前的证言予以否认。控诉方出示其在警局的陈述,法庭予以容许。㊺

2. 反对方当事人的自认

在普通法上,反对方当事人的自认以传闻的例外而具有可采性。联邦证据规则没有改变结果,但是以不同的理论来使其具有可采性。对此,《联邦证据规则》的起草者们解释说,之所以没有将反对方当事人的自认作为传闻的例外而是作为传闻的豁免来对待,是因为所有传闻的例外都是因为该传闻的可靠性可以通过一些间接证据获得保障,但是反对方当事人的自认并没有这样的保障。换句话说,《联邦证据规则》也赋予这些证据以可采性,但是不是基于与传闻的例外相同的理由。具体而言,此类证据具有可采性是因为:第一,排除传闻的基础是对传闻不能交叉询问,但是一个当事人自己是不需要对自己进行交叉询问的;第二,英美法系实行的是当事人主义的诉讼模式,在这一制度之下,当事人自己有义务解释其先前所作的陈述。㊻

根据《联邦证据规则》的规定,反对方当事人的自认包括五种情况:一是个人的自认,二是采纳性的自认,三是经授权的自认,四是代理人的自认,五是共犯者的自认。

(1) 个人的自认(individual admissions)。个人的自认可被界定为:当事人所作的任何与其法庭地位不一致的口头或书面陈述。㊼ 该陈述如被对方当事人用于证明与案件相关的事实以反对作出该陈述的当事人,则具有可采性。㊽ 最典型的个人自认包括刑事案件中的有罪答辩(guilty plea)和供述(confession)。需要注意,《联邦证据规则》第 410 条排除了答辩交易中的有罪答辩的可采性,如果该有罪答辩被撤回的话。㊾ 但是,被告人所作的任何承认曾经被定罪的陈述,无论该定罪是有罪答辩还是陪审团裁决的结果,该陈述都具有可采性。

(2) 采纳性的自认(adoptive admissions)。一项陈述如果已经为一方当事人"采纳",则该陈述作为该方当事人的"自认"而被用于反对该方当事人时具

㊺ United State v. Lopez, 271 F.3d 472, 483(3rd Cir. 2001).
㊻ Wigmore, supra note 1, 1048, at 4; Paul C. Giannelli, supra note 29, p.434. Fed. R. Evid., Rule 801(d)(2) advisory committee's note.
㊼ Giannelli, supra note 29, p.435.
㊽ Fed. R. Evid., Rule 801(d)(1)(A).
㊾ Fed. R. Evid., Rule 410.

有可采性。[50] 采纳性的自认包括通过使用的采纳和以沉默的方式采纳以及不回信而采纳三种情形。对于第一种情形,需要注意的是仅仅持有一个文件并不构成对该文件内容的采纳,只有使用才构成采纳。[51] 对于第二种情形,应当注意的是,沉默并不等于同意。只有在当事人对该陈述出于自然的本能通常应当立即予以反驳或拒绝或纠正而没有反驳、拒绝或纠正时,才能视为采纳。[52] 对于第三种情形而言,如果通常情况下当事人的自然反应是回复,结果却没有回复,则视为采纳。[53]

（3）授权的自认（authorized admissions）。经一方当事人授权代表其发言的人的陈述,如果被用于反对该方当事人,该陈述具有可采性。[54] 根据判例,这一规则通常只适用于被授权发言的代理人,包括律师、合伙人及公司官员等。[55] 对于未被授权发言的代理人的自认,则适用"代理人的自认"这一规则（详见下文）。

（4）代理人的自认。在普通法上,很多判例认为,未经授权的代理人的陈述不具有可采性。但是,联邦证据规则改变了这一普通法上的传统。如果一项陈述是一方当事人的代理人或者受雇为其服务的人员所作出,并且该陈述是在代理人代理的事项范围内,且作出陈述的时间是在代理有效期间或者雇佣关系存续期间,则该陈述应当作为该方当事人的自认而具有可采性。[56] 律师的自认如果不满足被明确授权这一条件,也可以作为代理人的自认而具有可采性。另外,警察、检察官、专家证人等所作的陈述均可作为受雇于一方当事人的雇员或代理人的自认具有可采性。

（5）共犯者的自认。美国《联邦证据规则》规定,在共同犯罪案件中,共谋者在共谋过程中作出的、对于共谋的形成发挥了促进作用的陈述,用于反对该方当事人时具有可采性。[57] 根据上述规定,其中一个共谋者的自认如用于反对

---

[50] Fed. R. Evid., Rule 801(d)(2)(B).
[51] *Price v. Cleveland Clinic Found.*, 515 N.E.2d 931(Ohio App. 1986).
[52] *United States v. Beckham*, 968 F.2d 47, 52(D.C. Cir.1992); *United States v. Henke*, 222 F.3d 633, 642(9th Cir. 2002).
[53] *Southern Stone Co. v. Singer*, 665 F.2d 698, 703(5th Cir. 1982).
[54] Fed. R. Evid., Rule 801(d)(2)(C).
[55] *Mahlandt v. Wild Canid Survival & Research Ctr., Inc.*, 588 F.2d 626, 631(8th Cir. 1978).
[56] Fed. R. Evid., Rule 801(d)(2)(D).
[57] Fed. R. Evid., Rule 801(d)(2)(E).

其他共犯,该自认也具有可采性。[58] 不过,共谋者的陈述具有可采性必须同时满足三个条件:一是有证据证明存在共同犯罪或者共同过错,证明共同犯罪存在的证据不能是该共犯者的自认;二是陈述作出于共谋期间;三是促进了共同犯意的形成(in furtherance requirement)。也就是说,其陈述对于共谋的形成必须有所贡献。[59] 根据上述规则,如果其中一个共犯在犯罪目标完成之前退出,则他退出后其他共犯者的陈述不能用于反对已经退出的共犯者。另外,如果行为已经结束,而仅仅是为了逃避侦查,其他人加入进来,其所作的陈述不属于共谋期间所作的陈述。

(二)传闻的例外:无论陈述者是否尚可获得

传闻的例外是指一个已经构成传闻的陈述作为传闻排除法则的例外而具有可采性。法律之所以如此规定,第一个基础就是可靠性原理。如前所述,传闻的危险通常包括感知错误、记忆错误、陈述错误、诚实性缺乏保障等。但是,在特定情形下,这些危险可能会被降低,从而具备了可采性。例如惊呼,一个人在受惊的情况下大脑转个弯再撒个谎的可能性大大降低。《联邦证据规则》第803条规定的许多例外都是建立在间接证据可以加强传闻的可靠性这一基础之上。传闻例外的另一基础是必要性原理。《联邦证据规则》第804条体现的就是这一原理。在第804条的规则下,这些例外是因为传闻的陈述者已经找不到了。另外,在商业文书等证据方面,有时候是用于帮助证人找回自己的记忆。以下首先对第803条规定的例外作一介绍。

1. 当场印象(当下的感觉印象)

《联邦证据规则》第803条(1)规定,如果一个陈述在于描述或解释陈述者正在感觉到或者紧随该感觉之后的一个事件或一种情况,则该陈述不得因其为传闻而被排除。[60] 根据这一规定,当场印象不被排除必须同时具备三个条件:一是时间要求,陈述必须是在事件发生的同时,或者几乎同时。[61] 二是现场要求,即要求陈述者必须是在现场感知的事件。换句话说,该例外要求陈述者陈述的必须是其亲身感知的事实。三是主题要求,即陈述的内容必须是一个事件

---

[58] *United States v. Gajo*, 290 F 3d 922, 928(7th Cir. 2002).

[59] 这一规则侧重于刑事案件,但同时适用于共同侵权的民事案件。Giannelli, *supra* note 29, pp. 444-445.

[60] Fed. R. Evid., Rule 803(1).

[61] *United States v. Hawkins*, 59 F. 3d 723, 730(8th Cir. 1995).

或者一种状况。

2. 惊呼/激奋言辞(excited utterances)/本能惊叫(spontaneous exclamations/res gestae)

惊呼又称本能惊叫(有时候翻译为激奋言词)。《联邦证据规则》第803条(2)规定,陈述者在令人惊诧的事件或情况的压力下作出的与引起惊诧的事件或情况有关的陈述,具有可采性。[62]

据此规定,一个陈述是否构成惊呼,必须同时满足四个条件:一是存在着令人惊诧的事件或情况;二是陈述是在该事件或情况产生的兴奋驱动力下作出的;三是陈述与该事件或情况有关;四是陈述者必须是该事件或情况的参与者或旁观者。其中第四项要求排除了因听说有关事件或情况而产生惊诧的情形。

在很多场合下,当场印象与惊呼均存在着重合的现象,但是二者的区别也是很明显的:第一,前者对时间要求比较严格,后者则在事件发生半小时后也视为可能;第二,前者具有可采性的理论基础是没有时间伪造,后者的理论基础是没有能力伪造;第三,前者要求描述或解释事件,后者则只需与事件相关即可。

3. 当下的身体或精神状态(Present Mental Condition)

《联邦证据规则》第803条(3)规定,一个有关陈述者当时存在的精神、情感、感觉或身体状况(例如意图、计划、动机、设想、精神感觉、痛苦以及身体健康)的陈述,具有可采性;但该陈述不包括用于证明其记忆或信以为真之事实的记忆或信念,除非该记忆或信念是有关陈述者遗嘱的执行、撤回、认定或遗嘱术语的解释等事项。[63]

根据这一规定,有关陈述者当时精神、情感、感觉或身体状况的陈述,尽管属于传闻,但是具有可采性。根据判例,这类陈述通常可以分为三类:第一类是证明具有实质性的心理状态事实,例如,以"我感到绝望"来证明自杀者的心理状态。第二类是证明将来的计划或设想等,例如"我要撤回我的遗嘱。",以此来证明该遗嘱被撤回。第三类是证明过去的行为,即陈述者信以为真的事实或者记忆中的事实,但这一类陈述仅限于遗嘱案件。

4. 用于医疗诊断或治疗的陈述

《联邦证据规则》第803条(4)规定,一个有关陈述者医疗历史、过去或当

---

[62] Fed. R. Evid., Rule 803(2).
[63] Fed. R. Evid., Rule 803(3).

前症状、疼痛或感觉，或者只要与诊断或治疗该疾病有关的关于该疾病开始或者引起之原因的一般特征或者外部来源的陈述，均具有可采性。(64)

有关医疗诊断或治疗的陈述之所以具有可采性是因为人们在向医生陈述自己病情以期获得治疗时通常都会如实地作出陈述，以便医生能够获得真实可靠的情况，作出正确的诊断，对症下药。不过，联邦证据规则的规定并不仅仅限于获得正确的治疗；仅仅出于诊断目的而作出的陈述同样适用这一规则。例如，在法庭为确定被告人是否患有精神病而让被告人回答一些问题，这些回答其目的虽非获得适当的治疗，但同样具有可采性。

有关医疗或诊断的陈述，其主题必须是与医疗或诊断有关。例如，一名伤者在遭受袭击后向医生陈述其大腿被利刃割伤，其被利刃割伤的陈述具有可采性；但是，伤者有关何人持利刃将其割伤的陈述，不具有可采性。换句话说，有关致病原因的陈述，属于传闻的例外，具有可采性；有关致病原因制造者的陈述，不属于传闻的例外，不具有可采性。但是，在侵犯儿童案件中，有关谁是侵犯者的陈述，具有可采性。原因是，在其他案件中，有关致病原因的制造者的陈述，并不会影响医生的治疗方案；但是有关谁是猥亵儿童的行为者的陈述，会直接影响医生是否同意让家长领回自己的孩子。另外，有关诊断或医疗的陈述并不一定必须向医生作出。向医生的助理、护士、救护车的司机、甚至家庭成员作出的上述陈述，均具有可采性。

5. 对过去回忆的记录

《联邦证据规则》第 803 条(5)规定：如果一名证人已经记不起一个事件，以至无法向法庭提供有关事件的完整、准确的证言，在证人记忆尚未清楚时写下的备忘录或者记录可以用于帮助证人恢复其对该事件的正确的知识。(65) 据此规定，过去的记录可以用于提醒证人的记忆。例如，证人目睹车祸发生后将逃逸车辆的车牌号即时记录在一个便笺上，这一记录在证人作证时可以使用。构成这一例外的记录必须满足以下条件：第一，该记录必须与事件发生的时间紧密相连；第二，通常情况下，必须是证人本人作出的记录，如果经证人本人确认无误，其他人听证人陈述后作出的记录也具备可采性；第三，该记录必须准确无误地反映证人有关案件的知识；第四，证人有关该事件的记忆已经不足以使

---

(64) Fed. R. Evid., Rule 803(4).
(65) Fed. R. Evid., Rule 803(5).

其向法庭提供充足、准确的证言。

6. 日常商务活动的记录

《联邦证据规则》第803条(6)规定:以任何形式记载的任何有关行为、事件、状况、意见或诊断的备忘录、报告、记录、资料汇编,如系由经手人在其所了解之信息的基础上,出于保存日常商务活动而当场或随即制作,并且该制作本身亦属于日常商务活动,在经过保管人或其他适格证人作证,或者以《规则》第902条规定的方法认证,或者以制定法允许的其他方法认证后,具有可采性;但是,若这些材料的信息来源或准备这些材料的方法或情况表明这些材料缺乏可靠性的除外。各种商业、机构、协会、职业以及其他种类的组织,无论是否进行赢利活动,均属于本规定中使用的商务(组织)。(66) 第803条(7)规定:有关某事项未被以任何形式记载于用于(6)所规定之目的的备忘录、报告、记录或资料汇编中的证据,用于证明该事项未发生或不存在,如果该事项属于该备忘录、报告、记录或资料汇编所通常予以保存的事项,则除非信息的来源或其他情况表明该证据不可靠,则该证据具有可采性。(67)

这一例外始于普通法上的"商店簿记"规则,后来在制定法中得到承认,其主要原理是基于"自利"原理。即,大部分商业机构的正常运作都会依赖于准确的商业记录,如果没有记录或者记录虚假,将会对商业机构本身不利,因此商业机构在此不存在作假的可能性或者作虚假记录的可能性较小,从而这些记录的可靠性相对而言比较有保障。(68)

7. 公共记录

《联邦证据规则》第803条(8)规定,公共机关或机构以任何形式记载的记录、报告、陈述或资料汇编,在下列三种情况下具有可采性:一是有关机构或组织自身活动的记录;二是根据法律有义务观察、监视之事项的记录,但不包括刑事案件中由警察或其他执法人员观察的事项的报告;三是民事诉讼或民事程序中,以及针对政府的刑事案件中,经法律授权机构的调查认定的事实;但是信息来源或其他情况表明该记录不可靠的除外。(69) 第803条(9)规定:公共机构依

(66) Fed. R. Evid., Rule 803(6). 该规定包括在1975年的《联邦证据规则》中,2000年最后一次修订。

(67) Fed. R. Evid., Rule 803(7).

(68) Fed. R. Evid., 803 advisory committee's note.

(69) Fed. R. Evid., Rule 803(8).

照法律规定以任何形式制作的有关出生、死亡、婚姻的记录或资料汇编,具有可采性。(70) 第803条(10)规定:有关某事项未被公共记录以任何形式记载于记录、报告、陈述或资料汇编中的证据,用于证明某事项未发生或不存在,如果该事项属于公共机关或机构通常应当记载的事项,则该证据具有可采性。(71)

以上规定在证据法上通常被称为"公共记录"(public records),偶尔也被称为"官方记录"(official records)。也有学者认为,"公共记录"是一个容易引起误导的称呼,因为其中很多记录其实不一定向"公众"开放。(72) 公共记录具有可采性的理论基础是,公共机构及其职员通常不大可能精确地记得其日常活动中的所有细节,因此记录是唯一的记忆方法;同时,机构及其职员在通常情况下不具备在有关其自身活动的记录中造假的动机,因此这些记录通常具有较高的可靠性。(73)

这一规则适用的记录是公共记录,但是警察机关的记录不包括在内。其原理是,其他公共机构对于其职责范围内事项的观察通常是中立的,因而其记录也是可靠的;但是,由于美国实行的是对抗式诉讼,因此,警察对有关犯罪事项的观察就有可能是不可靠的;另外,如果容许警察的记录具有可采性,将导致被告人根据宪法享有的对质权受到侵犯。因此,警察机关的记录尽管也是公共记录,但是不具有可采性。(74)

但是,根据大多数联邦司法区的判例,并非所有警察机构的记录均不具有可采性。相反,对于那些纯粹属于警察机构日常登记范畴的事项,由于其通常不会引起对质权的问题,在性质上不具有"对质意义上的对抗性质",因此通常具有可采性。根据判例,上述事项包括例如失窃车辆的识别、监狱中的指纹卡片、海关电脑中储存的过境车辆的数据资料,等等。(75)

8. 关于个人或家庭的记录

《联邦证据规则》第803条将一系列有关个人的记录都纳入传闻的例外而

---

(70) Fed. R. Evid., Rule 803(9).

(71) Fed. R. Evid., Rule 803(10).

(72) Giannelli, *supra* note 29, p.475.

(73) Fed. R. Evid., 803 advisory committee's note.

(74) S. Rep. No.1277, 93d Cong., 2d Sess. 17, reprinted in 1974 U.S.C.C.A.N. 7051, 7064; *United States v. Oates*, 560 F.2d 45, 78, (2d Cir. 1977).

(75) United States v. Enterline, 894 F.2d 287, 289-291(8th Cir. 1990); United States v. Dancy, 861 F.2d 77, 79-80(5th Cir. 1988); United States v. Puente, 826 F. 2d 1415, 1417-1418(5th Cir. 1987).

使其具有可采性。其中,第803条(11)规定,作为宗教机构日常记录中包含的有关个人出生、结婚、离异、死亡、血统、世系、血亲或姻亲关系,或者其他类似的个人或家庭历史的陈述,具有可采性。[76] 第803条(13)规定:家用大型圣经[77]、宗谱、家表或者指环上刻录的、家庭雕像中雕刻的以及骨灰盒、墓穴或墓碑中记录的有关个人或家族历史的陈述,具有可采性。[78]

9. 定罪判决

《联邦证据规则》第803条(22)规定:一个有罪判决如系在审判或被告人作有罪答辩(不答辩的除外)的基础上作出,并且其罪行可被判处死刑或超过1年监禁刑,则该判决用于证明该判决中所包含的任一事项之真实性时,具有可采性;但是政府在刑事指控中用于非弹劾目的时,该判决不具有可采性;同时,该判决被用于反对除被告人以外的其他人时,也不具有可采性。[79]

根据上述规定,法院判决作为传闻例外的第一个条件是必须是定罪判决。无论是州法院还是联邦法院作出的定罪判决,均具有可采性。对该定罪判决是否提出上诉不影响其可采性。但是,民事判决不具有可采性。同时,无罪判决也不具有可采性。第二个条件是该定罪所认定的罪名必须是可被判处死刑或者一年以上监禁刑的罪名。被告人是否真的被判处死刑或一年以上监禁刑不影响本规则的适用。第三个条件是定罪必须是审判或者被告人作有罪答辩的结果。被告人不答辩或者答辩没有管辖权而法院径行定罪的判决不具有可采性。

某人曾被定罪的判决之所以具有可采性是因为刑事判决通常都具有较高的可信度。通常,如果一个定罪的判决得到容许,反驳该判决的证据也应当得到容许。

10. 其他例外

除上述例外以外,美国《联邦证据规则》还规定了其他一些例外。其中,第803条(16)规定,一个已经作出20年以上的旧时文书,在其真实性得到确认的基础上,具有可采性。[80] 第803条(17)规定,通常用于公众或个人在特定职位

---

[76] Fed. R. Evid., Rule 803(11).
[77] Family Bible,家庭用大型《圣经》(附有空白页,供记载家属结婚、生死等事项用)。
[78] Fed. R. Evid., Rule 803(13).
[79] Fed. R. Evid., Rule 803(22).
[80] Fed. R. Evid., Rule 803(16).

第八章 传闻法则：历史、规则、原理与发展趋势　239

上所必须的市场摘要、制表、清单、明细或者其他已出版的资料汇编，具有可采性。[81] 第803条(18)规定：专家证人在被交叉询问时援引的或者在直接询问中依赖的、已经公开发表的有关历史、医疗或其他科学或艺术领域论文、期刊或册页等，如经证人证言或采纳别的证人证言或其他专家的证词或司法认知证明为可靠的权威，则该论文或期刊、册页中的陈述具有可采性。在决定该陈述具有可采性之后，该陈述可被作为证据宣读，但不得加以展示。[82] 第803条(19)规定，一个经由血缘、收养、婚姻等关系而组成的家庭成员当中的名声，或者一个人所在组织，或社区中有关其出生、收养、婚姻、离异、死亡、血统以及基于血缘、收养、或者婚姻、世系或其他与个人或家庭历史相似的事实，具有可采性。[83] 第803条(20)规定，争议发生之前就已经存在于社区中的名声，如果是有关土地之边界或者影响土地的习俗，以及有关社区或民族或州所在地而言具有重要性的一般历史，具有可采性。[84] 第803条(21)规定，有关一个人在其所在组织或社区中品格的名声，具有可采性。[85] 第803条(23)规定，用于证明一个人的个人或家庭或一般历史，或者边界的判决，如该事项同样可以通过名声获得证明，具有可采性。[86]

(三) 传闻的例外：陈述者不可获得

美国《联邦证据规则》第804条(A)规定，在下列情况下，传闻的陈述者视为无法获得：一是该陈述者行使特免权得到允许，二是证人无视法庭命令拒不作证，三是证人对与传闻陈述相关的事项已经缺乏记忆，四是由于死亡、疾病等原因无法出庭，五是证人未能出席听证且经由正常程序或其他合理方法无法取得该证人的证言。[87] 在证人已经无法获得的情况下，第804条规定了五项例外，使得传闻证据具有可采性。

1. 先前的证词(former testimony)

根据《联邦证据规则》的规定，证人先前的证词如果满足下列条件，将作为

---

[81] Fed. R. Evid., Rule 803(17).
[82] Fed. R. Evid., Rule 803(18).
[83] Fed. R. Evid., Rule 803(19).
[84] Fed. R. Evid., Rule 803(20).
[85] Fed. R. Evid., Rule 803(21).
[86] Fed. R. Evid., Rule 803(23).《联邦证据规则》作此规定是因为，法院判决通常也被视为名声。See advisory committee's note.
[87] Fed. R. Evid., Rule 804(A).

传闻的例外具有可采性:一是该证词系在之前的程序中作出;二是该证词的不利益一方当事人有机会对其进行质询。[88] 其中第一个要求中的程序包括审前听证程序等,但不包括大陪审团调查的程序,质询既可以是直接询问,也可以是交叉询问。

"先前的证词"可以在很多情况下具有可采性,《联邦证据规则》第804条(A)所规定的只是其中一种情况。例如,根据第801条(d)(1)(A)的规定,证人先前的不一致陈述在满足特定条件时具有可采性;根据第801条(d)(1)(B)的规定,证人先前的一致陈述在满足一定条件时也具有可采性;另根据801条(d)(2)(A)的规定,证人先前的陈述如果构成反对方当事人的自认,也具有可采性。

2. 临终遗言(dying declarations)

在指控杀人的刑事案件或者民事诉讼或者民事程序中,如果一项陈述是在陈述者相信自己快要死亡时作出,其关于死亡原因或者其即将死亡之情况的陈述,具有可采性。[89]

临终遗言具有可采性的理论基础包括两个方面:一是必要性原理,即作出该陈述之人已经死亡,其关于死亡原因的陈述对于认定案件而言又确有必要;二是可靠性原理,即当时的情况可以保证该陈述的真实性——人们通常不愿意带上一个谎言离开这个世界。[90]

由于临终遗言具有可采性的主要依据是可靠性原理,因此,证据法对于该项例外提出了多方面的要求:一是陈述者必须相信自己的死亡很快来临;相信自己的死亡是确定无疑,没有任何生还的希望;二是所陈述的是有关其死亡原因的事项。之所以有第一项要求是因为"人之将死,其言也善",只适用于人们深信自己的确很快就要死亡的时候。第二项要求,则表明立法者相信,人们即使在相信自己即将死亡的时候,也可能会撒谎;但是对于死亡原因的陈述,通常撒谎的可能性比较小。正是由于这个缘故,普通法上将临终遗言限定于杀人案件,只是在制定法上,才将这一例外扩大到所有案件。

3. 不利于己的陈述

在普通法上,所谓不利于己的陈述通常是指可能在金钱上遭受损失的陈

---

[88] Fed. R. Evid., Rule 804(1).
[89] Fed. R. Evid., Rule 804(2).
[90] *Rex v. Woodcock*, 168 Eng. Rep. 352, 353, (K.B. 1789).

述,但是这一理解逐步演变为可能承担民事责任的陈述;可能遭致刑事处罚的陈述不在其列。但是,美国《联邦证据规则》的规定改变了这一状况。根据《联邦证据规则》的规定,可能导致承担民事责任的不利于己的陈述,具有可采性;所谓不利于己,要根据具体情况具体判断;可能遭致刑事处罚的陈述同样具有可采性,不过必须有补强证据予以证明。[91]

不利于己的陈述之所以具有可采性是基于可靠性原理。即:一个具有理性之人在明知自己的陈述会使自己遭受不利后果的情况下仍然作出了这一陈述,显然是因为他相信其所述内容的真实性。

不利于己的陈述与反对方当事人的自认存在着明显的区别:第一,反对方当事人的自认可能是不利于己的,也可能是有利于己的;例如,被告人提出一个不在现场的证据,证明自己在案发时在旧金山,而不是在案发地洛杉矶;此后,检察官指控被告人在旧金山实施抢劫,被告人又举出证据说自己案发时不在旧金山而是在华盛顿,则其先前的证言属于自认,不属于不利于己的陈述。第二,自认通常需要当事人具备对于所述事项的第一手的知识,而不利于己的陈述则无此要求。第三,反对方当事人的自认不要求陈述者已经不可获得,而不利于己的陈述作为传闻的例外有此要求。

4. 关于自身或家庭历史的陈述

一项关于陈述者自身之出生、收养、婚嫁、离异、嫡亲、血缘关系、收养关系、婚姻关系、家族关系或其他类似私人或家庭历史的事实,即使在陈述者自己不具有有关事实之个人知识的情况下,也具有可采性;陈述人关于别人上述事实以及关于别人死亡事项的陈述,如果陈述人与其具有血缘、收养、姻亲、或者与其家庭具有密切的关系从而可以获得与陈述事项有关的准确信息,则其陈述也具有可采性。[92]

5. 因违法而失权

在1976年的一个案件中,法庭容许了一名证人在大陪审团面前作证的证言。该案证人原本预备在审判中出庭作证,但在开庭前夜,证人通知检察官他将不再出庭作证。尽管证人先前曾经在大陪审团面前作证,他对其改变主意的原因却含糊其辞。他说他如果继续作证的话他就"没机会了"。第二天,在律

---

[91] Fed. R. Evid., Rule 804(3).

[92] Fed. R. Evid., Rule 804(4).

师的陪同下,证人援引反对自我归罪的特免权,拒绝向法庭作证。法庭豁免了其因作证而遭受刑罚的可能,但是证人仍然拒绝作证。证人被判藐视法庭罪,判刑6个月。其在大陪审团面前所作的陈述以"其他例外"的形式获得容许。法庭认为,容许被告人因其违法行为获益与公共政策、常识和对质权的原理是背道而驰的。基于上述考虑,1997年,《联邦证据规则》在第804条(B)增加了一项例外,作为第804条规定的第五项例外,即,如果一个陈述的不可获得是由于当事人的违法行为,则该陈述虽然是在法庭之外作出,仍然具有可采性。(93)

(四)剩余的例外

除了以上"陈述者不可获得的例外"以及"无论陈述者可否获得的例外"以外,美国《联邦证据规则》还规定了一个"剩余的例外"。这一例外原本是作为第803条(24)和第804条(5)规定的,在1997年10月1日通过对联邦证据规则的修改后,将这两项规定的内容合并后单独增加为第807条。

根据第807条的规定,一个陈述如果有相当的情况证据证明其可靠性,并且满足以下三项条件,则该陈述不得因其为传闻而被排除:一是该陈述用于证明具有实质性的事实;二是该陈述比当事人通过合理手段能够获得的其他证据都更具有说服力;三是容许该证据将能更好地服务于正义的伸张。(94) 这一规定几乎将所有传闻一网打尽,所以理论上称其为"一网打尽"条款。尽管该条款体现了立法对于这一点问题的弹性观点,但是却遭到诸多学者的批评。有论者指出,这一条款存在着将传闻排除法则完全吞噬的危险。(95)

四、传闻排除法则面临的批评及其发展趋势

传闻法则既是英美法系最著名的规则,也是其中备受争议的规则。这些争

(93) *Supra* note 92.

(94) Fed. R. Evid., Rule 807.

(95) George R. Nock, "Twist and Shout and Truth Will Out: An Argument for the Adoption of a 'Safety-Valve' Exception to the Washington Hearsay Rule", 12 *U. Puget Sound L. Rev.* 1(1988); Paul Bergman, "Ambiguity: The Hidden Hearsay Danger Almost Nobody Talks About", 75 *KY. L. J.* 841(1987); Edward J. Imwinkelried, "The Scope of the Residual Hearsay Exceptions in the Federal Rules of Evidence", 15 *San Diego L. Rev.* 239(1978); Randolph N. Jonakait, "The Subversion of the Hearsay Rule: The Residual Hearsay Exceptions, Circumstantial Guarantees of Trustworthiness, and Grand Jury Testimony", 36 *Case W. Res. L. Rev.* 431(1986); James E. Beaver, "The Residual Hearsay Exception Reconsidered", 20 *Fla. St. U. L. Rev.* 787, Spring, 1993, p.790.

议既来自传闻规则本身,也可针对传闻所赖以成立的理论基础。本部分首先介绍对传闻法则批评的主要方面,以期国人能对该法则有更加深刻的认识。然后对传闻排除法则的发展趋势作一梳理,以期对其未来走向有一个清晰的了解。

(一) 传闻法则面临的批评

概括而言,对传闻法则批评的声音主要来自以下方面。

1. 对传闻定义的批判

有论者指出,现有的关于传闻的定义"引述该传闻的目的是为了证明其中所包含内容的真实性"这一表述之所以得到普遍接受主要是出于三个方面的考虑:一是这一表述来自令人尊敬的威格默教授,他是在一个专门的领域中作出了如此巨大贡献的法学界中唯一的人;二是传闻的定义体现了当时的"科学"思潮,这种思潮是当时证据法学者们努力的一个基本方向,即将证据法学作为一门法律科学来加以建构;三是传闻的定义体现了人们内心深处对"真实"的无限向往。(96) 该论者指出,以上作为传闻定义之基础的事实或原理实际上都不存在或者已经过时。就第一个方面而言,该表述的真实出处实际上并非威格默,而是摩根;只是由于摩根远没有威格默权威,所以人们才将这一桂冠戴在威格默的头上。(97) 就第二个方面而言,作者不无讥讽地指出,试图将证据法等同于自然科学的努力实际上是失败的,因为人们始终无法把握传闻的生命本质,因为它们没有具有统一结构的DNA。(98) 就第三个方面而言,该论者认为,虽然传闻定义的表述表达了人们对于真实(truth)的热爱,但是,这种表述是存在很多问题的。因为,真实一词可以代表至少三种含义:一是诚实(veracity),二是正确(correctness),三是正义(just)。在现实生活中,"真实"的这三种含义并非总是牢固地结合在一起的。尽管法官们也许从未"正确"地发现真实,但是其裁判总体上还是可以接受,从而是"正义"的;反过来说,一个"诚实"的证人以虔诚的信仰对法庭如实地陈述,却可能带来不公的裁判;同样地,一个撒谎的证人却可能准确地陈述案件的真实情况,因为其谎言恰好阴差阳错地符合了真实。那么,传闻定义中的"真实",究竟是代表哪一种含义呢?(99) 如果说传闻定

---

(96) Marilyn J. Ireland, "Deconstructing Hearsay's Structure: Toward A Witness Recollection Definition of hearsay", 43 *Vill. L. Rev.* 529, pp. 534-535.

(97) Marilyn J. Ireland, *supra* note 96, pp. 535-539.

(98) Ibid., p. 544.

(99) Ibid., pp. 547-548.

义中的"真实"指的是诚实,那是否意味着法律规定要撒谎也要在法庭上撒谎?如果是这样,传闻法则可以休矣。如果不是这样,难道传闻法则真的与"真实"有关吗?从其规则内容来看,传闻法则的目的既非发现真实,效果也不是发现真实。因此,"为了证明事项的真实性"虽然是检验一个陈述是否传闻的最终标准,但却决非好的标准,因为它范围过于广泛,有秋风扫落叶之势,因此需要一个详尽无遗的例外清单以保证该规则能够实际发挥功效。[100]

基于以上分析,该论者指出,实际上在联邦证据规则颁布以前,美国法院适用的是普通法上的证据规则,根据普通法上的证据规则,传闻法则强调的是证人的记忆是否可靠,而不是该陈述是否用于证明其内容的真实性。因此,该论者主张,应当结合陈述者记忆的可信度这一因素,来重构传闻的定义。[101]

2. 对传闻法则分类方法的探讨

有论者指出,英美证据法的一个重要理论基础,就是促进真实的发现,发现真实可以有两种途径:一种是过滤一些不真实或者可能引起误导的信息,从而促使事实的裁判者作出正确的判断,这种方法被称为"外部归纳法";另一种是将所有信息都交给事实裁判者,从而帮助事实裁判者更加准确地作出判断,这种方法被称为"内部归纳法"。传闻法则采取的是"外部归纳法",即通过对证言进行分类,立法者将他们心目中共同认为比较可靠的证言归为一类,凡是属于这些种类的就具有可采性,凡是不属于这些种类的就不具有可采性,从而过滤掉一些信息,帮助陪审团对事实作出更加准确的判断。[102]

对于这种分类方法,批评者指出:首先,这种分类方法没有获得有效的支持,因为迄今为止没有哪一项经验证据能够证明立法者认为更加可靠的证据在实际上确实更加可信;其次,即使这种分类方法能够成立,美国《联邦证据规则》也没有将最可靠的传闻作为例外来对待从而使其具有可采性;更为糟糕的

---

[100] Marilyn J. Ireland, *supra* note 96, p.549.

[101] Ibid., pp.550, 573. 根据该作者的构想,《联邦证据规则》第801条关于传闻的各个概念应当重新界定如下:The following definitions apply under this article: (a) Statement. A "statement" is (1) an oral or written assertion or (2) non-verbal conduct of a person, if it is intended by the person as an assertion. Testimonial Assertion. A "testimonial assertion" is a fact sought to be proven by crediting the purported recollection of that fact by the person making the statement. (b) Declarant. A "declarant" is a person who makes a statement. Recollection. A "recollection" is mental process of re-accessing a memory of past events. "Hearsay" is a statement testimonial assertion, other than one made by the declarant while by a witness, while testifying at the trial or hearing.

[102] Eleanor Swift, "A Foundation Fact Approach to Hearsay", 75 *Calif. L. Rev.* 1339.

是，陪审团也需要一些情况证据来对作为传闻例外而具有可采性的证言的真实性作出判断，但是根据证据规则，这些情况证据并不存在，因为只要一项证言符合传闻的例外，它就具有可采性，而陪审团仍然需对这一证据逐项地进行审查。[103] 基于这一认识，该论者提出以"基础事实法"替代"证据分类法"。该论者将可能影响传闻之陈述者在作出陈述时之观察能力、感知能力、记忆能力等因素的情况称为"基础事实"，以之区别于"证据事实"。作者认为，这一方法将基础事实呈现于陪审团，从而赋予陪审团评价传闻可信度更多的信息，而不像分类法那样预先替陪审团作出判断，因而是一种更为可取的方法。因为，第一，这一方法容许陪审团对转述传闻的证人所使用的语言以及证人的诚实度、记忆能力等进行观察，将有助于陪审团评价传闻证据的证据价值；第二，这一方法容许证人在作证时将传闻陈述者观察案件事实的环境因素，例如观察者当时的状态、观察的方位、对事件的注意程度等带到法庭上；第三，有关证人身份的事实，包括其与诉讼当事人之间的关系等，均可作为衡量传闻可信度的依据。[104]

有论者认为，上述论者提出的建议是有关传闻法则改革最具原创性的建议之一。[105]

3. 对传闻法则正当性理论的反思

如果说对传闻定义的批评与重构，以及传闻分类方法的探讨均停留在完善传闻法则的层次上，那么，针对传闻法则正当性理论的反思，则有可能对传闻法则起到釜底抽薪的效果。如前所述，传闻之所以必须予以排除，是因为法庭外的陈述通常都更不可靠；且由于传闻的陈述者未能经受交叉询问，其陈述中的虚假成分难以发现和检验；陪审团通常容易对传闻给予过高的评价。以上三个方面的理由通常都得到广泛的承认。[106] 因此，传闻法则确立的理论基础就是促进真实的发现。

批评者认为，如果说传闻的排除是由于传闻比非传闻更不可靠，那么，传闻法则排除的就应当是通常认为更不可靠的证据。但是，从传闻例外的设置来看，实际情况并非如此。因为，传闻法则中规定的例外，并不是出于可靠性的考

---

[103] Eleanor Swift, *supra* note 102, pp.1352-1353.

[104] Ibid., pp.1355-1357.

[105] Christopher B. Mueller, "Post-Modern Hearsay Reform: The Importance of Complexity", 76 *Minn. L. Rev.* 367, p.402.

[106] Eleanor Swift, *supra* note 102, pp.1344-1345.

虑。例如惊呼，人们在受惊的情况下常常容易发生感知错误，此时，该规则却将可靠性置之度外，这与其所宣称的发现真实目标并不一致。也许正是考虑到这一点，许多证据法学者将传闻的例外归结为必要性原理。但是，必要性原理和证据规则的目的是背道而驰的。因为，根据《联邦证据规则》第403条的规定，法官应当在证据可能引起的不适当偏见和证据价值之间进行权衡，如果前者超过后者，证据通常应当予以排除。对于传闻证据而言，在一个具体的案件中，越是需要传闻证据，说明该传闻证据对于案件的决定性影响越大；证据对案件的决定性影响越大，就说明该证据可能引起的偏见也越大。换句话说，越是需要传闻来帮助决定事实的案件中，传闻引起不公正偏见的可能性也就越大。[107] 因此，从传闻的例外设置情况来看，传闻法则的理论基础可能是自相矛盾的，从而也可能是存在问题的。

对于陪审团评价证据的能力，更是批评者攻击的重点。有论者指出，传闻确立的时候，人们普遍没有受过教育，因此其认识能力、推理能力，从而评价证据证明力大小的能力均在很大程度上受到限制，所以才发展出传闻应当予以排除的规则；但是如今，绝大多数公民都受过良好的教育，他们被征召来担任陪审员，通常能够较好地理解证据和评价证据价值。因此，传闻排除法则昔日确立的社会基础如今已经不复存在。[108]

（二）限制适用并增加例外：传闻排除法则的发展趋势

由于传闻法则本身存在着几乎无法消除的矛盾，批评的声音固然不断，废除的呼声甚至也是一浪高过一浪。[109] 早在1942年，美国《模范证据法典》的起草者就建议部分废除传闻法则：只要是在陈述者已经无法获得的情况下，其证言均应当自由地获得容许。[110] 美国《联邦证据规则》草案提出之后，又有论者明

---

[107] 详细讨论可参见《哈佛大学法律评论》关于传闻法则之理论基础的一篇评论文章：Note, "The Theoretical Doundation of the Hearsay Rules", 93 *Harv. L. Rev.* 1786, pp. 1801-1802.

[108] Eleanor Swift, *supra* note 102, p. 1339.

[109] James, "The Role of Hearsay in a Rational Scheme of Evidence", 34 *U. ILL. L. Rev.* 788, 794 (1940); Smith, "The Hearsay Rule and the Docket Crisis: The Futile Search for Paradise", 54 *A. B. A. J.* 231, 235-237 (1968); Younger, "Reflections on the Rule against Hearsay", 32 *S. C. L. Rev.* 281, 291-293 (1980); Note, The Theoretical Foundation of the Hearsay Rules, *supra* note 18, at 1815; Comment, "Abolish the Rule against Hearsay", 35 *U. Pitt. L. Rev.* 609 (1974).

[110] Model Code of Evidence Rule 503 (a) (1942).

第八章 传闻法则:历史、规则、原理与发展趋势 247

确主张,应当在法官审判的案件中废除传闻法则。⑪ 更有甚者,提出全部证据规则,包括全部传闻法则,均应当予以废除,只不过同时赋予法官自由裁量权,以便在证据可能引起太多偏见时方才予以排除。⑫

但是,英美法学界的绝大多数文献,仍然是在探讨如何对现行制度进行改良,以期能够更好地服务于新时期的司法形势。进入20世纪以来,传闻法则一个明显的发展趋势就是在特定程序中不再适用,并且不断增加新的例外。

1968年,英国《民事证据法》第一次容许普通法上的例外之外的传闻在民事诉讼中具有可采性,从而放宽了民事诉讼中传闻证据的可采性。但是,1972年修订的《民事证据法》对此作了进一步修正,又增加了在民事诉讼中运用传闻证据的限制。进入20世纪80年代以后,英国的法律委员会认为,旧的传闻法则存在着三大问题:一是笨拙难用(unwieldy);二是陈旧过时(outmoded);三是过于复杂(overcomplicated)。⑬ 因此,该委员会建议,对于现代诉讼而言应当采取更加开放的证据规则。在这一背景之下,1995年通过的《民事证据法》规定:"民事程序中的证据不得因其为传闻而被排除。"⑭该规定的直接效果就是在民事程序中废除了历史悠久的传闻法则,使得传闻证据在民事程序中具有可采性。该法的第二节规定拟出示传闻证据的一方当事人应当提前告知。除此之外,该法还规定,如果一方当事人引用了未在法庭上作证之人提供的证言,另一方当事人经法庭许可,可以传唤该人作证,以便在法庭上对其进行交叉询问。⑮ 尽管该法律明确规定其规则仅适用于民事程序,但是,由于该法对"民事

---

⑪ Davis, "Hearsay in Nonjury Cases", 83 *Harv. L. Rev.* 1362, 1368(1970).

⑫ Carney, "The Constant Factor: Judicial Review of the Fact Finding Process in the Circuit Courts of Appeal", 12 *Duq. L. Rev.* 233, 280-282(1973). 其他废除传闻的论述,See Michael H. Graham, *Handbook of Federal Evidence 801.0*, at 188(4th ed. 1996) ("Criticisms of this scheme are that it is bulky and complex, fails to screen good from bad hearsay realistically, and inhibits the growth of the law of evidence."). Graham suggests abolishing the rule against hearsay and admitting all hearsay. See id.; see also Paul S. Milich, "Hearsay Antinomies: The Case for Abolishing the Rule and Starting over", 71 *Or. L. Rev.* 723, 723-724 (1992) (arguing for abolishment of hearsay rule and implementation of "far simpler set of specific rules"); Franklin Strier, "Making Jury Trials more Truthful", 30 *U. C. Davis L. Rev.* 95, 111(1996) (questioning perpetuation of hearsay rule because presumption of juror incompetence undergirding exclusion of hearsay is anachronistic); Paul J. Brysh, Comment, "Abolish the Rule against Hearsay", 35 *U. Pitt. L. Rev.* 609, 628 (1974) (arguing that rule against hearsay should be abolished because in most cases trier of fact will not be misled by admission of hearsay).

⑬ Hodge M. Malek, et el, *Phipson on Evidence*, p.814.

⑭ Civil Evidence Act 1995, section 1, (1).

⑮ Ibid., section 3.

程序"的界定较为宽泛,导致实际上包括了部分刑事诉讼程序。例如,在 2002 年的一个判例中,上议院判定,根据 1998 年颁布的《犯罪与反秩序法》(Crime and Disorder Act 1998)发布的反社会行为命令(Anti-social behaviour orders)就不属于刑事程序,而属于民事程序;在这样的程序中,传闻证据具有可采性。另外,1999 年颁布的《治安法院规则》(Magistrates' Courts Rules)规定,上述规则适用于治安法院审理的案件。[116]

在美国,《联邦证据规则》于制定之初,例外就已经不少,之后又不断增加。由于传闻排除的例外越来越多,有论者认为,有关传闻的证据规则已经由"传闻排除法则"转变为"传闻容许法则"。[117] 还有学者仍然在建议增加新的例外。[118] 由于传闻法则的例外越来越多,有论者甚至担心传闻法则已经死亡。[119] 另有论者则举出证据,证明传闻法则没有死亡。[120] 然而,在法庭审判中以发现真实为目标,对传闻采取日益宽容的态度,却应当是不争的事实。因此,断言传闻法则已经在走向衰弱固然为时过早,但是传闻法则的适用在逐步减少,却也是一个事实。

五、对我国传闻法则移植的讨论

尽管传闻排除法则是如此的复杂,尽管我们对传闻排除法则的了解可能还远远谈不上全面,更遑论深入,但是,从目前的形势来看,学术界比较一致的观点,就是要引入传闻法则。在有关证据立法的学者建议稿中,几乎无一例外地主张引入传闻排除法则。其中最有代表性的一份立法建议书明确主张"证人在庭审过程以外进行的陈述,除法律另有规定,不得在法庭提出和作为定案的

---

[116] Hodge M. Malek, et el, *Phipson on Evidence*, p. 816.
[117] Ronald J. Allen, "The Evolution of the Hearsay Rule to a Rule of Admission", in *Minn. L. Rev.* (1992), 797, pp. 797-812.
[118] Douglas E. Beloof and Joel Shapiro, "Let the Truth be Told: Proposed Hearsay Exceptions to Admit Domestic Violence Victims' out of Court Statements as Substantive Evidence", 11 *Colum. J. Gender & L.* 1.
[119] Randolph N. Jonakait, "The Subversion of the Hearsay Rule: The Residual Hearsay Exceptions, Circumstantial Guarantees of Trustworthiness, and Grand Jury Testimony", 36 *Case W. Res. L. Rev.* 431, 433 (1986)(noting that "the fundamental hearsay framework adopted in the Federal Rules of Evidence is being subverted"). Ronald J. Allen, supra note 119, p. 798(arguing that the hearsay rule is in "its death throes").
[120] Roger C. Park, "Hearsay, Dead or Alive?" 40 *Ariz. L. Rev.* 647.

根据"。⑫另外,最近发表的有关传闻证据的论文当中,也几乎异口同声地主张在我国引进并确立传闻排除法则。⑫

为什么要引入并确立传闻法则,学者们提供的理由不外乎以下几个方面:一是传闻法则可以促使证人出庭作证,从而增强审判的直接言辞性;二是传闻法则为证据的准入提供了具有可操作性的规则;三是传闻法则对证据的过滤功能可以促进事实真相的发现;四是传闻法则可以增强法庭的对抗性,使交叉询问落到实处。⑫

笔者认为,目前关于传闻排除法则之移植的讨论是不充分的,主张确立传闻排除法则的理由是经不住推敲的。原因如下:

(一)虽然传闻排除法则在一定程度上或许有助于解决上述学者所试图解决的问题,但是,传闻法则并非解决这些问题的不二之选,并且传闻排除法则也不是解决这些问题的最佳方案

从诸多学者的论述来看,确立传闻排除法则最主要的目的,也是最基本的理由,就是解决证人出庭作证的问题。例如,有论者指出:"我国尚未确立传闻证据规则。在我国刑事审判中,在有些法院,几乎没有证人出庭或很少证人出庭……为了解决我国刑事诉讼中证人出庭作证难问题,有必要考虑确立符合我国情况的传闻证据规则。"⑫另一论者几乎不约而同地指出:"证人不出庭,使我国刑事诉讼实践中出现下列严重问题……应当说,这些问题的存在,严重影响了诉讼的公正性。"⑫

另外,在我国学者看来,传闻法则除了能够解决证人不出庭的问题以外,还

---

⑫ 参见陈光中主编:《中华人民共和国刑事证据法专家拟制稿(条文、释义与论证)》,中国法制出版社2002年版,第214页。江伟主编:《中国证据法草案(建议稿)及立法理由书》。

⑫ 参见樊崇义、杨宇冠:《论传闻证据规则》,载《国家检察官学院学报》2001年第4期,第59—65页;该文认为,"为了解决我国刑事诉讼中证人出庭作证难问题,有必要考虑确立符合我国情况的传闻证据规则"。尹晓莉:《论传闻证据规则》,载《贵州工业大学学报(社会科学版)》2002年第3期,第40—43页。宋英辉、李哲:《直接、言辞原则与传闻证据规则之比较》,载《比较法研究》2003年第5期,该文认为,"立法应当明确规定,法院不得采纳传闻证据"。吴丹红、黄士元:《传闻证据规则研究》,载《国家检察官学院学报》2004年第1期,该文认为,应当以现实性和合理性为基础建构我国的传闻证据规则。沈德咏、江显和:《变革与借鉴:传闻证据规则引论》,载《中国法学》2005年第5期,第153—160页,该文认为,刑事诉讼法应当在原则上排除传闻证据,当允许适当的例外,并规定传闻证据规则的配套措施。

⑫ 参见吴丹红、黄士元:《传闻证据规则研究》,前引文,第56页。

⑫ 樊崇义、杨宇冠,前引文,第60—61页。

⑫ 宋英辉、李哲,前引文,第59页。

能够提供具有可操作性的证据规则,促进事实真相的发现,以及加强法庭审判的对抗性,并使交叉询问落到实处。但是,仔细审视之后将不难发现,解决证人出庭问题,才是学者们期望确立传闻法则的真正原因。因为,其他理由实际上都经不住推敲——至少无法进行学术上的论证:说传闻法则有助于促进真实的发现虽然符合传闻法则设立的初衷,但是近些年来,废除传闻的呼声也是打着发现真实的名义进行的,实际上,西方很多学者认为,对于真实的发现而言,裁判者掌握的资料越多,越有助于作出接近事实的裁判[12];同时,很多情况下传闻的真实性往往大于非传闻的真实性,因此排除传闻并不一定有助于真实的发现。说到加强法庭的对抗性,传闻法则的确可以起到这样的作用,但是对抗性本身并不是我国司法改革需要追求的目标,因为对抗性本身并不能够为司法裁判的正当性提供动力和源泉。因此,以加强法庭的对抗性为由引进传闻法则并不具有说服力。至于说传闻法则还可以使交叉询问落到实处,这完全是本末倒置。事实上,包括传闻法则在内的所有证据规则都依赖于直接询问和交叉询问的控制,因此正确的说法是证据规则包括传闻法则的贯彻实施有赖于询问证人规则的确立,而不是交叉询问的贯彻有赖于传闻法则的确立。

因此,移植传闻法则最有力——当然也是最经常被提到的理由,就是它或许会有助于解决证人出庭的问题。传闻排除法则似乎成为了解决证人出庭问题的不二法门。然而,正是在这个问题上,学者们犯了两方面的错误:一是过分夸大了我国刑事诉讼中证人出庭问题的严重性,二是过分痴迷于传闻法则的移植,从而忽略了其他可供选择的方案,甚至可能是更优的方案。

说学者们过分夸大了我国刑事诉讼中证人出庭问题的严重性,是因为学者们仅仅以证人出庭的比例来分析证人出庭问题。事实上,证人出庭的问题在很多场合并不是问题。因为,如果一个案件不需要证人出庭,那么,证人的出庭就显得多余,证人不出庭也就不会造成任何问题。不错,我国刑事法庭上证人出庭作证的现象的确比较少见。但是需要注意,由于我国不实行辩诉交易制度,即使被告人作有罪答辩,案件也必须开庭审理,而绝大多数案件的被告人都作有罪答辩;这样的案件在实行辩诉交易制度的美国根本不需要开庭审判,更无需证人出庭作证。因此,尽管我国证人在法庭上出现的次数比较少,但是真正

---

[12] 前引思维夫特的论文中所提到的外部归纳法,实际上就是这种主张。参见 Eleanor Swift, *supra* note 102, 75 *Calif. L. Rev.* 1339, pp.1352-1353.

需要证人出庭作证的案件也不多。在美国,尽管开庭审理的案件证人通常会出庭作证,但是如果将以辩诉交易处理的案件算在内,美国的刑事审判中出庭作证的证人比例也不会很高。从这个角度来说,过分强调我国刑事案件中证人出庭的比例低,实际上有穿凿附会之嫌疑。

当然,这并不意味着我国的证人出庭完全没有问题,也不意味着被告人作有罪答辩的案件就一律不需要证人出庭。但是,证人出庭的意义仅仅在于:如果案件双方或一方当事人对其证言中所述事实产生争议,证人的出庭将有助于争议一方当事人对证人进行询问,从而对其证言的真实性加以检验。这种检验的效果体现在两个方面:一是可以发现证言中的漏洞,从而避免虚假的证词,提高裁判事实的精确性;二是给予当事人一个对该证词进行检验的机会,从而加强程序的公正,提高裁判事实的可接受性。就这个因素来说,确立传闻排除法则也许能够在一定程度上解决应当出庭的证人不出庭的问题。但是,以传闻法则来解决证人出庭问题面临着两大难题:

第一,传闻法则能否解决证人出庭的问题?笔者认为至少不能完全解决。因为,根据传闻的定义,传闻法则只排除一部分法庭外陈述。很多陈述虽然是在法庭外作出,但是由于其不是传闻,因此具有可采性。对于具有可采性的那部分证言,传闻法则不足以强制证人出庭作证。

第二,传闻法则是否解决证人出庭问题的最佳方案?笔者认为不是。因为,证人出庭问题可以通过很多方式解决:在大陆法系国家,法官可以依职权主动强制证人出庭作证;在英美法系,对于证人出庭问题主要是通过当事人的申请;在刑事案件中,被告人对于证人出庭问题享有两项重要的权利:一是对于有利于己的证人有申请法庭强制传唤出庭作证的权利,二是对于不利于己的证人有与其当庭对质的权利——凡是侵犯被告人这两项权利的审判均将导致有效的上诉,从而重开审判。传闻法则虽然也可在一定程度上解决这个问题,但是,平心而论,被告人享有的对于有利于己的证人申请法庭强制传唤的权利和与不利于己的证人当庭对质的权利,对于解决证人出庭问题更加具有针对性,从而也更加有效。因此,对于解决证人出庭问题而言,笔者认为赋予被告人有保障的权利才是最有效的方法,从而也是最优的方案。也因此,以传闻法则来解决证人出庭问题属于驴唇不对马嘴,在刑法理论上,这叫做"工具不能"。

(二)学者们关于传闻排除法则内容的论述,导致移植后的传闻法则极可能是一个已经被阉割的传闻法则

传闻排除法则是一项十分复杂的规则,这种复杂性集中表现在以下几个方面:一是传闻的定义比较精致,对于一个初涉法律的人来说,理解传闻的定义必须具备较强的逻辑思维能力;二是传闻的例外繁多,以致完全理解这些例外成为一件比较困难的事情——如果不是不可能的话;三是在传闻的例外之外,还存在着传闻的豁免,而这些传闻的豁免和传闻的例外又极容易发生混淆,这就增加了理解传闻法则的难度;四是在传闻的各项规则内部,又存在着各种各样的次级规则,例如在有关陈述者精神状态的陈述中,有关将来的陈述具有可采性,有关过去的陈述只有在遗嘱问题上才具有可采性;五是作为传闻排除法则的理论基础和作为传闻之例外而具有可采性的理论基础相互之间是冲突的,因此很多时候是难以理解的。这在很大程度上削弱了传闻法则存在的正当性。最后,传闻法则也是一项发展中的证据规则。例外越来越多,而且其趋势显然是以发现真实为目标,对传闻采取日益宽容的态度。因此,传闻法则的未来如何,实堪忧虑。

然而,从目前学者的论述来看,至少给人两个方面的印象:一是传闻法则似乎很简单,一口气就能读完,一下子就能掌握;二是传闻法则的移植也很简单,几个字,一句话,或者一个原则,几个例外,就解决了。从主张引入传闻法则的这些文章来看,对于传闻排除法则的介绍通常只占到三分之一到五分之一的篇幅,然后就开始讨论中国存在的问题,之后马上提出确立传闻法则以解决这些问题的主张。至于怎样确立传闻法则,确立怎样的传闻法则,要么语焉不详,要么只有观点,没有具体的建议;要么虽有具体的建议,但是并没有提供充足的理由。

例如,在一篇比较详细的介绍传闻法则的论文当中,作者在考察了传闻法则在我国的必要性与可能性之后,得出结论应当以现实合理性为基础确立传闻法则应当予以排除的原则;对于其例外,作者认为应当确立以下几项:一是因为客观原因陈述人无法出庭的例外;二是先前审理程序中作成的证言;三是双方当事人一致同意采纳该传闻证据;四是违反利益的陈述;五是特殊主体制作的供述笔录;六是具有高度可信赖性的文书。[127] 另外一篇专门论述传闻法则之借

---

[127] 参见吴丹红、黄士元:《传闻证据规则研究》,前引文,第57—60页。

第八章 传闻法则:历史、规则、原理与发展趋势 253

鉴的文章则主张确立五项例外,其中包括证人因客观原因无法出庭作证的例外、先前陈述的例外、向特定主体所作法庭外陈述的例外、特定文书证据的例外以及法官自由裁量的例外等。[128]

不能说这些学者提出的建议没有任何道理。但是,人们不禁要问:美国《联邦证据规则》对于传闻的排除确立了二十余项例外,其中包括所谓的"一网打尽"条款,为什么我们在确立传闻法则时却只有这样几项?在未为我国学者所青睐的例外中,包括那些十分著名的例外,例如惊呼、临终遗言、当下的感觉印象,等等,可以说没有哪个英美法系的证据规则不将其当作传闻的例外来对待。对于这些例外,难道我们的学者有什么高见?

对于那些为学者们所乐意引进的例外来说,学者们的相关论述又显示出这些学者对于这些例外的理解是较为肤浅的。例如,在一个关于证据立法的专家拟制稿中,将"证人在出庭前已经死亡"作为传闻法则的例外。事实上,没有哪个国家单纯将证人已经死亡作为容许其证言的依据。相反,证人若已经死亡,其在法庭外所作的陈述若属于传闻,同样不具有可采性;仅仅是在其陈述构成"临终遗言"这种传闻的例外的情况下,其陈述才具有可采性。而构成临终遗言的传闻,必须是在陈述者明知自己快要死亡之时所作的有关其死亡原因的陈述。强调临终遗言的两个构成要素,一是明知自己快要死亡,二是关于死亡原因的陈述是和该例外具有可采性的根据密切相关的。临终遗言具有可采性的理论根据是临死之人对于自己死亡原因的陈述是不会撒谎的。但是,如果一个临死之人深信自己还能活,则其陈述不适用"人之将死,其言也善"这一原理,因为他不知道自己"将死"。同样,人们相信临终遗言是因为该陈述与其死亡原因有关,因此陈述者不必撒谎,也不太可能撒谎,因为他没有撒谎的动机。但是,如果其陈述的是与其死亡原因无关的事项,则又另当别论。[129] 因此,英美证据法在设置传闻例外的时候,实际上是将很多因素都考虑得比较充分,至少在理论上能够自圆其说。如果说的确需要移植英美的制度,就应当详细考察其规则与规则背后的理论,然后再作出自己的决定。但是从这些例外的设置来看,我们没有做到这一点。已死亡证人的陈述很多,其中真真假假难以辨析,不分

---

[128] 参见沈德咏、江显和:《变革与借鉴:传闻证据规则引论》,前引文,第159—160页。
[129] 极端地说,英美的证据理论实际上认为,一个人在其一生中可能说过许多话,也许只有在临死前那几句才是真实的;即使在临死前,也可能只有关于他死亡原因的陈述,才是真实的。因此,如果他不出庭,法庭没有理由相信他说过的全部话语,但是有理由相信他在临死时关于他死亡原因的陈述。

青红皂白一概容许没有任何根据。

综上所述,从目前学者的论述来看,传闻法则是被他们阉割了以后再进行移植的。那为什么要阉割以后才能移植呢?从学者们的一些具体论述中或许能够看出一些蛛丝马迹:几乎所有的学者都主张,传闻法则好,但是不能照搬。有一篇论文说:"在考虑设置符合我国情况的传闻证据规则中,可以借鉴国外的规则,但绝不是照搬,而是要符合我国的法律和实际情况。"[130]还有一篇论文说:"完全照搬英美法系的传闻证据规则也不现实。"[131]在这一语境之下,似乎"照搬"别国的制度天然地就是不合理的,甚至是有罪的,以至凡是讨论移植外国制度的学者,首先必须和"照搬"撇清关系,否则就底气不足。这一貌似有理的论点其实是过于武断了:如果一个制度是好制度,"照搬"为何就不可以?如果能够"照搬",为何一定不"照搬"?难道加以修改、阉割再搬过来,效果就一定好?

事实上,问题的关键并不在于"照搬"还是不"照搬",而在于它对于解决我们的问题是否具有强烈的针对性,是否能够为我们的制度和文化所吸收,从而在搬过来后能够在我们的土壤中生存,最终解决我们存在的问题,并且不会产生更多的问题。如果经过考证,认为它的的确确能够解决我们的问题,那么就要考虑,这个制度中的哪些部分能够解决哪些问题、哪些部分可能会带来新的问题?对于传闻法则而言,可能就要考察该原则总体上是否能够为我们所接纳,是否能够解决我们的问题,然后再一个例外一个例外地分析:英美法系哪个国家确立了这个例外,哪个国家没有确立这个例外,确立的国家所持的理由是什么,没有确立的国家所持的理由又是什么,哪一个国家的学者论证更有道理,哪一个结论更加具有说服力。只有在这样全面考察的基础上,才能够得出具有说服力的结论。否则,任何结论都不免过于仓促,恰如空中楼阁,轻轻一推便会轰然倒地。

(三) 如果不对英美证据法进行整体移植,并且同时引入相应配套制度,简单移植传闻法则成功的可能性不大

传闻法则是英美证据规则的一个重要组成部分。但也只是一个组成部分而已。它是所有关于证据可采性规则中的一分子。英美证据规则以可采性规则为核心,其中除了传闻法则以外,还包括外行意见的排除法则、专家证言的可

---

[130] 樊崇义、杨宇冠,前引文,第63页。
[131] 吴丹红、黄士元:《传闻证据规则研究》,前引文,第56页。

采性规则、品格证据排除法则、证人证言的弹劾方法、实物证据的展示规则、关于文书、记录和照片的"最佳证据规则"等一系列规则。在我们移植传闻法则的同时,是否也必须移植其他所有的证据规则?换句话说,是不是凡是有关可采性的规则都应当予以移植?如果是,那么我们就面临这样的质疑:我们移植一项过去从未在我国确立过的制度,究竟要解决什么问题?也许有人说,我国没有证据规则,英美有证据规则,这就是一个问题。这样的回答可以翻译为:没有有关证据可采性的规则,这是一个问题。但是,大陆法系国家也没有这样的规则,难道大陆法系国家都面临这样的问题?如果是这样,为什么大陆法系国家迄今为止没有一个国家试图解决这样的"问题"?

或者什么问题都不解决,只是因为规则的精妙复杂而移植?这并非完全不可能。许多英美的学者、法律人主张应当保留、完善其证据规则,其中包括传闻法则,一个重要的理由,据说就是这是律师据以生存的饭碗:一旦废除这些规则,那些对证据规则十分熟悉乃至引以为自豪的基础也就不复存在,他们不得不放弃他们原本已经运用得十分成熟的兵器,改而学习那些他们本不熟悉的武器——这样,他们在面对后来者时在竞争方面将不再有任何优势。从这个角度来说,传闻法则的移植,对于法学的繁荣或许会收添砖加瓦之功效。但是,这一理由在法律移植上是很难成立的。相反,基于上述考虑,人们应当反对移植才对。因为:传闻的移植将使绝大多数当前的法律职业人不得不重新学习一门复杂精妙的武器的运用,对于所有人——笔者除外——来说,这均将是一件极为痛苦、乃至需要付出极大努力的事业。

综上所述,我国目前有关传闻法则移植的讨论是很不成功的,至少是很不到位的。

结语

以上分析,并不表明笔者反对移植传闻法则。相反,出于对英美证据法的浓厚兴趣,任何有关移植的讨论都将使笔者感到由衷的高兴。但是,任何一项制度,在移植的问题上都会表现出其复杂性,何况是传闻法则这样复杂的规则。因此,本书的立场是,对于一项生长于英美法系之土壤的制度,以及世界上其他国家的制度,对于中国的学人而言,首先是对其历史、规则、例外、理论基础等预先作全面的考察,对与该制度有关的规则及判例作广泛的阅览,以求得对该制度全面、深入的了解。

第九章 "卑鄙是卑鄙者的通行证"

——品格证据规则及其基本原理

引言

诗人北岛有诗云:"卑鄙是卑鄙者的通行证,高尚是高尚者的墓志铭。"可谓对品格在一个人生前与死后之重大意义的精炼概括。西谚云:"一日为贼,终身是贼(Once a thief, always a thief)。"是形容品格对一个人行为的影响。古语云:"小时偷针,长大偷金。"也是因一个人的过去而对其未来所作的猜测。"性格决定命运"、"细节决定成败",大抵都是这个意思。无论如何,人们通常都因一个人的品行而去判断一个人,这是日常生活中的一个基本法则,古今中外,概莫能外。然而,在英美法系,其证据规则却似乎与日常生活反其道而行之,即通常对于品格证据保持高度警惕,并在特定场合下予以排除。这也是英美证据法上的一大特色。

品格证据规则也是英美证据法上最为复杂的规则之一,这种复杂性体现在以下几个方面。第一,"品格"一词具有多重含义。首先,"品格"可以指代一个人在其所生活的社区中的名声;其次,"品格"可以指代一个人以特定方式行事的倾向性;再次,"品格"还可以指代一个人在其过去履历中的特定情事。[①]第二,关于品格证据的运用规则十分复杂。首先,既存在着普通法上的品格证据规则,也存在着制定法上的品格证据规则;其次,既存在着关于被告人品格的证据规则,也存在着关于被害人、证人品格的证据规则;再次,有些品格证据由于其证明的目标并非严格意义上的品格,从而存在着不同的运用规则。第三,支持品格证据排除法则的理由既相互矛盾,又十分混乱。因此,很多法学院的学生都认为,品格证据排除规则是难以理解的;学者们干脆宣布,品格证据规则不是为外行人所设置。[②] 正是由于以上原因,品格证据规则才成为英美证据立法

---

① Peter Murphy, *Murphy on Evidence*, 7th Edition, Blackstone Press Limited, 2000, p.131.

② Miguel A. Mendez, *Character Evidence Reconsidered*: "People Do Not Seem to be Predictable Characters." 49 Hastings L. J. 871(1998), p.872.

上着墨最多、司法实践中最受争议、理论上最受贬低的一项规则③,同时也是既充满混淆、却又引用率最高的一项规则。④

本章分六部分,分别从三个层次认识英美证据法上的品格证据规则。第一个层次是尽可能细致地了解其规则结构,从内部把握其制度精髓;本章第一至四部分就是对英美关于品格证据运用规则的较为详细的分析与介绍。第二个层次试图探求这些规则背后的法律意义,即通过对该制度的法律价值进行分析,探求其规则背后的法律政策目标;本章第五部分即为品格证据排除法则的法理解释。第三个层次则试图从历史的、宗教的、哲学的角度,探求该制度产生的社会背景、宗教意味和哲学底蕴。第六部分即为介绍英美学者从历史、宗教及哲学角度对该制度所作的阐释。

一、纯粹品格证据的排除法则

(一) 被告人品格的禁止规则

无论是英国还是美国,控诉方均不得以被告人具有恶劣的品格这类证据证明当下指控的罪行是被告人所为。美国《联邦证据规则》第404条(a)(1)规定,作为证据法的一项基本原则,关于被告人品格或其品格之特征的证据,若用于证明被告人在特定场合的行为与其品格相符合这一目的,则不具有可采性;但是,作为例外,关于被告人品格的证据在下列情况下容许使用:一是被告人自己提出的证明自己相关之品格特征的证据,二是控诉方提出的用于反驳被告人提出之品格证据的证据,三是在被告人提出被害人品格之证据时,控诉方提出的用于证明被告人具有相同品格的证据。⑤

根据上述规定,美国证据法上关于被告人品格证据的一般原则是禁止使用。更加准确地说,被告人品格证据的运用,如果其目的在于证明,由于被告人

---

③ Chris William Sanchirico, "Character Evidence and the Object of Trial", 101 Colum. L. Rev. 1227, October, 2001, p.1232.

④ F. R. Evid., Uule 404, advisory committee's note to 1991 amendment.

⑤ F. R. Evid., Rule 404: (a) Character Evidence Generally. Evidence of a person's character or a trait of character is not admissible for the purpose of proving action in conformity therewith on a particular occasion, except: (1) Character of Accused. Evidence of a pertinent trait of character offered by an accused, or by the prosecution to rebut the same; or if evidence of a trait of character of the alleged victim of the crime is offered by an accused and admitted under Rule 404(a)(2), evidence of the same trait of character of the accused offered by the prosecution.

具有此类品格而在当前的案件中更有可能实施被指控的罪行,则该品格证据不具有可采性。但是,对于这一原则,法律设置了两个方面的例外。

第一个方面的例外是被告人可以自行提出证明自己品行良好的证据,以证明自己在当前的指控中不具有实施该犯罪的可能性。但是这一规则受到几个方面的限制。第一,只有在被告人试图证明的品格与被指控的犯罪有关时,该品格证据才是可采的。⑥ 例如在暴力犯罪中证明被告人性格温和,待人和善;在伪证案件中证明被告人诚实等。通常认为,如果被告人提出陷阱辩护,则品格证据的相关性是显而易见的,因为该辩护理由将被告人是否有实施所指控罪行的倾向转变成案件的争议事实。⑦ 第二,证明品格的方法受到《联邦证据规则》第405条的限制(参看本章第四部分的论述)。第三,在性侵犯案件中,联邦证据规则第412—415条的适用优于第404条的适用。

既然控诉方不得以被告人品行不良为证据证明被告人实施了当下指控的犯罪行为,为什么被告人就可以使用品行良好的证据证明自己没有实施当下指控的犯罪行为呢? 对此,有论者指出:事实上,陪审团的审判就是一个关于被告人品格的审判,那种以为审判中的品格仅仅是指品格证据规则中的品格的看法是完全错误的;相反,审判过程自始至终都是一个陪审团对被告人品格进行判断的过程,而控诉方则在任何案件中都极力要毁灭被告人品格在陪审团心目中的印象;尽管法官会指示陪审团被告人享有被假定无罪的权利,但是在审判过程中,时时刻刻都存在着陪审团会假定被告人有罪的危险;因此,证明被告人品行良好的证据就是被告人的一个有利的辩护工具,其功能就是使被告人的形象人性化,从而抵消控诉方的起诉书和开庭陈述中对被告人不利的言辞在陪审团心目中造成的损害。⑧

第二个方面的例外是,控诉方可以在被告人首先提出品格证据的特定情况下提出有关被告人的品格证据。通常情况下,控诉方不得主动提出证明被告人具有实施某一特定犯罪倾向的证据。但是,一旦被告人提出证据证明相关的品格特征,控诉方就可以提出证据加以反驳。英美的证据法理论称之为"以毒攻毒"(fight fire with fire),意即当被告人提出品格证据以证明案件中的相关事实

---

⑥ *United States v. Han*, 230 F. 3d 560, 564(2d Cir. 2000). 该案判定,对于被告人一方提出的品格证据,其可采性的唯一要求就是该证据与本案中的争议事实以某种形式相关。

⑦ *United State v. Thomas*, 134 F. 3d 975, 978-980(9th Cir. 1998). 该案判定,当被告人是否有实施某一特定罪行之倾向问题成为争议事项时,被告人可以提出证明其过去品行良好的证据。

⑧ Josephine Ross, "'He Looks Guilty': Reforming Good Character Evidence to Undercut the Presumption of Guilt", 65 *U. Pitt. L. Rev.* 227(2004), pp.229, 256.

更有可能或更无可能时,控诉方就有权以相同的手段来进行反驳。同时,由于控诉方提出品格证据的前提条件是被告人自己先行提出品格证据,因此,只有当被告人打开品格证据这扇大门时,控诉方才能得以乘虚而入。⑨ 通常,被告人可以在下列情况下打开这扇大门:一是提出证据证明自己品行良好;二是提出一个建立在品格证据基础上的辩护理由(例如前面提到的陷阱辩护);三是提出证据证明被害人的品格有问题。无论何种情况,控诉方均可提出品格证据予以反驳。当然,在反驳的时候,适用于被告人一方的限制同样适用于控诉方提出反驳证据时。不仅如此,控诉方反驳的品格应当与被告人试图证明的品格是同一的。例如,被告人试图证明自己诚实,则控诉方只能提出证明被告人不诚实的证据,而不能提出证明被告人有其他不良品性的证据。但在杀人案件中,被告人提出任何试图证明被害人侵犯在先的证据,都将导致允许控诉方提出证据反驳被告人性格平和这一事实。例如,被告人作证说被害人先实施侵犯,即使被告人没有提出证据证明自己性格平和,控诉方都可以提出证据证明被告人不平和。

尽管控诉方可以在被告人首先打开品格证据大门的基础上提出品格证据来反驳这一规则建立在公平竞争的理论基础上,但是这个规则对于被告人而言实际上却是不公正的。因为它在实质上可以将被告人提出品格证据的权利所带来的助益销蚀殆尽。因为,稍有法庭辩论才能的律师都可以通过简单的法庭询问技巧,使陪审团对被告人留下不好的印象。例如,控诉方不必询问证人是否了解被告人 20 年前做了些什么,控诉方只需要问一句:你知道被告人两年前曾经被逮捕这一事实吗?如果证人回答是,则陪审团将认定,被告人两年前曾被逮捕;如果被告人回答不是,陪审团也会认定被告人两年前曾经被逮捕,只是证人不知道而已。因此,无论证人回答是或者不是,都将陷被告人于不利。判例认为,规则之所以如此设计,就是要让被告人为提出品格证据而付出代价。⑩

---

⑨ *United States v. Gilliland*, 586 F. 2d 1384, 1390-1391(10th Cir. 1978). 该案因审判法院在被告人没有提出品格证据的情况下错误允许控诉方在对证人进行交叉询问时问到被告人先前被定罪的问题而被发回重审。

⑩ *Michelson v. United States*, 335 U. S. 469, 479(1948). 该案中,被告人麦克尔森(Michelson)被指控贿赂 IRS 的官员;并提出证人证明自己诚实、忠厚。交叉询问时,控诉方问证人是否知道被告人曾于 20 年前因商标违法而获罪,以及 27 年前曾因收购赃物而被逮捕。被告方对此问题表示反对,理由是此问题涉及的事项过于遥远。但审判法庭裁决该反对无效。该案上诉至最高法院。最高法院支持了审判法庭的裁决,认为这一发问的内容在于核实被告人提出的证人证言是否存在可靠的基础,如果证人连被告人这些事情都不知道,说明证人对于被告人的品格并不了解。但是,这一发问之所以在该案中获得允许,主要还是因为证人宣称他与被告人认识已经三十多年了。

所以,有论者指出,所谓以公平竞争为由建立的规则,最终导致的实际上是不公平竞争;若要真正体现公平竞争的精神,就应当对控诉方可以出示的品格证据范围进行严格的限制。⑪

(二) 性侵犯案件中的品格证据法则

1994 年以前,美国证据法关于性侵犯案件中被告人的品格问题一直适用《联邦证据规则》第 404 条的规定。但在 1994 年,美国议会通过了暴力犯罪控制和法律执行法(Violent Crime Control and Law Enforcement Act, 1994),该法对于暴力犯罪中有关证据的规则作了修正。伴随而来的就是,联邦议会通过了三条新的证据规则,分别作为《联邦证据规则》的第 413 条、414 条和 415 条予以颁布实施。其第 413 条(a)规定:

> 在被告人被指控性侵犯的刑事案件中,关于被告人曾经实施另一犯罪或性侵犯之犯罪的证据具有可采性,并且可以用来当作与这些犯罪有关的任何事项来考虑。⑫

第 414 条(a)规定:

> 在被告人被指控实施猥亵儿童犯罪的刑事案件中,证明被告人曾经实施其他犯罪或者猥亵儿童犯罪的证据具有可采性,且可用来当作与该指控犯罪相关的任何事项来考虑。⑬

根据第 413 条,被告人曾经强奸的事实,可以被用来证明在当前的案件中,被告人实施了强奸犯罪。值得注意的是,法律规定的是"被告人曾经实施犯罪"这一事实,至于被告人是否被定罪,在所不问;甚至,该犯罪是否受到正式的指控,都是无关紧要的。根据第 414 条,被告人曾经猥亵儿童这一事实,也可以用来证明在当下的这个案件中,被告人实施了猥亵儿童的犯罪。同样地,被

---

⑪ Josephine Ross, *supra* note 8, p. 246.

⑫ F. R. Evid., Rule 413. Evidence of Similar Crimes in Sexual Assault Cases: (a) In a criminal case in which the defendant is accused of an offense of sexual assault, evidence of the defendants' commission of another offense or offenses of sexual assault is admissible, and may be considered for its bearing on any matter to which it is relevant.

⑬ F. R. Evid., Rule 414, Evidence of Similar Crimes in Child Molestation Cases: (a) In a criminal case in which the defendant is accused of an offense of child molestation, evidence of the defendant's commission of another offense or offenses of child molestation is admissible, and may be considered for its bearing on any matter to which it is relevant.

告人曾经猥亵儿童的事实是否被正式定罪或起诉,都不是该事实具有可采性的前提。需要指出的是,由于美国《联邦证据规则》第404条(a)规定的例外仅适用于刑事案件,1994年新增的证据规则第415条专门针对性侵犯和猥亵儿童民事案件中的相似行为作了规定。根据该规定,当事人以性骚扰和猥亵儿童为由提起的民事损害赔偿案件中,证明一方当事人曾经实施其他犯罪或者有性攻击或猥亵儿童行为的证据具有可采性。⑭

新规则的发起人是来自堪萨斯州的参议员鲍勃·多尔(Bob Dole)和来自纽约州的众议员苏珊·莫利纳瑞(Susan Molinari)。他们向议会提供的关于上述规则之正当化理由主要有两条:一是在强奸案件中,被告人提出的辩护理由通常都是性行为经过了被害人的同意,让陪审团了解被告人的过去有助于陪审团正确地判断当下的案件中性行为的发生是否经过被害人同意;二是在猥亵儿童案件中,通常唯一的证据就是被猥亵儿童的证言,该证言如果没有其他证据来加强,就很容易被动摇,因此,公共利益强烈要求容许那些支持指控、动摇辩护的证据进入法庭。⑮

新的规定几乎颠覆了性侵犯案件中原有的证据规则。对此,有学者认为,新规则实际上是一个馊主意在立法中的胜利。⑯ 有论者指出,品格证据即便应当容许,是否也应当仅限于强奸案件中被告人声称性行为系经过同意的场合,因为,这一类案件中更需要品格证据。⑰ 还有学者指出,新规定有一定的新意,因为它实际上是在对案件进行分类的基础上对品格证据采取区别对待的政策。只不过,这种将案件分为性犯罪案件和不涉及性的犯罪案件的分类方法并不正确。正确的分类是将案件分为"谁干的"和"干什么了"这两类。在第一类案件中,控辩双方对于存在着犯罪行为并无争议,只是对犯罪行为是否被告人所为

---

⑭ F. R. Evid., Rule 415(a): In a civil case in which a claim for damages or other relief is predicated on a party's alleged commission of conduct constituting an offense of sexual assault or child molestation, evidence of that party's commission of another offense or offense of sexual assault or child molestation is admissible and may be considered as provided in Rule 413 and Rule 414 of these rules.

⑮ See 140 Cong. Rec. S12990(daily ed. Sept. 20, 1994)(remarks of Sen. Dole); 140 Cong. Rec. H8991(daily ed. Aug. 21, 1994)(remarks of Rep. Molinari). 转引自 Robert F. Thompson III, "Character Evidence And Sex Crimes In The Federal Courts: Recent Developments", 21 *U. Ark. Little Rock L. Rev.* 241 (1999), pp. 242-243.

⑯ Duane, *The New Federal Rules of Evidence on Prior Acts of Accused Sex Offenders: A poorly Drafted Version of a Very Bad Idea*, 157 F.R.D. 95(1994).

⑰ Bryden & Park, "Other Crimes Evidence in Sex Offense Cases", 78 *Min. L. Rev.* 529(1994).

存在分歧;在第二类案件中,控辩双方对于被告人实施了一定行为这一事实并无争议,只是对该行为是否构成犯罪存在分歧。在前一类案件中,品格证据应当予以排除;在后一类案件中,品格证据应当得到容许。[18]

除了以上批评意见以外,还有论者指出,新规则打破了以往的规则限制,违反了宪法上的正当程序条款。但是这一批评意见遭到最高法院的反驳。最高法院认为,由于《联邦证据规则》第403条已经保证所有的证据都只有在不会导致不公正的偏见时才具有可采性,因此新的规定并不违反宪法。[19] 也有观点认为,该规则违反了平等保护原则,因为在其他案件中并不允许品格证据。[20] 这一观点也已经受到最高法院的批驳。最高法院认为:提高性侵犯案件中指控的效率是一个具有正当性的目标;第413条的立法历史向我们揭示了立法机关合理地相信该规则建立在性侵犯案件具有一些特殊特征的基础上;在这些案件中,由于其特殊性,如果不允许这些证据具有可采性,将使很多案件无法得到有效的解决。[21]

(三) 被害人品格的禁止法则

普通法上,被指控强奸罪的被告人可以提出证据证明被害人有不贞洁的品格,以此作为间接证据来证明所谓的强奸其实是经过同意的。在防卫案件中,被告人也可以提出证据证明被害人的暴力倾向,因为此类证据可以证明被告人的心理状态。但是这一证据的提出是否允许取决于被告人是否知道被害人这样的性格。这样的证据不是传闻,因为它不是用于证明被害人的性格真的暴躁,而是用于证明被害人知道有这样的说法,并且将其当作真实。

在制定法上,根据前述美国《联邦证据规则》第404条(a)(1)的规定,在刑事案件中,证明被害人品格的证据原则上不具有可采性,但是被告人提出的证明被害人品格中之特定特征的证据,以及控诉方为了反驳被告人而提出的同一类型的品格证据,或者控诉方在杀人案件中为了反驳被害人是挑衅者而证明被

---

[18] Sherry F. Colb, "'Whodunit' Versus 'What Was Done': When to Admit Character Evidence in Criminal Cases", 79 *N. C. L. Rev.* 939 (2001), pp.939-992.

[19] *United States v. Enjay*, 134 F. 3d 1427, 1433 (10th Cir. 1998).

[20] See, *Report of the Judicial Conference on the Admission of Character Evidence in Certain Sexual Misconduct Cases*, 159 F. R. D. 51, 53 (1994).

[21] *United States v. Mound*, 149 F. 3d 799, 801 (8th Cir. 1998).

害人性格平和的证据,具有可采性。㉒

　　有关被害人品格的证据最经常见于性犯罪的案件中。与被告人品格一般性禁止的规则不同的是,法律对于被害人品格采取了更加宽容的态度。尤其是在性侵犯案件中,有关被害人曾经不贞洁的证据通常具有可采性。这一规则背后的理论基础是:在婚前或婚外有过性行为的妇女,比婚前及婚外没有过性行为的妇女更容易同意进行性交。大约从1970年开始,随着女性主义(女权主义/feminism)的兴起,这一规则受到挑战。几乎所有的州都通过立法限制被害人品格的可采性。这一规则在1978年成为联邦证据规则的一部分。

　　根据新的规定,性侵犯案件中,无论是民事案件还是刑事案件,用于证明被害人卷入其他性活动的证据,以及用于证明被害人有任何性倾向的证据,均不具有可采性。但是,在刑事案件中,如果被害人卷入性活动的特定事项用于证明另外一人而不是被告人才是该案中遗留的精液、伤痕或其他物理特征的来源;或者被害人的特定性活动被用于证明其与被告人的性行为系经其同意,或者该特定性行为由控诉方作为证据提出;或者排除这类证据将侵犯到被告人的权利,则这类证据具有可采性。同时,在民事案件中,如果用于证明被害人性行为或性倾向的任何证据根据其他规则具有可采性且其证明价值大于其带来偏见的危险,则该证据具有可采性;但关于被害人名声的证据只有在被害人将其置于争议境地时方才具有可采性。㉓

㉒ F. R. Evid., Rule 404(a)(1). Character of alleged victim. Evidence of a pertinent trait of character of the alleged victim of the crime offered by an accused, or by the prosecution to rebut the same, or evidence of a character trait of peacefulness of the alleged victim offered by the prosecution in a homicide case to rebut evidence that the alleged victim was the first aggressor.

㉓ F. R. Evid., Rule 412 Sex Offense Cases; Relevance of Alleged Victim's Past Sexual Behavior or Alleged Sexual Predisposition:

(a) evidence Generally inadmissible. The following evidence is not admissible in any civil or criminal proceeding involving alleged sexual misconduct except as provided in subdivisions (b) and (c): (1) Evidence offered to prove that any alleged victim engaged in other sexual behavior. (2) Evidence offered to prove any alleged victim's sexual predisposition.

(b) Exceptions.—(1) In a criminal case, the following evidence is admissible, if otherwise admissible under these rule: (A) evidence of specific instances of sexual behavior by the alleged victim offered to prove that a person other than the accused was the source of semen, injury or other physical evidence; (B) evidence of specific instances of sexual behavior by the alleged victim with respect to the person accused of the sexual misconduct offered by the accused to prove consent or by the prosecution; and (C) evidence the exclusion of which would violate the constitutional rights of the defendant. (2) In a civil case, evidence offered to prove the sexual behavior or sexual predisposition of any alleged victim is admissible if it is otherwise admissible under these rules and its probative value substantially outweighs the danger of harm to any victim and of unfair prejudice to any party. Evidence of an alleged victim's reputation is admissible only if it has been placed in controversy by the alleged victim.

新规定的目的是希望借此打击将对被告人的审判变成对被害人的审判的倾向;并鼓励更多的性犯罪被害人针对强奸提出起诉;另外,通过排除这一类证据,还可以有效地提高发现真实和打击犯罪的精确性。[24]

二、不纯粹品格证据的排除法则

纯粹的品格证据之所以纯粹,是因为此类证据直接地以一个人的品格而推断当前案件中的相关事实,因此通常不具有可采性。但是,在很多场合,关于一个人过去之行为的证据并不仅仅暗示着这个人更有可能实施所指控的罪行,而是由于其行为中的一些细节部分本身就与被告人被指控的罪行存在着内在的联系。例如,一个人曾经以爆破方式撬保险箱盗窃的行为虽然不得用于在当下的案件中证明该人实施了盗窃,但是可以在当下的杀人案件或者抢劫案件中用于证明该人掌握爆破知识。这样的证据在英国证据法上被称为"外部行为或脾性证据"(evidence of extraneous acts and disposition)[25],在美国证据法上被称为"其他行为"(other acts evidence)以及"习性证据"(habit evidence)。[26] 这些证据通常都被认为不属于"品格证据",因为他们所要证明的事项如动机、计划、机会、意图等均不属于"品格"的范畴。[27] 在英美的许多证据法著作中,也通常将这类证据与品格证据分别列为两个独立的章节加以论述。[28] 但诚如泰勒斯所言:一个人思考的方式、内心的愿望以及诸如此类,均是他品格的内在组成部分。[29] 且多数证据法学者在论及品格证据时,通常都不可能对这一类证据避而不谈。因此,本部分对这一类证据的运用规则作一介绍与分析。但为区别起见,本章称之为"不纯粹品格证据"。

---

[24] See Paul C. Giannelli, *Understanding Evidence*, Matthew Bender & Company, Inc., 2003, p.151. 相关案例可参见 *United States v. Rouse*, 111 F. 3d 561, 569(8th Cir. 1997); *United States v. Saunders*, 943 F. 2d 388, 390(4th Cir. 1991).

[25] Peter Murphy, *supra* note 1, p.175. 根据 Murphy 的说法,英国的这一术语其实也是从美国借用过来的。

[26] Paul C. Giannelli, *supra* note 24, p.159.

[27] See *United States v. Meling*, 47 F. 3d 1546, 1557(9th Cir. 1995)该案判定,由于容许证据的原因是证明贪婪的动机,因此并不违反品格证据规则。*United States v. McCarthy*, 97 F. 3d 1562, 1572-1573 (8th Cir. 1996)该案判定,被告人在若干年前实施的毒品交易行为,可以用于证明被告人有实施毒品交易的动机和知识。

[28] Peter Murphy, *supra* note 1; Paul C. Giannelli, *supra* note 24.

[29] Peter Tillers, *What is Wrong with Character Evidence?*, 49 Hastings L. J. 781(1998), p.813.

(一) 不纯粹品格证据在英国证据法上的可采性

在英国,外部行为或脾性证据通常包括三类。第一类是在时间或情节上与当下犯罪紧密相关的证据(extraneous acts closely related to the instant offence by time or circumstances),具体如盗窃汽车以便在紧随其后进行的抢劫中用于逃跑、在家中纵火以便获得保险理赔、在交通肇事后故意以危险方式驾驶以便杀死现场目击证人、在遭到逮捕后贿赂警察以便获得保释等。[30] 这一类证据通常被认为具有可采性。

在1997年的一个案件中,被告人被指控谋杀他的妻子,但被告人拒不认罪。法庭审理过程中,控诉方出示了死者的日记,该日记详细记载了被告人残酷虐待、殴打并恐吓被害人的细节,以及被告人决意获得其孩子监护权的事情。被告人被裁决有罪。案件上诉后,上诉法院对审判法庭容许该日记出示的做法予以维持,理由是该日记尽管存在着对被告人明显的偏见,但是它有效地证明了被告人在其他措施无效之后寻求更加有效的手段以获得其孩子监护权的意愿。[31]

第二类是与当下指控的罪行具有惊人相似性的证据(extraneous acts closely related to the instant offence by striking similarity)。这一类证据还有另一个名称,那就是"相似事实"(similar facts)。在1991年的DPP v. P一案中,上议院大法官指出,惊人的相似性本身并非此类证据具有可采性的基础,相反,它只是外部行为证据具有相关性的一个实例而已。[32]

与这类证据有关的案例最著名的莫过于史密斯案件。史密斯被指控谋杀了其刚刚与之举行婚礼的妻子。用于证明指控的证据是他的前两任妻子均在刚刚举行婚礼后就死于非命。令人惊奇的是,在每一次死亡的事件中,新娘都是死在浴缸中;在每一次事件中,浴缸的门都是敞开的;在每一次事件中,新郎都通知了一名执业医生说他的妻子患了癫痫症;在每一次事件中,被告人都是被害人的保险受益人。如此惊人程度的相似性被认为这样的证据显然与被告人被指控的罪行高度相关。[33]

第三类是脾性证据(evidence of disposition)。通常来说,判断一个证据是

---

[30] Peter Murphy, *supra* note 1, pp.175-176.
[31] *Giannetto* [1997] 1 Cr App R 1.
[32] *Director of Public Prosecution v. P* [1991] 2AC 447.
[33] *Rex v. Smith*, 11 Crim. App. 229, 84 L. J. K. B. 2153(1915).

否脾性证据的标准就是看该证据是否显示出被告人具有实施所指控罪行的倾向性。㉞ 但是,这一标准显然并不清晰。在1918年的一个案件中,法院判定一个男子拥有粉扑的事实可以用来证明该男子有恋童行为。㉟ 在1946年的一个案件中,刑事上诉法院又指出,针对男童或少女的性侵犯行为并不必然意味着性侵犯者存在着相同的性倒错倾向。㊱ 目前,脾性证据与外部行为一样,只要相关性得到确认,即具有可采性。

(二) 不纯粹品格证据在美国证据法上的可采性

在美国,不纯粹品格证据被称为"其他行为"和"习性证据"。对于其他行为,美国《联邦证据规则》第404条(b)项规定:

> 其他犯罪、过错或行为的证据用于证明一个人的品格以显示其行为与该品格具有一致性时不具有可采性。但是,这些证据可被容许用于其他目的,例如证明(犯罪)动机、机会、意图、预备、计划、明知、身份,或者没有过错,或者是意外事故等;如果被告人请求,则刑事案件中的控诉方应当于审判前,或者在审判中经过法庭以适当理由准许,合理地告知其拟向法庭出示的该类证据。㊲

根据上述规定,关于一个人的犯罪、过错或行为的证据若是用于证明一个人有实施类似行为的倾向性,则该证据不具有可采性;但是如果用于证明品格以外的其他事项,则具有可采性。换句话说,该规则禁止的是用犯罪、过错或者行为来证明一个人存在着品格上的缺陷从而以此证明其有实施此类行为的倾向性。㊳ 从司法实践的角度言,该规则的适用可以分为三个步骤。㊴ 第一步是

㉞ Peter Murphy, *supra* note 1, p. 177.

㉟ *Thompson v. R* [1918] AC 221.

㊱ *Sims* [1946] KB 531.

㊲ F. R. Evid., Rule 404(b) other crimes, wrongs, or acts Evidence of other crimes, wrongs, or acts is not admissible to prove the character of a person in order to show action in conformity therewith. It may, however, be admissible for other purposes, such as proof of motive, opportunity, intent, preparation, plan, knowledge, identity, or absence of mistake or accident, provided that upon request by the accused, the prosecution in a criminal case shall provide reasonable notice in advance of trial, or during trial if the court excuses pretrial notice on good cause shown, of the general nature of any such evidence it intends to introduce at trial.

㊳ *United States v. Tan*, 254 F. 3d 1204, 1208(10th Cir. 2001).

㊴ Paul C. Giannelli, *supra* note 24, pp. 160-161.

确定该证据试图证明的事项是否具有实质性,即是否案件事实的组成部分。通常而言,一个刑事案件中犯罪者的身份,犯罪的主观意图,犯罪者在某方面具有的特殊知识等,均构成犯罪事实的一部分,从而具有实质性。例如,在谋杀案件中,被告人与被害人的妻子有染的事实,可以用来证明被告人有杀人动机;在银行抢劫案件中,被告人在之前曾经偷了一辆后来被认定为在银行抢劫案件中使用过的汽车,这一事实可以用来证明被告人在银行抢劫案中的准备行为。⑩ 第二步,是在证明力和陪审团可能忽略法官就该证据所作的指示从而产生对当事人不公正的偏见之间进行权衡。根据《联邦证据规则》第403条,有些证据尽管有相关性,但是由于其有带来不公正偏见、混淆争点或误导陪审团等风险,从而也不具有可采性。其他行为作为证据出示几乎具有全部上述危险性,尤其是可能产生不公正的偏见。为了防止这些危险,有些司法区要求法官在指示陪审团时注意告诉陪审团该证据为何具有实质性,同时警告陪审员不要根据该证据作出可能侵犯被告人宪法权利的推论。但是,理论界认为,这样的警告可能不仅不是有益的,而且是有害的。因为,法官的警示可能提醒陪审员:原来还有这样的证据——差点都忘了。也许正是出于这一考虑,大多数司法区都不要求法官作出上述的指示。第三步,则是根据《联邦证据规则》第104条的规定,就被告人卷入犯罪这一事实是否已经达到表面可信的证明作出决断。

---

⑩ 在美国诉坎宁安一案中,坎宁安(Cunningham)是印第安纳医院的一名注册护士。该医院的医护人员发现,装有强效镇痛药的药管被人篡改过;其中一些药管装的药被人替换成盐碱。警察闻讯赶到,对所有能够接触到药管的护士进行了调查。所有护士都不承认是自己实施了盗窃药品的行为。但是,坎宁安承认,她曾经在5年前对镇痛药有瘾,但是早已戒除。为了证明这一点,坎宁安进行了药物检测。血检的结论是阴性,但是尿检的结论是阳性,证明坎宁安最近还服用过镇痛药。于是以"间接故意地致他人的生命或肢体于受到伤害甚至死亡的危险"将坎宁安起诉至法庭。坎宁安争辩说,法律上的身体上的伤害指的是肉体上的伤害,同时,未能减轻患者的痛苦不能等同于引起他人的痛苦。法庭对这一辩护意见予以拒绝。在法庭审判中,控诉方试图出示如下证据:在这次犯罪之前,被告人在受到盗窃杜冷丁药品指控时曾作有罪答辩。那时候她以另一个名字在另一家医院做护士。她的护士执照早已被吊销。之后她曾经定期地接受毒品检测。她伪造了部分毒品检测结果。法庭排除了她曾经作有罪答辩这一证据,但是容许了下列证据:伪造检测结论;因盗窃杜冷丁而被吊销执照;盗窃杜冷丁是因为对药物有瘾。联邦第七上诉法院著名法官波斯纳指出,Rule 404禁止采纳这类证据以证明被告人有实施这类犯罪的倾向性,但是并没有禁止使用这类证据来证明被告人具有实施此类犯罪的动机。法律上,"实施犯罪的倾向性"和"实施犯罪的动机"两个概念的外延并不总是重合的。例如,有毒品犯罪的历史并不能够证明在当下的抢劫犯罪中被告人基于获得毒品的动机而抢劫。但是,有时候倾向性和动机却是重合的。例如,在一个猥亵儿童的犯罪案件中,如果两名嫌疑人中有一人有猥亵儿童的历史而另一名没有,那么,有猥亵儿童历史的那一个更有可能是当前这个案件中的犯罪行为人。*United States v. Cunningham*, United States Court of Appeals, Seventh Circuit(1996)。

值得注意的是,上述规则中的禁止性规定并不仅限于指控的犯罪发生之前的犯罪、过错或行为,而且包括指控的犯罪发生之后的犯罪、过错或行为。㊶ 例如,一名被告人在审判前威胁证人的事实,可以被用来证明被告人对自己的犯罪是有认识的,尽管该事实发生在犯罪之后。又如,在抢劫案件发生后,被告人使用了被害人被抢劫的信用卡,这一事实可以用来证明被告人与抢劫案有关。另外,该法条所列举的"其他目的"并没有穷尽;根据司法实践,此处的其他目的除了该规则规定的动机、意图、预备、计划、明知、身份、没有过错、意外事故等以外,还包括以下内容:可信度、管辖方面的事实、用于补强其他具有可采性的证据、为其他具有可采性的证据提供环境背景等。㊷ 最后,通常情况下,都是控诉方提出这样的证据。但是被告人也可以出示这样的证据,证明是其他人实施了犯罪。如果是被告人提出此类证据,则这些证据对被告人造成偏见的可能性是不存在的,因此这些证据更容易得到法庭的容许。

此外,该规则包含的证据范围并不仅限于犯罪行为,而是包括所有行为。㊸ 因此,在美国联邦证据法上,"其他行为"似乎可与英国证据法上的"外部行为与脾性证据"类比。对于相似事实这一类证据,美国《联邦证据规则》并无相应规定,但是可以理解为第404条(b)的规定包含了相似事实。在1980年裁决的一个民事案件中,即体现了这一规定。该案肇因于1977年6月22日上午,一个叫西蒙(Simon)的老太太在肯尼邦克珀特镇(Kennebunkport Town)的海洋大道行走时摔倒,造成臀部骨折。老太太对肯尼邦克珀特镇提出起诉,声称她的摔倒是由于道路的设计或结构有缺陷造成的。在约克郡的高等法院,陪审团作出了不利于原告的判决,认为道路没有缺陷。原告认为,审判法官错误地排除了原告方提出的证据,该证据的内容是,在过去的两年当中,其他很多人都在此处摔倒。证人奎韦隆(Greg Quevillon)和库珀(Anthony Cooper)都在原告所摔倒的地方前方的一栋大楼里办公,他们为原告出庭作证。当原告律师试图问证人是否看到过有别人在此处摔倒时,被告方律师提出反对。法官支持了被告方的反对。原告认为:如果允许原告律师向证人提问,证人将会告诉法庭:从1975年该处道路建成之后至案发之时,几乎每天都至少有一人在此处摔倒。

㊶ *United States v. Anifowoshe*, 307 F. 3d 643, 646-647(7th Cir. 2002).

㊷ Jack B. Weinstein, Margaret A. Berger, *Wienstein's Evidence Manual Student Edition*, 6th Edition, LexisNexis, 2003, at 7.01[5][a][iii].

㊸ *Okai v. Verfuth*, 275 F. 3d 606, 609-613(7th Cir. 2001).

但审判法庭不为所动。联邦最高法院指出:

> 本案中的实质性争议事实是被告人的道路是否有缺陷从而导致了原告的摔倒。原告举出的证据证明在原告摔倒之前,在相同的条件下上百人在此处摔倒。这一证据显然是能够证明前述具有实质性的案件事实的,从而也是有相关性的。由于在审判前双方均已交换证据,因此,允许在庭上出示此证据并不会对被告造成不公正的惊讶。由于两名证人将把自己的观察结果在法庭上进行陈述,因此容许该证据也不会浪费法庭审理的时间,也不会使陪审团产生过度的兴奋。同时,这一被排除的证据对于原告一方而言又是十分关键的。因此,我们认为高等法院的判决很难立足。[44]

在刑事案件中,相似事实获得容许的难度通常较民事案件更大。塔克(Horace Tucker)案是这方面的代表。1957年5月7日,塔克打电话给警察局并请求警察马上赶到其在北拉斯维加斯(North Las Vegas)的家中。警察赶到时发现塔克正在饮酒,神情疲倦。塔克将警察带到他家的厨房,警察发现一个叫凯勒(Earl Kaylor)的被害人倒在血泊之中,身中数枪,已经死亡。当问道发生了什么事情时,塔克说,他本来在卧室睡觉,醒来后发现凯勒倒在地板上。在确定凯勒已经死亡后,塔克打电话给警察局。他不承认是自己杀害了凯勒。大陪审团在调查之后没有对塔克提出指控,原因是证据不能得出确定性的结论。该案中,没有人被起诉。1963年10月8日,警察又接到塔克的电话。这一次,是一个老头死在塔克家中。警察赶到时塔克还是在饮酒。死者叫埃文斯(Omar Evans),死在起居室的沙发上,身中数枪。塔克说他在睡觉,被惊醒,然后发现埃文斯死在沙发上。这一次,塔克被起诉至法院。庭审时,法庭不顾被告的强烈反对,允许控方出示凯勒被谋杀的证据。被告人就此提出上诉。最高法院认为,凯勒被谋杀的证据是不具有可采性的;原因是,没有任何证据证明被告人实施了谋杀凯勒的罪行。[45]

刑事案件中的此类案件容易引起宪法上的问题,即,在刑事案件中允许此类证据是否侵犯了被告人反对双重归罪的权利?换句话说,如果一名被告人先前曾经被有效的裁决宣告无罪释放,控诉方是否可以在新的指控中提出该被告人实际上在先前的法庭上应当被定罪,并以此来证明当前的犯罪行为系该被告

---

[44] Simon v. Kennebunkport, Supreme Judicial Court of Maine, 1980.
[45] Tucker v. State, Supreme Court of Nevada, 1966.

人实施？美国联邦最高法院通过道林(Dowling)一案对这一问题作出了回答。该案中被告人被指控戴着滑雪面具，拿着小手枪抢劫银行。法庭审判中，检察官试图出示一个证据，证明被告人曾经戴着滑雪面具，拿着小手枪，以同样的方式实施了另一抢劫犯罪。但是，在这个案件中，被告人被无罪释放。被告人道林认为，法庭允许检察官出示这样的证据违反了反对双重归罪的原则。最高法院指出，定罪的证明标准是排除合理怀疑，而能否提出该证据的证明标准是表面可信的证明；因此，反对双重归罪的原理在这里并不适用。[46]

如前所述，在英国，非纯粹品格证据包括习性证据在内。但在美国的制定法上，习性和品格不能一概而论。在有些司法区，通常将习性证据一概排除；在另一些司法区，则只有当一个行为的证明没有目击证人的时候才允许习性证据进入法庭。[47] 对此，联邦证据规则采取了更为宽松的政策，其第406条规定：

> 关于一个人习性，或者一个组织的日常实践的证据，无论是否有其他证据补强，也无论是否有目击证人的出席，在证明该人或该组织在特定场合下的行为与该习性或日常实践相一致这一问题均具有相关性。[48]

根据上述规定，习性证据原则上具有可采性。其理论基础在于，习性证据的证据价值通常被认为高于一般的品格证据。[49] 不过，习性和品格实际上又是很难区分的。如果将品格理解为其自身昭示着一系列行为倾向或特征的话，则也可以说品格比习性的范围更加广泛。例如，一个具有准时做某事之品格(性格)特征的人具有在每天下午三点出门散步的习惯，但是一个具有准时特征的人可能不仅是习惯于在下午三点出门散步，还可能习惯于在中午十二点去邮局、上午八点准时上班、晚上六点准时就餐等特征。在有的案件中，法院判定，一个人具有小心驾驶习惯的证据属于品格，不具有可采性。[50] 但是，用于证明

---

[46] *Dowling v. United States*, 493 U.S. 342(1990).

[47] McCormick, § 195, at 828.

[48] F. R. Evid., Rule 406. Evidence of the habit of a person or of the routine practice of an organization, whether corroborated or not and regardless of the presence of eyewitnesses, is relevant to prove that the conduct of the person or organization on a particular occasion was in conformity with the habit or routine practice.

[49] Graham C. Lilly, *An Introduction to the Law of Evidence*, Third Edition, West Publishing Co., 1996, p.159.

[50] *Webb v. Van Noort*, 239 Cal. App. 2d 472, 48 Cal. Rptr. 823(1966).

一个人在通过道口时习惯于停下来张望的证据,又被视为习性证据,具有可采性。[51]

三、原则上具有可采性的品格证据

如果将品格证据按照可被容许的程度进行分类,则英美证据法上关于品格证据的运用可以分为三个层次:第一个层次是对于纯粹品格证据,原则上不具有可采性;第二个层次是对于不纯粹品格证据,在限定的范围内具有可采性,因此可以称作具有有限可采性的品格证据;第三个层次是对于有些品格证据,无论其属于纯粹品格证据还是不纯粹品格证据,原则上均具有可采性。这一个层次上的品格证据又可分为三个部分:一是作为案件争议事实组成部分的当事人品格,二是用于弹劾证人可信度的证人品格,三是量刑程序中的被告人品格。兹分述如下:

(一)作为案件争议事实组成部分的当事人品格

这一类品格证据之所以具有可采性,是因为这一类品格本身就是案件事实的一部分,或者在刑事案件中是被告人提出的积极性辩护理由,或者是行为的原因。但是,"品格是争议事实的一部分"这一说法多少有些令人误解,因为如果一名被告人自己提出相关的品格证据证明自己品行良好,法院通常会说这时候被告人已经将自己的品行"置于受争议的境地",从而也成为了"争议事实"。但事实上,这两种情况并不一样。例如,在一个盗窃案件中,即使被告人声称自己是一个诚实的人,并且提出相应的证据,"诚实"这一品格也不是案件的"争议事实"。因为,盗窃罪本身并不要求犯罪者具有不诚实的品格。

不过,这一类证据与前两部分介绍的证据之间的区别还是很明显的。具体而言,纯粹品格证据就是直接以品格作为证明的目标,从而间接地以品格证明案件事实;不纯粹品格证据直接以案件事实为证明目标,无需经过品格这道工序;而作为案件争议事实组成部分的品格证据,其目标也在证明当事人品格,只不过在这一场合下,当事人品格本身就是案件事实的组成部分,因此这一类证据并非间接与案件事实有关,而是直接与案件事实有关。因此其相关性不成问题,通常具有可采性。三者之间的区别,可以简示如下:

---

[51] *Cf. Glatt v. Feist*, 156 N. W. 2d 819(N. D. 1968).

三种品格证据与案件事实关系示意图

纯粹品格证据→品格→案件事实

不纯粹品格证据→案件事实(与严格意义上的品格无关)

品格证据→当事人品格(案件事实)

在刑事案件中,品格很少成为案件事实的组成部分,因为很少有社会会仅仅因为一个人的品格而对其施加刑事上的惩罚。[52] 在民事诉讼中,品格成为案件组成部分从而成为争议事实最典型的例子就是名誉侵权诉讼。一本美国证据法的教科书曾以下面的案例说明在这类诉讼中品格证据成为案件争点的例子。原告以诽谤为由起诉被告,被告是一家报纸,在其头版攻击原告——某剧院的经理是一个为了给一名妓女买一束鲜花而从坟墓中盗窃其母亲的尸骨并出售以获利的无耻之徒。审判中,原告以自己的名义出庭作证。在交叉询问中,律师成功地向法庭展示了以下事实:原告自己曾经给被告写了一封措辞同样激烈的信;原告在担任一家商业报纸经理期间自己被起诉诽谤,并且被判赔4500美金;同时,由于他无力支付这笔赔偿金,他还为此蹲了大狱;他曾经因为袭击对方当事人的律师而被定罪,该律师是该州最有名的律师之一;他曾经两次宣告破产;他的妹妹曾经起诉他欠债并获得胜诉;他的妻子曾经因帮助打理他的生意结果被弄到破产;在20年的婚姻存续期间,他曾经拥有一名情妇;他在很多场合和他的这个情妇在他自己的剧院中占用一个包厢,并且该包厢就在他妻子包厢的隔壁;他还给她写过十分肉麻的信,允许她使用他妻子的马和马车。这样的交叉询问的结果,自然是想证明,像他这样的无耻之徒,无论报纸如何描绘他,都不会对他构成伤害。陪审团最后同意律师的看法:尽管原告请求赔偿25万美金,但1000美金足以抚慰他廉价的感情。[53]

(二) 用于弹劾证人可信度的证人品格

根据美国《联邦证据规则》第607条、608条、609条的规定,任何一方当事人都可以对证人的可信度提出质疑[54];提出质疑的一方可以出示有关证人品格

---

[52] Graham C. Lilly, *supra* note 49, p.135, foot note 5.

[53] Wellman, The Art of Cross-Examination。转引自 Jon R. Waltz & Roger C. Park, Evidence: Cases and Materials, 10th Edition, Foundations Press, New York, 2004, p.385.

[54] F. R. Evid., Rule 607.

或行为的证据以证明证人的可信度⑤；也可以通过出示证人曾经被定罪的证据来弹劾证人。⑥

如果被告人选择自己作证，则被告人亦成证人，控诉方可以以品格证据来证明被告人不诚实，以此动摇被告人证言的可信度。在这样的情况下，控诉方提出对被告人不利的品格证据（纯粹的品格证据）不需要被告人首先打开品格证据的大门，因此被告人若想避免遭受如此的攻击，唯一的途径就是选择不作证（保持沉默）。尽管法官会指示陪审团，这样的证据只能用于证明被告人具有不诚实的品格，但是，实际上很难保证陪审团会完全按照法官的指示仅仅在考虑被告人证言可信的时候才考虑控诉方提供的这些品格证据。尤其是在当被告人被指控与不诚实的品格相关的罪行时，法官的这一指示就更有可能落空。

在被告人选择自己作证的场合，被告人也可以传唤证人证明自己的可信度。此时，控诉方可以通过对被告人传唤的证人进行交叉询问的方式，引入有关被告人不可信的品格证据。这时候的品格证据之所以具有可采性仍然是因为，这些品格证据的目的并不在于其可直接证明被告人的品格，而在于抵消其证言的可信度。对于这些证据，法官也要通过给予陪审团指示的方式，限定其证明的目标。

（三）量刑程序中的品格证据

审判（trial）与量刑（sentencing）截然分开的做法，也是英美法系证据规则的一大特色。在量刑程序中，品格证据不仅是容许的，而且是必要的。这方面最著名的判例大概就是威廉姆斯诉纽约一案。该案中，被告人被裁决犯有一级谋杀罪，陪审团建议判处其终身监禁，但是法官最终判处其死刑。被告人认为，纽约州的制定法允许量刑法官考虑被告人过去的行为、品格、习性以及诸如此类的因素违反了宪法第十四修正案中的正当程序条款，因为这种考虑侵犯了被告人享有的知晓对他的指控的权利，剥夺了他与提供不利于己的证人进行对质的权利。该案上诉至联邦最高法院。联邦最高法院认为，量刑阶段允许对被告人不利的品格证据并不侵犯被告人的权利。最高法院指出：首先，在量刑阶段容许被告人的品格证据以便对被告人作出适当的惩罚，这一实践具有悠久的历

---

⑤ F. R. Evid., Rule 608.
⑥ F. R. Evid., Rule 609.

史;其次,在定罪/不定罪的审判阶段,问题集中于被告人是否有罪,因此关联性的考虑也以被告人是否有罪这一核心问题展开;但在量刑阶段,与证据构成关联的并非被告人是否有罪这一问题,而是比这远为宽泛的问题,尤其是现代刑法强调刑罚的原则是惩罚与犯罪人相适应,而不是与犯罪相适应的背景下,容许品格证据尤其具有正当性。[57]

有学者撰文指出,品格证据在量刑阶段具有可采性,可以从正反两个方面获得解释。在积极的意义上,量刑阶段容许品格证据可以达到以下效果:一是可以更加准确地衡量被告人的有责性;二是品格证据可以加强刑罚的吓阻效果;三是品格证据可以使量刑法庭更加清晰地认识被告人的本性,从而保护公众不受罪恶昭彰之人的进一步危害;四是增加挽救被告人的可能性。[58] 从消极层面看,在量刑阶段容许品格证据不会导致审判阶段所导致的问题:第一,量刑是在定罪之后,因此不会产生陪审团因为被告人是个坏人而对被告人定罪的问题;第二,量刑阶段,被告人已经不再被假定为无罪,因此不会侵犯被告人在宪法上享有的未经法院以正当程序定罪则应当推定为无罪的权利;第三,未在起诉书中列明的犯罪不得在审判法庭上指控的要求仅仅适用于审判阶段;第四,陪审团可能给予品格证据过高评价从而武断地推论被告人构成犯罪的担忧在量刑阶段并不存在;第五,品格证据的证明力太弱或者品格证据可能导致不公正的偏见的批评,也不适用于量刑阶段。[59]

四、品格的证明方法

虽然在有些案件中品格证据具有可采性,但是如何证明一个人的品格,在普通法上一直争议不断。最后,该问题以证明品格的方法仅限于名声(reputation)而告解决。[60] 在1865年的罗顿案中,一名中学校长被指控猥亵14岁的儿童。审判中,控诉方拟让证人就被告人的品格作证,控辩双方就该证人应在何种范围内就被告人的品格提供证据发生了争议,最后法院判定,证人只能就被告人在其所居住社区中的一般名声(general reputation)提供证据,从

---

[57] *Williams v. New York*, 337 U.S. 241, 241(1949).

[58] James Landon, *Character Evidence: Getting to the Root of the Problem through Comparison*, 24 Am. J. Crim. L. 581(1997), pp.603-606.

[59] Ibid., pp.608-614. 关于品格证据排除法则在审判阶段的正当性问题,参见本章第五部分的论述。

[60] Peter Murphy, *supra note* 1, p.143.

而排除了被告人在其他场合的特定行为以及证人自身就被告人的意见作为证据的可能性。[61] 该案的判决在英国虽未被正式推翻,但在实践中,被允许用作证明一个人品格的证据范围远比该案所确定的要宽泛许多。[62] 之所以如此是因为:第一,在一个变动不居的现代社会,邻里之间的名声是一种转瞬即逝而且在很大程度上没有多少实际意义的概念;第二,在任何案件中,名声实际上经常都是微不足道的;第三,理论界对于1898年制定的《刑事证据法》(Criminal Evidence Act 1898)通常作更为宽泛的解释。[63]

在美国,《联邦证据规则》第405条特别规定了容许用来证明品格的证据方法。该法条分两款规定:

> 在关于一个人的品格或其性格特征的证据得到容许的任何案件中,证明可以通过有关其名声的证人证言以及以意见形式呈现的证人证言来完成。在交叉询问时,也允许对与其行为中相关之特定事例进行询问。
>
> 当一个人的品格或其性格特征成为一项指控、主张或辩护理由的实质性组成部分时,对该品格或性格特征的证明也可以通过该人行为的特定事例来完成。[64]

据此规定,在美国的法庭上,证明一个人的品格通常有三种方法。一是名声,或称名声证据(reputation evidence)。名声与品格并非同义语。品格通常是一个人本身是什么人的范畴,名声则是关于一个人是什么人的范畴。在以名声来证明一个人品格的案件中,提出证据的一方应当首先为己方证人奠定一个他有资格就一个人在其社区中的名声作证的基础,例如,他在社区已经居住多长时间,被告人或被害人在该社区已经居住多长时间,证人是否与该社区的其他居民讨论过该人的品格,证人在何处上班、何处上学,等等。[65] 另外,在被告人

---

[61] *Rowton*, CCR 1865, Le & Ca, 520.
[62] Peter Murphy, *supra* note 1, p.143.
[63] Ibid.
[64] F. R. Evid., Rule 405 Methods of proving character. (a) reputation or opinion. In all cases in which evidence of character or a trait of character of a person is admissible, proof may be made by testimony as to reputation or by testimony in the form of an opinion. On cross-examination, inquiry is allowable into relevant specific instances of conduct. (b) specific instances of conduct. In cases in which character or a trait of character of a person is *an essential element* of a charge, claim, or defense, proof may also be made of specific instances of that person's conduct.
[65] Paul C. Giannelli, *supra* note 24, p.139.

或被害人的品格被容许作为证据并且以名声来证明其品格时,有关该被告人或被害人的名声应当存在于案件发生之时而不是该案件被起诉的时候。⑥

二是意见(opinion)。如果一项品格证据根据《联邦证据规则》第404条而具有可采性,则意见也可以用来证明一个人的品格。从而,证人如果对其拟证明的被告人或被害人达到足够的熟悉程度,则该证人也可以以其意见证明该被告人或被害人的品格。⑥⑦

三是反映一个人的不诚实行为的特定事例(specific instances refleting untruthful conduct)。需要注意的是,只有在一个人的品格或其性格特征成为一项指控、主张或辩护理由时,特定事例用于证明该人的品格才具有可采性。换句话说,只有当待证事实属于最终争点的一部分时,该事实才是指控或主张、辩护的实质性成分。例如,在诽谤罪案件中,原告指控被告诽谤,理由是被告宣称原告是个泼妇。此时,原告是不是泼妇就成为案件中的最终争议焦点,该事实也就是构成一个指控或主张或辩护的实质性组成部分。

五、品格证据排除法则的政策考量

根据以上介绍,英美证据法上关于品格证据的运用规则,表面上似乎可以统称为"品格证据排除法则";其主体部分的基本原则是对品格证据予以排除,仅在特定的情况下允许使用。不过,从司法实践的情况看,关于品格证据的争论最为热烈;从发展的趋势来看,普通法上对于品格证据的排除更加广泛,而制定法上对于品格证据则日益宽容。不仅如此,"品格证据原则上予以排除"的说法也仅仅停留在字面,若深入分析,则即使在立法上,品格证据在大多数场合也是具有可采性的,只有在特定场合才予以排除。因此,品格证据予以排除的"原则",正存在着日益演变为品格证据予以排除的"例外"的趋势。与此同时,

---

⑥ *United States v. Curtis*, 644 F. 2d 263, 268-269(3d Cir. 1981). 该案中,法院判定,之所以必须如此是因为,一个人被起诉后可能会伴随产生很多关于他的流言,因此若不对相关的名声证据进行限制就可能产生对被告人品格的不公正的认识。

⑥⑦ 在有些州,对品格的证明仅限于名声证据,证人不能以自己的意见来证明一个人的品格。具体判例参见 *Powell v. Georgia*, 29 S. E. 309(Ga. 1897); *Taylor v. Georgia*, 336 S. E. 2d 832(Ga. Ct. App. 1985); *Hirschman v. Illinois*, 100 Ill. 568(1882); *Illinois v. Williams*, 649 N. E. 2d 397(Ill. 1995); *Massachusetts v. Belton*, 225 N. E. 2d 53(Mass. 1967); *Missouri v. Wellman*, 161 S. W. 795(Mo. 1913); *Missouri v. Brown*, 718 S. W. 2d 493, 494(Mo. 1986); *Harrison v. Virginia*, 79 Va. 374(1884); *Hoke v. Virginia*, 377 S. E. 2d 595(Va. 1989).

一些学者还在不断地呼吁创立新的例外,容许更多的品格证据进入法庭。[68] 由于容许的范围越来越广,例外越来越多,所谓的"排除法则"渐有湮灭之危险。如同濒危动物一样,"品格证据排除法则"急需"挽救"。因此,探求品格证据存在的合理性,也就成为英美证据法学者们的一项基础工作。根据英美学者的论述,品格证据排除法则的合理性,主要存在于六个方面:一是该法则保护被告人免因自己的人格而被定罪,二是避免品格证据在陪审团心证中留下超过其本身价值的影响,三是避免削弱无罪推定原则对被告人的保护,四是避免侵犯被告人知悉其被指控罪名的权利,五是避免使被告人陷于为其一生所为进行辩护的不利境地、从而失去与控诉方公平竞争的机会,六是品格证据排除法则体现了"禁止恶言"的法律政策目标。兹分述如下。

(一)品格证据排除法则保护被告人免因自己的人格而被定罪

品格证据排除法则最经常、最有力的原理之一,就是这一规则可以保护被告人免于因自己的人格而被定罪。很多判例在阐述品格证据排除法则时均提到了这一原理。[69] 其原理在于,在刑事实体法上,英美法系一向奉行"任何人皆不能因其令人厌恶的过去而遭受严厉裁判"[70]这一原则。在1980年的一个案件中,美国联邦巡回法院指出:"美国法理上一个基本的原则就是,被告人应当因其所为而受审,但不应因其所是而受审。"[71]如果允许有关被告人品行的证据进入法庭,陪审团就会了解到被告人的品行,从而形成被告人是一个坏人的印象。在这样的情况下,无论控诉方的证据是否充分,陪审团都可能形成被告人理应受到惩罚这样的心证,从而使得被告人实际上不是因为他做了什么而受到惩罚,而是因为他是一个什么人而受到惩罚。这与英美法系一贯奉行的刑法原则是背道而驰的。

---

[68] Andrew King-Ries,"Two New Solutions: True to Character: Honoring the Intellectual Foundations of the Character Evidence Rule in Domestic Violence Prosecutions", 23 *St. Louis U. Pub. L. Rev.* 313 (2004), pp. 313-365. 该文主张,由于家庭暴力从来都不是孤立的事件,而是体现着一定的行为规律,因此应当容许在家庭暴力案件中使用品格证据。

[69] *United States v. Carrillo*, 981 F. 2d 772, 774 (5th Cir. 1993); *United States v. Avarello*, 592 F. 2d 1339, 1346 (5th Cir. 1979).

[70] M.C. Slough & J. William Knightly, "Other Vices, Other Crimes", 41 *Iowa L. Rev.* 325, 325 (1956);转引自:David P. Leonard, *In Defense of the Character Evidence Prohibition: Foundations of the Rule against Trial by Character*, 73 Ind. L. J. 1161 (1998), p. 1162.

[71] *United States v. Foskey*, 636 F. 2d 517 (D.C. Cir. 1980).

（二）陪审团可能给予品格证据过高的评价

排除品格证据的第二个理由是，陪审团会赋予品格证据过高的证明力。尽管品格证据通常被认为与案件有关，因此满足相关性这一要件，但是理论界和司法界普遍认为，品格证据的证明力有限，而陪审团却可能会对这一点未予注意，给予品格证据过高的评价，从而对被告人产生不公正的偏见。威格默指出：无论是法官还是陪审团，其不可避免的天然倾向，就是给予呈现在其面前的有关被告人过去之恶劣行径的过高评价。[72] 经验性研究也表明，陪审团的确会对呈现在其面前的品格证据给予高过其本身证明价值的评价。[73] 换句话说，品格证据排除的理由，是担心陪审团会因为被告人过去曾经犯罪，或者实施过其他犯罪，从而推论出他也实施了当下被指控的犯罪。[74]

陪审团可能给予品格证据过高的评价，和陪审团可能因为被告人是个坏人而对其定罪，两者之间存在着微妙的区别。对于前者而言，立法者所担心的是陪审团对于品格证据的证明力给予过高的评价；对于后者而言，立法者所担心的则是陪审团忽略一切证据，而仅仅因为被告人过去曾经做过什么或者因为被告人是一个坏人而对其定罪。[75]

（三）容许品格证据的做法将削弱无罪推定原则对被告人的保护

与品格证据排除法则的前两个理由相关的是，容许品格证据的做法将削弱无罪推定原则对被告人的保护。[76] 无罪推定原则要求对被告人定罪这一事实应当证明到排除合理怀疑的程度。如果允许品格证据具有可采性，则一方面可能导致陪审团因为被告人是个坏人而无视当前指控是否已经达到排除合理怀疑的程度而将其定罪，另一方面也可能导致陪审团因被告人曾经的恶行或其他犯罪而武断地推论出当前指控的犯罪也是被告人所为，从而均导致在被告人是否有罪尚存在怀疑的时候就对其定罪的风险。无论是哪种情况，都在实质上剥

---

[72] John Henry Wigmore, *A Treatise on the Anglo—American System of Evidence in Trials at Common Law*, (Peter Tillers Rev. 1983) , 194, at 646.

[73] Harry Kalven, Jr. & Hans Ziesel, *The American Jury*, The University of Chicago Press, Chicago and London, 1966, at 160(validating that juries give great weight to evidence of prior bad acts).

[74] See *State v. Peterson*, 696 P.2d 387, 393(Kan. 1985) ("[A] jury might well exaggerate the value of the other criminal or civil wrong as evidence inferring that, because a defendant has committed a similar crime or civil wrong before, it can be concluded that he committed this one.").

[75] James Landon, *supra* note 58, p.591.

[76] *United States v. Meyers*, 550 F.2d 1036, 1044(5th Cir. 1977).

夺了被告人在控诉方未经合法程序将其指控中各项要素证明到排除合理怀疑程度不得被视为有罪的宪法权利。⑦ 美国联邦法院曾在其判决中指出：一旦有关被告人过去之恶行的证据得到容许，对被告人有罪的判决就沦为形式，控诉方无需再为将被告人罪行各个犯罪构成证明到排除合理怀疑的程度而努力，有罪的裁决就会轻而易举地获得。⑧

（四）容许品格证据侵犯了被告人有权知悉其被指控罪名的权利

在英美法系，被告人有权知悉其被指控的罪名。在美国，刑事指控应当以告发书（indictment）的方式提出，其告发书应当载明被告人被指控的罪名，并将告发书副本送达被告人，以便被告人针对指控准备辩护。未在告发书上列出的罪项，不得在法庭上向被告人提出指控。⑨ 有判决指出，容许有关被告人过去之恶行的品格证据，实质上就是容许未列在告发书上的罪名在法庭上受到指控，从而侵犯了被告人有权在审判前知悉其受控罪名的权利。⑩ 法律如此规定的原理是，如果允许控诉方在法庭上出示关于被告人品格的证据，被告人将不得不对起诉书未予列明的罪行进行辩护。尽管1991年修订的联邦证据规则已经规定，一项关于被告人其他犯罪行为的证据的出示，应当在开庭15日前通知被告人，但是，仍然有判决不时地指出，这样的证据具有可采性还是侵犯了被告人的上述权利，因为它迫使被告人就起诉书中没有列举的罪行准备辩护。⑪

（五）品格证据排除法则体现了公平竞争的游戏规则

不仅如此，品格证据将迫使被告人就其一生的行为进行答辩。因为，品格证据不仅使被告人必须面对那些直接与犯罪相关的证据，还必须面对那些与所指控罪行没有直接关联的间接证据。这使得被告人有时候不得不提出证据来反驳这些证据，从而加重了被告人的证据负担，并且导致被告人在有些案件中不得不选择作证（而不是保持沉默），因为被告人是了解和拥有反驳针对其出

---

⑦ James Landon, *supra* note 58, p.592.

⑧ *United States v. Burkhart*, 458 F.2d 201,204(10th Cir. 1972).

⑨ See *Stirone v. United States*, 361 U.S. 212, 217(1960). 该案判决着重指出：未在告发书上列明的犯罪，不得在法庭上对被告人提出指控。

⑩ *Abdnor v. State*, 871 S.W.2d 726, 738(Tex. Crim. App. 1994); *Crank v. State*, 761 S.W.2d 328, 341(Tex. Crim. App. 1988).

⑪ See, e.g., *Abdnor*, 871 S.W.2d at 738(reiterating that one of the reasons for disallowance of prior bad acts character evidence is the fact that defendant cannot be forced to defend against charges not listed in the indictment, even though this decision was decided after the amendment adding the notice requirement).

示的品格证据的唯一证据来源,从而侵犯了被告人依据宪法第五修正案而享有的任何人不得被强迫自证其罪的权利。若如此,则被告人可能不得不面对陪审团提出可能证明自己有罪的证据,或者援引第五修正案但给陪审团留下不好的印象。无论如何,都将使被告人处于不利境地。正是在这个意义上,有论者认为,品格证据排除法则体现了英美对抗式诉讼中一以贯之的公平竞争的精神。[82]

(六)品格证据排除法则体现了"禁止恶言"的法律政策

有学者指出,证据法则通常具有两方面的功能:一是便利审判程序本身,二是促进或完成实体法律设定的政策目标。有一些证据规则的目的是出于便利审判程序而设置的,其功能通常体现为提高陪审团裁决的精确性、加快审判的进行、促进证人证言的内部和谐性、避免使证人陷入不适当的尴尬境地、防止陪审团陷入误解或混淆,等等。还有一些证据规则虽然也可以起到便利审判的目的,但是其主要功能则在于推行法律所设定的政策性目标,例如关于事件发生之后的抢救措施的可采性规则,其首要目的就是通过鼓励那些拥有或控制着抢救工具的人及时地采取措施从而促进公共安全。[83]

品格证据排除法则的功能也可以从以上两个方面获得解释。一方面,品格证据排除法则可以通过排除被告人的恶劣品格而避免陪审团给予这类证据过高的评价或者对被告人形成不公正的偏见从而作出不准确的裁决,另一方面,它还为公民相互之间应当如何处理与对方的关系提供了指导性原则,那就是,闲谈莫论人非。在犹太人的传统中,闲谈莫论人非是处理人际关系的一个基本法则。从语言交流的效果来看,"良言一句三冬暖,恶语伤人六月寒",恶言从来都是使友谊中断、夫妻破裂的罪魁祸首。因此,对他人口出恶言或者背后议论他人,既是对他人的伤害,也是对自己的伤害;贬低他人的同时,也是在贬低自己。尽管说话者可能在瞬间获得心理上的满足,但是它最终导致的还是不悦和痛苦。正是由于这个缘故,法律禁止控诉方出示证明被告人品行不良的证据。当前的法律虽然没有完全禁止品格证据,但是其对品格证据一般性地予以

---

[82] *McKinney v. Rees*, 993 F. 2d 1378, 1384(9th Cir. 1993). James Landon, *supra* note 58, p.594.
[83] David P. Leonard, *supra* note 70, p.1187.

排除的做法,无疑体现了犹太传统中禁止恶言的高贵成分。[84]

除了以上提到的六种原理之外,英美也有学者认为,排除品格证据的理由还可从以下方面探寻:一是品格证据的证明力如此之低以至几乎可以忽略不计,因此其在本质上应当不具有相关性[85];二是品格证据导致的不公正偏见超过了其所具有的证据价值[86];三是品格证据的使用会使得法庭审判变得拖沓冗长,从而降低诉讼的效率。[87] 值得注意的是:第一,品格证据的证明力问题,历来意见分歧,多数判例和学者均认为其具有相关性[88],因此难以作为品格证据排除法则的理论基础;第二,品格证据导致的偏见超过了其证据价值的说法与品格证据不具有相关性的说法是自相矛盾的,若将该理论视为品格证据排除法则的真正原理,将使品格证据排除法则的原理存在内部的混乱;第三,效率原理也不是品格证据排除法则的真正考虑,因为尽管在审判阶段不允许品格证据,但是在量刑阶段,品格证据却是被容许、甚至被要求的,因此,如果效率原理真的是品格证据排除法则的理论基础的话,法律就会要求在量刑阶段也不容许品格证据。

六、品格证据排除法则的历史、宗教与哲学诠释

法学家们一方面积极地从法律政策的角度阐释品格证据排除法则的正当性原理,另一方面也勤勉地从社会历史、宗教意味、哲学基础的角度阐述品格证据规则产生的历史背景、宗教渊源和所依赖的哲学理论。

(一) 品格证据排除法则确立的历史解释

品格证据排除法则并非自古即有。相反,在英国早期的历史中,品格证据

---

[84] David P. Leonard, *supra* note 70, pp.1188-1191. 朗纳德在另一篇论文中也提到这一观点,参见 David P. Leonard, *The Perilous Task of Rethinking the Character Evidence Ban*, 49 Hastings L. J. 835(1998), p.839.

[85] F. R. Evid. 404(a)advisory committee's note. *United States v. Angelilli*, 660 F.2d 23, 40(2d Cir. 1981). (contending that character evidence essentially is irrelevant to prove the conduct in question).

[86] *Sparks v. Gilley Trucking Co.*, 992 F.2d 50, 52(4th Cir. 1993)(contending that Rule 404 excludes character evidence on the principle that is reflected in Rule 403).

[87] *Abdnor v. State*, 871 S. W. 2d 726, 738(Tex. Crim. App. 1994); *Crank v. State*, 761 S. W. 2d 328, 341(Tex. Crim. App. 1988). *Jones v. Southern Pac. R. R.*, 962 F.2d 447, 449(5th Cir. 1992). 22 Charles A. Wright & Kenneth W. Graham, Federal Practice and Procedure(1978),5232, at 346.

[88] John Henry Wigmore, *supra* note 72, 54.1, at 1212; Edward J. Imwinkelried, *Undertaking the Task of Reforming the American Character Evidence Prohibition: The Importance of Getting the Experiment off on the Right Foot*, 22 FORDHAM URB. L. J. 285, 299-300(1995) p.289.

在法庭上向来是畅通无阻的。威格默曾经指出:"在早期英国的司法实践中,寻求品格证据的做法没有任何限制。"[89]并断定,使用品格证据乃是人类一种原始的冲动,这种实践在司法中的盛行至少延续到公元1700年左右。[90]塞耶亦指出:品格证据排除法则乃是现代法律的产物,在早期的英国法庭上,人们可以自由自在地运用品格证据。[91]

但从17世纪末开始,品格证据排除规则就逐步得到确认。在1692年的一个通奸案件中,控诉方诺福克公爵声称,被告人以淫荡挑逗的方式与公爵夫人交谈,并诱惑其与之通奸。控诉方出示的证人均证明,他们曾经看到被告人在6年前和公爵夫人一起躺在床上的行为。证人还作证说,被告人在最近6年当中也与公爵夫人实施了通奸行为,不过这并非证人亲眼所见,因此只能算是间接证据。因此,被告人在6年前曾经与公爵夫人实施通奸行为的证据是否具有可采性就成为本案能否定罪的关键。最终,法庭给予陪审团的指示是:

> 被告人答辩说他在最近六年当中没有实施任何行为;在此之前发生的行为,则不在当下的案件应当考虑的范围之内。不过,原告的律师出示六年前的证据并非为了证明本案中他们希望得到的损害赔偿,而是解释他们(被告人和公爵夫人)之间的一些行为。从我的角度来看,我必须告诉你们:这些事项可以用于解释(这些行为),但是不得被用于其他目的。[92]

在1762年发表的一篇论文中,作者指出,根据当时的制定法[93],未在大陪审团告发书中列明的犯罪,在审判中不得用来证明被告人被指控的犯罪成立。[94]进

---

[89] John Henry Wigmore, *supra* note 72, 194, at 646.

[90] Ibid., 923, at 450.

[91] James Bradley Thayer, *A Preliminary Treatise on Evidence at the Common Law* (Boston, Little, Brown & Co. 1898), at 525.

[92] 12 How. St. Tr. 945-946(K. B. 1692). 最终,议会同意了公爵夫人的离婚请求,公爵夫人嫁给了本案中的被告;而原告则仅仅获得了少量的赔偿。

[93] An Act for Regulateing of Tryals in Cases of Treason and Misprision of Treason, 7 & 8 Will. 3, ch. 3 (1695-1696)(Eng.).

[94] See Sir Michael Foster, Crown Law 244-246 (photo. reprint 1982)(London, W. Clarke & Sons 1762). The statute provided "[t]hat no[] evidence shall be[] admitted or given of any overt act that is not expresly [sic] laid in the indictment against any person or persons whatsoever." 7 & 8 Will. 3, ch. 3, 8. Foster explained the statutory exclusionary rule primarily on the basis of surprise; "lest the prisoner should be surprised or confounded by a multiplicity and variety of facts which he is to answer upon the spot." 转引自, David P. Leonard, *supra* note 70, pp. 1169-1170.

入19世纪,几乎所有英语国家都普遍确立了品格证据不具有可采性的规则。在1810年的一个案件中,法院判定:被告人在另一个时间与另一个人实施了同样的罪行,这一证据用于证明当下的指控成立,是不具有可采性的。⑮ 在1901年的一个案件中,法院写道:

> 适用于刑事审判的一般证据规则就是,无论是出于惩罚的目的,还是出于助成本案中指控的目的,政府均不得证明起诉书中未予列明的犯罪。这一规则得到所有英语国家如此普遍的接受和如此坚定地确立,是因为它根源于构成我们与其他民族之间基本区别的、对于个人自由的热情钟爱,而这至少可以追溯到大宪章诞生的时代。正是由于同样的人道主义以及已经启蒙的公共精神,通过我们的普通法,判令每一个被指控实施刑事犯罪者在其罪行被证明到排除合理怀疑程度之前,有权受到无罪推定这一原则的保护。⑯

朗纳德认为,从历史的角度看,法律对待品格证据的态度发生的这种转变,植根于英美社会从农业社会向工业社会的转变。⑰ 在一个以农业为主的社会,人们之间相互都比较熟悉,从而基本上根据对方的品格决定自己的交往意愿。不仅如此,审判中往往还以一个人的品格来决定诉讼的胜负。极端形式化的英国古代的共誓涤罪这种审判方式就集中地体现了以品格决定胜负的审判方式。这种审判方式背后的逻辑是:一个品格高尚的人,是一定能够找到12个人来证明其无罪的。13世纪发展出来的陪审团审判制度,实际上就是对被告人品格的审判。因为,原始的陪审团审判制度,并非如今天的审判一样,以已知的证据证明过去发生的事实,而是通过陪审员自身对被告人品格的了解,来决断被告人的生死。因此,被告人的品格在决断其有罪与否方面,发挥着举足轻重的作用。

具有讽刺意义的是,随着工业化的发展,人们的居住日益集中,但是相互之间的熟悉程度却日益降低。因此,在现代社会,审判已经不可能建立在人人相互熟悉这样的社会基础上。相反,人们不再根据一个人的品格处理自己的日常

---

⑮ *Rex v. Cole*, Cole was decided in 1810 at "Mich. Term" "by all the Judges." See Samuel March Phillipps, *A Treatise on the Law of Evidence* 70 n. b(London, J. Butterworth & Son 1814).

⑯ *People v. Molineux*, 61 N. E. 286(N. Y. 1901).

⑰ David P. Leonard, *supra* note 70, pp. 1193-1196.

生活和对他人的交往活动,审判中,人们也无法再根据品格来从内部对一个人作出判断,而只能根据一些外在的事物来对一个人进行判断。从而,品格证据的重要性退居其次,只有在特定案件中才容许使用。

(二) 品格证据法则的宗教意味

朗纳德还认为,从一个人内心的道德品格来判断一个人转变为不再注重个人的内心,这不仅是因为农业社会转变为工业社会,而且也是因为基督新教教义的崛起。⑱ 马克思·韦伯指出,与资本主义相伴而生的,是以加尔文主义为核心的基督新教教派的崛起。⑲ 加尔文主义的基本信条就是,谁是上帝的选民,谁是魔鬼的使者,谁应当受诅咒,谁应当进天堂,这都是早已经预先注定、无论如何做善事、发善心也无法更改的。加尔文曾经说道:

> 人,由于其陷于罪孽,已经完全丧失了向往伴随着获得拯救之善的精神的能力,因此,一个自然的人,完全厌恶那种善,而终老于罪愆,无能力改变他自己,或者为实现这种改变而作出努力……经神谕,有些人和天使命中注定要永生,另一些人则注定要永死……⑳

尽管加尔文主义对于命运是如此悲观,但这并不意味着这一派宗教哲学认为现世的善行没有任何价值。相反,人们仍然可以通过自己的一言一行,发现自己在既存秩序中究竟是失败还是胜利的一些蛛丝马迹。不过,由于新教伦理不再注重于个人内心的道德品质,从而导致人们转而依据一个人在现实中取得的成就来判断一个人的成败。一个人取得的成就越大(通常也就是聚集的财富越多),则他被上帝选中的可能性也就越大。

总而言之,加尔文主义实际上反对通过一个人内心的道德品质来对其作出评价;相反,只有通过外在的、现世的事物来判断一个人的最终命运。这种外在的事物是不在人类控制能力的范围之内的。一个人可以决定自己内心的善恶,因为:仁远乎哉我欲仁斯仁至矣;但是,他却无法决定自己在现世是否能够获得

---

⑱ David P. Leonard, *supra* note 70, pp. 1196-1199.

⑲ See Max Weber, *The Protestant Ethic and the Spirit of Capitalism* (Talcott Parsons trans., Charles Scribner's Sons 1958)(1904-1905). 中译本参见〔德〕马克思·韦伯:《新教伦理与资本主义精神》,于晓、陈维纲译,三联书店1987年版。

⑳ Cornelius Burges, *The Confession of Faith of the Assembly of Divines at Westminster* ch. IX (Of Free-Will), 3 (S. W. Carruthers ed., Free Presbyterian Publications 1978)(1646). ch. III (Of God's Eternal Decree), 3. 转引自:David P. Leonard, *supra* note 70, p.1197.

成功——成功这个东西，决不是招之即来、挥之即去的。所以，在一个人是否能够获得拯救这个问题上，品格是不相关的。正是在这个意义上，也仅仅是在这个意义上，品格证据排除法则体现了新教伦理中的基本精神。

（三）品格证据规则的哲学基础

社会对一个人的评价应当侧重于一个人外部的行为而不是其内心，这一社会特征也可以从18世纪的哲学思想中获得验证。康德曾经指出：

> 法庭不得为了促进犯罪人自身或者市民社会其他的善而对被告人施加惩罚。（相反，法庭）只能因为他实施了犯罪而对他施以刑罚。[101]

黑格尔也指出，正是一个人的行为，而不是其他，使得惩罚一个人具有了正当性。黑格尔写道：

> 施加于一个人身上的惩罚不仅本身是正义的，对于犯罪人自身来说也是正义的。因为，这是存在于其行为中的意志所决定的。[102]

在洛克的个人主义哲学中，这一点体现得更加充分。在洛克看来，每一个人都是其人身和才能的自然的所有者；他不欠社会任何东西。[103]

综上所述，朗纳德指出：

> 18世纪末期到19世纪早期卓越的道德哲学家们频繁地诉诸个人主义的立场，与审判中排除品格证据的做法是完全一致的。尽管法院在创立品格证据排除法则时没有直接援引这些道德哲学家的著作和名言，他们所依据的原理却一次又一次地回应了这些凝聚着光辉思想的伟大声音。[104]

正是基于这些伟大的哲学思想，英美法系的证据法中才发展出了今日如此复杂精致乃至令人望而生畏的品格证据排除规则。这些哲学思想不仅影响了

---

[101] Immanuel Kant, *The Metaphysics of Morals* 140（Mary Gregor trans., Cambridge Univ. Press 1991）(1797)(emphasis in original). 转引自：David P. Leonard, *supra* note 70, p.1197. 中译本参见〔德〕康德：《道德形而上学原理》，苗力田译，上海人民出版社2005年版。

[102] G.W.F. Hegel, *Elements of the Philosophy of Right*, at 126（Allen W. Wood ed., H.B. Nisbet trans., Cambridge Univ. Press 1991）. 中译本参见黑格尔：《法哲学原理》，范扬、张企泰译，商务印书馆1996年版。

[103] C.B. Macpherson, *The Political Theory of Possessive Individualism* 255（1962）.

[104] David P. Leonard, *supra* note 70, p.1201.

证据法的发展,而且在很多方面影响着现代实体法的发展。[105] 至于最近在立法上表现出来的品格证据排除法则的退却,则主要是因为人们对于犯罪率上升的错觉和对多元化生活的紧张与不安。一方面,尽管犯罪率在下降,人们对于犯罪的担心却在增长;这就使得对于审判中打击犯罪效率提出了更高的要求。另一方面,对于多元化社会的担心,则催生了回复到原来的单一文化的愿望,与这种愿望相伴而生的,则是对个人主义的否定,和对集体主义[106]的呼唤。无论哪个方面都使得证据法对于品格证据日益宽容。但是,这种宽容也导致有些学者的担忧。朗纳德写道:

> 通过一般性地容许品格证据而发扬这样的理念,与这个民族最弥足珍贵的原则背道而驰:能够包容各种各样不同的价值观,刑事法律惩罚的是人们的行为,而不是其信仰或身份,这种思想不仅仅是可被容忍的,而且是十分高贵的。[107]

与朗纳德类似,著名证据法学家泰勒斯也试图从哲学的角度为品格证据排除法则找到正当性依据。泰勒斯认为,排除品格证据的做法是对一个人人格的尊重,是承认意志自由是刑罚正当化的原因和基础。[108] 泰勒斯援引著名刑法学家帕卡的理论来论证刑事实体法上的自由意志理论。根据刑事实体法上的意志自由原理,一个人之所以实施犯罪行为是出于其自由意志选择的结果;正是因为其行为是出于自由选择的结果,所以惩罚犯罪才具有正当性,对于意志不自由的精神病人不予处罚、对于意志自由受到限制的胁从犯减轻处罚才具有合理性。[109]

泰勒斯还指出,一个人的行为不应当依据其外部特征来判断,而应当根据一个人内部的"操作系统"来判断。因此,如果容许陪审团根据被告人的品格对被告人定罪,实际上相当于承认被告人的行为是由于其过去的一贯行为所决定的,而不是其意志决定的,这就颠覆了刑罚所赖以存在的正当性。正是承认被告人的犯罪是由其自由意志决定,而非其人格所决定,所以法律才排除品格

---

[105] David P. Leonard, *supra* note 70, pp. 1201-1211.
[106] 此处的"集体主义"并非政治哲学意义上的集体主义,它仅仅意味着反对过多的个性张扬、强调社会的共性与和谐的思潮。
[107] David P. Leonard, *supra* note 70, p. 1215.
[108] Peter Tillers, *supra* note 29.
[109] H. L. Packer, *The Limits of the Criminal Sanction* 86-87(1968).

证据,排除品格证据就是对被告人人格的尊重。⑩ 基于此,泰勒斯指出,由于品格本身的复杂性,对于事实上已经是残枝败叶的品格证据排除法则,在实施任何重大手术之前,都要停下来仔细地思考一下。⑪

结语

英美证据法上关于品格证据的运用规则对于我们了解其整个证据规则的复杂性,算是一个生动的例证。整体上看,英美证据法对于纯粹品格证据保持了高度的警惕,因此原则上予以排除;对于与品格没有直接关联的其他犯罪、过错或行为,则限定其可以容许的证明目标;对于构成案件事实的品格证据、作为弹劾证人可信度的品格证据以及量刑程序中的品格证据,则原则上具有可采性。然而,这仅仅是表面文字上的规定。剥除其立法表面文字上的排除规定,当可发现其实质上容许的姿态,以及实践中盛行的通例。但是,这种文字上的规定仍然体现了立法者暧昧游移的心态。一方面,人们的日常交往离不开对一个人品格的判断,这种生活经验不可避免地对审判以及有关审判的法律产生深远的影响;另一方面,通过归纳得出的结论往往无法普遍适用于无穷多样的现实生活,因此以品格来预测一个人的行为又常常出现马失前蹄的遗憾。由是之故,证据法一方面提醒事实的裁判者千万要对品格证据提高警惕,另一方面却又在实际上容许它大行其道。

不仅如此。辛辛苦苦确立的品格证据排除法则在新的规则中不断退让,从无到有的辉煌或将经历从有到无的惨痛。尽管有论者自我安慰式地感喟:"声称品格证据排除法则正在消亡未免危言耸听",坐以待毙的态度似乎也不符合英美学者的风格。因此学者们不厌其烦,对品格证据排除法则中的基本原理乃至历史渊源、宗教意味、道德哲学等深入挖掘,听起来似乎颇有几分道理。通过这些论述,我们也不可避免地注意到,英美的这些证据规则与其司法制度和程序规则之间剪不断、理还乱的联系:一是它在很大程度上既服务于陪审团审判制度,又不完全依赖于陪审团审判;二是它彰显了英美法系定罪与量刑程序二元化划分的特征;三是它较多地体现了英美对抗制中的个人主义成分。窃以为,对于每一个试图了解品格证据规则的人而言,以上三个方面均应加以小心,方才可能全面地把握其规则中蕴含的法理精髓。

---

⑩ Peter Tillers, *supra* note 29.

⑪ Ibid.

下篇　证明论

第十章　英美法上证明责任的分配

第十一章　比较法视野下的证明标准
　　　　　——以盖然性为中心

第十二章　英美证据法上的司法认知
　　　　　——兼与我国司法认知制度之比较

第十章　英美法上证明责任的分配

引言

古罗马法谚云:"法官只知法,事实须证明。"① 既须证明,自然产生证明责任问题。从有关文献来看,古罗马的诉讼中,原告承担证明责任。因为"原告不举证,被告即开释"② 意思就是,原告在诉讼中负有举证责任,如不履行责任,被告将获得胜诉。但是,这一原则显然仅仅解决证明责任分配的一部分问题。如果原告举出证据,被告加以反驳,并提出新的主张与事实,此时当如何处理?罗马法谚云:"谁主张,谁举证。"因此,提出主张之人有举证责任。但主张有肯定性主张与否定性主张之分,若原告提出一诉讼主张,被告予以否认,实际上也是在提出主张,是否均应负举证责任?罗马法谚云:"否认者不负举证责任。"③ 又:"凡事应为否认人之利益推定之。"此谚语经法律家解释为:"举证责任在于肯定主张之人而不存于否定之人。"④

古代罗马法上证明责任的分配,乃是近现代各国诉讼法上证明责任分配之开端。由于各国法律及政策之不同,以及诉讼模式之差异,使得在有些诉讼制度下,法官得自行收集证据,从而减轻当事人之证明责任;在另一些诉讼制度下,则完全采取当事人主义,因此证明责任完全由当事人承担,由此而导致各国证明责任之分配并非完全一致。我国自改革开放以来,对于大陆法系有关证明责任分配的理论与制度,可谓青睐有加。其中最著名者,莫过于罗森贝克所著之《证明责任论》。⑤ 该书一则以作者对证明责任问题的深刻把握,二则以译者娴熟的翻译技巧和高超的汉语水准,三则以著名民事诉讼法学家张卫平教授的鼎力推荐,一经出版即风靡全国,成为证明责任领域的独领风骚之作。一时间,罗森贝克所主张之"法律要件分类说",成为民事诉讼中证明责任分配的不二之选。

---

① 黄风编著:《罗马法词典》,法律出版社2002年3月第1版,第69页。
② 同上注,第21页。
③ 同上注,第183页。
④ 李学灯:《证据法比较研究》,台湾五南图书出版公司……
⑤ 参见〔德〕罗森贝克:《证明责任论——以德国民事诉讼法典为基础撰写》,庄敬华译,中国法制出版社2002年版。

与此同时,我国学者对于英美法系证明责任分配的理论和学说却较少关注。也有一些学者对这一领域尝试作过一些比较研究。应当说,这些先行者的研究也具有相当高的水准。但是总体来看,目前关于英美法系证明责任分配的理论和制度介绍尚不系统,有些问题的介绍尚嫌肤浅。因此,本章以英美法上证明责任分配的制度与理论为分析和研究的对象,以期对该领域的制度与理论有较为充分的了解,从而为我国相应制度之改进提供知识上的助益。本章第一部分首先介绍英美法系关于证明责任的两种概念并比较其与大陆法系证明责任概念体系之异同。第二部分阐述英美证据法关于证明责任分配的一般原则。第三部分介绍证明责任分配的一般理论。第四部分探讨推定的概念及其与证明责任分配的关系。第五部分对常见推定及其与具体证明责任的分配进行分析与阐述。

一、说服责任与提证责任

(一) 说服责任

英美证据法上关于证明责任的两个基本概念一为说服责任,另一为举证责任。说服责任(burden of persuasion)有时又被称为"法律责任(the legal burden)"、"可能的责任(the probative burden)"、"最终责任(the ultimate burden)"、"诉答中的证明责任(the burden of proof on the pleadings)"、"不能说服的风险(the risk of non-persuasion)"。⑥ 其具体含义是指,在整个诉讼过程中提出证据证明主张事实之各个要素并使事实的裁判者相信该事实存在的责任。⑦

应当说,说服责任是一个立体化的责任系统,是一种具有过程性质的责任。因为,在说服责任体系中,不仅包含证明责任的分配,而且还包括了证明责任的标准。例如,在一个以损害赔偿为标的或案由的诉讼中,原告方对于促使事实裁判者相信被告方的过失与损害赔偿之间的因果关系这一事实负有说服责任,则原告方首先须举出证据,例如提出证人证明事情经过,再以专家证言证明被告的过失与其所受的损害之间的因果联系。但是,这并不意味着原告就已

---

⑥ Sidney L. Phipson, *Phipson on Evidence*, Sixteenth Edition, London, Sweet & Maxwell, 2005, at 6-02.
⑦ Peter Murphy, *Murphy on Evidence*, Seventh Edition, Blackstone Press Limited, 2000, p.102.

经完成其说服责任。因为被告方也可举证。如果被告方通过证据动摇或颠覆了原告的证明,则原告仍须继续举证,直至事实裁判者最终确定原告主张的事实。如果原告在任何一个阶段未能完成其相应的责任,就必须承担败诉的后果。

(二) 提证责任

与说服责任相对应,证明责任中的另一个概念是提证责任(burden of production),它有时又被称为"使法官相信的义务(the duty of passing the judge)"、"引出证据的责任(the burden of adducing evidence)",以及"向法官出示证据的责任(duty of producing evidence to the judge)"。[8] 其具体含义是指,当事人在诉讼的不同阶段提出证据证明所主张或所反驳的事实使法庭相信该事实存在的责任。[9]

威格默认为,提证责任概念与陪审团审判这种二元制审判方式存在着密不可分的关系。它实际上体现着法官对陪审团的控制——并非所有的案件都理所当然地应当由陪审团作出裁决;相反,只有那些有着适当理由的案件,才能进入陪审团的视野。[10] 因此,尽管在一个诉讼中一方提出的主张能否获得陪审团的最终认同应当由陪审团说了算,但是在很多问题上,当事人必须首先使法官认为有必要将相关的问题提交给陪审团。换句话说,为了能使陪审团考虑并最终决定其主张是否成立(也就是是否完成了法律所要求的说服责任),当事人首先必须使法官相信,当事人已经有了让陪审团考虑的足够数量的证据。如果当事人不能使法官相信其拥有让陪审团考虑的足够的证据,法官将直接判决该方当事人败诉。

(三) 英美法系与大陆法系(德国)概念之比较

在大陆法系,德国法学家主要以客观责任与主观责任来建构其证明责任理论体系。根据汉斯·普维庭的论述,主观证明责任又称为行为责任或形式上的证明责任,它是指当事人为避免不利于己的判决而承担的,证明自己主张的事

---

[8] Sidney L. Phipson, etc., *supra* note 6, at 6-02.
[9] Peter Murphy, *supra* note 7, p.103.
[10] John Henry Wigmore, *Evidence In Trials at Common Law*, Vol.8, Peter Tillers Rev., Little, Brown and Company, Boston, Toronto, 1983, p.293.

实是否存在的责任。⑪ 客观证明责任又称结果责任或实质上的证明责任,是指法律规定的要件事实在法律审理的最后阶段仍然真伪不明时,由对该要件事实负有主张责任的当事人承担不利后果的责任。⑫ 二者的区别在于,客观责任是实体法预先确定的责任,它是实体法预先规定的在事实真伪不明时由谁承担不利后果的责任。⑬ 比如,《产品质量法》规定的制造商的证明责任,由于这种证明责任的存在,如果因产品质量问题发生诉讼,则在该产品质量是否存在问题这一事实真伪不明时,由制造商承担败诉的不利后果,这就是客观责任。主观责任则是程序法上的一种责任,它是诉讼中的当事人为避免败诉的风险而承担的证明责任。

由于客观责任是由实体法预先确定的,所以客观责任又称为实体法上的证明责任。主观责任则由于直接与诉讼有关,因而是程序法上的证明责任。在德国,主观责任是程序法上证明责任的一个总的概念,在这个概念之下,又有两个分概念,那就是:主观抽象责任与主观具体责任。其中,抽象责任是指当人们抛开具体的诉讼程序和具体的案件事实,就一个抽象的要件事实,比如说,谋杀案件中的主观故意事实发问,由谁来承担在诉讼中对该要件事实举证的责任,那么这就是抽象证明责任;具体责任则是指在一个特定的诉讼中,当法官对某一特定的要件事实,已经形成了临时的内心确信,在这种情况下,需要哪一方当事人提供证据,这时候所指的证明责任,就是具体的证明责任。⑭

关于以上两组概念之关系,可以总结为以下几点:第一,客观证明责任总是抽象证明责任,绝不可能是具体证明责任,因为任何一部实体法均不可能详细规定具体案件的风险分配。第二,主观证明责任可能是抽象的,也可能是具体的。在诉讼开始之前,谁应当证明什么,这就是抽象证明责任;在诉讼进行当中,问及谁必须举出证据证明特定事实的问题,这就是具体证明责任。第三,在诉讼程序开始之时主观抽象的证明责任和具体的证明责任承担者一定是相符的。当法官形成了临时的心证,导致证明法上的出发点发生转移时,二者才可能出现分离。第四,客观证明责任在原则上总是符合主观抽象的证明责任,与此相反,具体的证明责任则随时可以作不同的分配。其中最重要的是第四点。

---

⑪ 参见汉斯·普维庭:《现代证明责任问题》,吴越译,法律出版社2000年第1版,第36页。
⑫ 同上注,第22—27页。
⑬ 同上注,第30页。
⑭ 同上注,第13页。

在对以上概念进行比较的基础上，笔者认为，英美法系概念体系中的"说服责任"，大致相当于大陆法系的"客观责任"，因为二者都强调不能说服法官时的风险；尤其是英美法系中"the risk of non-persuasion"这一表述，十分明显地表明这应当是一种真伪不明时的证明责任。相应地，"提证责任"则类似于大陆法系的"主观责任"，因为二者均属于行为意义上的证明责任。[15] 至于大陆法系概念体系中的"主观抽象责任"和"主观具体责任"，在英美法系当中并无相应的区分。

二、证明责任分配的一般原则

（一）刑事诉讼

在刑事诉讼中，控诉方必须对指控犯罪事实的全部要件承担证明责任，而且都必须证明到排除合理怀疑的程度，这是控诉方承担的说服责任。被告方不承担说服责任，但是在诉讼的不同阶段，被告方承担一定的举证责任。被告方对阻却违法性事实（包括正当防卫、紧急避险、不可抗力、意外事件）、精神病等事实承担举证责任。被告方的举证仅限于提出合理解释，在被告方提出这一主张并举出相应证据后，控诉方有义务加以反驳，并且必须将与被告方提出的事实相反的结论证明到排除合理怀疑的程度（如图10.1所示）。

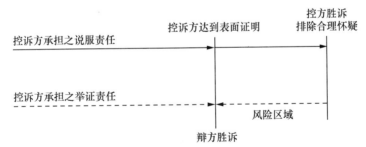

图 10.1 英美法系说服责任与举证责任之关系及其在诉讼中之分配

关于英美法系刑事诉讼中证明责任的分担，在英国伍尔明顿一案中阐述得

---

[15] 张卫平教授亦持此观点。参见张卫平：《证明责任概念解析》，《郑州大学学报（社会科学版）》2000年第6期，第57页。

非常明确。⑯ 该案中被告人被指控开枪谋杀自己的妻子。被告人辩解说是因为枪走火。在法庭辩论结束时,法官指示陪审团说:控诉方有义务证明本案中被害妇女的死亡是由于被告人的行为造成,检察官对此应当证明到排除合理怀疑的程度;如果他们完成了这一义务,则被告人就应当提出证据,证明其行为属于更轻等级的过失犯罪,或者完全不属于犯罪,而是一个意外事故。这一指示被上院认为是错误的指示,该案被发回重审。维斯康特·桑克为此案判决写的理由是:

> 在英国刑法之网中有一条可以经常看到的金线,那就是,控诉方有义务证明被告人有罪……如果在案件结束时,就案件整体而言,对于被告人杀死被害人是否出于主观上的故意这一问题,还存在着任何合理的怀疑,这种怀疑不论是由控诉方所提出,还是由被告人所提出,都应当认为,控诉方没有完成对案件的证明,从而应当将被告人无罪释放。不论指控的内容如何以及在何处审判,被告人有罪的事实都应当由控诉方承担,这是英国普通法的一部分,而且任何试图损害这一原则的努力都不会得逞!

根据该案判决,如果被告人提出了一个积极的抗辩从而使陪审团对被告人的罪行产生了合理的怀疑,则控诉方就有义务提出证据消除陪审团的怀疑,否

---

⑯ *Woolmington v. DPP*[1935]AC 462。该案发生于 1935 年。案件中的当事人为夫妻,被告人为夫妻中的丈夫。二人于 1934 年 8 月 25 日结婚,结婚时被告人 21 岁半,被害人比他小 4 岁。被告人在一家农场工作,享有较好的名声。同年 11 月 22 日,被告人的妻子离开了被告人,回到娘家,与守寡的母亲一起居住。被告人希望她和他回去,并试图引诱她这样做,但是被她拒绝。在被害人隔壁居住的是被害人母亲的妹妹布莱恩(Brine)。1934 年 12 月 10 日,布莱恩听到被告人在被害人家中的声音:"你究竟是不是和我回去?""你母亲在哪里?"然后听到门响的声音。她向窗外张望,看到被告人离开被害人家;她叫了他,但是他没有回答,而是骑上自行车走了。她进入到被害人家中,发现被害人躺在血泊之中。子弹击中了她的心脏。被告人对此事件的说法是:他只是想吓唬被害人。他说当他问道被害人是否愿意与他一起回去时她给了否定的回答,于是他对她说如果你不回去我就会向自己开枪。为了向她证明这一点,他把枪从夹克口袋里拿出来放在腰部,但是枪走火了,他没有意识到枪是对准被害人的。他不知道该怎么办,于是回到家中碰到自己母亲说:"我朝我妻子开了一枪。"被捕后警察在被告人的夹克中发现了一张字条,大致意思是被害人毁了他,所以他必须采取报复行动。具体内容如下:"It is agonies to carry on any longer. I have kept true hoping she would return this is the only way out. They ruined me and I'll have my revenge. May God forgive me for doing this but it is the Best thing. Ask Jess to call for the money paid on motor bike(Wed.). Her mother is no good on this earth but have no more cartridges only 2 one for her and one for me. I am of a sound mind now. Forgive me for all trouble caused."交叉询问时控诉方曾经问过被告人该字条是在事情发生之前写的还是事情发生之后写的,被告人的回答是事情发生之后。他解释说他写完这张字条之后就等待警察的到来,但他打算自己开枪以结束自己的生命。不过没有马上这样做,而是将自己的想法告诉了父亲,结果被他父亲说服,而没有开枪。

则就应当将被告人无罪释放。但是,这一原则存在着一些例外,在这些例外情况中,证明责任的分配仍然值得考虑。

刑事诉讼中说服责任与提证责任之间的区别表现在:说服责任永远由控诉方承担,举证责任则可以在控诉方与被告人之间转移;说服责任对应的是整个案件事实,举证责任则可以是特定的案件事实,也可以是某个案件事实的某一方面(比如说,主体不合格);说服责任相应的证明标准是排除合理怀疑,举证责任的证明标准则因不同的当事人而异:对控诉方而言,由于他在总体上必须将案件事实证明到排除合理怀疑的程度,所以对他的证明要求比较高,对被告人而言,则只需要对控诉方所主张的事实提出合理怀疑即可。

(二) 民事诉讼

在民事诉讼中,对于任何争议事实的说服责任,均由肯定性地(affirmatively)主张该争议事实的当事人一方承担;另外,如果一个争议事实对于一个主张或抗辩构成实质性要素,则提出该主张或抗辩的说服责任由提出的当事人承担,至于何为主张或抗辩的实质性要素则由实体法规定。[17]

根据上述规则,原告方如果对于构成其主张之实质性要素的任何部分未能提供证明,则法院应当判令原告败诉。但是,被告方的地位却有所不同。由于诉讼是由原告提起,原告通常会提出积极的主张,而被告则通常对原告的主张予以消极的否认。因此被告不承担说服责任。但是,如果被告并不仅仅是否认原告的主张,而是在原告主张之外提出了积极的抗辩,则被告对其提出的抗辩也负说服责任。例如,在原告起诉被告因为过失而导致其受伤害的案件中,如果被告仅仅是答辩说自己没有过失,则被告不负说服责任;但如果被告的答辩不仅是自己没有过失,而且是原告自己有过失,则被告对于原告自己有过失这一抗辩理由承担说服责任。[18]

在提证责任方面,民事诉讼与刑事诉讼适用的原则基本上是一样的。因此,一旦原告将自己的主张证明到表面可信的证明的程度,被告方就必须承担相应的提证责任。

---

[17] Peter Murphy, *supra* note 7, p. 105.
[18] Ibid., p. 106.

三、证明责任分配的一般理论

(一) 英美学者对统一的证明责任分配理论的态度

如本章在引言部分所指出,大陆法系对于证明责任分配问题从古代罗马法开始就试图寻找或建构一个能够适用于所有诉讼的统一命题。所谓"谁主张、谁举证"、"原告不举证,被告即开释"、"举证责任存于主张肯定事实之人"等皆属此类。及至近现代关于举证责任问题提出的"待证事实分类说"、"基础事实说"以及罗森贝克氏所主张的"不适用规范说"等理论,目的均在于此。

与之形成鲜明对照的是,英美法系的学者似乎从一开始就拒绝进行这样的努力。相反,那些在证据法学领域享有赫赫威名的学者们几乎不约而同地反对就证明责任分配提供一个放之四海而皆准的方案。塞耶明确指出:我们无权在证据法中寻找关于证明责任分配的统一方案。[19] 因为,寻求证明责任分配的统一方案需要对诉答程序进行历史的、批判的考察,和对推定及法律推定进行细致的考量,以及对实体法的概念作公允的分析。[20] 与此同时,证据法的权威们又承认:也只有证据法能为这一问题提供任何可能的指导。但是,证据法学者们一致同意:关于证明责任分配问题,并不存在一个一揽子的解决方案。换句话说,并不存在一个关于证明责任分配的放之四海而皆准的统一标准。曾经有人试图以"主张积极事实之人负举证责任"或"主张消极事实之人不负举证责任"来一统证明责任分配理论之天下,但有学者指出:任何命题都可以以肯定或否定的方式提出,因此此理论根本无法解决证明责任之问题。[21] 可见,证明责任分配的问题不但逻辑法则无能为力,语法规则也是难以胜任。[22] 因此,任何试图以一个统一的原则来解决证明责任分配问题的努力,最终都将被证明是徒劳无功的。

(二) 证明责任分配应当考虑的因素

尽管英美学者不承认存在一个统领于各个诉讼领域的证明责任分配规则,

---

[19] James Bradley Thayer, *A Prelimnary Treaties on Evidence at the Common Law*, 1898, p.371.
[20] James Bradley Thayer, "The Burden of Proof", 4 *Harv. L. Rev.* 45, May 1890, p.47.
[21] Edward W. Cleary, "Presuming and Pleading: An Essay on Juristic Immaturity", 12 *Stanford L. Rev.*, December 1959, p.11.
[22] Irving Younger, Michael Goldsmith, David A. Sonenshein, *Principles of Evidence*, 4th Edition, p.865.

但是在理论上,证据法学者们仍然认为,在考虑具体的证明责任分配时,有一些应当考虑的因素值得重视。这些因素主要包括政策、公平及可能性(policy/fairness/probability)。

根据英美证据法学者的论述,"政策"通常是指法律基于某种特殊考虑,从而预设了应当承担证明责任的主体。例如,在刑事诉讼中,控诉方承担证明被告人有罪的说服责任,这是一个几乎永恒的政策;在被告人提出"自卫"作为抗辩理由时,控诉方仍然承担说服责任,以使陪审团相信被告人的行为不是自卫;但在被告人以"精神病"作为抗辩理由时,法律要求被告人一方就被告人患有精神病的事实提供"清晰和有说服力的证据"。因此,在美国联邦法院系统,如果被告人提供的抗辩为自卫时,控诉方承担说服责任;而当被告人提出的抗辩为精神病时,控诉方不承担说服责任。[23] 在民事诉讼中,主张共同过错的当事人通常都要求对共同过错承担证明责任。例如,在一个共同侵权案件中,原告和两名共同被告一起打猎,二被告同时开枪致原告眼睛受伤;原告起诉后法院要求两名共同被告均证明原告的枪伤不是自己造成。[24]

"公平"指的是当一个案件事实的构成要素在性质上意味着证明该事实的证据控制在一方当事人手中,从而将证明责任分配于该方当事人会显得更加公平时,就应当由该方当事人承担证明责任。例如,在债务清偿案件中,一方当事人主张债务已经清偿时,由于清偿债务的一方当事人通常握有债务已经获得清偿的证据,因此由其证明债务已经清偿是天经地义的。又如当某人主张其拥有某个事项的许可证时,由其向法庭提供许可证来证明其主张也是理所当然的。因此,"公平"原则有时候又被称为"便利"原则。其基本原理就是提出主张的当事人对于证明该主张成立而言具有某种天然的便利。例如,在一个财物灭失的案件中,原告存放于被告仓库的财物因火灾而灭失,发生火灾的原因既可能是被告员工的疏忽也可能不是被告员工的疏忽,法院判定被告对于火灾的发生不是由于己方的疏忽承担证明责任。[25]

"可能性"原理是指当某个事实在通常情况下发生的可能性较小时,主张该事实的当事人承担证明责任。例如,当被告人主张债务已经偿还时,被告人负有证明、说服法官债务已经偿还的责任,是因为如果债务已经获得清偿,则债

---

[23] Paul C. Giannelli, *Understanding Evidence*, LexisNexis, p.44.
[24] *Summers v. Tice*, 33 Cal. 2d 80, 199 P. 2d 1, 5 A. L. R. 2d 91(1948).
[25] *George v. Bekins Van & Storage Co.*, see from Irving Younger et el, *supra* note 22, p.865.

权人通常不大可能就此已经获得清偿的债务提起诉讼;换句话说,债权人既然提起诉讼,说明债务人未清偿债务的可能性较大,已经清偿债务的可能性较小,因此债务人承担举证责任。㉖

四、推定与证明责任的关系

尽管英美法系并不存在如大陆法系那样一统天下的证明责任分配理论,但由于英美法系证据法上推定的重要地位,使得在一些具体事项的证明责任分配问题上,在那些大陆法系可能通过一些理论命题加以解决的问题,在英美法系则通过推定的方法,起到对具体的证明责任进行分配的作用。因此,推定与证明责任存在着千丝万缕的联系,讨论证明责任的分配问题不可能也不应该绕过推定。

(一)证据法上推定的界定

无论对法学院的学生还是对从业律师而言,有关推定的法律都属于证据法上最难以掌握的领域。㉗ 这一方面是因为推定概念的使用在很多场合并不一致,从而生出许多混淆与困惑;另一方面则是因为证据法的权威学者们对于推定的功能存在着不同的看法,从而加剧了这种混淆和困惑;另外,由于宪法修正案条款的存在,使得刑事诉讼中的推定在很大程度上不同于民事诉讼中的推定,这也在很大程度上增加了理解推定制度的难度。

尽管如此,理论上都同意,推定通常包含了基础事实、推定事实以及从基础事实到推定事实的推论过程三个要素。其中,基础事实就是已知的事实;推定事实则是从已知事实中推论出来的事实;推论的过程则是从已知事实到推定事实进行逻辑推理的过程。

在有关推定的所有分类中,首先需要处理的是将推定区分为"事实的推定"和"法律的推定"。这一分类方法曾经为一些证据法学者们所津津乐道。二者的区别在于:首先,法律推定的力量源于法律的规定,事实推定的力量源于常识和逻辑;其次,法律推定适用于类型化的场合,事实推定则视具体的案件事实而定;最后,法律的推定通常由法院认定,在没有相反证据的情况下自动地作出有利于一方当事人的结论;事实的推定则是法庭从具体事实中得出的推论,

---

㉖ Edward W. Cleary, *supra* note 21, p.13.
㉗ Paul C. Giannelli, *supra* note 23, LexisNexis, p.53.

对法院并不具有当然的约束力。㉘

应当指出,将推定区分为事实推定和法律推定的说法是非常容易引起混淆的。因为,上述分类中提到的"事实推定",实际上属于"推论(inference)"而不属于"推定(presumption)"。毋庸置疑,任何推定都包含推论的成分,并且都必然是理性的推论。㉙ 但是,证据法所讨论的推定都对应着一定的法律规则,并且对应着相应的程序后果。因此,推定通常都是强制性的(mandatory),而推论则是容许性或者说任意性的(permissive);在推定的规则之下,一旦基础事实得到证明,法官必须按照规则假定推定的事实存在;而推论则不然,虽然有时候人们会依据一些基础事实得出某个结论,但是并非所有人都会得出这个结论,因此推论对于法官并无拘束力。㉚ 因此,大多数证据法学者都认为,将事实推论当作推定来对待的做法,既是不必要的,也是容易引起误导的。㉛

另一种对推定的分类方法是在将事实推论排除在推定的范畴之外以后,也就是将推定界定为法律推定的前提下,进一步将推定区分为"不可反驳的推定(conclusive/irrebuttable presumptions)"和"可反驳的推定(rebuttable presumption)"两大类。其中,不可反驳的推定实际上属于实体法的范畴,因此很难说属于证据法规范的领域。例如,中国刑法规定 14 岁以下的未成年人不承担刑事责任,实际上就是推定 14 岁以下的未成年人不具备刑事责任能力。这一类推定与可反驳的推定比较起来,最显著的区别就是,可反驳的推定在具备基础事实时,法庭必须假定推定事实存在;但是如果对方当事人提出了相反的证据,则法庭就可以不受该推定规则的约束。但是,不可反驳的推定则不是这样。相反,根据不可反驳的推定规则,一旦基础事实确立,则反对方当事人不能举出任何证据推翻推定事实的成立。例如关于 14 岁以下的人没有刑事责任能力的推定,只要有证据证明任何主体为 14 岁以下,反对方就不能以任何证据证明该主体有责任能力。如果在证据法上将这种规则也视为推定,实际上并无任何意义。因此,这些"推定"虽然也被冠以"可反驳的推定"或"结论性推定"之名,但是却与证据法上所探讨的"推定"完全无关。墨菲指出,这一类推定在

㉘ *Phipson on Evidence*, Sixteenth Edition, London: Sweet & Maxwell, p. 136.
㉙ Charles V. Laughlin, "In Support of the Thayer Theory of Presumptions", 52 *Mich. L. Rev.*, 195, 1953.
㉚ Paul C. Giannelli, *supra* note 23, p. 54.
㉛ Wigmore, *supra* note 10, Vol. 9, p. 304; Paul C. Giannelli, *supra* note 23, p. 54.

理论上已经达成一致,那就是,它们属于实体法规定的范畴,完全不能称为"推定"。㉜

因此,证据法上探讨的推定,主要属于法律推定中的可反驳的推定。其中较著名者如:无罪推定——在缺乏足够证据证明的情况下,任何人均应当被推定为无罪,该推定不仅适用于刑事诉讼,而且在民事诉讼中,当被告人面临侵权等指控时,有关被告人是否实施了侵权行为以及是否具有主观上的过错等问题,均适用无罪推定。精神正常推定——通常情况下,除非有相反的证据,否则任何人都应当被推定为精神正常。婚生子女推定——在婚姻关系存续期间生育的子女被推定为该夫妻的亲生子女,但如果有相反证据证明该子女出生前该夫妻已经分居9个月以上,则该推定被推翻。生育能力推定——根据1964年的法律,14岁以下的男子和12岁以下的女子以及55岁以上的妇女,均被推定为无生育能力,但有相反证据的除外。死亡推定——一个失踪7年以上的人被推定为死亡。㉝

在上述法律推定当中,有些推定是完全不需要任何基础事实都应当予以适用的推定,例如无罪推定、精神正常推定等,除非有相反的证据加以证明。因此也有证据法学者指出,将这些规则称为"推定"纯粹是引人误导的。因此主张将这些推定排除在证据法所探讨的推定概念之外。

(二) 推定与证明责任的关系

按照墨菲的说法,在推定的问题上,英国学者和美国学者存在着实质性的差别。英国学者习惯于首先将推定区分为不同的种类,然后阐述其对于证明责任分配的不同影响;而美国学者则热衷于寻找(通常是徒劳地)一个适用于所有推定的普遍原理,但他们却发现难以认同相互之间提出的原理。㉞

塞耶虽然是美国学者,但却被认为是英国传统的权威代表人物。根据塞耶的观点,推定实际上属于对推定事实负提证责任的一方当事人的证据性责任,它仅导致提证责任的转移,并不导致说服责任的转移:一旦一个基础事实得到证明,根据推定法则推论的事实也视为得到证明;此时反对方只有提出相反的证据证明推定的事实不存在,才能推翻该被主张的推定;同时,一旦反对方举出

㉜ Peter Murphy, *supra* note 7, p.580.
㉝ Sidney L. Phipson, *supra* note 6, p.137.
㉞ Peter Murphy, *supra* note 7, p.104.

证据予以证明,则该推定即视为不存在。这一理论有点像吹气泡:当一方当事人举出证据证明一个基础事实存在时,他就像吹起了一个气泡——推定的事实就是这个气泡;而一旦对方当事人举出了相应的证据予以反驳,则推论的事实就不再被承认,如同气泡被吹破了那样。所以,塞耶的理论,又被称为"气泡破裂理论(bursting bubble theory)"。[35]

另一种观点认为,推定不仅转移提证责任,而且转移说服责任。首先提出这一观点的是弗郎西斯·博林教授。博林教授于1920年发表论文指出,有些推定仅仅以转移提证责任的说法来解释是不够的,它们不仅转移提证责任,而且转移说服责任。[36]但是,博林的观点只是引起了零星的注意。直到另一位伟大的证据法学家继承并发扬了博林的观点之后,该观点才得到足够的重视。这位伟大的证据法学家就是摩根。1937年,摩根发表论文指出:一方面,塞耶的理论具有简单明了的特征,因此自有其优势与魅力;另一方面,尽管大量的推定,甚至可以说数不清的推定,其效果都是转移提证责任;但是也有一些推定既能够转移提证责任,也起到转移说服责任的效果:一旦基础事实得到证明,反对的一方就必须将推定事实不存在这一主张证明到法律所要求的程度。[37]因此,如果将塞耶理论下的推定称为"证据性推定(evidential presumption)",则摩根理论中的推定又可称为"说服性的推定(persuasive presumption)"。但由于前面所述的原因,刑事诉讼中的被告人根本不可能承担说服责任,因此这两种理论的区别只有在民事诉讼中才有意义。

既然摩根被认为是美国传统的代表,并且其理论也获得美国《联邦证据规则》起草者的青睐,因此《联邦证据规则草案》对于推定的规定基本上体现了摩根的观点。但是议会通过的规则却拒绝了摩根的理论。《联邦证据规则》第301条规定:"除议会颁布的法律或本法另有规定者外,所有民事诉讼及其他民事程序中因推定而受不利益的当事人,仅负提出证据反驳该推定之责任,并不因该推定而负担说服责任。整个诉讼中的说服责任自始至终由负有此责任的当事人承担。"[38]从规则的文字来看,规则没有采用摩根的理论是很明显的;但

---

[35] James Bradley Thayer, *supra* note 19, pp. 314, 336.

[36] Francis E. Bohlen, "The Effect of Rebuttable Presumptions of Law upon the Burden of Proof", 68 *U. Pa. L. Rev.*, 307(1920).

[37] Morgan & Maguire, "Looking Backward and Forward at Evidence", 50 *Harv. L. Rev.* 909, 913 (1937).

[38] Fed. R. Evid., Rule 301.

是其是否就接受了塞耶的观点则有待论证。但法院和证据法学者们都相信《规则》实质上接受了塞耶的观点。[39]

五、常见推定与具体的证明责任

在界定了推定的概念之后,我们可以探讨一些常见的推定和具体证明责任之间的关系。由于前面所述的理由,此处的探讨不包括所谓的事实的推论,也不包括不可反驳的法律推定,而仅包括可反驳的法律推定。另外,尽管一些实体法规则所规定的推定不需要基础事实,因此在有些证据法学者看来不属于真正的推定,例如无罪推定、精神正常推定等,但是这一类规则对于证明责任的分配有意义,因此本章在探讨时也偶有涉及。又由于前面提到的原因,虽然在大多数情况下,推定只转移提证责任,但在有些判例中,根据法院的立场,推定也转移说服责任。因此,本章的论述并不表明本章采用了摩根的立场,而是在介绍相关规则时以具体法院的判例为准进行客观的阐述。

(一) 神志正常推定

在刑事诉讼中,任何人均被假定为神志正常,因此神志正常推定属于刑事诉讼中一个普遍的推定。在证明责任的分配上,由于神志清醒是犯罪意图的前提,因此神志问题属于犯罪构成要件事实;对于这一事实,由控诉方承担说服责任,控诉方必须将被告人神志正常这一事实证明到排除合理怀疑的程度。但是由于存在着神志正常的推定,在没有相反证据提出的情况下,通常认为这一推定已经使控方满足其证明责任要求,因此控方无需举证证明被告人神志正常。相反,被告人若主张犯罪时神志不正常,则被告人应当承担提出证据加以证明的责任,也就是提证责任。但在有些司法辖区,根据法院的判例,被告人如果提出神志问题作为抗辩的理由,则被告人对此问题承担说服责任,并且应当将该事实证明至优势盖然性的程度(Preponderence of Evidence);同时,被告人对此问题也当然要承担相应的提证责任。[40]

在民事诉讼的遗嘱执行案件中,遗嘱必须是立遗嘱人真实的意思表示,立遗嘱人在订立遗嘱时神志正常成为案件事实的实质性构成要件。因此,主张执

---

[39] ABA Section of Litigation, *Emerging Problems under the Federal Rules of Evidence*, *Rule 301*, at 37 (3d ed. 1998). See from Paul C. Giannelli, *supra* note 23, p.58.

[40] *Davis v. United States*, 160 U.S. 469, 487(1895); *Commonwealth v. Vogel*, 440 Pa. 1, 14, 268 A. 2d 89, 90(1970); Wigmore, *supra* note 10, Vol.9, p.464.

行遗嘱的当事人对于立遗嘱人订立遗嘱时神志正常的事实承担说服责任和相应的提证责任。对此,一种观点认为,只要原告方提出了具有适当形式的遗嘱执行的证据,就视为提出了一个立遗嘱人神志正常的假定,从而使原告方当事人满足了证明责任的要求。但是也有判例认为,仅仅提出具有适当形式的遗嘱并不足以满足原告方证明责任要求,相反,主张遗嘱有效的当事人还必须至少提出其他证据来证明其主张的事实——立遗嘱人在订立遗嘱时神志清醒。[41]

(二) 过失推定

在现代社会,人们大量使用那些能够给人们带来方便和力量的机器。但是,有些机器一旦组装或使用不当,往往就会引起伤害(有时候称为"事故")。在法律上,一旦这种伤害或事故发生,通常假定机器的所有人或管理人负有责任。这一规则在学理上被称为"事实自证"原理(res ipsa loquitur),也就是说只要特定事实存在,就无需当事人举证。在英国和加拿大,这一规则作为侵权法上的原则被认为已经存在了很长时间。[42]

但是在美国,相关的规则却是不清楚的。不过在适用该规则的司法辖区,对于该规则的适用有几点限制是可以明确的:一是该机器在通常情况下不会造成任何伤害,除非组装、检测或使用不当;二是造成伤害时该机器的检测和使用都必须处于被起诉当事人的控制之下;三是伤害事故的发生及其状况均必须与被伤害当事人任何自愿的行为无关。[43]

(三) 债务清偿推定

如果债务人持有清偿债务的收据,这在一般情况下都被认为是一个非结论性的推论,也就是说只是一个事实推论,并不构成法律意义上的推定。但是,由于此类证据的证明力如此之强,因此有些法院赋予其与推定同等的效果。[44]

如果某甲向某乙汇款,则该汇款既有可能属于向某乙放债,也可能是某甲想将自己的钱存放于某乙处,也有可能是某甲赠予某乙的礼物,还有可能是某甲希望清偿其欠债。在汇款性质不明,而导致某甲作为原告起诉时,法律的规则是,某甲向某乙汇款的行为将被推定为清偿债务(履行义务)行为,而不是放

---

[41] Wigmore, *supra* note 10, Vol. 9, p. 456.
[42] Ibid., p. 488.
[43] Ibid., p. 507.
[44] *Ramsdell v. Clark*, 20 Mont. 103. 39 p. 591 (1897); *Guyette v. Bolton*, 46 Vt. 228 (1872); Wigmore, *supra* note 10, Vol. 9, p. 562.

债(产生权利)行为。

(四) 婚生子推定

一名已婚妇女在婚姻关系存续期间所生的子女,推定为是她与她丈夫所生的子女。主张该推定的当事人首先必须举证证明以下基础事实:首先,该子女是该已婚妇女所生;其次,生育时间应当是在合法婚姻存续期间或者虽然在婚姻终结之后但仍然在正常的怀孕期间;最后,怀孕时丈夫还活着。[45]

根据墨菲的论述,在英国,一旦基础事实得到证明,则在婚姻关系存续期间双方自愿分居的事实、离婚程序已经开始的事实、甚至生育时该婴儿母亲已经重婚的事实,均不足以推翻该推定。[46] 但是,如果婚姻关系存续期间的分居是基于法庭的命令,则不仅该推定予以推翻,并且由于该命令导致该夫妻之间不存在性行为,从而产生一个新的推定:该子女不属于该丈夫所生。但是后面这个推定仍然属可反驳的推定:如果另一方当事人举出证据证明该夫妻在法庭命令的分居期间有过性行为,则上述推定被推翻。[47] 相应地,如果一个婴儿的出生是在法庭命令颁布9个月之后,该婴儿将被推定为非婚生。

(五) 死亡推定

死亡推定是指一个人在失踪一定期间(通常为七年)之后,即视为已经死亡的推定。这是一个极为普遍的推定。在以下基础事实得到证明的情况下,一个人将被推定为死亡:首先,没有证据证明该人在连续七年或更长时间内还活着;其次,如果该人还活着的话,那些在正常情况下应当听说过他的人,在连续七年或更长的时间内都没有听说过他;最后,在穷尽了所有手段找寻该人之后,都没有找到该人。[48]

结语

经过以上论述与比较,我们不难发现,英美法上的说服责任、提证责任概念与大陆法系的客观责任、主观责任基本上一一对应。但与大陆法系不同的是,

---

[45] Peter Murphy, *supra* note 7, Seventh Edition, p.581.

[46] *Ettenfield v. Ettenfield* (1940), p.96; *Lnowles v. Knowles* (1962), p.161; *Maturin v. Attorney-General* (1938) 2 All ER 214; Re Overbury, *Sheppard v. Matthews* (1955) Ch 122. Peter Murphy, *supra* note 7, p.582.

[47] *Hetherington v. Hetherington* (1887) 12 PD 112.

[48] *Chard v. Chard* (1956) p.259, per Sachs J at 272; Peter Murphy, *supra* note 7, p.582.

大陆法系学者们在民事证明责任分配问题上一致追求一个统一的证明责任理论,从而发展出了待证事实分类说、基础事实说和法律规范分类说等学说,而英美法系的学者们却几乎不约而同地拒绝这种理论上的努力,从而使得其证明责任理论基本上无所建树。当然,这并不表明其司法实践就完全无章可循。相反,英美法系的学者正是认识到证明责任分配问题的复杂性,所以将这一问题主要视为实体法问题。因此,尽管理论上缺乏统一的证明责任分配理论,但是实体法上的规则以及大量存在的推定规则等,均在实际上发挥着分配证明责任的功能。只不过,大陆法系的学者将实体法上证明责任的分配原理加以概括,从而建构出比较抽象但也较易表述的理论。这也进一步说明,证明责任分配的问题,本质上是一个实体法问题;即使从证据法的角度来研究,也必须从实体法切入。惟其如此,方能成就证据法学建构命题、整合理论的梦想。

第十一章 比较法视野下的证明标准
——以盖然性为中心

引言

证明标准在诉讼证据领域一直是一个聚讼纷纭的问题。这个问题由于延伸至认识论哲学领域,因此成为众多学者展示才华的阵地。同时,也正是由于其延伸的范围过于难以把握,一不小心就有可能滑入形而上学的泥淖,所以在以经验主义、实用主义和自由主义为其基本特征的英美法系,对这个问题罕有研究者涉足。但是近年来,英美法系对这个问题的研究也逐渐热闹。因此,本章不避艰难,以证明标准问题中的核心概念"盖然性"为中心,并通过比较的方法,对英美法系的相关规则,及其与大陆法系之间的区别进行阐述,并对我国相关领域的问题略抒己见。

一、证明标准的概念与内涵

(一) 证明标准的含义

墨菲认为,证明标准是指证据对于事实裁判者所能产生的对法庭事实的主观印象所必须达到的确定性或可能性程度,是承担证明责任之当事人为赢得案件,或者为获得某一特定事项之有利裁决,而必须对事实裁判者说服的程度。[①] 因此,证明标准就是指承担证明责任的当事方为完成其证明责任、避免承担其主张不能成立之后果而对其主张应当予以证明,从而使法官对其主张之事实产生确信的程度。它一方面属于证明责任制度的内在组成部分,另一方面体现了证据法对于证据在质量和数量方面的要求。

(二) 证明标准与内心确信的程度

证明标准虽然是证明责任法对于举证方在证据质量和数量方面的要求,这种要求却不是直接针对证据而提出,而是针对法官内心确信的程度而提出。它要求的是举证方对于其证据在说服法官相信其所主张的事实存在应当达到的程度。因此,证明标准表述的是人类对于某种特定主张确信的程度。

---

① Peter Murphy, *Murphy on Evidence*, Blackstone Press Limited, 7th Edition, 2000, p.119.

从认知心理学的角度而言,确信的程度是分为不同等级的。根据美国证据法学者的阐述,确信的程度可以分为九个等级:第一等级为无线索,也就是没有任何根据,确信度为零,不足以采取任何法律行动;第二等级为怀疑(suspicion),即轻微的相信,可以开始侦查;第三等级为合理怀疑(reasonable doubt),或称有理由的怀疑,可以将被告人无罪释放;第四等级为合理的相信(reasonable belief),适用于拦截和拍身搜查;第五等级为合理根据,又称可成立的理由(probable cause),适用于签发逮捕令状、实施无证逮捕、搜查和扣押,大陪审团签发起诉书和检察官签发起诉书、撤销缓刑和假释等情况;第六等级是优势证据,通常用于民事诉讼的判决和刑事诉讼中认可辩护理由;第七等级是清晰和有说服力的证据,在某些州的民事诉讼中对于特定案件的证明会有此要求;第八等级是排除合理怀疑,通常为刑事诉讼中定罪所要求;第九等级为绝对确定,理论上通常认为这一要求无法实现,因此无论基于何种法律目的均不得提出此等要求。②

二、证明标准的表述

如上所述,人类确信的程度大体上可以分为九个等级。但是,并不是说这九个等级均属于法律所规定的证明标准。事实上,证明标准的说法在英美的证据法中通常只适用于审判的场合,也就是只适用于存在着正式证明的场合。在美国法上经常提到的有关证明标准的表述主要为三种:优势证明、清晰可信的证明和排除合理怀疑的证明。③ 其他六种说法与其说是证明标准,不如说是采取特定法律行动需要的内心确信程度。严格说来它们并不属于证明标准的范畴。因此,以下仅对常用的证明标准的表述进行阐述。

(一)排除合理怀疑

刑事诉讼中犯罪的证明标准为排除合理怀疑。排除合理怀疑的说法起源于 18 世纪,而且一开始仅适用于刑事诉讼中的死刑案件。不仅如此,该证明标准的表述在刚开始时也是很不确定的。相反,对于证明标准的表述是一个多种表述并存的局面。其中用得比较多的如"清晰的印象(clear impression)"、"清

---

② 参见卞建林:《美国刑事诉讼简介》,载《美国联邦刑事诉讼规则和证据规则》,中国政法大学出版社 1996 年版。

③ Kevin M. Clermont, "Standards of Proof Revisited", 33 *Vermont Law Review* Spring, 2009, p.469.

晰的基础(upon clear grounds)"、"满意的(satisfied)"等属于早期形态;之后较多的用法是"理性的怀疑(rational doubt)"、"理性以及相当有基础的怀疑 rational and well-grounded doubt"、"排除怀疑的可能性(beyond the probability of doubt)"以及"合理怀疑(reasonable doubt)"等。最后发展阶段才是"排除合理怀疑(beyond reasonable doubt)"的"可能的确定性"获得确立。④

对于排除合理怀疑证明标准的含义,人们通常习惯于引用麻州首席大法官肖在韦伯谋杀帕克曼一案中的说法:

> 合理怀疑就是指,在对全部证据进行完全的比较和思量之后,在这种状态下陪审员脑海里留下的印象是,他们不能说他们感觉到,对于指控的事实真相,有必要将被告人予以定罪,达到如此的确定……证据必须将事实证明到理性的和盖然性的确定性——这是一种能够说服和指示理解能力,并且满足理性和判断力的确定性……只有这样我们才能说达到了排除合理怀疑的证明。⑤

仔细研读上述解释之后,我们发现,这段经典语录并不能帮助我们加深对"排除合理怀疑"的理解;相反,它也许使我们更加困惑。本书认为,排除合理怀疑本身就是一个已经相当直白的表述,对此进行任何过多的解释都有可能弄巧成拙,反而使相当明了的事情变得复杂化、模糊化。

(二) 优势证据

优势证据(preponderance of evidence),又称"更有力的证据(greater weight of the evidence)"或"更可能的证明(more likely than not)",通常属于最低限度的证明标准,适用于大多数民事诉讼。⑥

在民事诉讼中,承担证明责任的一方当事人通常应当将其主张证明至优势证据的程度,也就是必须说服法官相信,其主张所对应的事实存在的可能性大于不存在的可能性。对此,宾夕法尼亚州法建议法官对陪审团进行如下指示:

---

④ John Henry Wigmore, *Evidence In Trials at Common Law*, Vol. VIII, Peter Tillers Rev., Little, Brown and Company, Boston, Toronto, 1983, p. 405; Barbara J. Shapiro, *Beyond Reasonable Doubt and Probable Cause: Historical Perspectives on the Anglo-American Law of Evidence*, University of California Press, London, 1991, pp. 3-25.

⑤ *Commonwealth v. Webster*, 59 Mass(5 Cush.)295(1850). Wigmore, supra note 4, p.405.

⑥ David P. Leonard, Victor J. Gold, *Evidence: A Structured Approach*, Aspen Publishers, New York, 2004, p.603.

你们可以思考一下在有刻度的天平上放上物品。在陪审团评议室进行讨论时你们可以想象性地运用一下这个刻度。你们不妨将所有有利于原告的证据放入一个盘子,将所有有利于被告的证据放入另一个盘子。如果天平的刻度哪怕只是向原告的方向略微有所倾斜,你们就应当判令原告胜诉。⑦

因此,民事诉讼中要求的证明标准通常是优势的盖然性。也就是说,如果在审判结束时,法官仍然不能决断争议事实究竟为何,则承担说服责任的一方应当败诉。但是值得指出的是,当法官在评价证据、衡量事实时,并不是在原告方主张的事实更有可能还是被告方主张的事实更有可能之间进行衡量,而是在原告的主张更有可能为真还是更不可能为真之间进行衡量。换句话说,对原告关于事实的主张应当通过一个客观的盖然性标准来加以衡量。⑧

(三) 清晰和有说服力的证据

介于优势证据和排除合理怀疑之间的证明标准是清晰和有说服力的证据(clear and convincing evidence)、或"直白、清晰和有说服力的证据(plain, clear and convincing evidence)"。该证明标准仅适用于民事诉讼,在美国的很多州用于审理诈欺案件或者那些当事人试图寻求惩罚性赔偿的案件。⑨

三、证明标准与盖然性

(一) 概率论的起源

从以上证明标准的概念来看,证明标准的内容实际上是就案件事实之存在使法官产生确信的程度。从当事人的角度而言,它是当事人使法官产生确信的一种任务;就法官的角度而言,它是法官对事实之有无的一种心理状态。法律所要求法官对当事人所主张事实之有无必须达到的确信程度,就是当事人承担的证明责任所必须达到的证明标准。因此,证明标准在本质上乃是关于过去事实存在与否的一种确定性程度,在西方通常被称为可能性或者说盖然性程度。

---

⑦ Christoph Engel, "Preponderance of the Evidence Versus Intime Conviction: A Behavioral Perspective on a Conflict between American and Continental European Law", in *Vermont Law Review*, Spring, 2009, p.439.

⑧ Peter Murphy, *Murphy on Evidence*, Seventh Edition, London: Blackstone Press Limited, 2000, p.107.

⑨ David P. Leonard, Victor J. Gold, *supra* note 6, p.604.

这种盖然性的概念自然地让人将其与数学上的概率论联系起来。数学上的概率论源于文艺复兴时期卡尔达诺以及后来的伽利略的工作,但对概率论真正的研究则始于法国数学家费马和帕斯卡的通信。⑩ 早期概率论研究的最重要问题是如何分配赌金,其形式通常表现为:两个赌棍对结果下了相同的赌注并开始赌博后,由于意外的原因未能将游戏玩到最后,赌局被打断时其中一名赌棍暂时领先,在此前提下双方应当如何分配赌金。⑪ 后来才逐渐发展为预测随机事件的一种方法。

(二) 概率论与证明标准之理论探讨

如果证明标准的内容是可能性(probability),那么它是何种可能性?对此,理论上有不同见解。一种见解认为,作为证明标准内容的可能性就是数学上的概率(probability 一词,通常译为"可能性"或"盖然性",在数学上则译为"概率"),这种见解首先出现于 19 世纪的爱尔兰数学家乔治·博尔,他曾经毫不犹豫地将数学理论应用于法庭上被告人有罪之可能性⑫;博尔的观点在英美和大陆的法学杂志或法学著作中亦经常可见。⑬ 根据这种见解,诉讼中的证明标准所对应的内心确信程度就是数学上的概率(参看图 11.1)。第二种见解认为,证明标准中的可能性原则上应当是指数学上的概率,但是由于人类事务的复杂性、相关之统计资料的有限性以及衡量人类信念强度的困难性,它在实践中则应当视为一种不可计算的可能性。⑭ 第三种见解认为,除非在极为特别的案件中,否则证明标准中的可能性不应当是数学上的概率,因为如果将数学上的概率作为证明标准的内容,将会葬送司法程序中其他重要的价值;此种见解以劳伦斯·却伯为代表,但是却伯的目的也只是反对将可能性加以量化,而并不反对数学计算上的结构性原则。⑮ 第四种见解认为,诉讼证明中的可能性根

---

⑩ 参见约翰·塔巴克:《概率论和统计学——不确定性的科学》,杨静译,商务印书馆 2008 年版,第 3 页。

⑪ 同上注,第 33 页。

⑫ George Boole, *An investigation of the Laws of Thought*(1854), chapter xxi.

⑬ 例见: M. O. Finkelstein and W. B. Fairley, "A Bayesian Approach to Identification Evidence", in 83 *Harv. L. Rev.*, 489-517(1970); V. C. Ball, "The Moment of Truth: Probability Theory and Standards of Proof", 14 *Vanderbilt L. Rev.*, 807-830(1961).

⑭ Peter Murphy, *Evidence, Proof, and Facts: A Book of Sources*, Oxford University Press, New York, 2003, p.299.

⑮ L. H. Tribe, "Trial by Mathematics: Precision and Ritual in the Legal Process", 84 *Have. L. Rev.*, 1329-1393(1971).

本就不应当包括数学上的原则;边沁早就指出:机会原理(即数学上的概率计算)根本就不适用于可能性力量的衡量。⑯

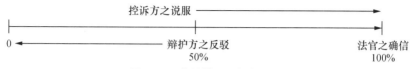

图 11.1　盖然性(可能性)程度

笔者认为,作为证明标准内容的可能性是否应当就是数学上的概率,尚值得进一步研究。为避免引起误解,本书倾向于使用"确定性(certainty)"这一概念。确定性与可能性可以说是同一事物的两个方面:一个事实在人们心中具有多大的确定性,它也就在实际上有多大的存在可能性。但是可能性一词通常给人以不确定的感觉,并且推测的成分比较明显;虽然诉讼通常也是对过去事实的推测,但是推测的结果总会以一定的确定性出现。因此,以"确定性"一词作为证明标准的内容,显得更为直观,同时也可以避免"可能性"与概率论之间的关系之争。诚如科耶所言:法律家通常是语言家,却不是计算家,因此,将证据量化或数字化长期以来困扰着法律这一行业。⑰ 以"确定性"来代替"可能性",或许是摆脱困扰的明智之举。

在将证明标准的内容解析为确定性的前提下,仍然必须解决确定性程度的问题。正是因为人们对事物之存在存在着信念上的强弱问题,所以才会产生诉讼上的证明标准问题。因此,诉讼上的证明标准问题,实际上也就是当事人必须将案件事实证明到法官确信之强弱程度的问题。必须指出的是,图 11.1 虽然以百分比来形容法官确信之程度,但在实践中,确定性却无法以百分比加以描述。因为人类信念的强弱程度虽然也可以用"比较确信"、"绝对不信"、"绝对确信"等形容词加以修饰,但却无法以精确之数字加以描述,有时候甚至"只能意会不能言传"。因此,凡是试图以数学上之精确表述来形容诉讼上之证明程度的企图,到最后可能都会成为泡影。

(三)概率统计在诉讼中的应用

尽管理论上对于证明标准和概率论之间的关系存在争议,这却不能阻挡数学上的概率统计在实践中的应用。不过,虽然概率论的发展已经有 500 多年的

---

⑯　J. Bentham, *A Treaties on Judicial Evidence*, p.41.
⑰　Kaye, *Laws of Probability*, in Peter Muphy, *supra* note 14, p.529.

时间,其在法庭上的运用却是近年来的事情。

法庭上对概率统计的运用开始于1964年的民权法,其中第七章规定了反歧视条款。根据该法的规定,雇主如果在雇佣过程中有歧视行为,则求职者可以起诉雇主。但是,除非雇主明确地以种族方面的原因为由拒绝雇佣或者解除雇佣,否则求职者通常很难证明雇主有歧视的故意。因此,联邦法院允许原告方以情况证据/间接证据来证明雇主的歧视故意。例如,如果在一个公司当中,女性雇员升迁的难度或者作为公司领导层的比例明显低于男性,则女性雇员可以以公司职员中的性别比例作为起诉公司歧视女性雇员的证据。[18] 理论上认为,正是这一法律打开了法庭上应用概率统计来证明案件事实的大门。[19]

在刑事案件中,著名的科林斯案件[20]引起了司法界和法学界的广泛关注。该案被告人科林斯被指控抢劫罪。抢劫案件的被害人——一个老态龙钟的妇女作证说,她看到一个年轻金发的妇女跑过现场。她的邻居作证说,他看到一个高加索的扎暗金色马尾辫的女子,从现场跑到一辆黄色汽车,该汽车由一个络腮胡子的黑人男子驾驶。几天之后,警方逮捕了一对恰好吻合上述特征的夫妻,并对其提出指控。在长达一个星期的审判中,被害人都未能指认出该夫妻中的任何一人;被害人的邻居倒是指认出了夫妻中的男子,但是其指认遭到有效的弹劾。该案中的女被告人还提出了证明案发当天她穿着浅色衣服的证据,而证人的说法是抢劫犯穿着深色衣服。两名被告人都选择出庭作证,否认自己实施了抢劫行为,并提出不在场的证明,该证明至少与另外一名辩方证人提供的证言相互印证。

尽管如此,控方为了解释证人未能辨认被告人这一事实,提请一位大学数学教师作为专家证人出庭作证,证明如果该抢劫案的确是由金色马尾辫的高加索妇女和留着络腮胡和小胡须且开着黄色小轿车的黑人男子所为,则本案中二被告人因符合这些特征就是抢劫犯的事实将具有压倒一切的可能性。该大学教师首先证明概率论中的结果规则——根据该规则,相互独立的事件都发生的可能性等于各个独立的事件发生的可能性相乘得出的可能性。然后,在没有提

---

[18] Note, "Beyond the Prima Facie Case in Employment Discrimination Law: Statistical Proof and Rebuttal", *Harvard Law Review*, December, 1975, p.391.

[19] Neil B. Cohen, "Confidence In Probability: Burdens Of Persuasion In A World Of Imperfect Knowledge", 1985, *New York University Law Review*, June, 1985, p.387.

[20] *People v. Collins*, 68 Cal. 2d 319, 320, 438 P.2d 33, 66 Cal. Rptr. 497(1968).

供任何统计资料的情况下,控诉方让证人假定上述特征在城市中每一个个体上出现的可能性。在这个基础上,该证人得出结论说,将上述可能性相乘得出的结果就是,任何一对随机挑出的夫妻同时具备以上这些特征的可能性只有一千二百万分之一。

毫不奇怪,陪审团给出了有罪裁决。加州最高法院受理上诉后指出初审法院容许该案专家证人的证言存在着四个明显的错误:第一,没有任何经验性证据支持控诉方假定的这种可能性。第二,即使假定的可能性是正确的,两个独立的事件同时发生的几率也并不等同于将两个事件单独发生的概率相乘得到的结果。第三,即使假定相乘几率的说法成立,也不排除出现犯罪分子曾经伪装,或者控方证人作假证的情形。第四,哪怕完全不考虑以上三个因素,控诉方也错误地将随机抽出的夫妇拥有这些特征的可能性与任何一个特定的夫妇具有这些特征的可能性等同起来。如果每1200万人中有一对夫妇可能具备全部这些特征,那么,我们完全有理由希望在受怀疑的人群中找到两对这样的夫妇;如果这样的话,那么,对其中一对夫妇定罪,其被冤枉的可能性就是50%,而不是一千二百万分之一。[21]

尽管在很早的时候控诉方就已经试图用结果规则理论来证明被告人实施了犯罪这样的事实[22],但直到科林斯这个案件出现后,这一现象才引起了理论界的普遍关注,并出现了大量探讨概率论和诉讼证明关系的论文。[23] 到目前为止,尽管争论之声不断,至少在两个方面实务上已经达成共识:一是概率技术可以用于决断支持被告人有罪或有责的事实的可能性;二是当这种概率上的可能性超过基本的证据价值时,可以认为原告和被告就此完成了举证责任。[24]

---

[21] *People v. Collins*, 68 Cal. 2d 319, 320, 438 P.2d 33, 66 Cal. Rptr. 497(1968).

[22] *State v. Sneed*, 76 N. M. 349, 352-353, 414 P.2d 858, 860-861(1966); *People v. Risley*, 214 N. Y. 75, 83-85, 108 N. E. 200, 202-203(1915).

[23] Orloff & Stedinger, "A Framework for Evaluating the Preponderance-of-the-Evidence Standard", 131 *U. Pa. L. Rev.* 1159(1983); Underwood, "Law and the Crystal Ball: Predicting Behavior with Statistical Inference and Individualized Judgment", 88 *Yale L. J.* 1408 (1979), Finkelstein, "The Application of Statistical Decision Theory to the Jury Discrimination Cases", 80 *Harv. L. Rev.* 338(1966); Laurence H. Tribe, "Trial by Mathematics: Precision and Ritual in the Legal Process", 84 *Harvard Law Review*, April, 1971, p.1329.

[24] See generally Underwood, "The Thumb on the Scales of Justice: Burdens of Persuasion in Criminal Cases", 86 *Yale L. J.* 1299(1977), Neil B. Cohen, "Confidence in Probability: Burdens of Persuasion in a World of Imperfect Knowledge", 1985, *New York University Law Review*, June, 1985, p.390.

四、英美法系与大陆法系证明标准之比较

(一) 大陆法系证明标准的特征

与英美法系比较起来,大陆法系国家在诉讼证明标准的设定上至少呈现出两大特征:一是刑事诉讼和民事诉讼基本适用相同的证明标准;二是大陆法系很少或基本上不以概率论的方法来讨论或描述证明标准。

关于第一个方面,很多大陆法系国家的法学著作都不断地予以深化。例如,一位德国法学家指出:

> 德国的法律与美国法比较起来,在证明标准方面有许多不同。在德国的制度之下,无论是在何种诉讼当中,无论诉讼包含的问题是涉及私法、刑法、还是公法(行政法和宪法),对法官心证的要求都是排除合理怀疑。排除合理怀疑的标准仅仅在制定法明文规定了其他证明标准的情况下才不适用。[25]

大陆法系的另一个代表国家——法国的诉讼制度中的证明标准,也是刑事诉讼和民事诉讼一体适用。一位法国学者说道:

> 法国民法和刑法中所要求的证明标准都是一样的:无论民事诉讼还是刑事诉讼,对于一个人的过错而言,法官都应当被说服到没有任何怀疑之阴影的程度。换句话说,法国民法中的侵权和刑法中的过错存在着直接的关系。其结果就是,当刑法上的诉讼处于待决状态时,相应的民事诉讼就应当停止,直至刑事诉讼得出结论为止。[26]

不过,值得指出的是,大陆法系国家刑事诉讼和民事诉讼适用相同证明标准的说法,仅仅是来自这些国家的学者的论述,并非法律所明文规定。需注意的是,几乎没有哪个大陆法系国家的民事诉讼法典明文规定民事诉讼究竟适用何种证明标准。不仅如此,法院的判例也很少就民事诉讼中的证明标准究竟如

---

[25] Juliane Kokott, *The Burden of Proof in Comparative and International Human Rights Law* 18(1998); Kaplan, von Mehren & Schaefer, "Phases of German Civil Procedure"(pt. 1), 71 *Harv. L. Rev.* 1193, 1245 (1958).

[26] Kevin M. Clermont, Emily Sherwin, "A Comparative View of Standards of Proof", 50 *American Journal of Comparative Law*, Spring 2002, p.250.

何设定进行判定。㉗

（二）两者差异形成之历史原因

概率论作为一种盖然性理论，在大陆法系国家和英美法系国家几乎是同时产生的，并且大陆法系国家还走在前面。但是，最终大陆法系国家的诉讼制度却对盖然性退避三舍，其学者对盖然性理论也是避而不谈，这究竟是怎么回事呢？有论者指出，大陆法系之所以如此，是因为大陆法系之前实行的法定证据制度本身就是对盖然性理论的一种过头的应用，法国在大革命之后宣布废除过于僵硬的法定证据制度，实行完全的自由心证，理论上认为，排除合理怀疑已经能够说明一切，这也是一种高度的确定性，有这个标准就够了。㉘ 正是基于这种理解，我们才发现这种比较独特的现象：在大陆法系，几乎没有论著单独讨论证明标准问题；在相关的著作当中，有关证明标准的论述也基本上是一带而过。

与之形成对照的是，在英美法系，由于并不存在严格僵硬的法定证据制度，因此也不存在对盖然性理论过度应用的担心；另一方面，由于外行陪审员的存在，逐渐发展出法官控制陪审团的手段，对陪审团进行指示乃是控制陪审团的手段之一，从而对证明标准的表述也就成为法官努力的一个方向；天长日久，那些为人们所乐于接受的表述逐渐得到承认；但是复杂性仍然作为控制陪审团的一个技术而存在。㉙

因此，从历史上看，大陆法系证据法的发展实际上被大革命之后所带来的法律的极度简化所打断；而在英美法系，并不存在着类似大革命这样中断性的事件，证据法仍然按照其自身的轨迹向前发展，从而吸收了许多盖然性理论的概念；同时，为了实现对陪审团的指示和控制，法官和律师们自然而然地发展出一套与普通法程序相适应的指示陪审团的技艺。㉚

（三）差异形成之现实解释

也有学者指出，仅仅从历史上解释两大法系在证明标准制度上的差别并不充分，因为：既然历史已经走过了那么长时间，则大陆法系完全可以参照英美的模式来设计其证明标准。对此，也有论者指出，真正的问题可能在于，尽管大陆

㉗ Kevin M. Clermont, *supra* note 26, p. 254.
㉘ René David, French Law 147(1972).
㉙ Charles R. Nesson, "Reasonable Doubt and Permissive Inferences: the Value of Complexity", 92 *Harvard Law Review*, April, 1979, pp.1197-1197.
㉚ Kevin M. Clermont, Emily Sherwin, *supra* note 26, p.258.

法系学者们口头上声称民事诉讼和刑事诉讼适用同样的证明标准,但实际上完全有可能在不同的诉讼中根本就没有适用相同的标准。[31]

本书认为,证明标准本身并不能够决定案件的胜负。也就是说,证明标准的法律表述仅仅在大的方向上发挥作用,但是微弱的区别本身却并不足以区分确信的程度。换句话说,当证明标准的表述差距比较大的时候,其对案件事实的认定可能会产生明显的影响;例如,当刑事案件定罪的标准表述为"任何微弱的可能性"时,无疑会导致更多的无辜者被定罪;但是,当刑事定罪的标准表述为"排除合理怀疑",而民事诉讼标准表述为"优势盖然性"时,或者说当二者的表述均意味着超过50%以上的可能性时,无论如何表述,在实际效果上可能并不会产生显著的差别。因此,大陆法系学者所阐述的现象,恰恰是证明标准在实践中的真实反映。也就是说,英美法系证据法学者们自以为聪明的证明标准表述三分法,也许在实际操作中并不产生明显区别的效果。不同诉讼中的不同表述,其象征意义可能大于其实际意义。

这种看法必然引出对于辛普森案件的不同解读。在以辛普森为被告的刑事诉讼中,陪审团的裁决是辛普森的指控没有得到证明,因此辛普森被无罪释放;但在同样以辛普森为被告的民事诉讼中,陪审团的裁决却是辛普森对于原告的死亡负有责任。流行的观点认为,之所以出现刑事诉讼和民事诉讼不同的裁决,主要就是因为刑事诉讼和民事诉讼实行不同的证明标准。但这种看法也仅仅是一种猜测,因为没有证据证明如果是同一个陪审团在经历了相同的程序之后会因为证明标准表述的不同而必然做出不同的裁决。本书认为,辛普森案件中刑事诉讼与民事诉讼出现不同的裁决与其说是因为证明标准表述的不同,不如说是因为两者适用的证据规则不大一样:在刑事诉讼中存在着以宪法为根据的非法证据排除规则,而这样的规则在民事诉讼中并不适用。因此,辛普森案件的不同裁决完全有可能是因为在刑事诉讼中排除了一些比较关键的证据,而这些证据在民事诉讼中却畅通无阻的缘故。

五、我国诉讼中证明标准问题之探讨

(一) 证明标准的二元论

我国《刑事诉讼法》将定罪的证明标准表述为"案件事实清楚、证据确实充

---

[31] Kevin M. Clermont, Emily Sherwin, *supra* note 26, p.261.

分"(第162条)。这一规定既是对证据质的规定,也是对证据量的规定。对于这一规定所包含的两个方面,最高人民检察院《人民检察院刑事诉讼规则》第286条作了比较恰当的解释,根据这一解释,所谓"案件事实清楚,证据确实充分"就是指:(1)据以定罪的证据均已查证属实;(2)犯罪构成要件的各个事实均有相应的证据加以证明;(3)据以定罪的证据之间以及证据与案件事实之间的矛盾得到合理的排除;(4)根据证据得出的结论具有唯一性,即已经排除其他合理可能。

但是,民事诉讼中证明标准的表述却并不确定。如同大陆法系一样,我国民事诉讼中并无哪个法律明确地规定了证明的标准。但是在理论上,学者们却比较一致地认为,民事诉讼中的证明标准应当是一种盖然性的要求,并且主张刑事诉讼的证明标准高于民事诉讼,因为两种诉讼的不同性质决定了诉讼证明的不同要求。

本书认为,英美法系之所以主张在民事诉讼和刑事诉讼中推行不同的证明标准,除了前面提到的对陪审团指示的技巧之外,还有一个原因是因为刑事诉讼比较强调人权保障,从而在人权保障观念的指导下发展出高于或不同于民事诉讼的证明标准的表述。大陆法系之所以不存在这种区别,并不表明大陆法系不保障人权,而只是表明大陆法系认为排除合理怀疑的标准应当一体适用于民事诉讼,或者民事诉讼的证明标准无法与刑事诉讼中适用的排除合理怀疑标准相区分。因此,英美法系民事诉讼和刑事诉讼适用不同证明标准的表述虽然存在明显的差异,但是如何将不同的表述适用于具体的案件,则仍然存在操作上的困难。在这种前提下,我国民事诉讼法既然没有明文规定证明标准的具体表述,则适用与刑事诉讼相同的表述并无不当。换句话说,在证明标准的表述问题上,我们不妨与大陆法系保持一致,即在民事诉讼中适用与刑事诉讼相同的证明标准。

(二) 证明标准与人权保障

有学者认为,刑事诉讼对被告人定罪的证明标准越高,对被告人保护也就越周到。笔者对此不敢苟同。

在法定证据制度下,证明标准由法律严格限定,只有在数量上达到了法律规定的要求时,才能对被告人定罪。这样严格的、几近苛刻的、几乎遥不可及的证明标准,实际上导致了刑讯逼供的产生。㉜ 因此,证明标准高到一定程度,极可能诱使执法者采取刑讯逼供等野蛮手段;当这种野蛮手段普遍化时,立法者就可能将其合法化;即使在正式规则中没有合法化,也可能在潜规则中合法化。在当代,仍然有一些伊斯兰教国家在证明标准方面实行严格的法定标准,例如,伊斯兰化后的巴基斯坦刑法规定,强奸罪必须有被告人供认才能定罪;在没有被告人供认的情况下必须有4名男性伊斯兰教信徒作证亲眼见到被告人实施强奸,否则不能定罪;而一旦被定罪,就要遭受被众人用石头当众砸死的酷刑(stone to death, 又被称为"hudd punishment");㉝然而,其刑罚看似残酷,但自颁布以来,还没有一个人被石头当众砸死,原因即在于证明标准要求过高。㉞

可见,证明标准高到一定程度,可能导致两种后果:或者因证明标准过高而无人被定罪,或者为实现定罪而侵犯人权。因此,那种认为证明标准越高越有利于保障人权的观点,是不正确的。

(三) 排除合理怀疑之证明标准

如前所述,我国刑事诉讼证明标准的表述与西方国家证明标准的表述虽然存在着一定的区别,但是其在具体含义方面却几乎不约而同。理论上,有些学者建议采用英美国家常用的"排除合理怀疑"这一表述作为我国的证明标准。㉟

本书认为,我国刑事诉讼法规定的"案件事实清楚、证据确实充分"这一证明标准的表述与"排除合理怀疑"这一证明标准的表述并不冲突。相反,"案件事实清楚、证据确实充分"与"排除合理怀疑"是一个事物的两个方面:前者是从正面的、积极的方面对内心确定程度的表达,后者是从反面的、消极的角度对内心确信程度的表达。既然如此,我们完全可以一方面继续沿用"案件事实清楚、证据确实充分"这一表述,同时以"排除合理怀疑"作为我国刑事诉讼证明

㉜ 正如法史学家伯尔曼所言:"形式的和理性的两方面证据的刻板僵硬经常使得在刑事案件中确定定罪依据变得十分困难。正是由于这个原因而不是其他什么原因,最终导致了广泛地使用刑讯逼供手段获取证据,尤其是获取'证据之王'——口供。"参见〔美〕伯尔曼:《法律与革命》,贺卫方、高鸿钧、张志铭、夏勇译,中国大百科全书出版社1993年9月第1版,第306页。

㉝ See, *The Islamization of the Law in Pakistan*, p.123.

㉞ 一位学者评论说:"除非极其愚蠢的大傻瓜,否则谁也没有可能在大庭广众之下,即在至少四名道德上无可指责之成年男性伊斯兰教徒面前,实施乱伦、通奸或强奸。"*The Islamization of the Law in Pakistan*, p.124.

㉟ 如有的学者主张,有罪的证明标准具体包括三个方面:总体上要求证据确实、充分;客观上要求完全的确定性与高度的盖然性;主观上要求内心确信与排除合理怀疑。参见龙宗智:《相对合理主义》,中国政法大学出版社1999年4月第1版,第440—441页。

标准的解释。

首先,我国古代思想史上历来主张"疑罪从无"。这个思想在儒家的经典中经常可以碰到。它包括两个基本的方面:一是"有罪无罪存在疑问时按无罪处理";二是"罪轻、罪重存在疑问时,按轻罪处理"。根据这一原则,当被告人被指控的罪行是否存在尚有疑问时,应当作无罪处理,这就表明,控诉方或者法官,必须将被告人的罪行证明到没有疑问的程度;而这个没有疑问,当然只能是没有"合理的疑问",而不能是不合理的疑问。因此,以排除合理怀疑来解释我国刑事诉讼法规定的定罪的证明标准具有很强的历史感。不能简单地将"排除合理怀疑"的证明标准视为西方国家的舶来之物。

其次,"排除合理怀疑"这一证明标准的表述具有科学性,从而有助于人权保障目标的实现。这一表述的科学性主要体现在"合理"二字。如果对于一切案件的定罪标准,都要达到排除任何其他可能性,包括不合理的可能性,既是不可能的,也是不必要的。对于任何一个案件,如果真正达到了排除合理怀疑的程度,它就是经得起历史检验的。这里的所谓经得起历史的检验,不是说我们的判决在认定事实方面在1000年以后还能够绝对正确,而只能是指:当1000年后的人们回头再来看这个案件时,他们会说:如果我是1000年前的审判官,我也只能作出这样的判断。

最后,"排除合理怀疑"这一表述有助于提高刑事诉讼效率。这是因为,如果我们不承认这一标准,则意味着我们要求有更低或更高的标准,更低的标准之所以不可取,是因为过低的证明标准不利于保障人权;而更高的标准之所以不可取,则是因为它是不可追求的;追求一个不可追求的东西,必然是不效率的。排除合理怀疑,就是接近排除一切怀疑,但还不是排除一切怀疑。排除合理怀疑的证明标准,就是要使法官的内心确信达到无限接近客观真实的程度,但是无论它怎样接近,都不可能是客观真实本身。就像一个人的照片可以很像这个人,但是它决不可以被视为这个人本身。

综上所述,以"排除合理怀疑"来解释"案件事实清楚、证据确实充分"不仅具有历史感,而且体现了科学的理性;既有助于实现保障人权的目标,又能在一定程度上实现对诉讼效率的兼顾,从而具有正当性。

结语

证明标准问题看似简单,深究起来,却几乎可以触及哲学的核心。然而,以哲学的方法来解决证明标准问题,一方面有些小题大做,另一方面又显得力不从心。因此,那些看似在讨论证明标准问题的法学论文,却都不知不觉地滑入了形而上学的泥坑。最后不仅没能解决问题,反而使问题更加复杂化。因此,英美的证据法学者以其实用主义的本能,从一开始就拒绝对这个问题进行形而上层面的探讨。也正因为如此,看似复杂的证明标准层次论,从一开始或许就只是一种惯习的积累,而并非理论上深思熟虑的产物。而排除合理怀疑的说法,正是作为一种惯习积累的结果,却日益成为国际通行的表述。因此,与其纠缠于界限不清的证明标准层次论,不如借鉴排除合理怀疑标准中的经验和理性,以此见证和推动人类文明的共同前进。

第十二章 英美证据法上的司法认知
——兼与我国司法认知制度之比较

引言

无论是刑事诉讼还是民事诉讼(在我国还包括行政诉讼),都会碰到一些完全无需证明的事项。例如,在一个车祸案件中,一名证人作证说他看到肇事司机当时显得很疲惫。当这名证人作证时,法官无需要求证人解释他所说的"疲惫"究竟是什么意思,因为法官自己知道"疲惫"是什么意思,并且假定大家都知道"疲惫"是什么意思。反过来说,既然大家都知道"疲惫"是什么意思,自然也就不能假定说法官不知道"疲惫"是什么意思。之所以如此,首先是因为"正义不会要求法官比其他人更无知"。不仅如此,对于认定事实而言,司法认知是一条捷径。因为,司法认知的方法加快了审判的速度,从而既节约了时间,也节约了花费。最后但并非最不重要的是,司法认知还可以避免法庭(法官和陪审团)作出荒谬的裁决。例如,对于"太阳从东边出来"、"中国是一个社会主义国家"等诸如此类的事实,如果在判决中作出相反的认定,则有可能极大地损害司法的权威。

因此,司法认知在诉讼中具有相当重要的意义。本章以英美证据法为基本内容,阐述、分析司法认知的基本含义、司法认知的效力模式、允许司法认知的具体事项、司法认知与法官和陪审员个人知识(私知)的关系,与司法认知有关的程序事项,介绍我国诉讼中有关司法认知的规则与实践,对我国司法认知规则与英美的规则进行比较与分析,在此基础上,提出完善我国相关规则的设想与方案。

一、司法认知的基本含义

(一) 传统观点:裁判事实(adjudicative facts)

司法认知就是法庭在经过通盘考虑后对于一方当事人的主张在不必要求

其提供证据的情况下就宣布为真的事实。①

例如,在瓦可诉李(Varcoe v. Lee)一案中,被告人李(Lee)和他的司机,另一被告人尼科尔斯(Nichols),在旧金山的米迅大街(Mission street, San Francisco)驾车经过第21街一十字路口时,将一正试图穿过该十字路口的小孩撞倒致死。该案由陪审团审判,审理结束时法官指示陪审团说:如果你们认定被告在案件发生时以每小时15英里以上的时速行驶,则被告就违反了该市的法律,其行为本身就足以构成过失(negligence)。因为该市的法律规定,在商业区(business district)以超过15英里时速行驶就是违法的。而本案第21街区案件发生地就属于商业区。这一事实是法庭上所有人都知道的事实。陪审团经评议后裁决:被告人赔偿原告(死者的父亲)5000美元。②

权威的观点认为,司法认知属于司法审判过程中免证事实的一种:在当事人提出的所有主张或主张的事实当中,有一些是不需要证据加以证明的,其中包括自认的事实,众所周知的事实或者由于其他特别的原因而不需要当事人提供证据的事实。在上述事实当中,除了自认以外,众所周知的事实或者由于其他原因而不需要当事人提供证据即可加以认定的事实,就属于司法认知的事实。威格默指出,对司法认知的上述理解应当是最简单、最自然,同时也是最符合传统的理解。③

(二) 立法事实(legislative facts)

传统上关于司法认知的概念直至1955年才遭到强烈的挑战。这一年,戴维斯教授发表论文,首次提出立法事实(legislative facts)和裁判事实(adjudicative facts)的区分。在戴维斯看来,所谓裁判事实就是指当一个法庭就直接的当事人而认定的事实,例如:谁做了什么,在什么时间,什么地点,怎样做的,具有怎样的动机或目的,等等。对这些事实的认定只有本案中的当事人才受影响,因此属于裁判事实。立法事实则是指,当一个法庭或机构创制法律或政策时,该法庭或立法机构所认定的事实就属于立法事实;它是法庭和立法机构在适用法律的过程中对法律的认知;它并不直接对特定的当事人产生影响,

---

① John Henry Wigmore, *Evidence in Trials at Common Law*, Peter Tillers Rev., Little Brown and Company, 1983, Vol 9, p.693.
② *Varcoe v. Lee*, Supreme Court of California, 1919.
③ Wigmore, *supra* note 1, Vol.9, p.694.

而是具有普遍的适用性。④

立法事实的典型事例是霍金斯诉美国一案。该案中,最高法院拒绝就刑事案件中的夫妻特权进行限制或削减,其理由是:如果允许夫妻中的一方在另一方遭受刑事指控时作出不利于他的证言,则可能使任何夫妻关系都会破裂。⑤这一判定理由包含了对事实的判断,但是该判断中的事实部分却几乎是无可争辩的。

戴维斯指出,在法庭或其他机构决定的大多数案件中,立法因素(legislative element)要么是不存在的,要么是不重要的,因为在这些案件中,法官或(立法)机构所适用的法律和政策都是预先确定的(previously established)。但是,一旦法庭试图创制一个法律或政策,法官们就必须诉诸于立法事实,无论这些事实是否被记录下来。⑥

戴维斯认为,这些立法事实由于并不具备众所周知的特征而无法归入到认知的范畴,但司法实践中这些认知又的确存在。因此,如果坚持传统上关于司法认知的理解,则上述事实均无法获得认可。因此有必要对司法认知的概念加以扩展,将立法事实也纳入司法认知的范畴。⑦

(三) 美国《联邦证据规则》的规定

尽管戴维斯的观点获得众多理论家的支持,美国《联邦证据规则》却并没有将立法事实作为司法认知的范畴加以规定。相反,《联邦证据规则》仅仅规定了对裁判事实的认知。第201条(a)规定:"本条仅适用于裁判事实之司法认知。"⑧

《联邦证据规则》的起草者们对此立场的解释是,尽管戴维斯的观点有其可取之处——法官在经过审判之后作出裁决所依赖的绝不仅仅是法庭上出示的证据,而是存在着大量的非证据因素(戴维斯称之为非证据事实——non-evidence facts),但是,这些因素除了司法认知的裁判事实之外,很多因素与其说是证据事实或非证据事实,不如说属于法官的推理过程。这些事实或因素虽然对法官评价证据和认定事实产生了影响,但是将它们作为正式的司法认知来

---

④ Kenneth Culp Davis, "Judicial Notice", 55 *Colum. L. Rev.* 945, November 1955, p.952.
⑤ *Hawkins v. United States*, 358 U.S. 74, 79 S.Ct. 136, 3 L.Ed. 2d 125(1958).
⑥ Kenneth Culp Davis, *supra note* 4, p.952.
⑦ Ibid., p.953.
⑧ Fed. R. Evid., Rule 201(a).

对待则显然是不合适的。⑨

二、司法认知的效力模式

(一) 可争辩说

可争辩说的代表人物是塞耶。塞耶明确指出,司法认知并不意味着被认知的事实就无可争辩。相反,被认知的事实仍然是可以通过证据加以反驳的事实,司法认知只不过是一个表面可信的认识(a prima facie recognition)而已。⑩塞耶论证说,应当承认,司法认知中的很多事实的确是无可争辩的,例如密苏里州在诺基山脉的东边,赫福德与威尔士接壤,等等;但是我们没有理由认为,司法认知的事实就仅限于这类事实。一个和任何州政府公章相符的公章并不一定真是这个州政府的公章,同样许多盖有政府部门公章的证书并不一定是真正的证书。因此,在许多案件中,对司法认知事实的认定无非就是一种推定,是一种在没有相反证据的情况下认为合理的假定。⑪

因此,塞耶实际上认为存在着两种不同的司法认知事实:一种是不可反驳、不可争辩的司法认知事实,另一种则是可反驳、可争辩的司法认知事实。对于后一种司法认知事实而言,司法认知的效果实际上仅相当于一个表面可信的认识,它可以通过反对方当事人的举证而被推翻。

威格默亦认为,司法认知事实并非不可反驳的事实。威格默指出:一个司法认知的事项仅仅意味着在反对方当事人未提供相反证据的情况下被视为真实的事实;但是这并不意味着反对方当事人不能提出证据加以反驳。⑫威格默也注意到有些法院有时会拒绝就司法认知的事实提供相反证据加以反驳,但威格默认为这不过是这些法官在适用实体法的过程中宣称这些证据与本案的案件事实不具有实质性而已。⑬

(二) 不可争辩说

不可争辩说的主要代表人物是摩根和麦考密克,因此该理论又被称为"摩

---

⑨ Advisory committee's note to Fed. R. Evid, Rule 201(a).
⑩ James B. Thayer, "Judicial Notice and the Law of Evidence", 3 *Har. L. Rev.*, 285, Feb., 1890, p.309.
⑪ Ibid., p.310.
⑫ Wigmore, *supra*, note 1, 3d ed. 1940, at 2567. 该书的 1983 年修订版对此处作了修订,参见 Wigmore, *supra* note 1, Vol.9, p.693.
⑬ Wigmore, *supra* note 1, Vol.9, at 2567.

根—麦考密克论"。⑭

摩根首先对威格默引用的案例进行了分析,指出,威格默关于这些案件中法官不允许反对方当事人就司法认知事实提出相反证据加以反驳是根据实体法得出的不具有实质性的观点进行了批驳,指出威格默引用的这些案例没有哪一个法院是为了设定一个实体法的规则。⑮

摩根接着指出,无论是威格默还是塞耶,均在实际上将司法认知的效果等同于推定。摩根追问说,由于法官对于司法认知事项拥有广泛的权力以寻求法官认为可靠的信息,如果司法认知在效果上仅仅等同于推定的话,那么,法官通过自己的职权获得的这些信息是否应当向当事人披露?法官所依赖的这些资料的作者是否应当在法庭上接受交叉询问?多少证据可以使法官对于已经进行认知的事项重开争议之门?多少证据可以彻底抵消司法认知所达到的"表面可信"的效果?……对司法认知事项提出争议的当事人究竟是只承担提证责任(burden of producing evidence),还是也要承担说服责任(burden of persuasion)?如果对司法认知事项的反驳不同于另一个推定,则它与推定的区别究竟何在?如果它是一个新的推定,那么它是否是一个应当给予特别对待的特殊推定?⑯

摩根认为,可争辩和不可争辩的对立,并不仅仅是一个术语之争或概念之争。如果将司法认知事项视为不可争辩的事实,则主张司法认知事项的一方当事人只需要说服法官相信:第一,该事项是如此显著以至其在有理性的人中间不会引起争议;以及第二,该事项完全可以通过立即可以获得的精确可靠的资料加以直接和准确的展示。一旦当事人完成这一义务,就没有任何人为的规则可以限制当事人向法官提供相关的信息,也没有任何人为的限制可以约束法官以职权获得信息的渠道。换句话说,所有有关证据可采性的规则对于法庭确认司法认知事实而言都不再适用;反对方当事人也可以不受限制地引导法官寻求可靠的资料。如果法官对于该事项是否属于司法认知事项存有疑问,或者所获得的信息和资料并不充分,则法官应当将该事项仍然当作待证事实处理,从而各项证据规则对于该待证事实的证明仍然适用。如果法官确信该事项属于司法认知的事项,就必须将该事项从可争议事实中予以剥离。如果司法认知事项

---

⑭ Wigmore, *supra* note 1, Vol.9, p.719.

⑮ Edmund M. Morgan, "Judicial Notice", 57 *Harvard Law Review*, January, 1944, p.285.

⑯ Ibid., p.286.

不属于不可争辩的事项,那么,司法认知事项和非司法认知事项(纯粹的证据事项)二者之间的界限又在哪里呢?什么样的标准可以引导律师和法官对二者进行区分呢?什么时候证据规则应当适用,什么时候一般性的标准又应当适用呢?如果司法认知的事项属于可以争辩的事项,则有关司法认知之功能及其与推定之间之关系的一切可能的问题都必须加以解决。[17]

因此,摩根总结说,无论是理论上的融贯性还是实践上的考虑,都强烈地要求将司法认知事实当作不可争辩的事项来对待。[18]

摩根的观点,得到麦考密克的积极响应。[19]

(三)司法实践与当前的通说

在早期司法实践中,关于司法认知的效力问题,也是两种观点针锋相对。例如,在密苏里州,其最高法院大法官Graves曾经代表密苏里州最高法院的多数派指出:"司法认知的事实与本法院所容许的众多推定一样,仅仅是一个证据规则,并且如果这个问题是一个可争辩的问题,或者能够被争辩,则用以争辩该事实的有证据资格的证据应当得到容许。"[20]根据该观点,司法认知无非就是证据的一种,或者说司法认知认定的事实也是证据。但另一方面,也有更多的法院认为,一旦一个事项被认定为司法认知的事项,它就超出了可以用证据加以反驳的事项范围。例如,康涅狄格州最高法院指出:"司法认知取代了证明,并且与证明具有同等的效果。因此,作为一个建构事实的方法,它比证据更为高级。"[21]

到如今,最为普遍接受的观点则是摩根—麦考密克理论。但在有些司法辖区,则仍然基于宪法上的考虑,拒绝在刑事案件中适用该理论。[22] 美国《联邦证据规则》也采取了后一种立场。该规则第 201 条规定:在民事诉讼中,法官应当指示陪审团,任何被司法上认知的事实都应当被当作结论性事实来对待;但在刑事诉讼中,法官应当指示陪审团,已经司法认知的事实,可以但不必须当作结论性事实来对待。[23]

---

[17] Edmund M. Morgan, *supra* note 15, pp. 286-287.
[18] Ibid. , p. 287.
[19] McCormick, *Evidence* 711(1st ed. 1954).
[20] *Timson v. Manufacturers Coal & Coke Co.*, 220 Mo. 580, 598, 119 S. W. 565, 569(1909).
[21] *Beardsley v. Irving*, 81 Conn. 489, 491, 71 Atl. 580, 581(1909).
[22] Wigmore, *supra* note 1, Vol. 9, p. 719.
[23] Fed. R. Evid. , Rule 201(g).

三、允许司法认知的具体事项

根据美国《联邦证据规则》的规定,允许司法认知的事实包括众所周知的事实和能够通过具有无可置疑的精确性的资料迅速、精确地决定的事实。

(一) 众所周知的事实(generally known/notorious facts)

在一个司法辖区内通常所知、且不为一个理智正常的人所争议的事实,就是众所周知的事实(generally known facts)。[24] 威格默称之为"显著事实(notorious facts)"。[25] 墨菲认为,显著事实就是那些普通知识、那些如此显著从而被司法机关认为无需诉诸任何参照和资料即可加以认定的事实。[26]《联邦证据规则》的起草者们认为,显著事实应当是"排除合理争议(beyond reasonable controversy)"的事实。[27]

在美国的司法实践中,已经司法确认的显著事实包括:(1) 社会安全卡通常通过一等邮件传递且里面包含一个回邮信封且发件人通常会在邮包上勾选若收件人死亡则邮件自动回邮给发件人;(2) 联邦官员不会巡查州际高速公路;(3) 在实行夏时制的达拉斯州,7月份的上午7:30属于白天;(4) 西南贝尔电话系统包括在州际通讯系统之内;(5) 纽约没有火警装置;等等。[28]

(二) 精确地和已经决定的事实(accurately and readily determinable facts)

《联邦证据规则》规定的第二类司法认知事实是能够通过具有无可置疑之精确性的资料迅速、精确地决定的事实。

根据判例,历史事件、地理知识、生物知识、政治知识、统计学上的知识、科学事实等都已经作为司法认知中予以承认的事项。例如,1999年的一个判例指出:地理知识很长时期以来已经作为经受检验的司法认知,其显然的原因就是地理位置属于一般性地没有争议的事实,从而属于一般性地符合联邦证据规

---

[24] Paul C. Giannelli, *Understanding Evidece*, LexisNexis, p.625.
[25] Wigmore, *supra* note 1, Vol.9, p.796.
[26] Peter Murphy, *Murphy on Evidence*, seventh edition, Blackstone Press Limited, London, 2000, p.575.
[27] Advisory Committee's Note to Fed. R. Evid., Rule 201, subdiviiosn(b).
[28] Paul C. Giannelli, *supra* note 24, LexisNexis, pp.625-626.

则第 201 条规定的事实。[29] 1997 年的一个判例指出,下列事实均属于司法认知的事实:(1)科学事实(scientific facts),如太阳何时升起与降落;(2)地理事实,如某州的边界;(3)政治历史事实,如 1958 年美国是谁在担任总统,等等。[30] 另外,有些事实如:人类的血液分组是不会改变的[31];可卡因来自于可卡的叶子[32];美国在一个特定的日子里处于战争状态[33];犯罪发生时的那个夜晚,月亮在 10 点 57 分升起[34],等,均有判例明确宣示为司法认知的事项范畴。

(三)理论上的探讨:对法律的认知

《联邦证据规则》并没有规定司法认知的事项包括法律。《联邦证据规则》的起草者们认为:"法律究竟以何种方式进入司法程序从来就不是证据法应当考虑的问题;相反,它应当属于程序法规范的事项。"[35]

在历史上,摩根曾经认为,法官作为司法官员对于其司法辖区内的国内法应当进行司法认知。摩根指出:法官有义务知道本国的法律;如果他不知道本国法律,则他必须掌握本国法律;拥有有关本国法的知识,或者具有获得有关本国法知识的能力,是法官职务的组成部分。因此,当人们描述法官对于本国法方面的功能时,通常都说法官对法律进行司法认知。[36] 摩根认为,这种说法本身并没有什么错,因为它是对法官职能的一种描述,目的是对法官应当知道的事项和法官实际知道的事项进行区分。[37]

但是,法官对法律的了解和掌握,并没有延伸至法官对其他司法辖区法律的了解。对于其他司法辖区的法律究竟为何的问题(例如在加拿大的诉讼中,中国法律究竟如何规定的问题),在历史上曾经被当作与其他待证事实无异的事实来对待,也依赖双方当事人的举证来证明。但随着时间的推移,这个问题逐渐被当作法律问题来对待,从而也不再受证据规则的约束,而是由程序规则

---

[29] *United States v. Bello*, 194 F.3d 18, 23(1st Cir. 1999).
[30] *Shahar v. Bowers*, 120 F.3d 211, 214(11th Cir. 1997).
[31] *Graves v. Beto*, 301 F. Supp. 264, 265(D.C. Tex. 1969).
[32] *United States v. Umentum*, 401 F. Supp. 746, 749(E.D. Wis. 1975), aff'd, 547 F.2d 987(7th Cir. 1976).
[33] *Seeback v. United States*, 262 F. 885, 888(8th Cir. 1919).
[34] *People v. Mayes*, 45 pp. 860, 862(Cal. 1896).
[35] Advisory Committess's Note to Fed. R. Evid., Rue 201.
[36] Edmund M. Morgan, *supra* note 15, pp.270-271.
[37] Ibid., p.271.

来加以解决。㊳

四、司法认知与个人知识

（一）法官的知识

威格默指出，在法官作为纯粹的个人了解的知识和作为法官进行司法认知的事项之间，的确有一个真实但却难以捉摸的界限。㊴ 该问题的提出源于亨利四世时期的一个争论。在就法官的职责进行辩论时，一个律师提出了这个案件进行讨论：假设甲在法官面前杀害了乙，但是最终被起诉至法官面前的却是丙，经过审判后，丙被陪审团判定为杀害乙的凶手。这时候法官应当怎么办呢？他是接受陪审团的裁决，将丙执行死刑，还是以自己对该案真相的了解，拒绝接受陪审团的裁决，而将被告人丙无罪释放？

早期的理论均认为，法官无权拒绝接受陪审团的裁决；相反，法官只能在接受陪审团裁决之后向国王报告其亲眼所见的事实，并请求国王将被告人宽恕，从而避免被告人被执行死刑。㊵ 但如今，这种两难的问题早已得到圆满的解决：当法官碰到这种问题时，法官应当就其所知在法庭上作证。因此，普遍接受的观念是，当法官拥有对案件的纯粹个人的知识的时候，他不能将该知识伪装成司法认知而直接予以认定，因为这些知识仅仅属于法官个人的知识，虽然他对于法官而言是如此显著，但却并不为其他人和公众所知。㊶

（二）陪审团认知（jury notice/personal knowledge）

进入现代社会以来，陪审团已经不再是依赖自身对案件的了解而裁判案件的群体；相反，陪审团的裁决必须建立在对证据进行综合评价的基础上。因此，与法官一样，如果陪审员恰好拥有对案件的个人知识，该陪审员也应当被传唤作证，而不得径行以自己偶然掌握的案件知识作为裁决的依据。但是，如果是陪审员恰好掌握的一般性知识或经验，则并不妨碍作为陪审员判断案情的依据。

例如，在 1908 年的一个案件中，检察官踌躇满志地认为自己必将胜诉，但

㊳ Paul C. Giannelli, *supra* note 24, p.633.

㊴ Wigmore, *supra* note 1, Vol.9, p.722.

㊵ Y. B. 7 Hen. IV, 41, pl 5(1406); *Marrio v. Pascal*, 1 Leon. 159, 161(1588). Wigmore, *supra* note 1, Vol.9, p.722.

㊶ Wigmore, *supra* note 1, Vol.9, p.723.

是陪审团却将被告人无罪释放。检察官很疑惑地询问陪审团团长为何会这样？团长说："您注意到您的第一个证人了吗？他是一个木匠。"检察官说："没错。"团长说："木匠作证，案发时他正在现场安装一个木门。"检察官说："我想起来了。"陪审团团长接着说："证人说该木门价值10美元，而实际上我们都知道，这种木门仅值4.5美元！"㊷

但是，陪审员碰巧了解的与常人不一样的知识，是不允许作为裁判的基础的。这在1884年的一个判例中得到阐述：

> 陪审员没有义务并且也没有权力对与任何人有着通常理智的人不会信以为真的证言给予证明的力量。例如，当一个证人在法庭上作证说在波士顿的某一天太阳在子夜时分升起，或者密西西比河流入了密歇根湖，或者白就是黑时，这样的证言应当立即予以排除。……如果容许陪审团将其裁决建立在与本案争议事实有关的个人知识的基础上，或者建立在个人意见的基础上，却不让他们在法庭上作证，将是十分危险和不公正的。它将剥夺败诉一方当事人对证人进行交叉询问的权利，并丧失法律所设定的有关证言可信度标准所带来的利益。㊸

威格默指出，有关陪审员的个人知识哪些部分可以作为裁判基础、哪些部分不能作为裁判基础的界限是难以划清的。但是由于挑选陪审团程序的复杂性以及相应的程序保障，允许陪审员以自身知识裁判案件的原则应当不会对司法公正造成损害。㊹

五、司法认知中的程序性事项

（一）裁量认知与强制认知

《联邦证据规则》第201条（c）规定，无论当事人是否提出过申请，法庭均可进行司法认知；㊺第201条（d）规定，如果一方当事人提出申请并提供了必要

㊷ Wigmore, *supra* note 1, Vol. 9, p. 727.
㊸ Washburn v. R. Co., 59 Wis. 364, 370(1884); Wigmore, *supra* note 1, Vol. 9, p. 727; Jon R. Waltz, Roger C. Park, *Evidence: Cases and Materials*, 10th Edition, Foundation Press, New York, 2004, p. 749.
㊹ Wigmore, *supra* note 1, Vol. 9, pp. 701-731.
㊺ Fed. R. Evid., Rule 201(c)and(c).

的信息,则法庭应当进行司法认知。㊻

上述规定中的(c)被称为"裁量认知(discretionary notice)",(d)则被称为"强制认知(mandatory notice)"。无论是裁量认知还是强制认知,法官都有权寻求能够帮助他作出判断的信息。这些信息可以包括任何资讯,例如官方记录、百科全书、任何书籍或论文等。需要注意的是,这种获取信息的程序与搜集证据以建构事实的程序在性质上是完全不同的。前者纯粹属于法官决定的事项,后者则属于陪审团认定的事项。不仅如此,法官也可以要求当事人及其律师提供相关的资讯,以便帮助法官作出决定。

(二) 当事人陈述意见的机会

《联邦证据规则》第201条(e)规定,当事人对其申请法庭认定为司法认知的事实,拥有向法庭陈述其意见的机会;反对方当事人也有权反驳;如果法院在没有事先通知的情况下宣布某一事实为司法认知,则因此认定而遭受不利的一方当事人有权提出辩论。㊼

根据《联邦证据规则》第103条(c)和第104条(c)的规定,就司法认知举行的辩论应当在陪审团不在场的情况下进行。㊽ 该规则的起草者们认为,之所以如此要求是出于公正的考虑:"程序公正的基本考虑要求在司法认知的妥当性和其大意方面应当赋予反对方当事人听证的机会。"㊾

需要注意的是,反对方当事人听证的机会并不等于反对方当事人可以提出证据反驳已经司法认知认定的事实。因为,如果允许反对方当事人提出证据加以反驳,就意味着该司法认知认定的事实成为了可争辩的事实,这与目前通行的司法实践和占统治地位的理论完全是背道而驰的。

(三) 进行司法认知的时机

《联邦证据规则》第201条(f)规定,裁定司法认知在诉讼程序中的任何阶段均可进行。㊿ 根据判例,即使在上诉程序中,法官也可进行司法认知。○51 但在刑事上诉程序中,这样的司法认知受到极大的限制。因为,如果在刑事上诉中

㊻ Fed. R. Evid., Rule 201(c) and (d).
㊼ Fed. R. Evid., Rule 201(c) and (e).
㊽ Fed. R. Evid., Rule 103(c) and 104(c).
㊾ Advisory Committess's Note to Fed. R. Evid., Rue 201(e).
㊿ Fed. R. Evid., Rule 201(c) and (f).
○51 United States v. Herrera-ochoa, 245 F. 3d 495, 501(5th Cir. 2001).

允许法官无限制地进行司法认知,将有可能使法官通过司法认知弥补检察官在初审法院遗漏的事实;而此种认定通常属于初审法院审判程序的功能;若允许进行此种认定,将使适用于初审法院的审判程序机制归于无效,并且很可能造成对刑事被告人权利的侵犯。[52]

六、我国有关司法认知的规定及其辨析

(一) 我国相关法律中的司法认知

我国相关法律关于司法认知的规定首先体现在最高人民法院《关于民事诉讼证据的若干规定》(法释〔2001〕33号)当中。该规定第9条第1款指出:"下列事实,当事人无需举证证明:(一)众所周知的事实;(二)自然规律及定理;(三)根据法律规定或者已知事实和日常生活经验法则,能推定出的另一事实;(四)已为人民法院发生法律效力的裁判所确认的事实;(五)已为仲裁机构的生效裁决所确认的事实;(六)已为有效公证文书所证明的事实。"第2款规定:"前款(一)、(三)、(四)、(五)、(六)项,当事人有相反证据足以推翻的除外。"

最高人民法院《关于行政诉讼证据若干问题的规定》(法释〔2002〕21号)对司法认知事项作了基本相同的规定。其第68条第1款规定:"下列事实法庭可以直接认定:(一)众所周知的事实;(二)自然规律及定理;(三)按照法律规定推定的事实;(四)已经依法证明的事实;(五)根据日常生活经验法则推定的事实。"第2款规定:"前款(一)、(三)、(四)、(五)项,当事人有相反证据足以推翻的除外。"

在刑事诉讼领域,由于最高法院迄今为止尚未出台关于刑事诉讼证据问题的规定,最高人民法院《关于严格执行〈中华人民共和国刑事诉讼法〉若干问题的解释》第52条仅仅对证明对象问题作了原则性规定:"需要运用证据证明的案件事实包括:(一)被告人的身份;(二)被指控的犯罪行为是否存在;(三)被指控的行为是否为被告人所实施;(四)被告人有无罪过,行为的动机、目的;(五)实施行为的时间、地点、手段、后果以及其他情节;(六)被告人的责任以及与其他同案人的关系;(七)被告人的行为是否构成犯罪,有无法定或者

---

[52] Garner v. Louisana, 368 U.S. 157, 173(1961); United States v. Dior, 671 F. 2d 351, 358, n. 11 (9th Cir. 1982). 后者判定刑事上诉程序中的司法认知可能会侵犯到被告人依据联邦宪法第六修正案享有的获得陪审团审判的权利(因为上诉程序中的司法认知实际上相当于法官在认定事实)。

酌定从重、从轻、减轻处罚以及免除处罚的情节;(八)其他与定罪量刑有关的事实。"从该规定的内容来看,最高人民法院对于刑事诉讼中的证明对象作了概括列举的规定,但是并没有从消极的方向对免证事实加以规定,从而对司法认知也就未曾置喙。因此,我国刑事诉讼中有关司法认知的事项目前尚无明文规定。

(二) 对上述规定的几点评论

首先,从司法认知的事项范围来看,我国民事诉讼中的司法认知范围明显窄于英美证据法上的司法认知。因为,《关于民事诉讼证据若干问题的规定》只有第(一)项和第(二)项明显属于证据法中的司法认知,第三项属于推定,第(四)、(五)、(六)项属于证据的一种。因此只有第(一)、(二)项可以视为司法认知。其中第一项属于英美法上的"显著事实",第二项属于英美法上的"可通过精确可靠的资料迅速而精确地加以确定的事实"。但在英美法中,"通过精确的资料能够迅速而精确地确定的事实",除了自然规律和定理以外,还有很多并非自然规律和定理的事实,例如历史事实、地理事实、生理事实等,均属于司法认知的事项范畴。我国最高人民法院将司法认知的范围限定于自然规律和定理,不知出于何种考虑。

其次,《关于民事诉讼证据若干问题的规定》第9条第2款规定:除了自然规律和定理这一类司法认知不可推翻之外,众所周知的事实这一类司法认知和其他该条规定的事实均属于可通过证据加以反驳和推翻的事实,也就是属于可争辩的事实。可见,我国最高人民法院将自然规律及定理排除在当事人可用证据加以推翻的事实之外,而将众所周知的事实规定为可反驳的事实。表面上看起来,似乎最高法院在司法认知的效力模式问题上采取了塞耶—威格默的立场,尤其了几乎完全吸收了塞耶的立场。因为只有塞耶是主张存在着两种司法认知的:一种是不可反驳的司法认知,一种是可反驳的司法认知。但实际上,值得指出的是,我国最高人民法院或许完全是凭借自己对司法认知的一知半解的了解而作出的上述规定。因为,无论是威格默还是塞耶,在主张司法认知事项属于可反驳事项的时候,都并没有明确指出他们所说的可反驳事项究竟是只包括众所周知的事实,还是也包括可通过精确可靠的资料迅速而精确地决定的事实。事实上,当威格默和塞耶在讨论司法认知究竟是可争辩事实还是不可争辩事实时,并没有将司法认知区分为众所周知的事实和可通过精确可靠资料迅速而精确地确定的事实。换句话说,在塞耶和威格默那里,众所周知的事实和可通过精确而可靠的资料迅速而精确地确定的事实(后者在我国转换为自然规律及定理),在效果上应当是一样的:如果前者属于可争辩的事实,则后者也属于可争辩的事实。

再次,上述规定中的第(四)、(五)、(六)项分别属于对法院生效裁判确定事实的认知、对仲裁机构生效裁决确定事实的认知和对有效公证文书证明事实的认知。严格说来,法院裁判中确定的事实、仲裁机构确认的事实和公证文书确认的事实在英美法上通常并不属于司法认知的事实,这些官方或非官方机构认定的事实最多只能作为证明当事人主张的一种证据来对待,因此当然也是可以推翻的。最高人民法院显然没有意识到这一点,因此笼统地将司法认知与这些事实并列规定,显然是出于对司法认知效力的误解。尤其是《关于行政诉讼证据若干问题的规定》将"已经依法证明的事实"作为免证事实来对待,更是匪夷所思。因为,当事人的任何主张,都有可能是"已经依法证明的事实",不客气地说,只要当事人证明过的事实,都可以视为"已经依法证明的事实"。将司法认知的事实与这些事实并列规定,只会增加对这一问题的混淆。

结语:走向统一的证据法典

从英美法关于证明对象问题的规定来看,本章介绍的只有司法认知一项内容。除此之外,司法上的自认、推定均属于免证事实,也是英美法学者重点阐述的内容。本章对司法上的自认、推定等虽未涉及,但从证明对象的角度来看,有一个结论是相当明确的,那就是:证明对象是无法加以正面规定的。一旦试图这样做,就无法避免列举不能穷尽的问题。我国最高人民法院关于刑事诉讼法若干问题的解释的规定就很明白地证明了这个道理。因为,关于证明对象的科学的做法就是对免证事实加以列举和界定,从而凡是未加列举的,都是应当证明的。但在具体的案件中,哪些事实应当加以证明,则应当依照实体法的规定和经验法则来确定。

从我国与英美法系证据规则比较的角度来看,我国相关司法解释关于司法认知的规定还显得相当粗糙。这种粗糙至少显露在以下几个方面:一是司法认知的范围显得过于狭窄;二是对于司法认知的意义尚未完全明了;三是司法认知的效力已经大打折扣;四是将司法认知与其他免证事实并列规定的做法不够明智;五是对于以司法认知为代表的免证事实范围的界定并不统一。本书认为,造成这些现象的原因,一是因为我们轻忽了对英美证据法的学习和钻研。证据法是人类经验和智慧的结晶,不能由英美人民单独享用。二是我们采取的将民事诉讼、行政诉讼、刑事诉讼证据规则人为割裂的做法,势必导致三者在对同一问题作出不同规定时,即使在不必要有区别的地方也作出不同的规定,从而损害了法律的统一性和权威性。因此,那种坚持在不同的部门法中对证据问题分别作出规定的做法,注定是没有前途的。

附 录

参考文献

索　引

参考文献

一、中文文献

（一）著作、教材

毕玉谦:《民事证据法及其程序功能》,法律出版社1997年版。

毕玉谦、郑旭、刘善春:《中国证据法草案建议稿及论证》,法律出版社2003年版。

卞建林主编:《证据法学（修订二版）》,中国政法大学出版社2007年版。

陈光中主编:《中华人民共和国刑事证据法专家拟制稿（条文、释义与论证）》,中国法制出版社2004年版。

陈朴生:《刑事证据法》,台湾三民书局1979年第三版。

陈修斋主编:《欧洲哲学史上的经验主义和理性主义》,人民出版社1986年版。

陈一云主编:《证据学》,中国人民大学出版社1991年版。

陈一云主编:《证据学（第二版）》,中国人民大学出版社2000年修订第二版。

陈界融:《民事证据法:法典化研究》,中国人民大学出版社2003年版。

陈浩然:《证据学原理》,华东理工大学出版社2002年版。

樊崇义主编:《证据法学》,法律出版社2003年第二版。

樊崇义、温小洁、赵燕编著:《视听资料研究综述与评价》,中国人民公安大学出版社2002年版。

封丽霞:《法典编纂论——一个比较法的视角》,清华大学出版社2002年版。

郭志媛:《刑事证据可采性研究》,中国人民公安大学出版社2004年版。

何家弘:《刑事证据制度改革研究》,法律出版社2003年版。

何家弘主编:《证据学论坛》,中国检察出版社1999年版。

何家弘主编:《证据调查》,法律出版社1997年版。

何家弘主编:《证人制度研究》,人民法院出版社2004年版。

何家弘主编:《外国证据法》,法律出版社2003年版。

何家弘、刘品新:《证据法学》,法律出版社2004年版。

何家弘、杨迎泽:《检察证据教程》,法律出版社2002年版。

何家弘、张卫平主编:《外国证据法选译》,人民法院出版社2000年版。

黄风编著:《罗马法词典》,法律出版社2002年版。

黄东熊、吴景芳:《刑事诉讼法论》,台湾三民书局2002年修订第五版。

江伟主编:《中国证据法草案（建议稿）及立法理由书》,中国人民大学出版社2004年版。

姜伟、刘绍武主编:《收集刑事证据实务》,群众出版社2002年版。
劳思光:《思想方法五讲(新编)》,(香港)中文大学出版社2000年修订版。
李学灯:《证据法比较研究》,台湾五南图书出版公司。
刘金友主编:《证据法学》,中国政法大学出版社2001年版。
刘善春、毕玉谦、郑旭:《诉讼证据规则研究》,中国法制出版社2000年版。
刘晓丹主编:《美国证据规则》,中国检察出版社2003年版。
龙宗智:《相对合理主义》,中国政法大学出版社1999年版。
吕亚力:《政治学方法论》,台湾三民书局2002年出版十刷。
裴苍龄:《证据法学新论》,法律出版社1989年版。
齐剑侯、童振华编:《刑诉证据基本原理》,吉林人民出版社1982年版。
宋世杰:《诉讼证据学》,湖南人民出版社1988年版。
宋世杰:《证据学新论——证据运用问题研究》,中国检察出版社2002年版。
苏力:《也许正在发生》,法律出版社2004年版。
王国庆:《论刑事证据的审查判断》,群众出版社1985年版。
汪海燕、胡长龙:《刑事证据基本问题研究》,法律出版社2002年版。
汪建成、刘广三:《刑事证据学》,群众出版社2000年版。
王利明:《审判方式改革中的民事证据立法问题探讨》,载《中国法学》2000年第4期。
王汝嘉等:《刑事诉讼证据概论》,黑龙江人民出版社1984年版。
吴宏耀、魏晓娜:《诉讼证明原理》,法律出版社2002年版。
谢玉童编著:《证据法学案例教程》,中国人民公安大学出版社2001年版。
叶自强:《民事证据研究》,法律出版社2002年版。
易君博:《政治理论与研究方法》,台湾三民书局2003年修订第六版。
易延友:《沉默的自由》,中国政法大学出版社2001年版。
易延友:《陪审团审判与对抗式诉讼》,台湾三民书局2004年版。
张子培等:《刑事证据理论》,群众出版社1982年版。
赵炳寿主编:《证据法学》,成都四川大学出版社1990年版。
郑旭等:《中华人民共和国证据法学者建议稿》,中国法制出版社2003年版。
周密编著:《论犯罪与证据》,法律出版社1988年版。
周荣编著:《证据法要论》,商务印书馆1936年版。

(二) 译著

〔美〕伯尔曼:《法律与革命》,贺卫方、高鸿钧、张志铭、夏勇译,中国大百科全书出版社1993年版。

〔德〕茨威格特,克茨:《比较法总论》,潘汉典、米健、高鸿钧、贺卫方译,法律出版社2003年第1版。

〔美〕达马斯卡：《漂移的证据法》，李学军等译，中国政法大学出版社 2003 年版。

〔法〕笛卡尔：《探求真理的指导原则》，管震湖译，商务印书馆 1995 年版。

〔德〕汉斯·普维庭：《现代证明责任问题》，吴越译，法律出版社 2000 年版。

〔德〕黑格尔：《法哲学原理》，范扬、张企泰译，商务印书馆 1996 年版。

〔德〕霍尔斯特·海因里希·雅科布斯：《十九世纪德国民法科学与立法》，王娜译，法律出版社 2003 年版。

〔德〕卡尔·拉伦茨：《法学方法论》，陈爱娥译，商务印书馆 2003 年版。

〔英〕卡尔·波普尔：《猜想与反驳——科学知识的增长》，傅季重、纪树立、周昌忠、蒋弋为译，上海译文出版社 2001 年版。

〔德〕康德：《道德形而上学原理》，苗力田译，上海人民出版社 2005 年版。

〔法〕勒内·达维：《英国法与法国法：一种实质性比较》，潘华仿、高鸿钧、贺卫方译，清华大学出版社 2002 年版。

〔德〕罗森贝克：《证明责任论——以德国民法典和民事诉讼法典为基础撰写（第四版）》，庄敬华译，中国法制出版社 2002 年版。

〔德〕马克思·韦伯：《论经济与社会中的法律》，张乃根译，中国大百科全书出版社 1998 年版。

〔德〕马克思·韦伯：《新教伦理与资本主义精神》，于晓、陈维纲译，三联书店 1987 年版。

〔意〕桑德罗·斯奇巴尼选编：《司法管辖权·审判·诉讼》，黄风译，中国政法大学出版社 1992 年版。

〔日〕松冈义正：《民事证据论》，张知本译述，上海法学编译社 1933 年版。

〔苏〕维辛斯基（А.Я.Вышинский）：《苏维埃法律上的诉讼证据理论》，王之相译，人民出版社 1954 年版。

〔美〕约翰·斯特龙主编：《麦考密克论证据》，汤维建等译，中国政法大学出版社 2004 年版。

（三）论文

陈光中：《应当批判地继承无罪推定原则》，载《法学研究》1980 年第 4 期。

陈瑞华：《从认识论到价值论》，载《法学》2000 年第 1 期。

戴福康：《证据本身是没有阶级性的》，载《政法研究》1964 年第 3 期。

樊崇义、杨宇冠：《论传闻证据规则》，载《国家检察官学院学报》2001 年第 4 期。

范忠信：《亲亲相为隐：中外法律的共同传统——兼论其根源及其与法治的关系》，载《比较法研究》1997 年第 2 期。

高克祥、张树林：《必须用阶级分析的观点看待刑事诉讼证据》，载《政法研究》1965 年第 3 期。

郝双禄:《关于刑事诉讼证据的几个问题》,载《政法研究》1963年第2期。
黄金荣:《法的形式理性论——以法之确定性问题为中心》,载《比较法研究》2000年第3期。
陆研:《谈谈刑事诉讼证据有无阶级性的问题》,载《政法研究》1964年第4期。
前进:《谈谈刑事诉讼证据的阶级性》,载《政法研究》1964年第3期。
沈德咏、江显和:《变革与借鉴:传闻证据规则引论》,载《中国法学》2005年第5期。
宋英辉、李哲:《直接、言辞原则与传闻证据规则之比较》,载《比较法研究》2003年第5期。
孙兴起:《有无阶级性要区别看待》,载《政法研究》1964年第3期。
田静仁:《关于刑事诉讼证据的客观性和阶级性问题》,载《政法研究》1964年第2期。
佟庆明:《对刑事诉讼证据问题的几点浅见》,载《政法研究》1964年第2期。
王一平:《证据和案件事实之间的偶然联系和必然联系》,载《政法研究》1964年第2期。
吴丹红、黄士元:《传闻证据规则研究》,载《国家检察官学院学报》2004年第1期。
吴磊:《运用唯物辩证法研究刑事诉讼证据问题》,载《政法研究》1965年第3期。
吴磊、陈一云、程荣斌:《学习我国诉讼证据指导原则的一点体会》,载《政法研究》1963年第1期。
巫宇苏:《批判资产阶级"无罪推定"原则》,载《政法研究》1958年第2期。
巫宇苏:《论我国刑事诉讼中的证据》,载《政法研究》1964年第2期。
易延友:《对自由心证哲学基础的再思考》,载《比较法研究》1998年第2期。
尹晓莉:《论传闻证据规则》,载《贵州工业大学学报(社会科学版)》2002年第3期。
丰田:《什么是诉讼证据》,载《政法研究》1964年第2期。
张绥平:《关于刑事诉讼证据理论的几个问题的探讨》,载《政法研究》1964年第1期。
张卫平:《证明责任概念解析》,载《郑州大学学报(社会科学版)》2000年第6期。
张子培:《批判资产阶级"法官自由心证"原则》,载《政法研究》1958年第2期。
张子培:《关于刑事诉讼中运用证据认定案件事实的几个问题》,载《政法研究》1962年第4期。

二、英文文献

(一) 著作

Amar, Akhil Reed, *The Constitution and Criminal Procedure: First Principles*, Yale University Press, 1997.

Bentham, Jeremy, *Principles of Judicial Procedure, With the Outlines of A Procedure Code*; in *The Works of Jeremy Bentham*, Thoemmes Press, 1995.

Bentham, Jeremy, *Introductory View of the Rationale of Evidence: For the Use of Non-Lawyers as Well as Lawyers*, Thoemmes Press, 1995.

Buzzard, John Huxley, May, Richard, Howard, M. N., *Phipson on Evidence*, 13th Edition, Sweet & Maxwell, London, 1982.

Carlson, Ronald L., Imwinkelried, Edward J. & Kionka, Edward J., *Materials for the Study of Evidence* (2d ed., 1986).

Churchill, *A History of the English-Speaking Peoples*, Cassell & Co, 2000.

Cornish, W. R., *The Jury*, Allen Lane the Penguin Press, London, 1968.

Cross, Sir Rupert & Tapper, Colin., *Cross on Evidence*, 7th Edition, Butterworths, 1990.

Damaska, Mirjan R., *Evidence Law Adrift*, Yale University Press, 1997.

Damaska, Mirjan R., *Faces of Justice and State Authority*, Yale University, New Haven and London, 1986.

Dennis, I H, *The Law of Evidence*, 2nd Edition, Sweet & Maxwell, London, 2002.

Dwyer, William L., *In the Hands of the People: The Trial Jury's Origins, Triumphs, Troubles, and Future in American Democracy*, Thomas Dunne Books, St. Martin's Press, New York, 2002.

Esmein, A., *A History of Continental Criminal Procedure: With Special Reference to France*, The Lawbook Exchange Ltd, 2000.

Giannelli, Paul C., *Understanding Evidence*, LexisNexis, 2003.

Gobert, James, *Justice, Democracy and the Jury*, Dartmouth Publishing Company Limited, 1997.

Graham, Michael H., *Federal Rules of Evidence*, West Group 1996.

Graham, Michael H., *Handbook of Federal Evidence*, 1996.

Hansen, Mark, *Jurors Demand a Speedy Trial: When Their Deadline Can't Be Met, Judge Declares a Mistrial*, A. B. A. J., Mar. 1995

Helmholz, R. H., Gray, Charles M., Langbein, John H., Moglen, Eben, Smith, Henry E., Alschuler, Albert W., *The Privilege against Self-Incrimination: Its Origins and Development*, The University of Chicago Press, 1997.

Holdsworth, W. S., *A History of English Law*, Vol. 1, London 1956.

Levy, Leonard W., *Origins of the Fifth Amendment: the Right against Self-Incrimination*, Ivan. R. Dee, 1999.

Levy, Leonard W., *The Palladium of Justice: Origins of Trial by Jury*, Ivan R. Dee, Chicago, 1999.

Malek, Hodge M. et el, *Phipson on Evidence*, Sweet & Maxwell, 2005.

McEwan, Jenny, *Evidence and the Adversarial Process-The Modern Law*, 2nd Edition, Hart Publishing, 1998.

Morgan, Edmund, *Some Principles of Proof under the Anglo-American System of Litigation*, New York, 1956.

Mueller, Christopher B. & Kirkpatrick, Laird C., *Evidence Under The Rules: Text, Cases, and Problems*, Little Brown and Company, 1988.

Mueller, Christopher B., Kirkpatrick, Laird C., *Modern Evidence: Doctrine and Practice*, Little Brown and Company, 1995.

Munday, Roderick, *Evidence*, 2nd Edition, LexisNexis Butterworths, 2003.

Murphy, Peter, *Evidence, Proof, and Facts: A Book of Sources*, Oxford University Press, 2003.

Murphy, Peter, *Murphy on Evidence*, 7th Edition, Blackstone Press Limited.

Pearson, K., *The Grammar of Science*, London: A. & C. Black, 1911.

Phipson, Sidney L., etc., *Phipson on Evidence*, Sixteenth Edition, London, Sweet & Maxwell, 2005.

Pollock, Sir F. and Maitland, F. W., *History of the English Law*, Vol. 1, 1895.

Prater, Dennis D., Arguello, Christine M., Capra, Daniel J., Martin, Michael M., and Saltzburg, Stephen A., *Evidence: The Objection Method*, Michie Law Publishers, 1997.

Reutlinger, Mark, *Evidence: Essential Terms and Concepts*, Aspen Law & Business, 1996.

Shapiro, Barbara J., *Beyond Reasonable Doubt and Probable Cause: Historical Perspectives on the Anglo-American Law of Evidence*, University of California Press, London, 1991.

Stephen, James F., *A History of the Criminal Law of England*, Vol. 1, Macmillan and Co., 1883.

Stephen, James F., *A Digest of the Law of Evidence*, second edition reprint, St. Louis, F. H. Thomas and Company, 1879.

Taylor, John Pitt, *Treatise on the Law of Evidence*, 3rd Edition. 1858.

Thayer, James Bradley, *A Preliminary Treatise on Evidence at the Common Law*, Augustus M. Kelley. Publishers, New York, 1969.

Waltz, Jon R., Park, Roger C., *Evidence: Cases and Materials*, 10th Edition, Foundation Press, New York, 2004.

Weinstein, Jack B., Berger, Margaret A., *Wienstein's Evidence Manual Student Edition*, 6th Edition, LexisNexis, 2003.

Weinstein, Jack B., Mansfield, John H., Abrams, Norman, Berger, Margaret A., *Evidence: Cases and Materials*, Ninth Edition, The Foundation Press Inc., Westebury, New

York, 1997.

Wigmore, John Henry, *Evidence In Trials at Common Law*, Vol. VIII, Peter Tillers Rev., Little, Brown and Company, Boston, Toronto, 1983.

(二) 论文

Bacigal, Ronald J., "Implied Hearsay: Defusing the Battle Line Between Pragmatism and Theory", 11 *S. Ill. U. L. J.* 1127, 1987.

Ball, V. C., "The Moment of Truth: Probability Theory and Standards of Proof", 14 *Vanderbilt L. Rev.*, 1961.

Becker, Edward R. and Orenstein, Aviva, "The Federal Rules of Evidence After Sixteen Years—The Effect of 'Plain Meaning' Jurisprudence, the Need for an Advisory Committee on the Rules of Evidence, and Suggestions for Selective Revision of the Rules", 60 *Geo. Wash. L. Rev.* 857, 1992.

Berger, Margaret A., "The Federal Rules of Evidence: Defining and Refining the Goals of Codification", 12 *Hofstra L. Rev.* 255, 1984.

Bergman, Paul, "Ambiguity: The Hidden Hearsay Danger Almost Nobody Talks About", 75 *KY. L. J.* 841, 1987.

Blomquist, Robert F., "The Dangers of 'General Observations' on Expert Scientific Testimony: A Comment on Daubert v. Merrell Dow Pharmaceuticals", *Inc.*, 82 *Ky. L. J.* 703, 1994.

Browne, M. Neil, Williamson, Carrie L., Barkacs, Linda L., "The Perspectival Nature of Expert Testimony in the United States, England, Korea, and France", 18 *Conn. J. Int'l L.* 55, 2002.

Bryden & Park, "Other Crimes Evidence in Sex Offense Cases", 78 *Min. L. Rev.* 529, 1994.

Carney, The Constant Factor: Judicial Review of the Fact Finding Process in the Circuit Courts of Appeal, 12 *Duq. L. Rev.* 233, 1973.

Casper, Gerald & Zeisel, Hans, "Lay Judges in the German Criminal Courts", 1 *J. Legal Stud*, 1972.

Cecil, Joe S., "Construing Science in the Quest for 'Ipse Dixit': A Comment on Sanders and Cohen", 33 *Seton Hall L. Rev.* 967, 2003.

Cleary, Edward W., "Presuming and Pleading: An Essay on Juristic Immaturity", 12 *Stanford L. Rve.*, December 1959.

Cohen, Neil B., "The Gatekeeping Role in Civil Litigation and the Abdication of Legal Values in Favor of Scientific Values", 33 *Seton Hall L. Rev.* 943, 2003.

Colb, Sherry F., "'Whodunit' Versus 'What Was Done': When To Admit Character Evidence In Criminal Cases", 79 *N. C. L. Rev.* 939, 2001.

Damaska, "Evidentiary Barriers to Conviction and Two Models of Criminal Procedure: A Comparative Study", 121 *U. Pa. L. Rev.*, 1973.

Davis, "Hearsay in Nonjury Cases", 83 *Harv. L. Rev.* 1362, 1970.

Davis, Kenneth Culp, "Judicial Notice", 55 *Colum. L. Rev.* 945, 1955.

Deason, Ellen E., "Court-Appointed Expert Witness: Scientific Positivism Meets Bias and Deference", 77 *Or. L. Rev.* 59, 1998.

Degnan, Ronan E., "The Law of Federal Evidence Reform", 76 *Harv. L. Rev.* 275, 1962.

Duane, "The New Federal Rules of Evidence on Prior Acts of Accused Sex Offenders: A poorly Drafted Version of a Very Bad Idea", 157 *F. R. D.* 95, 1994.

Finkelstein, M. O. and Fairley, W. B., "A Bayesian Approach to Identification Evidence", in 83 *Harv. L. Rev.*, 489—517, 1970.

Frankel, Marvin E., "The Search for Truth: An Umpireal View", 123 *U. Pa. L. Rev.*, 1031.

Giannelli, Paul C., "The Supreme Court's 'Criminal' Daubert Cases", 33 *Seton Hall L. Rev.* 1071, 2003.

Graham, Michael H., "'Stickperson Hearsay': A Simplified Approach to Understanding the Rule Against Hearsay", 1982 *U. Ill. L. Rev.* 887, 1982.

Grano, Joseph D., "The Adversarial-Accusatorial Label: A Constraint on the Search for Truth", 20 *HVJLPP* 513, 1997.

Griffin, Lisa Kern, "'The Image We See is our own': Defending the Jury's Territory at the Heart of the Democratic Process", 75 *Neb. L. Rev.* 332.

Gross, Samuel R., "Expert Evidence", 1991 *Wis. L. Rev.* 1113, 1991.

Hazard, "An Historical Perspective on the Attorney-Client Privilege", 66 *Calif. L. Rev.* 1061, 1978.

Helle, Kevin Jon, "The Cognitive Psychology Of Circumstantial Evidence", 105 *Mich. L. Rev.* 241, 2006.

Imwinkelried, Edward J., "A Brief Defense of the Supreme Court's Approach to the Interpretation of the Federal Rules of Evidence", 27 *Ind. L. Rev.* 267, 1993.

Imwinkelried, Edward J., "The Daubert Decision on the Admissibility of Scientific Evidence: the Supreme Court Chooses the Right Piece for all the Evidentiary Puzzles", 9 *St. John's J. L. Comm.* 5, 1994.

Imwinkelried, Edward J., "The Scope of the Residual Hearsay Exceptions in the Federal

Rules of Evidence", 15 *San Diego L. Rev.* 239, 1978.

Ireland, Marilyn J., "Deconstructing Hearsay's Structure: Toward a Witness Recollection Definition of Hearsay", 43 *Vill. L. Rev.* 529, 1998.

Jackson, John D. & Doran, Sean, "Conventional Trials in Unconventional Times: The Diplock Court Experience", 4 *Crim. L. F.* 503, 1993.

James, "The Role of Hearsay in a Rational Scheme of Evidence", 34 *U. Ill. L. Rev.* 788, 1940.

Kapsa, Marilee M. & Meyer, Carl B., "Scientific Experts: Making Their Testimony More Reliable", 35 *Cal. W. L. Rev.* 313, 1999.

Kesse, Gordon Van, "Adversary Excesses in the American Criminal Trial", 67 *Notre Dame L. Rev.*, 1992.

Landsman, Stephen A., "A Brief Survey of the Development of the Adversary System", 44 *OHSLJ*, 713.

Langbein, John H., "The German Advantage in Civil Procedure", in 52 *U. Chi. L. Rev.* 823, 1985.

Langbein, John H., "The Criminal Trial before the Lawyers", 45 *U. Chi. L. Rev.* 263, 1978.

Langbein, John H., "Historical Foundations of the Law of Evidence: a View from the Ryder Sources", 85 *Colum. L. Rev.* 1193, 1996.

Larue, Lewis H. and Caudill, David S., "A Non-Romantic View of Expert Testimony", 35 *Seton Hall L. Rev.* 1, 2004.

Laughlin, James S., "When Students Confront the Experts: Toward Critical Thinking", 81 *ENG. J.* 72, 1992.

Leonard, David P., "In Defense of the Character Evidence Prohibition: Foundations of the Rule Against Trial by Character", 73 *Ind. L. J.* 1161, 1998.

Milich, Paul S., "Hearsay Antinomies: The Case for Abolishing the Rule and Starting Over", 71 *Or. L. Rev.* 723, 1992.

Mitchell, "Must Clergy Tell? Child Abuse Reporting Requirements Versus the Clergy Privilege and Free Exercise of Religion", 71 *Minn. L. Rev.* 723, 1987.

Mitnick, John Marshall, "From Neighbor-Witness to Judge of Proofs: The Transformation Of the English Civil Juror", 32 *Am. J. Legal Hist.* 201.

Morgan, Edmund M., "Hearsay and Non-Hearsay", 48 *Harv. L. Rev.* 1138, 1935.

Morgan, "The Jury and the Exclusionary Rules of Evidence", 4 *U. Chi. L. Rev.* 247, 1937.

Mueller, Christopher B., "Post-Modern Hearsay Reform: the Importance of Complexity", 76 *Minn. L. Rev.* 367.

Nance, Dale A., "The best Evidence Principle", *Iowa Law Review*, January, 1988.

Nance, Dale A., "Reliability and the Admissibility of Experts", 34 *Seton Hall L. Rev.* 191, 2003.

Nesson, Charles, "The Evidence or the Event? on Judicial Proof and the Acceptability of Verdicts", 92 *Harv. L. Rev.* 1359.

Nock, George R., "Twist and Shout and Truth Will Out: An Argument for the Adoption of a 'Safety-Valve' Exception to the Washington Hearsay Rule", 12 *U. Puget Sound L. Rev.* 1, 1988.

Park, Roger C., "'I Didn't Tell them anything about you': Implied Assertions as Hearsay under the Federal Rules of Evidence", 74 *Minn. L. Rev.* 783, 1990.

Park, Roger C., "Hearsay, Dead or Alive?" 40 *Ariz. L. Rev.* 647.

Radin, "The Privilege of Confidential Communication between Lawyer and Client", 16 *Calif. L. Rev.* 487, 1928.

Rice, Paul R., "Advisory Committee on the Federal Rules of Evidence: Tending to the Past and Pretending for the Future?", 53 *Hastings L. J.* 817, 2002.

Rossi, Faust F., "The Federal Rules Of Evidence In Retrospect: Observations From The 1995 Aals Evidence Section: The Federal Rules Of Evidence—Past, Present, And Future: A Twenty-Year Perspective", 28 *Loy. L. A. L. Rev.* 1271, 1995.

Saks, Michael J., "The Legal and Scientific Evaluation of Forensic Science" (Especially Fingerprint Expert Testimony), 33 *Seton Hall L. Rev.* 1167, 2003.

Salken, Barbara C., "To Codify or not to Codify—that is the Question: a Study of New York's Efforts to Enact an Evidence Code", 58 *Brooklyn L. Rev.* 641, 1992.

Saltzburg, Stephen A., "The Federal Rules of Evidence and the Quality of Practice in Federal Courts", 27 *Clev. St. L. Rev.* 173, 1978.

Sanchirico, Chris William, "Character Evidence and the Object of Trial", 101 *Colum. L. Rev.* 1227, October, 2001.

Scallen, Eileen A., "Interpreting the Federal Rules of Evidence: The Use and Abuse of the Advisory Committee Notes", 28 *Loy. L. A. L. Rev.* 1283, 1995.

Seidelson, David E., "Implied Assertions and Federal Rule of Evidence 801: A Continuing Quandary for Federal Courts", 16 *Miss. C. L. Rev.* 33, 51, 1995.

Seigel, Michael L., "Rationalizing Hearsay: A Proposal for a best Evidence Hearsay Rule", 72 *B. U. L. Rev.* 893, 1992.

Slobogin, Christopher, "The Structure of Expertise in Criminal Cases", 34 *Seton Hall L. Rev.* 105, 2003.

Slough, M. C. & Knightly, J. William, "Other Vices, Other Crimes", 41 *Iowa L. Rev.* 325, 325, 1956.

Smith, "The Hearsay Rule and the Docket Crisis: The Futile Search for Paradise", 54 *A. B. A. J.* 231, 1968.

Spronken, Taru, Fermon, Jan, "Protection of Attorney-Client Privilege in Europe", 27 *Penn St. Int'l L. Rev.* 439, 2008.

Strier, Franklin, "Making Jury Trials More Truthful", 30 *U. C. Davis L. Rev.* 95, 1996.

Swerling, Jack B., *Trial Advocacy*: "'I Can't Believe I Asked that Question': A Look at Cross-examination Techniques", 50 *S. C. L. Rev.* 753, 1999.

Thayer, James B., "Judicial Notice and the Law of Evidence", 3 *Har. L. Rev.*, 285, 1890.

Trautman, Herman L., "Logical or Legal Relevancy—A Conflict in Theory", 5 *Cand L. Rev.* 385, 1952.

Utley, Letitia D., "The Exclusionary Rule, Twenty-Fourth Annual Review Of Criminal Procedure: United States Supreme Court And Courts Of Appeals 1993-1994 I. Investigation And Police Practices", 83 *Geo. L. J.* 824, 1995.

Weissenberger, Glen, "The Supreme Court and the Interpretation of the Federal Rules of Evidence", 53 *Ohio St. L. J.* 1307, 1992.

Wellborn III, Olin Guy, "The Definition of Hearsay in the Federal Rules of Evidence", 61 *Tex. L. Rev.* 49, 1982.

Williams, Kenneth, "Do We Really Need the Federal Rules of Evidence?", 74 *N. Dak. L. Rev.* 1, 1998.

索 引

A

案件事实清楚　318—321

B

被害人品格　103,257,262,263
补强规则　40
不纯粹品格证据　264,265,266,271
不利于己的陈述　47,240,241

C

裁决程序　91,92
裁量认知　332,333
裁判事实　52—57,323—325
裁判事实的可接受性　26,51—54,57,60,62,251
采纳性的自认　231,232
常识领域　191,192,208
沉默权　128,129,147
陈述式行为　223
程序的纯洁性　110
传闻的豁免　72,77,216,227,228,231
传闻证据　22,26,32,36,47,50,53,87,92,111,119,165,188,217,219,221,227,245—249,252,254

D

大陆法系　17,21,43,45,52,56—58,62,87,91,92,121,147—150,153—156,255,291—293,295,298,300,306—308,316—319
代理人的自认　231,232
当事人主义　189,208,212,213,215,231,291
当下的感觉印象　233,253
独立模式　92,93
独立品格　16,18,26,27
断定　41,163,219—224,282
对抗性　52,58,59,62,191,237,249,250

F

发现真实　35,36,47,50—53,74,79,145,152,227,243,244,246,248,250,252,264
法典化　33,65—68,73,80,81,83,85,92,94—96
法定证据制度　31,66,85—87,317,319
法官个人的知识　331
法官和陪审员　72,167,323
法律性质的服务　136
法律意识　88
法律原理的一致　78
法学教育　81—83,88
法制现代化　87,88
反对自我归罪的特免权　37,52,121,124,125,127—129,137,147,148,150,152,155,156,162,163,182,229,242
方法论　3,7,17—20,26
非法证据排除规则　9,10,14,16,36,52,74,92,94,95,318

分离模式 92,93
夫妻交流特免权 37,124,130,132,134
夫妻特免权 124,129—132,134
附条件的关联性 110—112
附条件的可采性 111

G

概率论 25,311—317
个人的记录 237
个人的自认 231
公共记录 73,77,236,237
公共特免权 144,150,161,162
公平竞争 259,260,277,279,280
共犯者的自认 231—233
共同委托人 140,141,159
顾虑 14,106,107,109,110
关联性 35,36,80,97,99—106,108,110—112,114—120,230,274
国家秘密特免权 37,144,145,164

H

合理依赖 203,204
恢复记忆 178,179,183
恢复性证据 229
婚前的事项 131,132
婚姻特免权 129,132,148,162
混淆争点 51,106,108,109,187,267
豁免 121,123,124,127,128,131,157,227—228,242

J

记者特免权 143,150,154,157,159,162
家庭特免权 129,134,148,149,151,152,156,163
间接证据 4,102,188,231,233,262,279,282,314
交叉询问 32,33,39,45,53,57,109,139,167,173,174,176—178,180—185,187—189,201,204,207,225—231,239,240,245,247,249,250,272,273,275,295,327,332
交流特免权 37,124,130,132—134,142—144
交易性的豁免 127
解释 10,11,13,14,17—19,21,25,28,38,43,45,49,51,53,57,58,67,71,73,78,80,82—85,89,90,105—108,118,124—126,150,155,157—160,162,172,179,188,190,192,195,205—207,214,222,231,233,234,257,274,275,280—282,291,295,303,310,314,317,319,321,323,325,334,336
借鉴 3,65,87,249,252—254,322
禁止恶言 277,280
经授权的自认 231
经验法则 103,334,336
经验主义 43,46—48,64,114,116,308
精确性 26,35,45,51—53,64,105,153,170,180,193,251,264,280,329
精神状态 142,187,193,225,234,252
举证责任 3,35,38,39,50,51,160,193,195,291,292,295,297,298,300,315

K

可采性 5,10,14,15,22—27,30,32,35,36,42—44,47,49,52,53,60,61,69,71—

74,76,77,79,80,82,84,91,92,94,95,
97,99,100,102—105,107,108,110—
116,119,129,169—171,182,184—192,
194—198,201—206,208,209,212,215,
218—221,224,227—242,244,245,247,
248,251—255,257,258,260—271,273,
274,276,278—280,282,283,287,327
可采性的预先事项　111,112
可采性的自由主义　80,114,115
可适用性　76,77,81
可预期性　76,80,87,88
客观证明责任　294

L

乐观理性主义　49,80,189
理性传统　79,80
理性化　75,76,78,87
立法事实　39,324,325
联邦证据规则　1,34,38,51,59,65,69,
70,73—85,89,93,94,96,97,99,100,
102—104,106,109—112,114—117,119,
120,124,125,130,132,135,139,141,
142,144,146,165—169,171,173,175—
178,180—182,184—190,192—195,
197—200,202—206,209—211,215,
218—221,227—242,244,246,248,253,
257,258,260—263,266—268,270,272,
275,276,279,303,325,328—330,
332,333
量刑　59,271,273,274,281,287,335
临终遗言　32,47,240,253
旅行特免权　123—125
律师—委托人特免权　124,130,134,
135,150,151,153,154,157,158,164
罗森贝克　94,291,298
逻辑关联性　115—120

M

米兰达规则　128,129
秘密交流　134,137,141—143
免证事实　39,324,335,336
名声　126,173,184,213,214,239,256,
263,274—276,295
目击证人　101,118,192,193,208—210,
265,270

N

内心确信　115,120,294,308,309,312,
320,321

P

排除合理怀疑　38,40,49,59,270,278,
279,283,295—297,304,309—311,
316—322
陪审团审判　31,38,41—45,55—58,
61—63,89,124,154,164,216,283,287,
293,324,334
陪审员的个人知识　332
披露　25,37,72,124,125,128,130,
133—147,150,153,158,159,161,162,
215,327
脾性证据　264—266,268
偏见　37,45,50,51,63,71,79,106—
110,166,168,169,174,184,185,187,
188,204—206,209,246,247,262,263,
265,267,268,274,278,280,281

品格　18,26,32,45,71,72,103,119,184,185,239,256—260,262—264,266,270—276,279,280,283—287

品格证据　32,36,45,71,188,227,255—262,264,270—274,276—287

品格证据规则　26,35,45,76,97,120,165,256—258,264,281,285,287

品行良好　32,258,259,271

普适性　87

Q

其他政府信息特免权　144,145

气泡破裂理论　303

强迫自证其罪　127,280

强制认知　332,333

清晰和有说服力的证据　299,309,311

确定性　49,67,75,93,102,191,269,308,310—313,317,320

R

人权保障　36,95,319,321

认识论　5,25,49,79,80,189,210,308

容隐　151,156

S

塞耶　23,43,46,78,80,88,115,116,118,282,298,302—304,326,327,335

商业记录　236

神职人员—忏悔者特免权　134,142,157

神志正常推定　304

审判外陈述　219,221,222

剩余的例外　242

实用主义　43,49,64,308,322

实质性　39,46,66,74,75,94,99—101,177,182,217,229,234,242,267,269,275,276,297,302,304,326,327

实质性证据　229,230

使用及衍生使用性的豁免　127,128

事实自证　305

书面记录　72,177,178

说服责任　38,39,292,293,295,297,299,302—306,311,327

司法认知　39,71,94,167,239,289,323—336

司法认知的效力　323,326,328,335,336

死亡推定　302,306

T

弹劾　35,57,72,82,97,165,166,177,178,182,184—188,219,224,228,238,255,273,314

弹劾证人可信度　72,114,166,184,185,187,189,224,271,272,287

特定事例　184,185,275,276

特免权规则　35—37,50,69,71,74,76,97,121,123,124,126,127,134,136,137,141,142,146,147,150—156,158,159,162—165,167,188

特殊知识　171,192,194,200—202,210,267

提证责任　292,293,295,297,302—306,327

体系与内容　30,70

听证的机会　71,333

同行评议　84,197,198

推定　17,23,39,71,75,93,94,170,274,

291，292，298，300—307，326—328，
334—336
拖延审判　109

W

完整性　76，77，81，225
危险　7，30，41，42，45，50，53，63，106—
110，114，130，131，144，147，168，185，
197，198，222，227，229，233，242，258，
263，265，267，277，332
威格默　22，24，30—32，35，44，46，49，
60，61，68，69，78，80，83，89，115，116，
118，121，123—125，129，130，164，191，
192，205，214，216，221，243，278，282，
293，324，326，327，329，331，332，335
无罪推定　4，5，39，59，60，277，278，283，
302，304
误导陪审团　51，106，107，109，187，267

X

先前的不一致陈述　77，82，179，186，
224，228，229，240
先前的一致陈述　77，229，230，240
先前的证词　239，240
显著事实　329，335
线人特免权　144，146，150，162
相关性　23，44，45，53，60，71，76—79，
94，109，117，187，188，197，198，258，
265—267，269—271，278，281
相似事实　36，47，265，268，269
襄助陪审团　192
效率　80，99，106，107，110，115，116，
145，181，262，281，286，321

新教伦理　284，285
刑事诉讼效率　321
形式化　75，76，153，283
形式理性化　75，76，80，153，219
性侵犯案件　71，103，163，258，260—263
宣誓　30，35，41，57，67，72，90，120，148，
149，165，168，173—175，179，184，212，
218，225—229

Y

研究对象　1，3，6—9，11，12，15—18，21，
24，26，27，29，30
一般接受　84，195—198
医患特免权　141，157，159
移植　64，65，85，86，92，97，163，164，
189，216，248—250，252—255
以毒攻毒　258
意见　4，27，41，42，46，61，69，72，85，86，
91，105，106，124，127，132，136，140，145，
159，163，164，171—173，184，185，187，
191—199，201—206，208—210，215，236，
254，262，267，275，276，281，332，333
意见证据　26，35，36，41，46，72，76，119，
120，165，171，184，210
英美法系　10，13，15，16，22，24—26，30，
33，35，36，38，40，43，44，46，49—52，54，
56，58，59，62，65，91，121，147，149，153，
154，156，158，159，173，191，208，216，
226，231，242，251，253—256，273，277，
279，285，287，292，293，295，298，300，
307，308，315—319，336
英美证据法　1，3，22—26，30，35，41—
43，46—51，59，60，64，74，78—80，84，89，

94,99,102,121,165,184,187,191,210,215,219,220,229,244,253—257,271,276,277,287,289,292,299,323,335,336

优势盖然性　40,49,101,111,112,304,318

优势证据　309—311

有关医疗或诊断的陈述　235

有限的关联性　113

有限的可采性　71,113

诱导性问题　33,46,182—184,189

预备听证会　207

约束法官心证　65,85—88,93,95,120

Z

真实性　72,82,140,170,194,219,221—227,238,240,241,243—245,250,251

争议事实　38,39,45,94,102,117,171,192,194,198,201,224,258,269,271,272,297,311,327,332

正当程序条款　126,262,273

证据法学　3—12,14—18,20—30,46,49,50,54,60,67,74,83,84,88,114,115,119,216,243,246,264,286,298—304,307,309,318,322

证据规则　5,11,17,22,25,26,30—35,40—44,46,47,49—63,65—70,73,74,76,79,81—96,99,111,113,120,124,140,141,144,147,152,154,163,165,166,170,174,177,178,184,189,190,202,203,208,209,217,218,244—248,250,252—256,260,261,273,280,283,287,309,318,327,328,330,336,337

证据规则的成文化　66

证据规则的法典化　1,33,65,67,68,73,76,81,96,120

证据力　15,35,40,45,50,87,106

证据确实充分　318—321

证据学　1,3—6,14,88

证明标准　9—11,16,21,26,35,38,40,43,49,50,59,85,94,95,111,112,270,289,297,308—313,315—322

证明程度　38,40,313

证明力　9—12,14,15,22,30,35,43,45,66,90,94,99,101,110,111,116,129,201,230,246,267,274,277,278,281,305

证明责任　9—11,16,17,21,26,38,40,94,95,289,291—295,297—300,302,304,305,307,308,310,311

证明责任分配　35,39,291,292,295,298—300,302,307

证人的可信度　166,170,182,184—187,193,228,272

证人品格　184,256,271,272

证人先前的指认　230

证人资格　22,71,95,111,165—169,188,189,204

证人作证规则　76,121

证人作证能力　72,170

证人作证义务　121,123,124,164

证言特免权　123,124

直接证据　102

直觉感知　352

职业特免权　25,37,134,150,157,162

职业责任　140,141

制度变革　78,91

主观证明责任　293,294

主题特免权　　124
专家的资格　　191,200
专家意见　　72,173,187,188,191,198,200—204
专家证人的商业化　　212
专家证言　　84,97,120,165,191—196,198—202,204,205,208,209,211,212,214,215,254,292

专家证言可靠性　　210,212
专业领域　　191—193,209,210,214
自由心证　　3—5,13,66,95,317
最佳证据规则　　22,31,50,78,79,95,120,255
最佳证据原理　　78—80,95
最终事实　　72,191,204—206,215

元照法学文库

● **《比较行政法》** 王名扬 著

　　比较研究不仅可以用于学术目的,提高对法律的认识,也可以用于实用目的,改良立法和司法工作,便于国际交往。在行政法领域,比较研究虽有一定的困难,但其意义却不可小视,这不仅源于行政法学术交流的需要,同时也源于各国行政法制度相互借鉴的需要。

● **《民法总则讲要》** 谢怀栻 著

　　因为《民法通则》是全部民法的"通则",涉及民法的各个方面,所以对《民法通则》的正确阐述可以初步奠定我国民法学的基础。在《民法通则》有明文规定的地方,我们要准确地阐述。在《民法通则》由于立法技术的关系,有不足之处时,我们要从理论上给以弥补或纠正。在《民法通则》没有规定的地方,我们如何从理论上给以补充。这些都是很重要的。

● **《刑事一体化论要》** 储槐植 著

　　刑事一体化,源于宏观观察,作为思想观念,是哲学"普遍联系"规律在刑事领域的演绎;作为方法操作框架,是指相关事项的深度融通,操作层面便是运作机制,思维框架主要为折衷范式——平抑偏执达致适中的方法和过程。

　　刑事一体化,既是观念,也是方法。

● **《政治视域的刑法思考》** 刘树德 著

　　政治视域的刑法思考,立足于"刑法之外研究刑法"和"刑法之上研究刑法"的思路,是宪政维度的刑法思考的延续,主要包括从政治的视角对一些刑法问题进行思考和对刑法中与政治有关联的问题进行思考两个方面。

● **《近代中国的法律与学术》俞 江 著**

　　清廷主持的法律改革，截断了数千余年的中国法律传统，拉开了移植西方法的序幕。"移植与重建"，成了20世纪前五十年中国法律界思考的主题。西方的法概念在汉语中该怎样解释？欧洲的民法对中国社会合适吗？对中国来说，采用哪一种司法体系更好？没有经验，也不可能有现成答案。所有问题都是第一次碰到。中国的法律人在现实催促下尝试着回答和行动。本书通过具体的事例或个案，展现近代中国的立法和司法状况。同时，通过法学语词、法学人物等不同角度，向人们介绍近代法学的发展历程。

● **《代理权与经理权之间——民商合一与民商分立》陈自强 著**

　　本书是以代理权范围之确定为主轴而展开的，并借由该问题之研究，回顾了民法与商法在私法发展上之分合关系，并展望来者。本书以民事代理与商事代理有其本质上之差异为基础，分别探讨民事代理与商事代理适用之情形（第一章与第三章）。其间，为确定代理权限制之概念，及其与代理基础关系内部指示之关联，在第二章重新审视代理权授予行为无因性理论之发展及其射程距离。第四章关于表见公司经理人之研究，探讨了民法表见代理法则在表见公司经理人适用之情形。第五章"民商合一与民商分立"，则表明民事代理与商事代理之分合关系，正是民法与商法分合关系之缩影，并抒发了作者对我国台湾地区民商法学发展之期盼。

● **《企业组织重组法制》王志诚 著**

　　如何建立高效、公平的企业组织重组法制，以保证公司经营效率并对利害关系人提供保护，这是当前学界关注的一个重要课题。

　　本书从法解释学及比较法制的视角出发，分别探讨优质企业并购法制的构建、公司合并法制、公司分割法制、股份转换法制、营业让与法制、跨国性并购法制、金融机构并购法制及变更组织法制等方面的内容，以解决目前法律适用上的疑虑。在此基础上，作者提出了立法改革的具体建议。本书内容兼备理论分析与实务应用，具有相当的参考价值。

● **《诉讼权保障与裁判外纷争处理》沈冠伶 著**

　　随着社会变迁，交易方式越来越多样化，民事纷争呈现复杂多样的形态。民事纷争的处理制度也必须有多样化的设计，才能为当事人解决纷争提供有效的途径。现今发达国家除健全诉讼制度外，莫不同时致力于建构当事人自主性解决纷争的制度。

　　针对上述问题，本书对包括宪法诉讼权保障与台湾新"民事诉讼法"的实践、民事诉讼与行政诉讼的分工与合作、第三审许可上诉制度、合意选定法官制度等民事基础理论与重要制度性问题进行了深入探讨。此外，作者还对示范诉讼契约、仲裁鉴定及律师和解等重要制度作了详尽的分析，并提出了独到的见解。

● 《公司证券重要争议问题研究》冯震宇　著

　　本书是我国台湾地区公司证券法学者冯震宇教授的著作。公司证券是现代商业交易的基础,有无良好的公司证券法律制度,不但影响到企业的发展,而且与投资人利益密切相关。冯教授的这本著作内容丰富、见解精辟,不但包括与公司治理有关的问题,还特别针对通讯投票、结算交割、股务作业、券商与网络交易等证券市场的重要问题进行探讨,对企业并购与技术入股所涉及的租税问题与公司法问题也有所讨论,凸显出作者在公司证券法律领域的研究深度与广度。

● 《过渡时代的民法问题研究》葛云松　著

　　民法是生活的百科全书。而民法学之难,在于其试图发展出一套"篇幅"有限并且相对稳定的规则体系,来调整千头万绪而又常变、常新的社会生活。中国的民法研究应当以中国的问题为主要研究对象并寻找其解决之道,这需要我们了解民法的目的、方法及其局限性。中国民法学上的创新是可能的,也是必要的,但是这个机会并没有很多人想象的那么多。

● 《公共执法与私人执法的比较经济研究》李　波　著

　　私人执法模式与我们所熟悉的政府(公共)执法模式在经济学上有什么区别? 应该如何评价不同执法模式的成本和效果? 在执法制度的设计上,立法者应该如何权衡公共执法与私人执法之间的利弊? 在总结已有研究的基础上,本书试图从经济学的角度对上述问题做出进一步的探索,以期引起对此类问题更多的关注和研究。

● 《入世背景下的中国与国际经济法》孔庆江　著

　　中国是一个正在崛起的大国,理所当然希望也必将在国际社会发挥越来越大的影响力。作为国际经济法的研究者,比起其他学术领域的耕耘者,可能肩负着更多的在国际法律学术领域发出中国声音的道义责任,本书作者在这方面已做了不少成功的尝试,书中所收文章均被SSCI收录,本书的出现应能起到一个提醒和提示的作用。

● 《诉讼认识论纲——以司法裁判中的事实认定为中心》吴宏耀　著

　　本书针对传统证据法学的"客观真实理论",以客观真实能否作为(刑事)裁判的证明标准为着眼点,指出了传统论证思路中的逻辑悖谬。在寻找新的切入点时,将传统证据法理论长期忽视的主体因素纳入视野,探索一种兼顾认识主体和客体两方面的论证方法。在案件事实双重视角和裁判者双重认识客体这两个理论前提之上,全文依次详细研究了有关事实认定活动的四个问题。最后结合英美经验主义哲学对"优势证据"和"排除合理怀疑"作了新的思考。

● 《佟柔中国民法讲稿》佟　柔　著　周大伟　编

　　取材于佟柔先生生前颇有影响的演讲记录、教材、论文著述,以及编者佟柔先生的学生、旅美法律学者周大伟老师个人课堂笔记的这本民法学术问题集合,基本上展现了佟柔先生在民法总则教学和研究中的成果和心得。这些真知灼见,直到今天也不失理论上的前瞻性。

　　佟柔先生是一个堪称教育家的民法教授。他生前以精彩的课堂演讲享誉法学界,其言谈出自文章,却胜过文章。本书以"讲稿"命名,恰如其分。

● 《罪过形式论》姜　伟　著

　　罪过形式是一个陈旧的传统议题,也是一个常新的永恒命题。本书为作者二十年前的研究心得,曾以《犯罪故意与犯罪过失》为题出版。在撰写此书时,作者研究了当时国内可以收集到的有关罪过心理问题的全部资料,是我国法学界第一部研究罪过心理的专著,记录了刑法理论研究的历史痕迹。此次再版,作者针对刑法的修改做出相应的注释说明,期望本书能够称为繁荣刑法科学研究的铺路之石、引玉之砖。

● 《罗马法提要》周　枬　著

　　罗马法是世界公认的最主要法系之一,也代表着当时法学文化的主要传统。从《十二表法》到《国法大全》,上下千余年,它随着经济的发展而产生、发展,范围广泛,内容丰富。本书主要是对罗马法的一个概览性研究,对一些具体的罗马法制度作了简要的介绍,因而称本书为《提要》。

● 《民法基础与超越》龙卫球　著

　　本书是由作者自己从曾经发表过的基础型论文中,挑选其中具有关联者,按照主题分类,通过适当修订和加工,汇集而成。从研究风格来说,本书大抵属于民法学的基础研究范畴。

　　本书在综合的意义上,从历史探寻和当下对策两个论域,试图对每个研究论题予以发掘和运思,做出处理和权衡,因此既有历史的探测和实证,亦兼有当下的分析和凝思,是历史清理和现实超越的结合。

　　全书由主体和附录构成。主体部分包括民法的观念基础、民法发展、主体理论、物权法理论和债法理论5个主题,共16个研究论题;附录部分则收录了与基础研究旨趣有关联的一篇法理学论文,涉及法律实在性或曰客观性问题的讨论。

● 《干预处分与刑事证据》林钰雄　著

　　本书的写作源于作者在德国留学时导师的一堂生动讲座,导师讲了一则案例令作者十分不解:德国嫌犯怎么会笨到就医后留下真实姓名?德国医生护士怎么胆敢拒绝警方的要求？及至1998年作者回国任教之际,诸如"因采职权主义故对证据种类、能力不设限制"及"欧陆法就强制处分不采法官保留"等诸多根深蒂固的误解,使作者为了正本清源而集十年之功完成本书。本书非常完美地阐明了主题——作者希望合理保护犯罪嫌疑人的人权,规范一系列证据使用原则,最终达到法律的公平。

● **《证据法的体系与精神——以英美法为特别参照》易延友 著**

本书志在将证据法学作为一个有着自己独立研究对象和独特学术品格的独立法学学科来建设,使证据法学能够走出自然科学和其他部门法学的阴影,从而获得更加广阔的发展空间。基于上述立场,本书以第一手资料为依据,首次对英美证据规则及其背后的哲学原理进行了深刻的剖析和探讨。着力确立我国独立证据法学的研究对象、研究方法,制作基本概念,提出基本命题,以求最终整合为完整的理论体系。